Erich Mühsams Tagebücher in 15 Bänden aus 15 Jahren deutscher Geschichte – wie erlebt, wie verarbeitet, wie beeinflußt der namhafte Anarchist, Bohemien und Dichter seinen Alltag, seine Umgebung, die politischen Verhältnisse des Kaiserreichs und der Weimarer Republik?

Seine Tagebücher machen die Nachwelt zum Zeugen eines spannenden Experiments: Mühsam will Anarchie nicht nur predigen, sondern im Alltag leben. Er will den bürgerlichen Lebenslügen ein befreites Menschsein entgegensetzen. Er läßt seiner Spontaneität, seiner Sinnlichkeit, seinen Überzeugungen freien Lauf und beweist sich und seiner Mitwelt, daß ein richtiges Leben im falschen durchaus möglich ist – man muß es nur anpacken. Seine Tagebücher dokumentieren auf einzigartige Weise, wie ihm das gelingt – wie er Freiräume erobert und verteidigt, wie er die Mächte herausfordert, die Verhältnisse zum Tanzen bringt, wie er scheitert, immer wieder, und trotzdem – oder gerade deshalb – die Würde bewahrt. Komik und Tragik liegen dicht beieinander, doch sein Sendungsbewußtsein verleiht ihm eine Kraft, die ihn auch über die schlimmsten Jahre der bayerischen Festungshaft rettet.

Die Edition wird durch die Website www.muehsam-tagebuch.de begleitet. Sie bietet neben dem durchsuchbaren Volltext auch ein kommentiertes Register und ermöglicht den Vergleich mit dem handschriftlichen Original.

Der 1. Band beginnt mit Mühsams Sanatoriumsaufenthalt, der zum Startpunkt für neues, planvolles Beginnen wird. Mühsam taucht ein in die Schwabinger Boheme und entfaltet seine vielseitigen, aber zielstrebigen Aktivitäten als radikaler Schriftsteller, anarchistischer Agitator, unermüdlicher Liebhaber und allgegenwärtige Kaffeehaus-Gestalt.

Erich Mühsam
Tagebücher

Band 1
1910–1911

Herausgegeben von Chris Hirte
und Conrad Piens

VERBRECHER VERLAG

Wir danken der Handschriftenabteilung des Instituts für Weltliteratur
A. M. Gorki der Russischen Akademie der Wissenschaften, Moskau,
und dem Literaturarchiv der Akademie der Künste, Berlin, für die
Bereitstellung der Originaltexte.

Vierte Auflage
Verbrecher Verlag Berlin 2013
www.verbrecherei.de

© Verbrecher Verlag 2011
Einbandentwurf: Sarah Lamparter, Büro Otto Sauhaus
Satz: Christian Walter
Lektorat: Konrad Krämer

ISBN: 978-3-940426-77-2

Printed in Germany

Heft 1

22. August – 5. Oktober 1910

Château d'Oex.
la Soldanelle 22. August 1910.
Montag.

Bei strömendem Regen war ich eben unten im Dorf, um mir dies Heft zu kaufen. Es soll mein Tagebuch sein. Ich glaube kaum, daß ich es in der Art führen werde, wie damals im Gefängnis. Dazu giebt's hier bei aller Beschäftigungslosigkeit und bei aller Langeweile zuviel zu tun; dazu habe ich auch hier bei aller Zeitbindung und bei aller Willensbeschränkung noch immer zuviel Freiheit. Ich werde schwerlich jeden Tag zu Eintragungen kommen – und jedenfalls kaum je zu ausführlichen. So werde ich mich also einrichten müssen.

Daß ich hier bin, ist merkwürdig genug. Eine Sanatoriumskur hielt ich schon während des Prozesses (22.–25. Juni) und vorher für nötig. Im Juli mußte ich noch erst für die zweite Monatshälfte nach Frankfurt ans Cabaret (Mary Irber: Rotschildt-Maitresse); nach 8 Tagen mit Krach fort. Dann Berlin, wo ich sämtliche Geschwister traf. Unterzeichnung eines ärgerlichen Familienkontraktes in der großväterlichen Erbschaftsangelegenheit (Ich sage zu allem »Ja«, bis sich eines Tages die Achse dreht.) Papa, der im April einen schweren Herzschwächeanfall hatte und zur Rekonvaleszenz nach Kudowa geschickt war, kam über Berlin zurück. Mehrere Tage dort mit ihm zusammen. Für beide Teile gleich qualvoll. Immer wieder die gleiche Taktik: wir vermeiden Anstößiges, wir vermeiden, mit einander allein zu sein, wir gehn vorsichtig umeinander herum. Er sucht manchmal Gelegenheit zu spitzen Anzüglichkeiten. Ich halte das Maul.

Nach seiner Abreise untersuchten mich Hans und Julius, stellten

Herzerweiterung fest und angehende Arterienverkalkung. Sanatorium: dringendes Erfordernis. Ich wollte statt dessen nach Aeschi zu Johannes. Nein: Geld giebts nur für reguläres Sanatorium. Nach langen Schwierigkeiten setze ich durch, daß ich in die Schweiz kann, suche Château d'Oex aus dem Bäderalmanach heraus. Meine Geschwister haben ganze 300 Mk bewilligt (mit was für Opfergeschrei!) Reise u.s.w. – alles auf eigne Kosten. Leider habe ich mich in der Wahl des Ortes, wo ich seit Freitag abend bin, anscheinend geirrt. Erstens ist er noch so weit von Aeschi, daß an häufiges Beisammensein mit dem Freund nicht zu denken ist, dann sind die übrigen Kurgäste (fast lauter französisch sprechende Damen) ganz unzugänglich und ich fortgesetzt allein und schließlich langweilt mich auch die Landschaft. Hohe Berge, Triften, Matten – Ansichtskartenschönheit. Und kein bischen Wasser! – Ich glaube nicht, daß ich länger als eine Woche hier bleiben werde.

Auf der Herreise besuchte ich Johannes in Aeschi, traf ihn riesig wohl an, kaum verändert gegen früher, aber gesünder und weniger romantisch überspannt. Iza (seine Frau! – daß ich nicht lache!) ist verreist. Er liebt sie wirklich und ich freue mich sehr, daß diese furchtbare Not von ihm genommen scheint. Eben schickte ich ihm das Reisegeld hierher. Käme er doch rasch!

Ich komme mir sehr einsam vor – und nicht nur die örtliche Abgeschiedenheit tut das. Frieda ist von Frick schwanger. Lotte ist mit Strich auf Reisen und ich weiß nicht wo. Uli haust wieder in München und schreibt in jedem Brief um Geld. Spela verließ ich in Berlin sterbenskrank, Schenniß kümmert sich um sie, aber ich glaube, da ist nichts mehr zu hoffen. Landauer will durchaus einen »Sozialist«-Artikel noch in diesen Tagen von mir. Ich darf aber nicht viel schreiben und mich nicht anstrengen.

Johannes gab mir 3 Bände der Tagebücher Varnhagens von Ense mit, die ich gierig lese. Damals lohnte es noch Tagebücher zu schreiben! Trotz der Armseligkeit der vormärzlichen Politiker – welche bewegte Zeit! Welche Beziehung zwischen Geistigkeit und Öffentlichkeit! Welche Teilnahme der großen Geister (Varnhagen, Humboldt, Tieck, Bettina v. Arnim usw.) an den Geschehnissen des Tages! – Und heute? Unsre Zeit ist bei Gott nicht minder armselig, unsre Regierungen nicht minder jämmerlich, unsre Politik nicht minder chikanös, knechtschaffen und vormärzlich. Nur eins unterscheidet unsre Tage von Varnhagens: heut ist auch das Volk interesselos, und die Geistigkeit nimmt schon garnicht teil an allem was vorgeht! – Ich werde in dies Tagebuch nicht viel Zeitprophetisches zu vermerken haben.

Château d'Oex, Dienstag 23. August 1910.
Gestern machte ich bei Tische die Bekanntschaft der Geschwister des behandelnden Arztes. Die Schwester, lebhaft, hübsch, klug, brünett stellte mir ihren Bruder vor, einen Maler, der oberhalb des Sanatoriums ein Atelier aufgeschlagen hat. Ich soll mir seine Bilder dieser Tage ansehn. Dann war noch ein Herr v. Stein dabei, und ich spazierte nach dem Abendbrot mit den beiden Herren im Garten. Der junge Maler ist mit Hodler bekannt, der gegenwärtig in Interlaken eine Ausstellung eingerichtet haben soll, an der Liebermann, Rodin und Trübner beteiligt sind und wo auch Bilder dieses jungen Mannes – sein Name ist Delachaux – hängen. Ich beglückwünschte ihn zu der Gesellschaft, in der er sich befindet.

Während des Essens war allgemeiner Aufstand, da plötzlich Alpenglühen sichtbar wurde. Ich war recht enttäuscht davon. Die Bergspitzen waren hell erleuchtet, was ohne Eindruck auf mich blieb. Wahrscheinlich hätte dasselbe Phänomen viel stärker gewirkt, wenn die Gipfel beschneit gewesen wären. Es ist seltsam, daß ich zu den Bergen bei all ihren einzelnen Reizen keine wärmere Fühlung gewinnen kann. Sie verbauen mir den Ausblick. Ich finde sie patzig und frech und sehne mich nach Meer oder Heide.

Varnhagens Tagebücher halten mich in großer Spannung. Ich erlebte alle Erregungen des Jahres 1844 mit. Gewiß: die Zeit war kläglich genug. Und doch – wie beneide ich die Menschen, die in ihr lebten. Denn inmitten aller Kläglichkeit war doch die große und allgemeine revolutionäre Sehnsucht, das Wissen um ein nahe bevorstehendes Ereignis, vor allem die Teilnahme aller an allem Geschehen und an allen neuen Ideen. Und heute? Die gleiche Kläglichkeit und Jämmerlichkeit – nur ohne jeden Pfad, der hinausführt. Gleichgültigster Stumpfsinn in allen Schichten des Volkes. Und was das Schlimmste ist, alles was neu ist und zukunftsträchtig, wird vertuscht, unterdrückt, totgeschwiegen oder zur Unkenntlichkeit gefälscht. Das ist der Triumph der Pressfreiheit, die damals erkämpft wurde, daß die Presse selbst über alles, was geistiger Wert heißt, eine Zensur übt, die viel ärger ist als die schlimmste Polizeizensur. Über mein Bestreben, dem fünften Stand sozialistische Ahnung einzuflößen, das doch durch den Geheimbundprozeß wahrlich den stärksten Anspruch auf Öffentlichkeit erhielt, ist kein Mensch orientiert worden. Die gesamte Presse – ausnahmslos! – hat es vorgezogen, die Prozeßberichte so zu fälschen und zu entstellen, daß ich lächerlich dastehe, ohne meine Absicht auch nur irgendwo wiedergegeben zu sehn. Der »Sozialist«, das bestgeschriebene und bestgeleitete Blatt, das zur Zeit in Deutschland erscheint, wird nie und nirgends erwähnt. Alles trottet im alten Stumpfsinn weiter. Und die Sozialdemokratie hütet ihre Lämmer am bravsten, auf daß sie nicht etwa auf die Idee kommen mögen, es gäbe außer dem allgemeinen Wahlrecht in Preußen noch Dinge, die eines Kampfes wert sind.

Ich werde wahrscheinlich aus Varnhagens Tagebüchern einiges für den »Sozialist« exzerpieren.

Château d'Oex, Mittwoch 24. August 1910.

Nachdem in den ersten beiden Tagen meines Hierseins die unheim-
lichste Hitze geherrscht und es die beiden folgenden Tage hindurch
stark geregnet hatte, ist heute das denkbar herrlichste Wetter: sonnig
und kühl. Die dünne Höhenluft ist deutlich fühlbar.

Eben war ich unten im Dorf und bestellte mir am Bahnhofskiosk
das »Berliner Tageblatt«, nachdem ich mich überzeugt hatte, daß der
Berner »Bund« überhaupt nichts, der Pariser »Matin« fast ausschließlich Aeroplan-Sportberichte und die »Gazette de Lausanne« telegrafi-
sche Hofberichte aus aller Herren Ländern bringt. Schließlich möchte
ich bei der bodenlosen Abwechslungslosigkeit hier oben doch wenigstens ungefähr wissen, was die Menschen in Deutschland bewegt.

In der Tat habe ich außer dem Varnhagenschen Buch garkeine Unterhaltung hier. Ich erinnere mich aus meinem früheren Leben an
keine Zeit, wo ich sowenig zu sprechen Gelegenheit hatte wie hier.
Selbst im Gefängnis wars doch Giessmann, mit dem ich ein paar
Worte wechseln konnte. Hier sind nur die Geschwister des Doktors,
die ich auch nur zu den Mahlzeiten sehe, und gestern blieben sie
zum Abendbrot aus, sodaß ich buchstäblich vom Mittag bis zum
Schlafengehn kein Wort über die üblichen: Bon soir, Monsieur; bon
soir Madame; bon soir Mademoiselle; pardon oder excusez oder s'il
vous plaît hinaus geredet habe. Dagegen schrieb ich gestern zwei
Briefe, die mir am Herzen lagen. Einen an Frieda, zu der ich von meiner Liebe sprach, und einen an Lotte, die ich bat, mir endlich mitzuteilen, wo sie steckt. Frieda habe ich zugleich erinnert, sie solle Lilly
meiner Liebe versichern. Die Frauen, schrieb ich, die ich liebe, sollen
es wenigstens wissen. Das ist dann so eine Art Ersatz für Gegenliebe.

Von Johannes ist noch garkeine Nachricht da, was mich beunruhigt und erstaunen macht. Aber ich denke, er wird heut oder morgen
plötzlich selber da sein. Das wäre ein rechtes Fest für mich, in wie
arge Geldnöte mich sein Besuch auch brächte.

Ich imponiere mir selbst wegen der Energie, mit der ich den völligen Verzicht auf Kaffee und Zigarren trage. Ich hätte nicht geglaubt, daß ich diese Tonica so ohne Folgen entbehren könnte. Wäre ich nur auch in andrer Hinsicht so energisch! Aber da hapert's sehr, und ich fürchte, das wird sich noch schwer rächen.

Château-d'Oex, Donnerstag 25. August 1910.
Gestern kam ein Brief von Hardekopf, zu meiner Überraschung nicht mehr aus Paris, sondern aus München, von Charlottenburg hierher nachgeschickt. Er teilt mir mit, daß Emmy in Paris schwer erkrankt war und man ihm dort geraten habe, schleunigst mit ihr nach Deutschland zu reisen. Nun liegt sie im Schwabinger Krankenhaus, wo man Typhus festgestellt hat. Das arme Kind! Ich habe ihr sofort geschrieben, auch ihm und um ständige Orientierung gebeten. Kürzlich schickte mir Emmy Zeichnungen, die sie in Paris gemacht hat, eine Selbstkarrikatur, die ganz merkwürdig charakteristisch war und eine der Sarah Bernhard – so talentiert und gut, wie ich dem kleinen Wurm niemals zugetraut hätte. Hardy fragt, ob ich ihm bei den Kosten, die Emmys Krankheit verursacht, mit Geld aushelfen könnte. Hätte der eine Ahnung von meiner Situation! Ich habe die heilloseste Angst vor dem Tage, wo mir hier die Rechnung präsentiert werden wird. Von den 100 Mark, die ich ausschließlich zur Kur bekam (200 habe ich noch zu kriegen), besitze ich noch ganze 75 Franken, nachdem ich Johannes 10 in Aeschi schenkte und 10 zur Reise schickte – ich erwarte ihn noch immer – und 12 Mk (macht über 15 Fr.) an Uli sandte.

Gestern nachmittag war ich mit Herrn v. Stein, dem Bruder der Frau des Arztes, bei dem Maler Theodor Delachaux, der sich oberhalb des Sanatoriums »la Soldanelle« ein sehr hübsches Atelierhäuschen gebaut hat. Ein ganz entschieden begabter Mensch. Hauptsächlich Landschafter, der über sehr scharfen Farbensinn und gute Linienführung verfügt. Seine Bilder erinnern mich ein wenig an Paul Baum, sind aber weniger maniriert. Übrigens hat er in Italien ausgezeichnete Copien gemacht. Ich lernte dadurch einen Tintoretto kennen, der mir neu ist und dessen Original in Venedig ist. Die heilige Margareta auf einem Drachen sitzend, um sie herum, ganz zwanglos gruppiert, zwei andre Heilige. Eine prachtvolle, sehr kühne Komposition. Herr Delachaux besitzt außerdem eine Menge sehr interessanter Landschafts- und Landwirtschaftssilhouetten, die ein Berner Bürger in den 5oer und 6oer Jahren des vorigen Jahrhunderts ganz naiv und doch sehr kunstvoll aus Papier ausgeschnitten und aufgeklebt hat. Jeder derartige Bogen, auf dem Menschen, Häuser, Berge, Triften, Viehherden und alles mögliche dargestellt sind, besteht aus einem zusammenhängenden Stück, das links und rechts symmetrisch korrespondiert. Es sind ganz prächtige Arbeiten darunter.

Johannes Nohl schickte mir – endlich! – den Prospekt des Sanatoriums in Heustrich. Ich wäre sehr geneigt, dorthin zu gehn, um in seiner Nähe zu sein, zumal es hier auf die Dauer wirklich unerträglich langweilig wird. Aber es wird arge Auseinandersetzungen mit dem teuren Bruder geben, und ich bin all dieser Differenzen so müde. Soll ich mir wirklich noch einmal in pedantischen Briefen sagen lassen, daß das Opfer, das mir meine Geschwister schon wieder bringen – eben erst haben sie die Prozeßkosten bezahlt! – kaum von ihnen getragen werden kann? Daß sie all das Geld nur auslegen und nicht versäumen werden, es mir auf Heller und Pfennig von meiner Erbschaft abzuziehn, davon spricht man jetzt natürlich nicht. So bin ich immer wieder der Begönnerte, ders doch eigentlich so garnicht wert ist. Hätte nur Johannes vorher etwas von diesen Heustrich-Bädern geschrieben! Da hätte sich die Sache so leicht einrichten lassen, wo jetzt für mich kaum erschwingbare Kosten und allerlei ekelhafte Hinderlichkeiten entstehn. Wann er herkommen wird mich zu besuchen, läßt er in seiner Postkarte noch offen.

Von Landauer kam heute früh – auch noch über Charlottenburg – eine Karte aus Krumbach, in der er noch einmal um einen Beitrag für die nächste Nummer des »Sozialist« bittet. Ich werde doch heut oder morgen den versprochenen Artikel über »Frauenrecht« schreiben. Landauer hat von Bern aus Mitteilung erhalten – offenbar von Margarete Faas –, daß ich dort erwartet werde, und teilt mir nun die Adresse eines jungen Freundes dort mit, eines gewissen Ludwig Berndl, den er recht liebgewonnen habe und der ihn bat, einen Verkehr mit mir zu vermitteln. Ich werde ihm schreiben.

Château-d'Oex, Freitag d. 26. August 1910.

Der Doktor hat mich gestern von neuem untersucht und gewogen. Es ergab sich, daß ich in den 6 Tagen meines Aufenthaltes hier 2 Kilo zugenommen habe (ich wiege jetzt 59,4 Ko). Die Harnuntersuchung hatte ein günstiges Resultat: weder Eiweiß noch Zucker. Die Nieren sind also gesund. Alles in allem fühle ich mich schon viel kräftiger und besser als bei meiner Ankunft. Ich habe nach Rücksprache mit dem Arzt vorläufig beschlossen, bis zum 5. September hierzubleiben. Dann gehe ich für 8–14 Tage zu Johannes nach Aeschi zur Nachkur, – dann nach München. Ich habe große Furcht, daß dort der alte Dalles wieder einsetzen wird und denke daran, in diesen Tagen an Roda Roda zu schreiben, ob er nicht etwa etwas zur Einrenkung meiner Beziehungen zur »Jugend« tun will. Dort ist Uli, der geholfen sein will. Sehr möglich, daß Hardy mir Emmy übergibt. Lotte will mal durch kleine Geschenke erfreut sein, und das Peterle möchte ich doch auch nicht ganz vernachlässigen müssen, zumal er nun auch noch ein Schwesterchen kriegen wird. Dabei ist Cilla noch in München, ich soll mich um die Wiederbelebung der Gruppe »Tat« kümmern, muß monatlich die 40 Mk an Johannes schicken und will doch auch selbst leben und jeden Abend das Geld für die Torggelstube übrig haben.

Gestern erhielt ich eine Reihe von Briefen. Landauer gab mir in einem ausführlichen Brief Ratschläge für mein Verhalten. Er sieht meine Hypochondrie, die aus dem letzten Brief an ihn sprach, für unbegründet an. Freilich war die taube Stimmung der ersten Tage wohl hauptsächlich eine Folge der plötzlichen Zigarren-Enthaltsamkeit. Dann wiederholt er den Wunsch des Herrn Berndl in Bern, mich kennen zu lernen. Es sei ein junger Philosoph, der sich direkt an ihn – Landauer – gewandt habe, weil er sich mit Margret überworfen hat. Merkwürdig, daß die Frau mit keinem auf die Dauer auskommt!

Ein andrer Brief kam von einem Luzerner Genossen, einem Schneider Losch, der mir von der guten Tätigkeit der Gruppe »Aufbau« in Luzern berichtet und mich anfragt, ob ich nicht in Luzern einen Vortrag halten möchte und was ich an Honorar verlange. Ich habe ihm schon geantwortet, daß ich prinzipiell gern bereit sei, auf der Rückreise nach Deutschland in Luzern zu sprechen und zwar schlug ich das Thema vor: Der Münchner Geheimbundprozeß. Auf Honorar verzichte ich, will mir aber für die notwendigen Mehrkosten doch 10 Franken ersetzen lassen.

Der Kamerad macht mir Komplimente wegen meines »Freidenker«-Artikels im »Sozialist«. Außerdem regt er mich an, ich möchte ein satirisches Gedicht machen über einen lustigen Vorgang, der in Luzern viel Spott verursacht. Die Polizei dort hatte sich einen teuren Polizeihund zugelegt, ihn schön dressiert. Das Vieh fühlte sich aber in seiner amtlichen Stellung nicht wohl und kniff aus. Jetzt hat die Behörde eine Prämie für seine Wiederbeschaffung ausgesetzt. Die Geschichte kam mir doch nicht wichtig genug vor, um meine Muse deswegen zu bemühen.

Zwei weitere Briefe aus München sind weniger erheiternd. Das

Konzertbureau Guttmann, das für den Herbst eine Vortragstournee durch Deutschland für mich arrangieren wollte, teilte mir mit, daß es ihm vorläufig nicht gelungen sei, die Sache zu machen – werde sich aber weiterhin anstrengen und mir Bescheid geben. Ich begrabe diese Hoffnung. Zugleich schreibt mir der Rechtsanwalt Dr. Böhm, dem ich die Klage gegen den Kgl. Operninspizienten in München, Reichmann, übergeben hatte, weil er von den 120 Mk, die ich für 3 Chansons kriegen sollte, nach langem Würgen und Zögern erst 50 herausgerückt hatte, daß mein Schuldner mit noch viel mehr Verpflichtungen nach Ostende verschwunden sei. Dabei mahnt mich der Anwalt gleich um 20 Mk, die er mir persönlich gepumpt hatte und mir von den einzutreibenden 70 Mk abziehen wollte. Ich werde ihm nun noch einmal schreiben und ihn anfragen, ob man nicht der kleinen Tochter Reichmanns, wenn sie die Chansons öffentlich in Deutschland singe, die 70 Mk von der Gage pfänden kann. (Da das Mädel mit 1000 Mk monatlich in Hamburg Kontrakt hat – Reichmann hat's mir seinerzeit selbst gezeigt – wird's ihr ja nicht so schmerzlich sein). Andernfalls möchte ich das Singen der Lieder bis zur Bezahlung einfach verbieten, und zwar deswegen, weil ich wenigstens eins davon noch anderweitig gut verwenden kann. Ich erhielt anfangs Juli in München von einer Baronin v. Ruttenberg den Auftrag, ihr für 500 Mk 5 Chansons zu machen. Soviel Geld habe ich mein Lebtag noch nicht gehabt. Aber die Sache macht mir große Kopfschmerzen. Denn 2 habe ich erst fertig und die Zeit drängt. Könnt ich jetzt eins der kleinen Reichmann wieder abnehmen, so wäre das immerhin schon eine erhebliche Erleichterung.

Aber es ist doch toll, wie mir alles schief geht. Guttmann hatte mir in der Vertragssache soviel Hoffnungen gemacht, und in der Reichmannangelegenheit habe ich nun statt Geld neue Schulden. Von Ehbork, der mir in 2–3 Tagen Antwort geben wollte, wie er sich wegen der Herausgabe meiner »11 Moritaten« mit Zeichnungen von

H. Zille entschließen könnte, ist jetzt, über eine Woche nach dieser Zusage, noch kein Bescheid da. Es wird wohl auch nichts werden. Die verschiedenen Bühnen, die meine »Freivermählten« angeblich lasen, schweigen trotz aller Mahnungen anhaltend. Kurz, ich kann anfassen was ich will – nichts will mir glücken! Es ist, als ob an meiner Hand von Natur aus Pech klebte. Ich muß gradezu mit dem linken Fuß zuerst aus dem Mutterleibe gestiegen sein. Denn am Ende habe ich doch alles: Talent, Fleiß, Intelligenz und bin ein leidlich netter Mensch. Aber trotzdem! – Und ebenso mit den Frauen! Jede hat mich gern, aber keine liebt mich! – Wenn ich an den lieben Gott glaubte, – wie müßte ich ihn hassen!

Château d'Oex, Sonntag 28. August 1910.
Vorgestern beim Mittagessen wurde mir ein Telegramm gebracht, in dem sich Johannes Nohl anmeldete. Ich holte ihn um ½ 5 Uhr von der Bahn und bis gestern nachmittag war er hier. Wir hatten unendlich viel miteinander zu sprechen. Über Litteratur, Philosophie, Religion und besonders Persönliches. Auch der Prozeß wurde noch einmal durchgesprochen und die unangenehme Situation, in der sich der Freund befindet, da der Steckbrief gegen ihn noch nicht aufgehoben ist und zu befürchten steht, daß, wenn auch die Geheimbundsache endgiltig aus der Welt ist, doch gleich ein neues Verfahren nach § 175 gegen ihn in Gang gesetzt wird. Es scheinen da einige von den Prozeßzeugen belastende Aussagen gegen ihn getan zu haben. Ich werde ihm heute einen Brief an den Staatsanwalt aufsetzen, damit er erfährt, ob und wieweit er noch gefährdet ist. Während unseres Gespräches über Landauer merkte ich, daß die Stellung dieses Freundes in meinem Innern nicht mehr die ist, die sie fast 10 Jahre lang war. Ich habe Landauer stets als Mentor und väterlichen Freund verehrt. Sein »Tarnowska«-Artikel im »Sozialist«, der mit großer Engherzigkeit

die sexuelle »Zuchtlosigkeit« bekämpfte, und der sich zum Teil gegen Johannes wandte (Landauer scheint die tatsächlichen Vorgänge, die ihm durch Carosche Indiskretionen aus den Gerichtsakten bekannt geworden sind, öffentlich kritisiert zu haben), dieser Artikel, in dem ich auch mich selbst verletzt fühlte, gab dem Verhältnis zu ihm den ersten Stoß. Nach dem Prozeß gingen wir mit Lotte und Strich zusammen von Kochel aus zum Herzogstand hinauf. Dabei bemerkte ich, wie unfrei Landauer der ironischen und freien Art Lottes gegenüber sich benahm. Während er den Berg hinaufstieg, all in seiner unheimlichen Länge, vornübergebeugt, sich auf den Bergstock stützend und den Rucksack auf dem Rücken, entfuhr mir, Lotte gegenüber, die erste unehrerbietige Bemerkung über ihn: ich machte sie auf das »Bergkamel« aufmerksam. Darin lag gewiß nichts Verächtliches, aber ich hätte doch früher nie so respektlos über ihn geredet trotz der unglaublichen Treffsicherheit des Vergleichs, den ich im Hinblick auf sein groteskes Aussehen zog. Lotte spricht seitdem von Landauer blos noch als Bergkamel. Auch ärgerte mich damals vorher Landauers schulmeisterliches Benehmen gegen Margarete Faas, die er vor soundsoviel Menschen, die er eben erst kennen lernte, ganz pedantisch über die Tonart zurechtwies, in der sie mit ihm zu reden habe. Aber erst gestern in der Unterhaltung mit Hans, der weidlich über Landauers Indiskretionen in dem Tarnowska-Artikel schimpfte, kam mir die Veränderung meiner Gefühle zu ihm klar zu Bewußtsein.

Ich las Johannes auch meine »Freivermählten« vor und hatte die große Freude, daß er sie rückhaltlos anerkannte. Er machte den gleichen Einwand, den Friedel machte, als ich ihr vor 6 Wochen in München das Stück vorlas, daß nämlich der Selbstmord Racks zu plötzlich kommt und nicht genügend motiviert ist. Ich habe das Friedel schon in dem Brief zugegeben, den ich ihr von hier aus geschrieben habe, und ich werde das dadurch ändern, daß ich Alma ihre Abweisung seines Antrags näher begründen lassen werde, so daß es klar wird, daß dies Neinsagen nicht aus einer Laune heraus geschieht, sondern in klarer Überlegung. Dadurch wird auch die Wirkung ihres Aufschreis: »Du, mein Geliebter!«, während sie über Racks Leiche stürzt, verstärkt. – Ferner las ich Hans die erste Hälfte des Gefängnistagebuchs vor. Ich sehe ein, daß das zum Besten gehört, was ich je geschrieben habe.

Das Wiedersehen war sehr erfreulich. Wir haben gute Stunden miteinander verlebt, und das Beisammensein in Aeschi, hoffe ich, wird recht befriedigend sein. Hoffentlich stellen sich von Lübeck und Berlin her keine zu großen Schwierigkeiten dem Plan in den Weg, hier schon am 5ten September abzureisen.

Den Varnhagen habe ich nun – soweit ich ihn hier habe – ausgelesen und bin schon seit vorgestern beim Exzerpieren. (Landauer schrieb mir, daß er Exzerpte im »Sozialist« bringen möchte). Im dritten Band fand ich eine Stelle, bei der ich sehr frappiert war. Varnhagen berichtet dort über ein Buch »Berlin«, das eben (1846) erschienen sei. Er selbst komme darin schlecht weg. Man nenne ihn darin einen »Leisetreter«. »Tut nichts!« fügt er dem hinzu. Aber merkwürdig! Im Augenblick stand der Mann in total andrem Licht vor mir, als ich ihn bisher gesehn hatte. Er war wirklich ein Leisetreter. Diese scharfe Kritik, die er im stillen Kämmerlein in sein Tagebuch zu schreiben wußte und dabei immer die Ausflüchte und Entschuldigungen vor sich selbst, daß er nicht selbst eingriff, nichts aber auch garnichts tat, was die Zustände der Regierung hätte bessern oder den Ausbruch der Revolution hätte beschleunigen können! Ich sprach auch mit Johannes darüber, der Varnhagen sehr hübsch mit Dr. Arthur Ludwig verglich. Überall Beziehungen zu berühmten Leuten, überall heraushorchen wollen, überall Vertrauter sein und immer – ganz unselbständig, ganz getrieben von den Einflüssen der umgebenden Intelligenz fürs »Höhere« schwärmen. Nur war eben

Varnhagen, abgesehn davon, daß er in der bedeutenderen Zeit und in der bedeutenderen Umgebung lebte, auch persönlich unendlich bedeutender, als der gute Doktor Ludwig mit dem Vogelgesicht, der ziegenhaften Neugier und dem Moralklos im Hals. Aber doch: der Vergleich ist zwingend.

Hans brachte mir zwei Bücher als neue Lektüre mit: Hermann Hesses Roman »Unterm Rad« und einen Band der Schriften von Ludwig Tieck. Hesses Roman habe ich schon durchgelesen: Die Tragödie eines Kindes, eines begabten Knaben, der durch unsinnige Erziehung durch Vater und Lehrer zu Tode gemartert wird. Das Buch enthält manches Schöne. Aber ich liebe diesen Hermann Hesse nicht. Schon sein Stil ist mir unerträglich. Er sucht Kühnheiten. Er schleimt. Er salbadert. Und ganz grauenhaft ist es mir, daß er mitten in der Erzählung anfängt, seine persönliche Meinung über die Probleme, die da angeschnitten werden, kundzutun. Wie häßlich! Wie unkünstlerisch! – Dabei hat seine Prosa überall diesen verdächtigen Erdgeruch vielmehr Erdparfüm der Heimatkünstler. – Ich erinnere mich mit wahrem Wohlbehagen einer Szene mit Hardekopf. Ich hatte ihn mit einer Äußerung geärgert. Er wies mich heftigst zurück und wünschte seiner ärgerlichen Rede noch ein Ausrufungszeichen in Gestalt eines Schimpfworts anzuhängen. Ich erwartete schon ein »Idiot«, »Rindvieh«, »Schweinehund« oder ähnliches. Hardy wurde aber noch viel gröber. Er würgte nämlich erst in voller Wut, und stieß dann hervor: »Du – du – du – Heimatkünstler!« – was ich mir dann aber doch verbat.

Heut erhielt ich einen Dankbrief von dem guten Hardy für meine Trostbriefe an ihn und Emmy. Emmy steht noch vor der Krisis und denkt viel an den Tod. Das arme gute Kind! Ich habe sie so gern in ihrer naiven Hurenhaftigkeit, die von nichts weiß als lieben und lieben lassen. Interessant ist, was Hardy mir über Uli schreibt: »Ihre einzige Frage, als ich berichtet hatte: ›Wird sie sterben?‹ Das ist vielleicht sehr Uli; aber diese canailleske Geistesrichtung (in deren Tiefen ja das Reinste sich bergen mag) nützt mir momentan verdammt wenig.« – Rührend ist, daß mir Hardy zu meiner Beruhigung mitteilt, er habe um jeder Ansteckungsgefahr vorzubeugen seine Hände vor dem Briefschreiben mit Lysol desinfiziert. »It's better for you«. – Der liebe Junge!

Einen Brief, den ich an Lotte schrieb und nach Kochel adressierte, erhielt ich zurück. Auch Hardy schreibt, er wisse ihre Adresse nicht. Ich werde bei ihrer Mutter anfragen.

Dagegen bekam ich heute früh einen Brief von Ehbork, in dem er die Herausgabe der 11 Moritaten mit Zille natürlich ablehnt. Die Begründung ist märchenhaft schön. Nach etlichen Schmeicheleien heißt es: »Stofflich scheinen uns die Moritaten doch allzu wenig in unsere Verlagsrichtung zu passen und wir würden nicht recht wissen, wie wir sie rubrizieren sollten.« – Um mich abzulehnen, finden sich wahrhaftig die ausgefallensten Gründe! Nun werde ich noch einmal hilfesuchend an Frowein schreiben. Aber ich glaube, ich kann die Hoffnung, das Buch gedruckt zu sehn, in das Massengrab meiner übrigen Pläne werfen.

Der Wunsch der Frau Dr. Delachaux, meine Gedichte kennen zu lernen (ich brachte sie ihr gestern abend) regte mich an, mir heute selbst noch einmal fast den ganzen »Krater« durchzulesen. Ich glaube nicht größenwahnsinnig zu sein, wenn ich behaupte, daß es nicht viel Gedichtbücher gibt, in denen schönere Verse, und auch nur wenige, in denen mehr schöne Verse stehn. Es ist ein wahrer Skandal, daß ich nicht viel mehr anerkannt werde. – Hier habe ich noch nicht ein einziges lyrisches Gedicht gemacht. Ich glaube, daß das an der plötzlichen und völligen Zigarrenentwöhnung liegt.

Château-d'Oex, Montag d. 29. August 1910.
Die Rechnung bis gestern betrug inclusive Hans' Pension und inclus.
Trinkgeld 100 Franken 95 cmes. Allerdings wird die Arztrechnung extra kommen, und da mache ich mich auf allerlei gefaßt. – Daß ich die Rechnung an Onkel L. einschicken soll, ist mir sehr lästig. Man wird jeden Pfennig nachrechnen, die Geschichte so billig finden, daß man nicht begreifen wird, wieso ich nicht noch mindestens eine Woche länger für dasselbe Geld bleiben kann, dabei die 10 Franken für den Besuch übelnehmen und mir in alle weiteren Pläne dreinreden. Herrgott, wie ich mich nach der Zeit sehne, wo ich ohne Bevormundung eignes Geld zum Ausgeben haben werde! Wenn ich's nur erlebe!

Dies gänzlich Aufmichselbst angewiesen sein hier – gestern habe ich wohl den ganzen Tag kaum 20 Worte gesprochen – treibt mich zu reichlicher Lektüre. Ich las vor einigen Tagen noch einmal Wedekinds neue Tragödie »In allen Wassern gewaschen«. Das ist eine sehr seltsame Arbeit, die mir persönlich überaus wertvoll ist. Immer wieder bei Wedekind das Problem der Weiber, immer wieder der Versuch, die letzten Tiefen des Sexuellen in der Frauenpsyche auszuforschen. Die Effi in diesem Stück hat viel vom Erdgeist, ist aber als Persönlichkeit – nicht als Kunstschöpfung – differenzierter als die Lulu. Und dann wieder die Totentanz-Idee, die Hure, die sich opfert. Im Totentanz erschießt sich Casti Piani, weil die Erkenntnis des masochistischen Grundcharakters der Frau ihn überwältigt, der amerikanische Dollarfürst bei Effies Tod dagegen genießt das Selbstopfer der Weiber als ihren höchsten Schönheitsausdruck. – Johannes findet merkwürdigerweise garkeine rechte Stellung zu Wedekind. Er findet – was absurd ist – meine »Freivermählten« künstlerisch stärker als »In allen Wassern gewaschen«. Ich bin aber in dem Stück nicht einmal radikaler als Wedekind. Denn ich predige, allerdings höchst radikale Tendenzen, – Wedekind aber erschließt unerhörte neu entdeckte Einsichten in das Wesen der Menschheit. Schade, daß wir darin nicht einig sind, Hans und ich. Auch Heinrich Mann erkennt er mir nicht genügend an. Er will mir Lenz' Schriften besorgen, die ich noch nicht kenne. Es soll mich wundern, ob ich wirklich, wie er meint, daraus erkennen werde, daß Wedekind nur ein geringerer Abklatsch von Lenz ist.

Der Maler Theodor Delachaux lieh mir die Briefe van Goghs, die ich gestern las. Ich habe nie den Eindruck eines so optischen Menschen gehabt. Er ist völlig erfüllt von seiner Kunst, sieht in jeder Landschaft, in jedem Menschen, in jedem Bilde, in allem, was das Auge auffängt, nur Farben, Farben, Farben. Selbst literarische Eindrücke, die er empfängt, setzt er sich in Bildliches um und in jedem Wort, das er als Lebensansicht von sich giebt, ist er immer Maler. Eine durchaus geniale Einseitigkeit, die aber mit der größten Sicherheit in Wahnsinn auslaufen mußte.

Heute schickte ich die Varnhagen-Auszüge an Landauer ab. Ich habe gestern den größten Teil des Tages mit Exzerpieren zugebracht, und einen famosen Extrakt der vormärzlichen Zeit 1836–1846 aus den 3 Bänden herausdestilliert.

Château d'Oex, Dienstag, d. 30. August 1910.

Die Tage gehn langsam und langweilig herum. Ich freue mich auf den Tag der Abreise. Unter den Gästen von la Soldanelle ist niemand, mit dem ich mich anfreunden möchte. Meine französischen Fertigkeiten reichen nicht weit genug, um mich an den in rasender Schnelligkeit geführten Gesprächen beteiligen zu können, und es scheint auch niemand Wert darauf zu legen, mir gesellschaftlich näher zu treten. Unter den Frauen ist nur eine, die mir gefallen könnte, eine etwa 32jährige elegante französische Schweizerin, die ein hübsches geiles Lachen hat. Die übrigen sind teils langweilig, teils mordshäßlich. In diesem französischem Kreis ist nur ein Herr, ein widerwärtiger Kerl, unmanierlich, unhöflich, laut und von abstoßendem Äußeren. Aber er ist höchstens 30 Jahre alt, und den Weibern gefällt er anscheinend. – Ich werde von diesen Leuten schon deswegen etwas scheel und ironisch angesehn, weil mein rechter Stiefel in einer Weise knarrt, die mich selbst zur Verzweiflung treibt. Leider habe ich nur das eine Paar, kann mir jetzt auch kein neues kaufen und weiß absolut kein Mittel gegen diese infame Eigenschaft.

Gestern vormittag machte ich einen Spaziergang, der mich über eine Matte an einen Bergabhang führte, zu dessen Fuß ein wunderschöner Fluß strömte, die Saane. Das mattsilberne Grau des Wassers ist ganz herrlich – und ich war selig, endlich ein wenig Wasser zu sehn. Dorthin werden mich jetzt meine Spaziergänge immer führen. Steigt man zum Fluß hinunter, so hat man um sich eine Landschaft, die an Thüringen erinnert, nur wilder und stärker. Ich ging über eine wild schwankende Hängebrücke ans andre Ufer, und dichtete dort – keine romantischen Verse, sondern ein Chanson für Frau v. Ruttersheim, einen komisch-sentimentalen Mist, der jedenfalls einschlagen wird. Gleichzeitig lyrisch und humorig mit dem schönen Refrain:

>»Wo das Bächlein rauscht,
>wo die Schatten ziehn,
>wo man Küsse tauscht
>und die Sorgen fliehn.«

Wenn das nicht schön ist! Außerdem werde ich der Dame mein Baccarat-Gedicht geben – mag sie es rezitieren, so habe ich schon $4/5$ meines Auftrags erledigt. Auch habe ich ihr schon geschrieben, daß ich schon alle 5 Gedichte fertig hätte und ihr gleichzeitig noch einmal die Bedingungen wiederholt, damit keine Differenzen entstehn. Wenn ich nur hoffen könnte, daß ich dieses Mal wirklich zu meinem Geld komme! Es wäre wundervoll! 500 Mk! – Ich würde mir davon in

München eine Wohnung einrichten. Meine höchste Sehnsucht wäre erfüllt. Nur berechtigen mich leider die trüben Erfahrungen meiner bisherigen 32 Jahre nicht, die Angelegenheit zu optimistisch anzusehn. Wer weiß, aus welchen Gründen ich dieses Mal enttäuscht werde.

Ich habe begonnen, in Ludwig Tieck zu lesen. Ein Essay als Einleitung zu Kleists Werken und eines über den spanischen Dichter Vicente Espinel. Dieser Tieck war ein Oberlehrer. Gewiß sagt er manches Gute über Heinrich v. Kleist, ich hätte aber grade diesen Dichter gern mit größerem Enthusiasmus behandelt gesehn. Espinel kenne ich nicht, und ich kann nicht sagen, daß ich durch Tieck besonders neugierig auf ihn geworden wäre. Interessant waren mir in diesem Essay nur die Bemerkungen über den Gil Blas, den ich übrigens auch nicht kenne, und der sich nach Tieck als eine anspruchslose Anekdotensammlung aus dem Spanischen zu charakterisieren scheint. – Ich habe noch eine ganze Reihe von Aufsätzen in diesem zweiten Bande der kritischen Schriften Tiecks, den mir Hans mitbrachte, vor mir. Gespannt bin ich nur auf einen davon: Über Goethe und seine Zeit, als Einleitung zu Lenz' Schriften.

Im »Matin« (das »Berliner Tageblatt« ist bei der Zeitungsfrau am Bahnhof immer noch nicht eingetroffen) las ich von einer neuen Rede Wilhelms II über sein Gottesgnadentum, die er in Königsberg gehalten hat. Im November 1908 versprach er fortan nicht mehr Reden sondern das Maul zu halten, es ist ihm aber doch auf die Dauer zu schwer gefallen. Nun ist er gleich wieder ganz üppig geworden. Wenn er übrigens in der Rede sagt, er sei das Instrument des Herrn, und weder Parlamenten noch Volksbeschlüssen, sondern nur dem lieben Gott verantwortlich, so hat er von seinem Standpunkt aus völlig Recht. Sein Titel ist: »Von Gottes Gnaden Deutscher Kaiser, König von Preußen u.s.w.« Wer solchen Titel führt, müßte von seinem Beruf eine verdammt schlechte Meinung haben, wenn er sich nicht über das konstitutionelle Gesindel, das tagaus tagein auf dem

Arsch um ihn herumrutscht, tausendmal überlegen fühlte. Was die liberalen Blätter zirpen (der »Matin« bringt große Auszüge aus sehr vielen Blättern), der Standpunkt des Kaisers sei unhistorisch, er sei ein konstitutioneller Fürst etc. ist alles Unsinn. Eine konstitutionelle Monarchie ist eine contradictio in adjecto. Daß das letzte Jahrhundert diese Einrichtung geschaffen hat, beweist nur wieder den unlogischen feigen Geist unserer Zeiten, der jede radikale Konsequenz fürchtet. Daß Wilhelm selbst noch die alte historische Idee von seinem Gewerbe hat, spricht für ihn. Mir ist der Mann aus andren Gründen unsympathisch, grade deshalb, weil in seiner Natur so garnichts Majestätisches ist. Er ist ein nationalliberaler Schwätzer im Grunde seiner Seele, ein geschmackloser Banause und ein beschränkter Wichtigtuer. In seinem Munde wird die Gottesgnadenfanfare einfach komisch. – Die deutschen Zeitungen haben nun wieder mal für eine Weile Gelegenheit, oppositionellen Mut zu markieren. Spuckt Wilhelm aber deswegen vor ihnen aus, so prügeln sie sich um die Ehre, seinen Speichel auflecken zu dürfen.

Château-d'Oex, Mittwoch 31. August 1910.
Über meinen Plan, die im »Krater« enthaltenen »schlichten Gesänge« mit den inzwischen entstandenen Bänkelromanzen von Zille illustriert als »11 Moritaten« erscheinen zu lassen, ist jetzt, wie es scheint, endgiltig der Sargdeckel zugeschnappt. Zille schreibt mir nämlich, was ich schon wußte, daß Ehbork, in Firma »Concordia Deutsche Verlagsanstalt« »abgewinkt« habe. Aber er fügt hinzu, daß er jetzt so eilige Arbeiten vorhabe, daß er sich, selbst wenn ich noch einen andren Verlag bereit finden sollte, nicht mit unserer Sache befassen kann. Heut kriegte ich denn auch die teuer abgetippten Manuskripte von ihm wieder. Als Trost schickte er mir seine traurige Mitteilung auf einer prächtigen und für mich extra signierten Zille-Postkarte.

Uli jammert nach Geld. Es geht ihr sehr schlecht, und sie hat alle Hoffnungen darauf gesetzt, daß ich ihr zum 1. September etwas schicken werde. Als ob ich ein Hexenmeister wäre! Ich weiß selbst nicht ein und nicht aus, und mir graut, wenn ich an den nächsten Monat, die Rückreise nach München und alles folgende denke. Der Teufel hole den Dalles!

Château-d'Oex, Donnerstag d. 1. September 1910.

Das Wetter ist trübe und regnerisch. Gestern goß es fast den ganzen Tag. Auf den Bergen liegen langweilige Wolkenkissen schwerfällig hingeräkelt. Der Boden starrt von Dreck. Es sieht nach Schneefall aus. Das hat mich nicht gehindert, heut schon in früher Stunde (gegen 9 Uhr) ins Dorf hinunterzusetzen, um einen Brief bei der Post abzugeben: Recommandé et exprès. 95 Centimes habe ich Porti bezahlen müssen. Der Brief enthält meine Arbeit für Frau v. Ruttersheim. Gestern abend kam nämlich auf meine Mitteilung hin, daß ich ihren Auftrag ausgeführt hätte, ein Telegramm, ich möchte ihr die Chansons »ehestens« schicken. Ich schrieb also noch gestern in später Abendstunde nieder, was ich hatte, dazu ein Liedchen, das ursprünglich für die kleine Reichmann bestimmt war, aber von deren Vater wie auch von Mary Irber, der ichs in Frankfurt anbot, abgelehnt wurde, und das in den rührenden Refrain gipfelt: »Was machst du da – im Bett – im Bett – im Bett?!« Ich fand aber diesen Beitrag doch zu armselig und schrieb heut früh als Sechstes auch noch ein ernstes Gedicht aus dem »Krater« ab: »Auf den Knien bin ich hierhergekrochen – –.« Zu alledem einen freundlichen und wie ich glaube geschickten Brief – und nun kann ich auf Geld hoffen. Es ist seltsam, daß ich, seit gestern das Telegramm kam, ganz zuversichtlich bin, daß ich diesmal wirklich zu meinem Geld kommen werde. Ich habe die Nacht, wie schon lange nicht, ausgezeichnet und sündenlos geschlafen, hatte heute morgen brillantesten Stuhlgang – bei meiner Genesungskur etwas überaus Wichtiges – und fühle mich gegenwärtig von den Kopfschmerzen, die mich in den letzten Tagen schauderhaft geplagt haben, so gut wie ganz frei. Vielleicht kommen die 500 Mk doch! Und ich sollte mich, um mein Geldglück zu machen, ganz »auf die leichte Muse legen«.

Von Johannes kam eine Postkarte, auf der er mir den Inhalt der Jean-Paul-Ausgabe, die er vorbereitet, mitteilt. Ich soll ihm einen Brief an den Verleger Eugen Diederichs aufsetzen. Auch schreibt er mir, daß er mit dem Briefentwurf, den ich ihm für den Münchener Staatsanwalt machte (Antrag auf Aufhebung des Steckbriefs wegen Geheimbündelei, Anfrage ob andre Dinge gegen ihn vorliegen), einverstanden sei, und daß er ihn wortgetreu abschreiben werde. Zugleich schickte er mir die Odyssee, deutsch von seinem alten Lehrer Hans Georg Meyer, Professor am Berliner Grauen Kloster. Ich freue mich auf die Lektüre, da ich die Übersetzung als weit besser als die Vossische rühmen hörte.

Der Galizier Arnold Gahlberg, der früher mal die polnische »Utopia« in einer Nummer herausgab mit 2 Beiträgen von mir und einem von Landauer, wendet sich an mich um Rat für seinen Wiener Freund Hugo Sonnenschein. Dieser arme Jüngling will sein Talent an einem Cabaret fruktifizieren. Was soll ich da raten? Der junge Mann sandte mir vor einiger Zeit ein Buch mit einem so umständlichen und verschrobenen Titel, daß ich ihn unmöglich behalten konnte. Das Buch enthielt ganz wirre wilde und dumme Jugendlichkeiten (der Reim »Christus« – »bist du's?« ist mir in heiterem Gedächtnis), aber ich fand auch andre Gedichte, die wirkliches Temperament, und darüber hinaus auch Ansätze zu starkem Gestaltungstalent zeigten – 2 weitere Bücher des Sonnenschein sind mir in Aussicht gestellt, und ich werde sie mit Neugier lesen.

In Tiecks kritischen Schriften habe ich die letzten Tage viel gelesen.

Das war wirklich ein kritischer Athlet. So sorgfältig, wie der an seine Probleme herantritt, wie er sie dreht, wendet, befühlt, beklopft und in- und auswendig abtastet, besorgt es heutzutage kein Mensch mehr. Was für ein Stümper ist doch Julius Bab, der bei all seiner pedantischen Umständlichkeit niemals zu einem deutlichen und präzisen Urteil kommt. Da lobe ich mir schon viel eher S. Lublinski; der ist wenigsten ein paradoxer Pedant, durch dessen vernörgelte Einseitigkeiten man nur immer allzu vernehmlich sein rhachitisches Organ und seinen ostpreußischen Dialekt hindurchhört. Tieck geht überall und ganz historisch und gründlich zu Werke. Ich habe nicht die richtigen Organe für diese ganze Sorte von Kritik. Deshalb mag ich wohl über manche große Feinheit in den Schriften flüchtig hinweggelesen haben. Vieles hat mich wohl interessiert, der Essay über das Volkslied – der über Goethe und seine Zeit war mir in seiner »neckischen« Einkleidung nicht sympathisch: oh Gott, diese Romantiker mit dem Schulbakel! – und besonders der über die Schauspielerei vor 100 Jahren. Ich fühle immer mehr das Zeug zu einem guten Theaterbeurteiler in mir. Hätte ich Gelegenheit, Bühnenkritiken zu schreiben, so würde ich – was mir auch bei Tieck erfreulich auffiel – nicht, wie es heutzutage allgemein geschieht – blindlings nach dem Literaturwert eines Stückes fragen, sondern das Bedürfnis nach leichter Theaterware, Schwänken, Burlesken, Possen etc. ohne weiteres gutheißen und bei den Stücken, die ohne literarische Prätension auftreten, einfach die Gefälligkeit der Aufmachung prüfen und die Wirkung auf das Publikum abschätzen und zu begründen suchen. Ferner wäre auch bei Aufführungen von ernsten Stücken nicht blos der dramatische Wert, sondern vor allem die theatralische Wirksamkeit zu begutachten, die Schiller auf die höchste Stufe hob, und die auch Sudermanns Dramen eine höhere Wirkung verdienen lassen, als sie allgemein – d. h. bei den Zünftlern – erfahren. Es ist jammerschade, daß mich so leicht kein Blatt regelmäßig ins Theater wird schicken wollen.

Château-d'Oex, Freitag 2. September 1910.

Meines Vaters zweiundsiebzigster Geburtstag. Das Datum weckt in mir Gefühle, die fernab sind von kindlicher Freude und fröhlicher Mitfeier. Bei allen guten Gefühlen, die ich mir noch für meinen Vater erhalten habe, bei allem Respekt vor vielen Zügen seines Charakters, bei aller Sympathie, die wohl im Blut liegt, bei allem Mitleid an den mancherlei Nöten die er trägt, an denen selbst, zu denen ich Ursache bin – das Gefühl der Dankbarkeit, das doch im Empfinden des Kindes gegen die Eltern als das natürlichste gilt, ist mir völlig verloren gegangen. Wenn ich mich frage, wofür soll ich ihm danken? so fällt mir in der Tat nichts weiter ein außer der Tatsache, daß er mich gezeugt hat, und die Gedanken, die sich hieran anschließen, sind so bitter, daß sie mir Franz Mohrsche Betrachtungen nahelegen. Wahrhaftig! Daß er mich ernährt hat, erhebt ihn, der es ohne Not konnte, nicht über andre Menschen, nicht über arme Tagelöhner, die viele Kinder vor Hunger schützen und liebend betreuen. Daß er mir einige Schulbildung ermöglichte, solange bis ich selbst mich voll Ekel aus der Schule davonmachte, das ist kein Grund zu Dankgesängen. Tat er es doch gewiß nicht, um mich zu dem zu machen, was ich werden wollte und mußte, zu dem, was ich ward. Für seine Erziehung? Es steigt etwas wie Haß in mir auf, wenn ich daran zurückdenke, wenn ich mir die unsagbaren Prügel vergegenwärtige, mit denen alles, was an natürlicher Regung in mir war, herausgeprügelt werden sollte. Man kannte meine Neigung, Bücher zu lesen. Nie erhielt ich welche geschenkt, und als man dahinter kam, daß ich nachts heimlich aufstand, an den Bücherschrank der Eltern ging und mir die Werke Kleists, Goethes, Wielands, Jean Pauls herausholte, da verschloß man den Schrank und nahm mir die einzige Möglichkeit, meine tiefe Sehnsucht zu befriedigen. Geld bekam ich nie in die Hand. Als ich es mir dadurch erschwindelte, daß ich vorgab, hier und da Schreibhefte, Bleistifte u.s.w. zu gebrauchen, da wurde ich in der grauenhaftesten Weise geschlagen. Ich denke mit wahrem Grauen an die Tage, wo ich herumschlich, angstvoll auf die versprochenen Keile zu warten. Denn mir war für ein so schreckliches Verbrechen, daß ich 20–30 Pfennige »unterschlagen« hatte (denn mein Vater drückte sich in solchen Fällen gern möglichst juristisch aus), eine dreifache Auflage von Prügeln zudiktiert worden, d. h., ich hatte an drei Tagen hintereinander mich zum Empfang der Strafe zu melden. Etwas Haarsträubenderes an viehischer Grausamkeit ist wohl nie ausgesonnen worden, und ich war wohl 12–13 Jahre alt, voll kindlicher erwachender Sehnsucht und tiefer empfindend als andre Jungen. In der Schule war ich faul wie die Sünde. Nie kam jemand auf den Gedanken, daß ich, dessen Gewecktheit und leichte Auffassung jeder bemerken mußte, falsch angefaßt wurde. Hätte ich verständnisvolle Lehrer – womöglich Privatlehrer – gehabt, ich hätte gern mit Hingebung gelernt. So wurde ich nur immer gehauen und gestraft, gestraft auch seelisch damit, daß ich nie teilnehmen durfte an Ausfahrten oder andren Vergnügungen der Geschwister, gestraft durch geringschätzige Behandlung und wahrhaft raffinierte Mittel, ein kindliches Gemüt zu kränken. Und dabei stets der Stolz des Vaters auf seine Erziehungsmethode, der Stolz dieses Mannes, der nicht erkennen konnte, daß seine Kinder nicht alle gleich geartet waren, daß drei so waren, wie er sie haben wollte, brav, fleißig, gehorsam, und nur ich aus der Art schlug. Alles immer in der besten Absicht, in wahrhaft gutem Bestreben für mich. Und ich ging hinaus und hielt mich schadlos für alles durch ausgelassene Streiche, durch alle möglichen Erfindungen des Unfugs, und immer wieder gab's Strafen und Tadel, und das Lernen wurde mir zum Ekel und das Leben so früh schon zum Überdruß. Und immer wußte ich doch dabei, wer ich war. Stets fühlte ich den Erlesenen in mir, den, dem unter allen Großes vorbehalten war. Einmal – da mag ich wohl an 15 Jahre gewesen sein, vertraute ich – nur in Andeutungen – meiner Mutter, wie ehrgeizig ich sei, und mir schien damals, als verstände sie mich und glaubte mir. Aber sie war eine schwache Frau und der Vater führte unbedingtes Regiment im Hause und war ihr selbst absolute Autorität. So ließ sie es geschehen, daß er mich mit seiner fürchterlichen Erziehungsmethode nach Schema F mißhandelte. Als ich Quartaner war, sollte ich Musikunterricht haben. Das Instrument durfte ich selbst wählen und wählte das Cello. Ein viertel Jahr hatte ich Stunden, dann aber brachte ich ein schlechtes Zeugnis heim, und es hieß, die Musik halte mich von den Schularbeiten zurück. So wurden die Celli-Stunden eingestellt, und ich kann bis zum heutigen Tage kein Instrument spielen. So strafte mich mein Vater für ein schlechtes Zeugnis fürs ganze Leben. Dann machte ich den dummen Streich, der meine Relegation aus der Untersekunda zur Folge hatte. Herrgott, waren das Tage zu Hause! Wie ein Verfehmter wurde ich angesehn. Und als ich dann einmal in den Ferien zuhause war, und kam von einem Lachswehrkonzert erst um ¼ nach 10 zurück, da machte mir mein Vater selbst die Korridortür auf und empfing mich – den 18jährigen Menschen, weil ich eine viertel Stunde zu lange ausgeblieben war, mit einer schallenden Ohrfeige! Die brennt mir heute noch im Gesicht, wenn ich dran denke. Ach, und später! Ich wollte Schriftsteller werden, beichtete ich meiner Mutter, als ich glaubte, ich würde es in der Apothekerlehre nicht mehr aushalten. Tränen, Begütigungen, Aufregungen. Schließlich hieß es: gut, mach dein Gehilfenexamen, dann darfst du Schriftsteller werden. Die Mutter starb. Um den Vater in seinem Gram nicht zu kränken, gab ich meiner Schwester Margarete das heilige Versprechen, bis zum Examen würde ich mich von aller Literatur und allen Interessen, die mich bewegten fernhalten, bis zum Gehilfenexamen. Ich hielt das Versprechen. Was es mich gekostet hat, kann kein Mensch ermessen. Ich machte auch das Examen. ¾ Jahre darauf tat ich, was ich tun wollte und mußte. Ich ging nach Berlin als Gehilfe und sprang von dort heraus – in die Neue

Gemeinschaft. Jetzt war ich Schriftsteller. Mein Vater in Verzweiflung. Er wollte mich aushungern. Gottseidank war ich stärker. Bis jetzt – 10 Jahre lang – bin ich Sieger geblieben in dem Kampf. 100 Mark giebt er mir monatlich. Giebt er mir? Ach, nachdem er mir das 5–6fache genommen hat! Als ich mündig wurde, ließ er mich den Verzicht auf die Zinsen des großväterlichen Erbes unterschreiben, weil es unrecht sei, daß dem Vater diese Erbschaft zugunsten seiner Kinder entzogen sei. Konnte ich, als ich das unterschrieb, ahnen, in welche Not ich dadurch kommen würde? Gewiß, mich trifft an vielem selbst die Schuld. Wäre ich wie andre Leute ohne Sentiment für den Vater, ich hätte längst prozessiert, wäre längst zu meinem Erbteil gekommen. Müßte ich mich später auch aus dem väterlichen Reichtum mit dem Pflichtteil begnügen – das wird immer noch mehr sein, als alle meine Freunde haben – meine besten Jugendjahre wären mir nicht verkümmert und versauert worden. Nun sitze ich da, mit 32 Jahren, immer noch von heute auf morgen in Angst, wovon leben? Immer noch ohne eigne Wohnung, ohne Aussicht, daß es bald besser wird. Soll ich dem Vater den Tod wünschen? Ich weiß nicht. Ich habe keine Sentimentalitäten, die mich daran hinderten. Am Ende bin ich jung und habe zwar nicht mehr das Leben (das ist verpfuscht), hoffentlich aber doch noch wertvolle Strecken des Lebens vor mir – und viele Arbeiten, zu denen ich Muße und Freiheit von Not und Entbehrung brauche. Er aber hat alles hinter sich. Schon hat sich das Alter bei ihm mit einer gefährlichen Herzschwäche gemeldet. Davon ist er wieder gesund geworden. Was ich ihm heute wünsche, ist ein heiterer Beschluß des Lebens, aber kein langes Verweilen mehr. Einmal aber vor dem Ende möge er noch in einem klaren Moment einsehn, wieviel Vorwurf und Strafe, die er mich hat kosten lassen, ihm für seine Erziehungsmethode gebührt.

Château d'Oex, Sonnabend, d. 3. September.
In diesen letzten Tagen hier – übermorgen hoffe ich abzufahren – ist mir doch noch ein Mensch begegnet, von dem ich mehr Erinnerung mitnehmen werde als die flüchtige Bekanntschaft. Es ist das die Gattin des Arztes dieser Anstalt, des Dr. Delachaux. Diese Frau fiel mir schon am Abend meiner Ankunft auf. Sie hat ein feines stilles kluges Gesicht, das etwas an Hedwig Lachmann erinnert, auch die frühgrauen Haare hat sie mit ihr gemeinsam. Als neulich Johannes hier gewesen war, fragte mich die Dame viel nach ihm, da er ihr so sehr aufgefallen sei. Ich erzählte ihr, er sei ein Dichter, und als sie mehr wissen wollte, sprach ich von einem Roman, den er schreibe und log von Gedichten, die sehr schön seien (ich habe diese Gedichte in all den sieben Jahren unserer Freundschaft immer noch nicht kennen gelernt). Dann lieh sie meinen »Krater« aus, und gestern abend nach dem Essen suchte sie daraufhin ein Gespräch mit mir. Es gefiel mir so gut, daß sie garnicht anfing, mir Schmeicheleien zu sagen. Was sie äußerte war echt und klar. Zunächst konstatierte sie, daß sie noch nie Gedichte gelesen habe, die so präzise im Ausdruck seien, und deshalb sich gleich auch in der Stimmung mitteilten. Dann kam sie vorsichtig auf das Inhaltliche, Gefühlsmäßige der Gedichte. Ob diese Traurigkeit, die über den Versen läge, mein Wesen ganz erfülle. Ich wich aus, indem ich meinte, vielleicht erwecken nur grade die traurigen Stimmungen das Bedürfnis in mir, sich in Poesie umzusetzen. Dann fragte ich sie, ob sie nicht von den zynischen Satiren abgestoßen worden sei. Sie erwiderte, sie habe sich daran gewöhnt, allem Menschlichen mit Verständnis und Achtung zu begegnen. Sie brachte die Unterhaltung weiterhin auf das Christentum und war sehr mit mir einverstanden, als ich – erst ganz behutsam, dann sehr derb – das Christentum von der Kirche unterschied und mich zu einem starken, rebellischen Tolstojanismus bekannte. Zum Abschied gab sie mir mit einem süßen melancholischen Lächeln und mit verlittenen wun-

derschönen ernsten und begehrlichen Augen die weiche zarte nervöse Hand. Ich bin ganz erfüllt von dieser Frau und habe ihr ein paar leise Verse gedichtet, die sie niemals zu sehn bekommen wird.

Heute früh hatte ich den Besuch ihres Ehegatten in meinem Zimmer. Ein sehr sympathischer und vertrauenerweckender Arzt. Sein Aeußeres sieht Johannes Schlaf sehr ähnlich, seine Art zu sprechen und sich zu bewegen Dr. Tobler. Er meint, daß die Arterienverhärtung kaum mehr als eine Kaffee- und Nikotinvergiftung sei, daß viel wichtiger die Herzstörung sei, die er aber auch nur auf nervöse Erscheinungen zurückführt. Ich werde heute noch von ihm gewogen und wohl auch sonst untersucht werden.

Die Post brachte die Antwort von Lottes Mutter, der alten »Pumerin«, ihre letzte Nachricht habe sie am 10. August aus Mailand erhalten. Vielleicht sei das Puma doch noch zu erreichen. Ich sandte sogleich eine Karte nach Mailand. Ferner schrieb mir Emmy eine rührende zittrige Karte aus dem Krankenhaus und Landauer macht mir Komplimente wegen der Varnhagen-Exzerpten, die ganz in seinem Sinne seien, und die ich fortsetzen möge. Ob ich die ganzen noch fehlenden 15 Bände exzerpieren werde, ist mir allerdings noch fraglich.

Was habe ich in den letzten beiden Tagen alles gelesen! Zunächst die ganze Odyssee in der Meyerschen Übersetzung, die ganz prachtvoll ist. Ich habe das Buch mit der Wollust eines Knaben gelesen, der Indianergeschichten verschlingt – und dabei nie über einen schlechten Vers, nie über eine sprachliche Härte zu stolpern! Manche Stellen scheinen leider aus Gründen der Fürsorglichkeit in Sexualibus fortgelassen zu sein. Johannes schickte mir die Schulausgabe. Dann las ich die Ostwaldsche Sammlung »Erotische Volkslieder aus Deutschland« (Verlag Frowein). Es steht sehr viel Wertvolles, Volkstümliches und poetisch Kräftiges darin. Doch tut Oswald etwas zu viel, indem er gereimte Zoten, die garnicht mit Volkslied zu tun haben, aufnimmt, wie die Witzchen, die wir als Tertianer kannten: Ich möcht gleich Vögeln – ich möcht gleich Vögeln – ich möcht gleich Vögeln in die Lüfte ziehn« u.s.w. Ich meine, wenn in irgendeinem gereimten Schmarren das »Vögeln« oder »Votze« vorkommt, so braucht's doch deshalb noch kein Volkslied zu sein. Schließlich las ich noch in meiner Verzweiflung die fehlenden Schlußaufsätze in Tiecks 2tem Bande der Kritischen Schriften. Sie waren mir gleichgültig, wennschon ich hier und da einen Gedanken wert fand, ihn am Rande anzustreichen. – Jetzt ist mein literarischer Vorrat hier soweit erschöpft, daß ich nun wohl wohl oder übel an Julius Harts »Revolution der Ästhetik« heranmuß, die mir Ehbork in Berlin zur Rezension mitgab. Also in Gottes Namen!

Château-d'Oex, Sonntag, d. 4. September 1910.
Nein, ein Buch von Julius Hart zu lesen, ist mir nicht mehr recht möglich. Ich werde kaum je erfahren, wie er sich die »Revolution der Aesthetik« denkt. Dieses Gewoge von emphatischen Tönen und seniler Geschwätzigkeit werde ich nicht ein dickes Buch hindurch über mich zusammenprallen lassen. Dieser unglückliche Julius Hart ist nicht imstande, einen einzigen Ausdruck präzise hinzusetzen. Jedes Wort wird in einem Synonym wiederholt. Das ist auf die Dauer unerträglich. Er sagt nicht etwa: diese Tatsache ist wirklich so; er sagt: »diese Tatsache und dieser Umstand ist wirklich und effektiv so.« So geht es Satz für Satz – und die einzelnen Sätze werden auch noch extra wiederholt, denn er fügt noch hinzu: »und es ist durchaus nicht zu bezweifeln und daran zu rühren, daß sie sich wahrhaftig und einwandfrei so verhält und zuträgt«. Man möchte ausrufen: »Julius Hart und Bitter!«

Wie habe ich diesen Julius Hart einmal verehrt! Wie schienen er und die um ihn waren, mir die höchsten Leuchten der Menschheit! – Ich habe aber seine Philosophie allmählich doch als bloßes Phrasen-

geklingel kennen gelernt, und den Menschen, der in der »Neuen Gemeinschaft« die größte Tat zu realisieren versprach, als einen armen
Schwächling, der sich an den eignen Tönen besäuft. Was ist mir überhaupt übrig geblieben von den Menschen, die ich vor nun fast 10 Jahren in der »Neuen Gemeinschaft« traf? Peter Hille ist schon 6 Jahre
tot. Heinrich Hart, der mir immer unendlich lieber war als Julius,
ist mehrere Jahre tot. Landauer ist der einzige – und der wird
mir – trotz manchem! – sicher bleiben als Freund und Kamerad. Ich
kann doch an diese Zeit der Neuen Gemeinschaft nicht ohne eine gewisse Rührung zurückdenken. Und doch, wie arg ist es mir da ergan-
gen! Das war der erste große zügellose Enthusiasmus, dem ich mich
hingab, und die erste tiefe schmerzliche bitterste Enttäuschung. Wie
ich mich hingab! Wie ich das wenige Geld, das ich hier und da zu-
sammenscharrte, der »Sache« zutrug! Wie ich arbeitete im Dienste
der Idee! – Und dann kamen die Verläumdungen. Ich suchte doch
nur Anschluß an Namen! Ich wolle die Freunde ausnutzen und was
noch alles. Und als ich drauf drang, daß der Brief, der an Heinrich
Hart gegangen war, vorgelesen würde, wie da alle, die unterschrieben
hatten, feige beiseite traten, und wie Julius Hart mir, der ich fluchte
und weinte, erklärte, meine Aufregung sei ja eigentlich ein Beweis,
daß mein Gewissen nicht rein sei! Pfui Teufel! Damals hat man etwas
sehr Wertvolles in mir zerbrochen. Die Ungerechtigkeiten, die ich
später – viel später erst, denn ich zwang mich noch etliche Monate
zu der gleichen Aufopferung wie ehedem – gegen manche beging,
vor allem gegen Heinrich Hart, der sie am wenigsten verdiente, die
waren eine gesunde Reaktion gegen die Abscheulichkeit, die mir damals – ich war 23 Jahre alt – zugefügt wurde.

Durch diese Geschichten mag meine Antipathie gegen die Bücher,
die Julius Hart schreibt, mitbestimmt sein. Jedenfalls habe ich die
»Revolution der Ästhetik« beiseite gelegt, und werde heut und morgen noch sehn, ohne Lektüre auszukommen. Gestern ging's schon

ganz gut. Ich fand in alten Heften der »Gartenlaube« Schachpartien notiert, die ich nachspielte. Es waren sehr interessante Kombinationen darin und ich freute mich über die Abwechslung. Außerdem ist seit vorgestern ein junger Mensch von vielleicht 15 Jahren hier, der zwar nicht sehr sympathisch ist, aber deutsch spricht – er ist französischer Schweizer, besucht aber ein Institut in Deutschland und mit dem spielte ich Schach, wobei ich trotz Damenvorgabe gewann, Dame und Mühle. Der muß heut auch wieder herhalten.

Johannes stellte mir in einer Postkarte für Aeschi Damenbekanntschaften in Aussicht. Eine Schwester seiner Freundin, der er schönen Körperwuchs nachrühmt, sei bei ihm und eine 45jährige Französin, voll Esprit und Tiefe, die er »sehr sehr« lieb habe. Ich denke schaudernd an Mirka, deren Asche in eine Blechkanne eingelötet Hans auf seinem Tisch stehn hat. Diese Asche und ein Koffer, das ist alles was er von ihr geerbt hat, und der gute Junge hat immer noch zärtliche Erinnerungen für die arme Greisin.

Der Arzt konstatierte bei mir eine Gewichtszunahme von weiteren 600 Gramm, sodaß ich jetzt grade 60 Kilo wiege, und stellte fernerhin fest, daß der Blutdruck sich von 9 auf 10 centimeter erhöht hat. Da er noch auf 12 Ctmter kommen soll, soll ich mich noch wenigstens 3 Monate lang des Rauchens und Kaffeetrinkens völlig enthalten. Ich bin neugierig wie lange ich es durchführen werde. Jedenfalls glaube ich, daß mir der Aufenthalt in Aeschi als Übergang die Sache erleichtern wird, Gottseidank – morgen reise ich! Das Geld ist gekommen, und ich stelle die Mischboche vor das fait accompli.

Château-d'Oex, Montag, d. 5. September 1910.
Tröstlich sieht das Wetter grade nicht aus. Vielleicht klärt es sich bis zum Nachmittag soweit auf, daß ich nicht grade im Nassen abfahren muß. Eine Verhinderung der Abreise ist nun kaum mehr zu befürch-

ten, da alles mit Onkel L. brieflich ins Reine gebracht ist – wenigstens von mir aus. Er hatte keine Zeit mehr, noch in einem hierher adressierten Brief zu meinen Reiseplänen Stellung zu nehmen. Hoffentlich habe ich mir die Hilfsaktion, die er weiterhin bei meinen Geschwistern für mich betreiben wollte, nicht mit meiner Eigenmächtigkeit verschüttet. Aber wenn schon! Ehe ich mich völlig versklave, will ich schon lieber noch ein paar Monate oder Jahre länger darben. Zudem hoffe ich ja auf Frau v. Ruttersheim!

Ich bin schon recht froh auf das Beisammensein mit Johannes. So werde ich doch gute Gespräche führen können. Auch will ich in Aeschi wieder anfangen, Zeitungen zu lesen. Der Zeitungsfrau am Bahnhof hier ist es nicht gelungen, für mich das »Berliner Tageblatt« zu erhalten, so war ich auf lauter ausländische Blätter hier angewiesen. Der »Bund« enthält absolut nichts – es ist jedesmal nach der Lektüre eine große Leere in mir und ich frage mich dann vergeblich, was denn nun auf den 4 oder 8 Druckseiten gestanden hat, die ich eben gelesen habe. Die wenigen Kenntnisse, die ich mir über die Geschehnisse in der Welt täglich zugeführt habe, entnahm ich dem Pariser »Matin«, der aber so überhäuft ist mit Pariser Klatsch, daß man sich die paar Nachrichten, die einen irgendwie angehn könnten, wie die Rosinen aus dem Napfkuchen pellen muß.

Den Sozialisten-Congreß in Kopenhagen verfolgte ich in diesen Tagen in den spärlichen Auslassungen des »Matin« mit großem Interesse. Es ist doch schmachvoll, wie diese deutschen Sozialdemokraten ihren Beruf als Volksführer auffassen, mit was für Mätzchen und Kniffen sie sich um die selbstverständlichsten Pflichten herumdrücken. Von den Engländern (das ist sehr bedeutsam, denn die spielen noch garnicht lange mit!) war der Antrag gestellt worden, jeder drohenden Kriegserklärung sei von den Arbeitern der betreffenden Länder mit dem Generalstreik zu begegnen. Da es in den auch von den Deutschen Sozis akzeptierten Beschlüssen heißt, Kriege seien mit <u>allen</u> Mitteln zu verhindern, wäre es ganz selbstverständlich, daß das wirksame Mittel des Generalstreiks in solchem Falle angewandt würde. Der Antrag wurde von den Franzosen nachdrücklich unterstützt. Er fiel aber, geworfen von den »Dreibund«-Mächten: Deutschland, Oesterreich und Italien. Die Italiener haben leicht reden. Was in Italien Turati und den Marxisten folgt, dies Bäckerdutzend Kolonialwarenhändler und Büroschreiber hat so wenig Macht, daß sein Kopenhagener Votum von denen, die evtl. einen Generalstreik machen können, doch nur verhöhnt wird. Aber Deutschland und Oesterreich! Die Herren Ledebour und Renner haben beweglich gestöhnt, daß ein solcher Beschluß höchst bittere Repressalien der Regierung gegen die Sozialdemokratie hervorrufen würde. Soweit ist es nun also glücklich gekommen, daß die »revolutionäre« deutsche Arbeiterschaft selbst bei ihrer Abstimmung über die Dinge, die die internationale Sache des sogenannten Proletariats betreffen, nach dem Eindruck schielt, der »oben« – in der Wilhelmstraße – erweckt wird. Es ist eine wahre Affenschande! – Aber die Ablehnung energischer Maßregeln gegen androhende Kriege muß eine Wirkung ausüben, für die jeder, der an dieser Ablehnung mitgewirkt hat, geköpft zu werden verdient. Das Votum der Deutschen Sozialdemokraten kann bei der Regierung garnicht anders verstanden werden als: »Wenn ihr Krieg führen wollt – auf uns, auf die deutsche Arbeiterschaft könnt ihr euch verlassen!« – Die Zustimmung zu dem englischen Antrag wäre allein ein unendlich kräftiges Palliativmittel gegen den Krieg gewesen. Die Ablehnung und ihre Begründung muß alles imperialistische und kapitalistische Kriegsgelüste ermutigen und bestärken. – Die Preise der Nahrungsmittel in Deutschland stehn unglaublich hoch, die neuen Steuern sind, bis sie sich mit dem Geldkurs einigermaßen ausgeglichen haben werden, ein schandbarer Druck auf die Leistungskraft des Volkes (alles für Heer und Flotte!) und in diesem Jahre ist die Ernte allenthalben so schlecht ausgefallen, daß eine

schreckliche Teuerung selbst in den allerwichtigsten Produkten wie
Kartoffeln und Gemüse zu erwarten ist. Jetzt hätte ein radikaler Beschluß ihrer Mandatare sicher viel Verständnis und Zustimmung bei
den Arbeitern gefunden. Aber man will sich vor den Wahlen der
»Mitläufer« versichern, man ist diplomatisch um des Ehrgeizes willen, im Reichstag das Maul aufreißen zu dürfen. Pfui Deibel!
Jetzt geh ich ans Packen.

Aeschi, Mittwoch, d. 7. September 1910.
Johannes holte mich an der Bahn in Spiez ab, und dann fuhren wir
abends von ½ 8 bis um 9 Uhr auf gräßlichen Umwegen durch stock-
finstere Nacht auf durchweichten Berg- und Waldwegen im klappri-
gen Postwagen nach Aeschi. Ich habe hier ein nettes kleines Zimmer
in der Pension Baumgarten, gegenüber dem des Freundes. Cecha,
Izas Schwester, von dieser aus Besorgnis für ihren Geliebten hierher
gesandt, ist ein hübsches, schlankes, blondes blauäugiges polnisches
Judenmädel, ein wenig unfrei in ihrem Gehaben, sehr musikalisch –
und natürlich schon über beide Ohren in Johannes verliebt. Im übrigen hat die Pension, nachdem gestern eine Familie abgereist ist, nur
noch ganz wenige Gäste: außer uns nehmen an den Mahlzeiten nur
noch ein 78jähriger vornehmer Elsässer mit Tochter und Nichte teil,
liebenswürdige Menschen, versehn mit jener humanitären Verbind-
lichkeit und oberflächlichen Bildung, die ihre Gesellschaft möglich
und erträglich macht. Ein alter blödsinniger Bäckermeister muß allein essen, im »Salon«, in dem wir (Hans und ich) nach dem Essen
Domino spielen. Der arme Mann bewegt sich schwerfällig und gro-
tesk, der Rest seines Verstandes scheint nur noch zum Beten auszu-
reichen, zu welcher Beschäftigung er sich einige Male in der Viertelstunde am Tischrande aufs Knie herniedergleiten läßt.
Gestern besuchten wir, Johannes, Cecha und ich, in Bad Heustrich

die schon angekündigte Französin, Madame Arnaud, Inhaberin einer großen Buchhandlung in Paris, Avenue de l'Opéra. Johannes schilderte sie mir bei seinem Besuch in Château-d'Oex als 35jährig, dann schrieb er, sie sei schon 45, und als ich sie sah, taxierte ich sie sofort auf 55 Jahre. Immerhin: die Dame ist noch recht interessant, lebhaft, erotisch, unterhaltsam und in vieler Hinsicht anziehend. Wir betrachteten uns mit jener Neugier, die beiderseits darauf aus ist, Sensationelles zu erleben. Einige Minuten, die Hans und Cecha uns allein ließen, genügten denn auch dazu, daß ich feststellen konnte, wie temperamentvoll die Dame noch küssen kann. Heut waren wir wieder bei ihr.

Mit Margarethe Faas telefonierte ich heut früh. Sie will in den nächsten Tagen von Bern heraufkommen. Herrn Berndl habe ich geschrieben, daß er mich besuchen möchte.

Heut früh, als ich noch im Bette lag, kam Johannes zu mir. Wir wurden sehr innig miteinander, und es scheint, daß auch die letzten Schatten, die seit jenen traurigen Tagen im Anfang des vorigen Jahres zwischen uns lagen, nun gewichen sind. Nachher bei einem Spaziergang sprachen wir uns über manches aus. Er warf mir vor, durch meinen Skeptizismus, den ich stets seiner Zurechtfindung in eine gesunde Sexualität entgegengestellt habe, hätte ich ihm dieses Glück, das er bei Iza gefunden hat, sehr hintangehalten. Ich weiß nicht, ob er recht hat recht darin. Das aber weiß ich, daß ich darüber recht glücklich bin, daß es ihm gelungen ist, in der Liebe zu einer Frau Befriedigung zu finden. Ich hoffe, ihm das noch einmal durch äußerliche Zeichen beweisen zu können.

Die Landschaft hier ist recht schön und gefällt mir weitaus besser als die in Bergen eingesperrte Trift von Château-d'Oex. Man hat doch Ausblick, und wenn das Wetter so bleibt, wie es heute war, nachdem es gestern und vorgestern unaufhörlich geregnet hatte, so hoffe ich noch manchen schönen Spaziergang hier zu machen.

Meine Lektüre ist wieder Varnhagen (Hans erzählte mir, daß ihn Gottfried Keller stets den »Harnwagen« nannte). Johannes hat mir vier weitere Bände seiner Tagebücher besorgt, und ich streiche weiterhin an, was sich für Exzerpten zum Abdruck im »Sozialist« eignet.

Aeschi, Freitag d. 9. September 1910.

Ein sehr unerquicklicher Brief meines Schwagers Julius verdarb mir gestern abend die gute Laune. Aus meinen Geburtstagsbrief an Papa hatte man ersehn, daß ich die Absicht hatte, Château-d'Oex vor den 4 Wochen, die mir zur Sanatoriumskur bestimmt waren, zu verlassen. Große Aufregung deshalb. Richtig ist ja, daß Julius damals der Meinung war, es müsse etwas für meine Gesundheit geschehen auch nach Beendigung der Kur, und ich hatte gesagt, dazu bedürfe es für mich einer eignen Wohnung und eines halbwegs auskömmlichen Monatswechsels. In Berlin wurde denn auch zwischen Hans, Leo, Julius und Onkel Leopold erörtert, wie man diese Notwendigkeiten herbeischaffen könnte. Nach den Abschiedsreden meines Bruders Hans, der mir vorrechnete, daß die 300 Mk, die meine 3 Geschwister für das Sanatorium zusammenschössen, schon ein so großes Opfer seien, daß kein Pfennig darüber hinaus – etwa für die Reise – bewilligt werden könnte, nahm ich natürlich an, daß nun die weiteren Dinge, die ja in die Tausende gegangen wären, begraben seien. Jetzt heißt es in dem Brief plötzlich, daß man aus einer etwaigen Eigenmächtigkeit, in der ich Château-d'Oex verließe, meine Unfähigkeit erkennen müßte, hygienisch und zum eignen Nutzen zu handeln, und die Absicht, mir zu helfen, aufgeben würde. Ich habe sogleich einen sehr geschickten Brief geschrieben, in dem ich auseinandersetzte, daß es vornehmlich Sparsamkeitsgründe gewesen seien, die mich veranlaßt hätten, hierher zu gehn, und daß ich hier infolge verminderter Kostspieligkeit die Kur ebenso energisch aber eine Woche länger als dort durchführen könne. Entweder das nützt oder es nützt nicht. Jedenfalls werde ich den Leuten nicht in den Hintern kriechen. Wenn sie nicht selbst das Gefühl haben, daß man jemand entweder hilft oder im Stiche läßt, aber einen erwachsenen Menschen nicht mit Bedingungen und Wenns und Abers zu kommen hat, so sollen sie mich – –. Beunruhigt bin ich durch den Brief insofern, als die Besorgnis daraus spricht, daß ich – wenn nicht meine Lebenshaltung gegen früher sich sehr ändern sollte – nicht mehr lange machen werde. Es ist mir ein ganz fürchterlicher Gedanke, ich könnte zu Lebzeiten meines Vaters sterben, und müßte Johannes in Not und Elend zurücklassen, ohne die geringste Möglichkeit, ihm jemals das Leben zu erleichtern. Und dann: sterben müssen, ohne jemals imstande gewesen zu sein, mir selbst die kleinste Laune zu erfüllen, ohne je erfahren zu haben, was es heißt, verfügen zu können! Es wäre grauenhaft, ganz grauenhaft – aber es würde verflucht gut zu mir passen!

Ich habe den 4ten Band Varnhagen ganz und den 5ten zur Hälfte gelesen. Die Märztage von 1848. Dieser Konservative von damals hat revolutionärer empfunden als heut irgendein Sozialdemokrat. Übrigens freue ich mich, wie mir durch diese Aufzeichnungen meine Antipathie gegen Wilhelm I, die ich von jeher empfunden habe, bestätigt wird. Ein widerlicher Hallunke!

Den Artikel »Frauenrecht« habe ich endlich geschrieben. Heute schicke ich ihn ab. Landauer wird sich schwerlich drüber freuen.

Aeschi, Sonntag, d. 11. September 1910.
Die Jahreszeit wird immer herbstlicher. Die Gäste der Pension »Baumgarten« sind fast alle abgereist – zuletzt ein alter 78jähriger Herr Frey aus Mühlhausen mit Tochter und Nichte. Mit der Tochter, einer etwa 44jährigen lebhaften und angenehmen Dame waren wir die

letzten Abende regelmäßig beisammen gewesen. Es wurde vorgelesen: aus Homers Ilias (Meyersche Übersetzung); aus des Knaben Wunderhorn; aus meinem »Krater« und aus Heinrich Manns »Kleiner Stadt«. Auch las ich in Gegenwart der Dame die zweite Hälfte meines Gefängnistagebuchs vor. Die arme Person ist ein Opfer ihres Vaters, der selbst ein liebenswürdiger und interessanter alter Herr ist. Aber seine Tochter muß ewig um ihn sein, darf keine eigne Meinung haben, seiner, die konservativ, religiös bis zur Bibeltollheit, ganz und gar intolerant ist, nie widersprechen. Offenbar hat sie um seinetwillen nicht heiraten können. Sie schwärmt von Rudolf Steiner – der seit etlichen Jahren Anführer der Theosophen ist (ich halte ihn für eine Wetterfahne), sie darf aber natürlich keine Freundschaft mit ihm haben – und sie fügt sich. Ich merkte ihr es an, wie sie von den Stellen meines Tagebuchs ergriffen ward, die über meine Stellung zu meinem Vater handeln, und wie sie mich beneidet, daß ich eigne Wege zu gehn wage. Sie kann nicht ahnen, wie ich noch immer zu leiden habe. Wäre ich fromm und brav, ich wäre gewiß nicht in der furchtbaren äußeren Lage, die mich vorzeitig zugrunde richtet. Ich brauchte nicht davor zu zittern, daß ich wahrscheinlich sterben muß, ehe ich in der Lage war recht zu leben. Gestern abend habe ich vor Johannes geweint, als mir die Trostlosigkeit meiner Situation klar wurde. Ich soll regelmäßig und gut leben – das sagt jeder Arzt –, will ich mein Leben erhalten. Jetzt habe ich noch 100 Franken – davon soll ich hier meine Rechnung bezahlen, die Reise nach München und dort bis zum 1. Oktober auskommen, – und gut und regelmäßig leben! Daß meine Familie etwas Anständiges und Wirksames für mich tun wird und in einer Form, die mir die Annahme möglich macht, glaube ich nicht. Erst wenn es wirklich zu spät ist, werden sie aufhören sparsam zu sein. Es ist widerlich, aber es ist Tatsache: die einzige Möglichkeit, daß ich leben könnte, wäre, wenn mein Vater stürbe. Dann könnte ich die Notwendigkeiten erfüllen, eine eigne Wohnung haben, die es mir ermöglichte, abends zuhause zu sein, gut und regelmäßig essen, mich anständig und warm kleiden, stets die Luft atmen, die ich brauche – und dabei noch die Freunde in den Stand setzen, daß ich ihre Freundschaft verdienen würde. Garnicht davon zu reden, daß ich für meine Arbeiten selbst etwas tun könnte, während ich so sicher auch nach meinem Tode noch von der deutschen Presse an die Wand gedrückt werde. Ich sehe schon meine Nekrologe: tausend »Bohême«-Anekdoten, Anarchist in Anführungsstrichen und »im übrigen nicht talentlos«.

Im »Berliner Tageblatt«, das ich jetzt von Thun aus täglich bekomme, fand ich in einem Artikel über Presse und Regierung ein sehr interessantes Bekenntnis. Der Ausspruch des Kaisers: »Wer sich mir entgegenstellt, den zerschmettere ich!« gelte für die Presse. Sie spreche das zwar nicht aus, aber sie handle danach. Das ist doch hübsch, und daß es wahr ist, habe ich am eignen Leibe hinlänglich zu fühlen bekommen. Nur meint das Tageblatt seine Konfession natürlich nicht in bezug auf solche Leute, die der Presse Kriecherei, Gesinnungslosigkeit und jede verleumderische Erbärmlichkeit vorwirft wie ich das tue, sondern als Kampfruf gegen solche, die sich ihrer sogenannten Meinungsfreiheit in den Weg stellen. Aber da haben sie garnicht die Macht zu zerschmettern, die Hanswürste! – Sonst steht nicht viel drin, was mich angeht. Nur eine Nachricht, die mich irgendwie ergreift: Kainz liegt im Sterben.

Aeschi, Montag d. 12. September 1910.
Eben kam eine Karte von Lotte und Strich. Endlich! Sie sind in Florenz und werden nicht, wie sie ursprünglich beabsichtigt hatten, nach Paris kommen. Lotte schreibt: »Strich und ich lieben uns noch sehr. Etsch!« – Das süße Puma! Sie soll genießen, solange sie kann. Ihre Altersversorgung werde wohl eines Tages ich werden. Alle

meine Ideale und Theorien von Weib und Freiheit sind in ihr lebendig. Und bei aller Vitalität und Unbedenklichkeit diese eminente Künstlerin, dieser schneidende Verstand und Witz, dieses starke Kulturgefühl, dabei dies stille Leid und die herrliche Schönheit des Leibes! Wundervollere Tugenden sind wohl kaum je in einer Frau vereinigt gewesen. – Ob ich sie mehr liebe oder Frieda? Ich weiß es nicht. Soviel weiß ich: Glücklicher würde ich mit Frieda sein, deren kluges ruhiges Wesen in Verbindung mit ihrer schönen Mütterlichkeit jeden Frieden gewährleistet, grade mit einem Manne wie ich einer bin, der jede sexuelle Laune gelten läßt und keine törichten Eifersüchteleien kennt. Aber ich sagte neulich zu Johannes: Im Zusammenleben mit Frieda würde ich mich unendlich nach Lotte sehnen. Wäre ich ständig mit Lotte zusammen, würde ich Frieda vielleicht nie vermissen. Er meinte wohl mit Recht, daß Lotte in ihrer wilden Lebendigkeit jedenfalls den ganzen Menschen, vor allem auch mit seinen Qualen und Leiden in Anspruch nähme und zu andern Sehnsüchten garkeine Zeit lassen würde… Uli käme, das ist mir seit Zürich klar, für ein dauerndes Beieinandersein garnicht in Frage. So schön sie ist mit ihren Bizarrerien, mit ihrer von Leiden vergeistigten Sinnlichkeit, der Schmerz, den sie aus jedem Erlebnis für sich zieht, teilt sich ihrer Umgebung, sofern sie nur fähig ist zu leiden, in grauenvoller Weise mit. Ich werde Uli immer lieben, aber diese Liebe muß etwas Fernes, Religiöses – und in der Steigerung zur Leidenschaft ganz Seltenes bleiben.

Der Kamerad Losch in Luzern hat mir nun geschrieben, daß man mich dort zum Vortrag erwartet, und zwar schlägt man mir das Thema vor: »Moderne Kulturforderungen«. Mir soll's recht sein, obgleich es eigentlich sinnlos ist, Kulturforschungen als »modern« zu spezialisieren. Aber das wäre grade schon ein Thema für mich, die Ewigkeit aller Kulturforderungen auseinanderzusetzen und als »modern« nur die Dringlichkeit darzulegen, überhaupt auf den Weg zu etwelcher Kultur zu gelangen. Jedenfalls freut mich, über etwas Allgemeines reden zu können, das erspart mir die Notwendigkeit einer umständlichen Vorbereitung und läßt mich, wenn ich am 20ten gut gelaunt bin, vielleicht in der freien Rede gute Gemeinplätze finden. Denn schließlich und endlich kommt es bei jeder freiheitlichen Agitation durch das Wort auf einleuchtende Definitionen der Freiheitsbegriffe an. Ich freue mich auf den Abend.

Aeschi, Dienstag, d. 13. September 1910.
Papa dankt auf einer Postkarte für meine Geburtstagsgratulation. Unveränderte, klare, lebendige Schriftzüge, aufsteigende Linien. Für einen 72jährigen Mann, der eben eine schwere Krankheit überstanden hat, alles Mögliche.

Zugleich kam ein Brief von Landauer. Er will meinen »Frauenrecht«-Artikel in der nächsten »Sozialist«-Nummer bringen, obgleich er ihm recht unbequem zu sein scheint. Einen Satz, in dem er eine Verdrehung wittert, will er ändern. Mir recht. In der übernächsten Nummer will er antworten. Das ist mir auch recht. Denn mir liegt am Ende nicht daran, in einer so diffizilen Frage, die ja doch nur vom Temperament aus zu entscheiden ist, vor den Lesern recht zu behalten, sondern nur daran, daß die Leser, besonders die weniger Urteilsfähigen wissen, daß Landauers Ansicht von der Heiligkeit der Ehe, der Familie und der Vaterschaft nicht etwa ein Postulat des Sozialistischen Bundes ist, und daß seine Meinung innerhalb des Bundes mit Gründen bestritten wird. Ein nettes Familienbild lag dem Brief bei, von dem mir Margarete schon neulich durchs Telefon erzählt hatte: Landauer, ein wenig wie ein Wanderprediger, den Hut in der Hand, den Havelock über dem Arm, im Kreise der Seinen.

Gestern früh las ich Johannes ein paar Kapitel aus Mundts Literaturgeschichte (1848) vor. Über Rahel, Bettina und Varnhagen. Mit jenen Frauen ist doch wohl keine meiner Freundinnen zu vergleichen. Lotte mißt sich vielleicht mit ihnen an Geist und Witz – aber das Interesse an den öffentlichen Dingen und das starke Bedürfnis zu schriftlichem, brieflichem Ausdruck der Gefühle und Erlebnisse fehlt bei ihr. Heut wieder eine lustige Postkarte aus Florenz.

In Varnhagens Tagebüchern lese ich eifrig weiter, und stehe jetzt in der Mitte des Jahres 1849. Die Gegenrevolution – kurz vor ihrer Etablierung als fester Zustand. Ich muß doch manches revozieren, was mich gegen Varnhagen einnahm. Unsympathisch ist mir zwar die gänzliche Passivität seit seiner Kaltstellung im Jahre 1815. Was sind die anonymen und sicher zahmen Artikel, die er im Interesse der Freiheit publizierte? – Was ist der Radikalismus in den Tagebuchblättern, die im Schubfach blieben? – Und doch ist dieser Radikalismus etwas, was ihn verehrungswürdig macht: er ist ehrlich. Der Zorn, die Begeisterung, die Kritik, das Schimpfen – alles ist echt, und der Stil, in dem V. seine Gefühle von der Seele schreibt, ist erstaunlich gut. Dabei hat er einen ungeheuer klaren und weitsichtigen Überblick über die Geschehnisse und schreckt nicht vor äußerst rabiaten Erkenntnissen und Konsequenzen zurück. Alles in allem doch kein Doktor Ludwig! – Mit dem Exzerpieren aus den Jahren 1848 und 49 wird es schwierig werden. Die Ereignisse häufen sich in einer Weise, daß ich in arger Verlegenheit bin, wie ich daraus – aus 3 starken Bänden – einen oder zwei Artikel herausschreiben soll.

Heut früh las mir Johannes aus einer Jean Paul-Biographie seines Neffen Spatzli Briefe an Otto vor, darunter den über die erste Begegnung mit Goethe. Dann einen Auszug aus dem prachtvollen Brief Charlottes von Kalb an Jean Paul über die Liebesfreiheit der Frauen. Sehr wertvoll und schön.

Seit drei Tagen bin ich wieder ohne Zeitung und weiß nicht was geschieht. Hoffentlich kommt das bestellte und für den ganzen Monat bezahlte »Berliner Tageblatt« heute endlich an.

Aeschi, Donnerstag, d. 15. September 1910.
Ein plötzlicher Entschluß am Dienstag führte uns nachmittags nach
Bern. Johannes, Cecha und mich – und Madame Arnaud schloß sich
uns am Bahnhof Heustrich an.

Zunächst ging's zu Margarete Faas, wo ich Curt v. Sinnern kennen
lernte, einen sympathischen jungen hübschen Menschen. In der Zeit,
wo Margret im Frühjahr des vorigen Jahres bei mir in München war,
führte sie uns brieflich zusammen. Er ging bald. Margret war wie immer ungeheuer beschäftigt – mit den Kindern, mit den entsetzlichen
Eltern, mit tausend Obliegenheiten. Unsere Stimmung war, solange
wir dort waren, ein wenig gedrückt. Es herrscht eine Stimmung am
Pflugweg 5 wie im Hause Alving. – Im Hotel zum Bären aßen wir
auf Kosten von Madame Arnaud und holten dann aus dem Rathause,
wo Rudolf Steiner einen Vortrag über »das Wesen des menschlichen
Schicksals« hielt, Berndl und Lewin ab. Bis der Vortrag zu Ende
war, mußten wir vor der Saaltür antichambrieren, und ich hörte
dumpf von außen die hohle dröhnende Stimme des hohlen dröhnen-
den Steiners, den ich seit 5–6 Jahren nicht mehr gesehn habe. Aber
ich sah ihn förmlich vor mir stehn, wie ich ihn im Jahre 1901 zuerst
bei den »Kommenden« gesehn hatte: mit von unten ausholenden
unendlich langen Gesten seine leeren Worte über die Menge schwen-
kend. Ich wollte ihn noch abwarten und ihm guten Abend wünschen – aber, nachdem die Herren Berndl und seine Freunde heraus-
gekommen waren, dauerte es mir zu lange und so wichtig war es mir
nicht. Ich hörte dann von allen, die beim Vortrage waren, daß er
ganz inhaltsleer und dürftig gewesen sei und das Geschmuse von
der Gnosis nur auf hysterische Seelenweibchen Eindruck machen
konnte. Ich habe in der Tat Steiner von jeher im Verdacht, daß er das
theosophische Fähnlein nach dem Winde gehängt hat, daß er nämlich
mit diesem Köder reiche und geile Weiber in seine Netze fischt. –
Madame Arnaud wurde verabschiedet, wir andern gingen in ein

Café, wo ich mich bald mit Herrn Berndl zu einer Partie Billard emanzipierte. Als wir aufgebrochen waren, ging Johannes noch mit Lewin und einem jungen blonden Dichter namens Siegfried Lang ins Bahnhofsrestaurant. Cecha und ich gingen mit Margret heim. Ich wurde von Margret in ein kolossales Bett gelegt, und sie saß lange bei mir, klagte mir ihr Leid – das sehr groß ist – und erzählte mir ihre Hoffnung. Der Tolstoj-Übersetzer und Anarchist Czarwan hat seine Frau verloren, die sich nach furchtbaren Jahren ehelicher Qual und geistiger Verwirrtheit vergiftet hat. Czarwan lebt in Ungarn und hat nun, nach der Befreiung von der Frau, die ihm das Leben schrecklich verbittert zu haben scheint, brieflich seine Liebe zu Margret entdeckt und gestanden. Sie wird zu ihm fahren – vorerst für einen Monat, ich hoffe aber, daß sie gleich bei ihm bleiben wird, damit sie endlich ganz von ihrem Höllenleben los kommt. Sie schläft nur jede zweite Nacht, da sie abwechselnd mit einer Wärterin bei ihrer gelähmten Mutter, die eine wahre Teufelin an Rücksichtslosigkeit und Befehlswut von jeher gewesen ist, wachen muß. All das erzählte mir das arme Weib und ich versprach ihr, falls sie gleich dort bleiben wolle, würde ich ihr die Kinder hinbringen. Als sie endlich gegangen war um zu Bett zu gehn, und ich einschlafen wollte, kam sie gleich zurück, da ihr Vater die Tür verriegelt hatte, und ich mußte ihr im Bett den Platz neben mir gestatten, wo sie nun schlief. Wir verhielten uns – außer vielen freundschaftlichen Küssen – brav und keusch, da sie vorläufig dem Manne, der ihr noch nicht einmal die Hand geküßt hat, treu bleiben will. Wenn sie nur keine Enttäuschung erlebt. Aber ich habe Czarwan einmal in Ascona kennen gelernt und habe ihn als stillen feinen klugen guten Mann in Erinnerung. Hoffentlich wird sie endlich zum Frieden kommen! – Morgens erschien Lewin im Zimmer (Margret zog sich schnell die Decke über den Kopf und blieb unbemerkt), der mir Rosen brachte und erzählte, er habe mit Johannes die ganze Nacht am Bahnhof gesessen, um 9 Uhr (es war 8) solle er wieder dort sein, Johannes wolle dann ins Museum. Wir standen auf, tranken Kaffee – ich natürlich Chokolade! – und gegen ¾ 10 war ich endlich mit Cecha und Lewin am Bahnhof, wo wir Johannes im Vestibül stehend trafen, während ihm ein Dienstmann mit 2 Bürsten Stiefel und Anzug putzte. Er war inzwischen schon im Museum gewesen, ging aber mit uns noch einmal dorthin zurück. Eine Anzahl Hodlers machten großen Eindruck auf mich – besonders die »Nacht«, die ich vor einigen Jahren schon in Berlin in der Sezession gesehn hatte, dann vor allem der Tell, in dem eine unglaubliche Kraft der Bewegung ausgedrückt ist und der Zug weißgekleideter Männer – ein wundervolles Bild voll Stärke und Schwermut. Einige Gemälde von Stauffer-Bern sind herrlich: der gekreuzigte Jüngling und die Leiche eines nackten Mannes, ganz groß gesehn und gegeben. Das Museum ist sehr eigenartig anzuschauen. Das muß eine ganz verrückte Jury sein, die da erwirbt. Mitten unter den herrlichsten Dingen hängt der infamste und groteskeste Kitsch; mitten unter den ödesten Schmierereien plötzlich etwas ganz Außerordentliches. Ich ging doch recht unbefriedigt hinaus. Mich ärgert solche Kulturlosigkeit. Die letzte Gemäldegalerie, die ich sah, war im Juli das Städelsche Museum in Frankfurt. Da ging doch ein Geist hindurch – ein einheitlicher und guter Geschmack!

Johannes war uns schon aus dem Museum durchgebrannt; ich dachte mir gleich daß er zu müde sein mußte, um noch länger dabeizubleiben. Cecha ging dann auch und ich blieb bis zum Mittag mit Lewin allein. Ich habe diesen Lewin nie recht gemocht, obwohl ich ihm das stärkste Ereignis meines Lebens danke, die Bekanntschaft mit Johannes Nohl. Aber gestern rührte er mich ein wenig durch seine Betulichkeit und durch den deutlichen Wunsch ein sympathisches Bild zu gewähren. – Johannes schlief, wie die telefonische Anfrage ergab, inzwischen bei Margret, und wir aßen im Berner Ratskeller zu dreien, Lewin, Cecha, die dort hinkam und ich. Danach ging ich mit Lewin, zu Berndl in die Wohnung, wo noch 2 Russen waren. Berndl macht einen recht gescheiten und sympathischen Eindruck. Der hervorstechende Zug seines Wesens ist Ironie. Er soll aus Proletarierkreisen stammen und selbst Hirtenjunge gewesen sein. Ich kanns nicht nachprüfen. Wir sprachen über Landauer, den Sozialistischen Bund, Heinrich Mann – schließlich über Goethe. Er meinte, es wäre nötig, einmal den ganzen Goethe einzustampfen, damit er über dem Geschwätz, das von ihm gemacht wird, in der Tat wieder lebendig werde. Das erinnert mich an ein Gespräch mit Heinrich Mann über Goethe. Er sagte: »Ich wünsche den Deutschen nur ein einziges Gesetz: daß man den Namen Goethe während 20 Jahren nicht aussprechen dürfe.« Als ich ihn später an dies Wort erinnerte, meinte er: »Ich hätte besser sagen sollen: während 50 Jahren.« Ganz sicher scheint auch mir, daß die ungeheure Einschätzung, die Goethe grade heutigen Tages erfährt, wesentlich in Goethes unsozialem Wesen begründet ist. Alle »Aestheten«, alle Lycks und Caféhäusler noch minderen Kalibers berufen sich mit großer Pose auf Goethe. Wir sollten wirklich – das gebe ich Heinrich Mann hundertmal recht – Schiller kultivieren, mag er künstlerisch noch so tief unter Goethe rangieren. Es ist doch Blut vom Blut des Volkes, das durch seine Werke fließt. – Berndl erzählte mir unter andrem, er habe von den Deutschen in Florenz gehört, ich sei dort seinerzeit, blos um originell zu scheinen, in Unterhosen durch die Straßen gelaufen. Ich klärte ihm die Geschichte auf. Ich glaube, ich werde die Italien-Reise, die ich mit Johannes machte, doch mal besonders beschreiben müssen, damit nicht dumme Märchen entstehn, und damit mir nicht Dinge, die in der höchsten Not ihre Ursache hatten, als Renommistereien in die Nachwelt dringen. Nachmittags fuhren wir nach Spiez zurück – das letzte Stück per Dampfer auf dem Thunersee, und abends stiegen wir in strömendem Regen den Pfad nach Aeschi hinan. Diese Berner Reise war eine hübsche Abwechslung. Ich bin stolz, meiner

Alkohol- Kaffee- und Nikotin-Askese treu geblieben zu sein. Außerdem brachte diese Reise einen Schutzvertrag zwischen Margret
und mir. Wessen Vater zuerst stirbt, zahlt dem andren 1000 Mark
zinslos bis zum Tode des andern Vaters.

Aeschi, Freitag d. 16. September 1910

Madame Arnaud ist abgereist. Johannes begleitete sie an die Bahn in
Spiez. Sie hat ihm einen Monatswechsel von 50 Franken versprochen.
Ob sie's halten wird? Ich bin sehr im Zweifel. Aber es wäre ein großer Segen. Zum Abschied hat sie ihm 20 Franken geschenkt, und er
hat mir ein Paar sehr schöne Filzschuhe für den Hausgebrauch gekauft. Seit meiner Apothekerzeit habe ich keine Hausschuhe mehr
besessen und bin sehr glücklich über das Geschenk und über die
liebe Gesinnung des Freundes.

Von Frau von Ruttersheim kam ein Brief an. Sie will zwei der
Chansons haben, die übrigen weist sie mit höflichen Gründen zurück. Ich habe sie darauf gleich angefragt, ob sie nun ein weiteres
verlangt, oder sich mit den beiden Angenommenen begnügen will.
In diesem Falle würde ich 150 MK von meiner Forderung ablassen,
sodaß meine Rechnung »nur noch« 350 Mk betrüge. Ich bin über
die Maßen neugierig, ob ich dieses Mal Geld sehn werde. Es wäre
herrlich, denn mein Barbestand ist so zusammengeschmolzen, daß
ich hier mit erheblichen Schulden werde abreisen müssen, falls nicht
noch in den nächsten 2 Tagen Hilfe kommt. – Onkel Leopold habe
ich in einem längeren Brief meine Situation auseinandergesetzt, und
ihn dringend gebeten, irgendwie Abhilfe zu schaffen. Ich glaube, es
wird etwas kommen.

Das »Berliner Tageblatt« ist wieder da – ich fand bei der Rückkehr
von Bern einen Riesenstoß Zeitungen vor, die mir vom 1. September
ab nachgeliefert ist. Ich fand nichts Beträchtliches. Kainz lebt noch,

er hat Darmkrebs. Es widert mich an, wie die Blätter täglich voll sind von seinem traurigen Zustand, von dem er selbst nichts weiß. Der »Weltspiegel« hat schon eine Kainz-Nummer veranstaltet, offenbar in der sicheren Erwartung, daß er bis zum Erscheinen wohl gestorben sein würde. Ekelhaft!

Zeppelins Luftschiff No. 6 ist in der Halle verbrannt. Unter 7 Ballons der fünfte, der zerstört ist: Aber die guten Deutschen sind so Zeppelin-begeistert wie nur je. Die Apparate der Herren Gross und Parseval funktionieren tadellos, aber das Volk schert sich darum nicht. Die werden ignoriert. Ein sonderbares Volk, das sich immer an der verkehrten Stelle begeistert. Als No. 4 bei Echterdingen ruiniert war, und man in ganz Deutschland Riesensammlungen für Zeppelin machte, geriet ich bei der Überfahrt über den Bodensee – auf der Reise von Ascona nach Deutschland – einer Sammlergesellschaft in die Finger, die mit einem Teller Beiträge für eine Zeppelin-Spende schnorrte. Jeder gab etwas. Ich lehnte ab mit der Begründung, ich gäbe für militärische Zwecke kein Geld aus. Ich sehe noch die verächtlichen Mienen mit denen ich betrachtet wurde. Die Millionen, die damals zusammenkamen – und natürlich nur, weil es einer neuen Waffe fürs »Vaterland« galt – sind inzwischen längst explodiert, verbrannt, zerschlagen und davongeflogen. Ich denke auch noch mit Empörung daran, wie Singer namens der Sozialdemokraten im Reichstag erklärte, die Fraktion werde für die Luftschiffausgaben im Militäretat stimmen, weil es sich um eine kulturelle Tat handle. Die Neuerung, im Kriegsfalle eine Waffe zu stellen, die zu grauenvollsten Mordkatastrophen von oben herab dient, eine kulturelle Tat! – Die Herrschaften haben ja auch jetzt in Kopenhagen wieder gezeigt, was sie unter »Antimilitarismus« verstehn.

Im Übrigen ist die Zeitung voll von langweiligen und gleichgültigen Polemiken. Die einzige politische Forderung, die gegenwärtig die Opposition in Deutschland beherrscht, ist die eines freien

Wahlrechts in Preußen. Darum Zeter und Mordio! Eine einzige der Forderungen von 1848 wird jetzt – nach 62 Jahren – herausgebuddelt und als Erfüllung aller Freiheit ausposaunt. Es ist kläglich. Und was wohl der deutsche Reichstag mit seinem gepriesenen allgemeinen Wahlrecht je besseres zuwege gebracht hat als der Dreiklassen-Landtag? Ich stehe bei Varnhagen Ende 1849. Das war ein Unterschied gegen heute! Die Reaktion ist genau dieselbe geblieben. Aber damals war allgemein die Empörung über sie, der heiße Drang, sie revolutionär zu besiegen – das glühende Verlangen nach wirklichen Rechten, nach wirklichen Freiheiten. Heute: dürftige Polemiken nach rechts; sittliche Entrüstung, Verlogenheit, Totschweigen und Fälschung gegenüber allem revolutionären Vorwärtsdrängen. Das ist Opposition! – Ein Zeichen der Zeit: Der Juristenkongreß hat sich in diesen Tagen in Danzig für Beibehaltung der Todesstrafe ausgesprochen. Zur Demonstration sollte sie an jedem, der zu diesem Beschluß mitgewirkt hat, vollzogen werden.

Aeschi, Sonnabend, d. 17. September 1910.
Gestern führte mich Johannes zu einem Wunderdoktor, einem Bauern, namens Fister. Ein eigentümliches, gutmütiges schlaues Gesicht. Langsame bestimmte Schweizer Dialektsprache. Ich mußte Patient spielen. Aber der Mann war Psychologe genug, bei mir nicht Besprechungen oder Betereien zu versuchen, womit er sonst arbeitet. Auch ein Amulett blieb mir erspart. Er fragte mich, wie ein Arzt fragt, fühlte den Puls, konstatierte ganz richtig Blutstockung und verordnete etliche Kräuter, nicht nach Gewicht sondern nach »Rappen«. Ganz gescheite Sachen zur Blutreinigung, die ich mit Rotwein ansetzen und esslöffelweise nehmen soll. Daneben empfal er Chinaeisenwein und kalte Waschungen des ganzen Körpers täglich zwei Stunden vor dem Aufstehn. Das letzte, das nichts kostet, habe ich heut

versuchsweise angefangen. Es war ein überaus molliges Gefühl, als ich nach der Abwaschung noch einmal ins Bett kroch. – Johannes schwört auf den Kerl. Mir macht es Spaß, und ich bin weit entfernt, ihn einen Charlatan zu heißen. Er glaubt durchaus an sich selbst, und ich habe keinen Zweifel, daß es Menschen giebt, die von Natur aus zur Erkennung und Heilung von Krankheiten begabt sind und daß dieser Bauer ein solcher Mensch ist. Auch werden mir die wissenschaftlichen Rationalisten von der Sorte meines Bruders im Leben nicht weismachen, daß alle seelische Einwirkung – die noch garnicht immer Suggestion zu sein braucht – Humbug und Hokuspokus sei. So weit sind wir noch nicht in der Erkenntnis der Dinge, um irgend etwas Frommes als falsch und schwindelhaft erledigen zu dürfen. – In Bern erfuhren wir, daß sich Ernst von May zur Heilsarmee bekehrt habe. Einer der feinsten und differenziertesten Menschen, die ich kannte, und Johannes hat ihn einmal sehr geliebt. Ich bringe es nicht über mich, ihn zu verspotten oder auch nur zu bedauern. Ich verstehe vieles, was religiöse Sehnsucht vermag, wenn ich auch die erwählte Form ihrer Erfüllung recht dürftig und primitiv finde. Im Februar suchte mich May noch in Zürich im Cabaret auf. Damals sprachen wir stundenlang recht gut miteinander. Er deutete merkwürdige Dinge an, u. a. erzählte er, daß er heiraten wolle und daß er jetzt ganz anders zur Welt stehe als früher. Also an die Heilsarmee hat er schon damals gedacht! – Mit dem ehemaligen Anarchisten, jetzigen Wanderprediger Binde ist's ja ähnlich gegangen; und mit Fanny Imle. Ich fühle mich nicht berechtigt, diese Menschen zu mißachten und zu verurteilen. – Auch an Hedwig Wangel denke ich.

Abends las ich Johannes aus Gutzkows Schriften vor (1842). »Ein Besuch bei Bettina«. Sehr lebendig. Ferner ein Nachruf auf »Rosa Maria Assing«, die Schwester Varnhagens. Das Bild dieser Frau war mir neu, doch fesselte es mich nicht sonderlich, zumal Gutzkow in ihrer Lobpreisung schrecklich weinerlich und predigerhaft wird.

Sehr schön war hingegen ein von ihm veröffentlichtes Bruchstück aus einer Novelle Georg Büchners: »Lenz«. Ich hatte mich mit Lenz nie befaßt, doch ist er mir durch das was ich kürzlich schon bei Tieck über ihn las und nun besonders durch diese Büchnersche Novelle sehr nahe gebracht. Ein wundervolles Eindringen in die wirre kranke Psyche eines armen Dichters. Für Büchner ebenso lobenswert wie für sein Objekt Lenz. Ich werde mich bald eingehender mit den Werken von Lenz befassen. Er scheint nach allem in die Reihe der Dichter zu gehören, die mich bei meinem Temperament und meiner Gefühlsrichtung ganz besonders angehn.

Heut früh kam ein Brief von Frieda. Sie ist am neunten September von einem Mädchen entbunden worden. Ich werde wohl noch einige Tage vorübergehn lassen müssen, um zu diesem Ereignis rechte Stellung zu gewinnen. Der Brief ist lieb und freundschaftlich gegen mich, klingt aber etwas müde. Wäre ich nur erst in München und dürfte dieser herrlichen Frau die Hände küssen! Bei aller Bitterkeit, die ich Frick gegenüber spüre – so ganz frei von aller Eifersucht bin ich vielleicht doch noch nicht –, ich freue mich sehr darüber, daß Friedels Wunsch erfüllt ist. Wie dankbar bin ich dieser Einzigen, die mich je gelehrt hat, was es bedeutet, geliebt zu sein.

Aeschi, Sonntag d. 18. September 1910.
Ein sehr lohnender Ausflug mit Johannes und Cecha zeigte mir die Landschaft der Umgegend über Frutigen hinaus. Dorthin ging's von Mühlenen aus mit der Bahn. Dann zu Wagen zum Blausee. Es ist eine Unverschämtheit, daß dieses wundervolle Naturphänomen in Privatbesitz und erst nach Zahlung von einem Franken zugänglich ist. Es mag bei der sehr armen Bevölkerung dieser Gegend der Schweiz viele geben, denen der schönste Anblick, den die Natur in ihrer nächsten Nähe bietet, zeitlebens versagt bleibt. Die »freie

Schweiz!« – Der See ist herrlich. Von tiefblauer wunderbarer reiner Farbe, das klarste Quellwasser, das sich denken läßt. Man sieht, obwohl der See bis 25 meter tief ist, mit der größten Klarheit bis auf den Grund, jeden kleinsten Stein erkennt man auf dem glatten Seeboden, der stellenweise von mächtigen schon versteinten Bäumen bedeckt wird, von riesigen Steinen und gewebehaft schwammigen Algen. Ob die dunkelblaue Farbe des Wassers eine Spiegelung oder die Art des Grundgesteins zur Ursache hat, kann ich nicht entscheiden. Jedenfalls gehört dieser See, der inmitten des schönsten Bergwaldes liegt, zu den kostbarsten Naturschönheiten, die ich bisher sah.

Auf der Rückfahrt stellte uns Johannes einen ganz seltsamen Kerl vor, einen alten Kutscher aus Frutigen, der aus einer 30jährigen Schindmähre, die er einen entsprechenden Mietswagen nach dem Blausee ziehen läßt, ein kärgliches Einkommen herausschlägt. Der Mann – er heißt Ogi – treibt schwarze Magie, und erzählte, wie er nur durch seinen Willen und unterstützt von den Lehren alter Wunderbücher, schon drei Leute, die ihm Unrecht zugefügt hatten, ums Leben gebracht habe. Er schneidet dazu das Bild dessen, den er strafen will aus Papier aus, ritzt in einen jungen Birkenstamm eine Öffnung, klemmt das Bild hinein, und schlägt einen Nagel durch das Herz des Bildes. – Seine Frau, behauptet Ogi, habe die Hand eines Mannes, der sie während der Schwangerschaft schlug, während der Wehen verflucht, und sie sei abgedorrt und noch heute nicht zu gebrauchen. Als Mittel, Feinde unschädlich zu machen, gab er ferner dies an: Man hülle einen Maulwurf in einen Kittel und schlage mit einem Birkenzweig darauf, bis das Tier tot ist. Der Mensch, an den man bei dieser Prozedur denkt, wird sterben. Der Mann glaubt fest an alle diese Dinge. Ein hübscher Volksglaube, den wir von ihm erfahren, ist der, daß abgetriebene Kinder im jenseitigen Leben von den Eltern die auf Erden versagte Sorge begehren.

Beim Nachhausekommen fand ich einen Brief von Onkel Leopold vor. Er schickt mir 100 Franken. Außerdem glaubt er von meinen Geschwistern monatlich 75 Mark herausholen zu können, falls ich mich verpflichte, in München in einer Pension Wohnung zu nehmen, wo völlig für mich gesorgt wird. Ich bin die Verpflichtung eingegangen, obwohl mir die ständige Bevormundung, die ich erfahre, mehr als ekelhaft ist.

Luzern, Dienstag, d. 20. September 1910 spät abends.
Dies schreibe ich vor dem Schlafengehn in der Wohnung eines Kameraden, eines russischen Juden, ich glaube, er heißt Peyer. Zuerst will ich aber nachtragen.

In Aeschi hatte das Regenwetter endlich aufgehört und ein paar wundervolle Tage zeigten mir zum ersten Mal den wundervollen Blick über die Alpen, weit hinaus die Schneegipfel des Mönchs und der Jungfrau und die prachtvollen Schneeberge der Blümlisalp. So machten wir uns Sonntag wieder auf den Weg und kamen auf etwas abenteuerlichen Wegen, die mich an Ascona-Touren auf die Berge, von denen es keinen Entrinnen mehr zu geben schien, erinnerten, über verbotene Brücken nach Wimmis, einem hübschen Dorf am Fuß eines Berges. Etwa eine halbe Stunde marschierten wir dorthin eine Chaussee entlang, die wohl die schönste Landstrasse ist, die ich noch sah. Ein sehr gepflegter Weg, links und rechts von prächtigen Bäumen bestanden, links und rechts weiter Blick über saftige Matten und Wiesen und weit genug entfernt, um als willkommene Umrahmung zu wirken, links und rechts schöne, formedle Berge, hinter denen weit hinaus im Sonnenglanz die fernen Schneegipfel leuchteten. Zurück ging es im Mietswagen. – Ich las den siebten Band Varnhagens weiter und exzerpierte aus dem vierten.

Gestern, kurz bevor ich die Pension Baumgarten verließ, kam Cechas Schatz an, ein gewisser Hennek Hirschenberg aus Lodz, der mit ihr über Südfrankreich, wo er alte Kloster zeichnen will, nach Paris fahren will. Ein feiner, kluger, differenzierter, witziger Jude, gut aussehend, trotz der sehr kurzen Dauer des Zusammenseins wert vermerkt zu werden.

Nachmittags fuhr ich mit Johannes nach Bern. Er ging zu Lang, ich – nach kurzem Aufenthalt bei Margrit Faas mit einem ihrer Freunde, den ich dort kennen lernte, zum Café du Théatre. Dieser junge Mann heißt Emil Fey, ist Wiener und interessiert mich wegen seiner bibliographischen Neigungen. Er hat alte Übersetzungen von Proudhon ausgegraben, und sich eine recht wertvolle kleine anarchistische Bibliothek zugelegt. Ob sonst noch Werte in dem 22jährigen Jüngling stecken, bleibt abzuwarten. – Später spielte ich mit Berndl Billard, ging dann mit ihm spazieren, wobei wir viel über Landauer diskutierten. Er scheint mir reichlich oberflächlich. Entsetzt war ich über sein Bekenntnis zu Landauers Tarnowska-Artikel. Ganz primitiver beschränkter Spießerstandpunkt in Sexualdingen. Landauer würde wohl erschrecken, wenn er hörte, wie eng man sein Bekenntnis deutet. – Abends im Café mit Johannes, Berndl, Fey und Siegfried Lang. Mit diesem sprach ich lange über seine verlegerischen Pläne. Ein feiner, blonder, junger, hübscher Homosexueller, mit dem Johannes sich enger anzufreunden scheint. Ich würde es sehr wünschen, daß er oben in Aeschi häufiger Besuch erhielte, und die beiden scheinen von einander recht enchantiert. – Nachts (ohne Fey) wir andern noch lange im Bahnhof-Restaurant, wo ich ausführlich unsere beiden Italien-Reisen erzählte. Sie waren doch sehr abenteuerlich!

Ich schlief wieder in dem Riesenbett bei Margrit, dieses Mal ganz allein. Margrit traf ich laut Verabredung erst gegen 10 Uhr – natürlich mit Fey – am Bahnhof. Dann zogen wir drei zu einer Dame, von der mir M. schon bei meinem letzten Aufenthalt in Bern erzählt hatte: Alix. Ich hatte nämlich Margrit von der Idee gesprochen, sie solle die »Freivermählten« ins Französische übersetzen, vielleicht werde das Stück in Paris eher reüssieren als in Deutschland. Sie hatte ja gesagt und gemeint, aber vor allem müsse Alix helfen, und dann mit solcher Wärme von ihr gesprochen, sie so schön geschildert, daß ich darauf bestand, die Dame kennen zu lernen. So gingen wir also zu dreien hin, ich mit dem Manuskript unter dem Arm, bei rieselndem Regen, einen langweiligen, schmutzigen Bergweg hinan. – Ich habe den Besuch nicht zu bereuen. Alix – genauer Alix Billain – ist ein wundervolles Weib, schon 33 Jahre, was man ihr nicht ansieht (und wenn schon: Frieda ist 34), lebhaft, entzückend anzusehn, klug, temperamentvoll – kurz: ich war vom ersten Blick begeistert. Sie ist halb Französin, halb Engländerin, in Deutschland aufgewachsen, führt ein Abenteurerleben und gefällt mir über die Maßen gut. Ich las das Stück vor, das sehr gefiel. Alix wird es, da sie nächste Woche nach Paris fährt, allein übersetzen. Ich versprach ihr die Hälfte aller Einnahmen. Ich habe die größte Neigung, ihretwegen nach Paris zu gehn, obwohl sie mir gesagt hat, daß sie unheilbar monogam veranlagt sei, und dort sicher einen Geliebten hat. Mein letztes Wort zu ihr war: »Wir werden in Verbindung bleiben«.

Nachmittags war ich mit Johannes und Lang beisammen in einer Theestube, dann begleiteten sie mich – mit Margret, die wir noch abholten, zum Bahnhof, wo auch Berndl war. Um 8 Uhr 15 traf ich in Luzern ein, vom Kameraden Schneider Losch und Frau und noch einem Kameraden empfangen, die mich sogleich zur Walhalla führten, einem alkoholfreien Restaurant, gut besetzt (60–70 Personen. Mehr hatten kaum Platz), und dann redete ich los, eine Stunde über »moderne Kulturforderungen«. Es ging ganz gut, obwohl ich bei der Einleitung, Kritik der bestehenden Gesellschaft, solange blieb, daß mir für die Kritik der sozialdemokratischen Partei noch eben genug Zeit blieb, die Erörterungen über das Positive des »Soz. Bundes« aber sehr zu kurz kamen. Natürlich lebhafter Beifall. In der Diskussion tat sich zuerst ein Sachse hervor, der aus seinen Familienleben rührend erzählte um darzutun, daß die Ehe eine schöne Sache und die Welt kein Kaninchenstall sei, und der dann in predigerhafter Süßlichkeit (scheußlich! immer fürchterlich sächselnd!) gegen den »Anarchisten« Alkohol wetterte. Losch erzählte, daß der »Demokrat« (sozialdemokratisch) das Inserat für den Vortrag verweigert habe. An mein recht lebhaftes Schlußwort knüpfte sich eine weitere Diskussion, bei der sich herausstellte, daß sämtliche Genossen der Luzerner Gruppe »Aufbau« zugleich Mitglieder des sozialdemokratischen Arbeitervereins sind. Es blieb mir nichts übrig, als die Genossen darin gründlich zu desavouieren. Kleiner Krach mit einem Sozialdemokraten, aber ziemlich friedlicher Ausgang der Versammlung. Die Kameraden zeigten sich nachher sehr nett, begleiteten mich in großer Menge – etwa 10 – bis zum Hause des Genossen, der mich nun beherbergt, und dessen nette Frau mir das Sofa der guten Stube bezogen hat. Eine reizende Schwägerin begrüßte mich ebenfalls. – Morgen soll es nach München weitergehn.

Luzern, Mittwoch d. 21. September 1910
Noch immer in Luzern. Ich sitze in einer Conditorei gegenüber dem Vierwaldstädter See, dessen Wasser durch ineinander verwachsene Baumwipfel schmutziggelb hindurchschimmert. Die Wolken sind gelbgrau und hängen dicht und niedrig um die Berge. Der Pilatus sieht nass und gehässig aus. Es regnet. Gleichwohl bin ich ganz lustig. Die Versammlung gestern war doch spaßig. Ich schimpfte wieder mal wie ein Rohrsperling und bewies mir, daß ich noch immer einiges Temperament habe, obgleich ich immer dicker werde. Eine Wägung auf der Berner Bahnhofs-Automaten-Wage ergab eine Zunahme von weiteren 2 Kilo, sodaß ich nun 62 Kilo wiege, somit schwerer bin als je vorher.

Heute früh mußte ich mich bei der Frau des Genossen Eiben – so heißt der gute Russe, der mir Quartier gab, zu heißer Milch zwingen, dann begleitete mich die Schwägerin zu Losch, in dessen Küche ich vegetarisch zu Mittag aß. Liebe Leute. Jacob Losch gehört zu der gewissen Sorte Anarchisten, die erstaunlich viel mit Nutzen gelesen haben. Er fördert Kenntnisse zutage, vor denen ich beschämt schweigen muß, nennt Namen aus allen Bezirken des Wissens – aber immer mit jener ungebildeten Geschwätzigkeit, die das Zuhören bald zur Qual macht. Einer, dem man anmerkt, daß er sich zu Höherem geboren fühlt, und der sich dies »Höhere« doch recht primitiv vorstellt. Er redet ungeheuer viel, redet sogar recht gescheit, aber es ist doch immer, als ob man in einem Kahn sitzt, der Ruderer langt mächtig aus den Strom hinaufzutreiben, aber alle paar Meter fühlt man das Kiel am Grund schrammen. Aber schön ist der Idealismus des Mannes, er lebt in anarchistischen, sozialistischen, menschheitssolidarischen Gedanken, hat den früheren »Sozialist« gierig gelesen und gesammelt, studiert wahllos was ihm in die Finger fällt, sagt als drittes Wort »nämlich«, stürzt aus jubelnder Lebens- und Freiheitsbejahung unversehens in melancholische Betrachtungen über die Hoffnungslosigkeit aller Bemühungen, verteidigt gleichzeitig Radikalismus und Toleranz und hat seine netten Töchterchen Liberta und Brünhilde genannt. Wie oft sich dieser Typus doch unter den Anarchisten wiederholt. Bis tief in den Nachmittag hinein übergoß er mich mit seinen Ansichten, Erzählungen aus der anarchistischen Bewegung in Luzern, Berichten über die sozialdemokratischen Niederträchtigkeiten, die soweit gehn, daß die Sozi unbequeme Ausländer ausweisen lassen, über Episoden seines bewegten anarchistischen Lebens und Personalien. Endlich – gegen ½5 Uhr wurde ich ihn in der inneren Stadt los, mußte aber das Versprechen geben, heut abend wieder bei ihm zu sein, und im engeren Genossenkreise Gedichte von mir zu lesen. – Ich bummelte erst durch den Regen, ging dann in einen Kientopp, sah mir drei oder vier kitschige Aufnahmen an, teils »dramatisch«, teils »hochkomisch«, was mir das Bad der anarchistischen Übergießung einigermaßen abtrocknete – und werde nun ein Lokal suchen, wo ich vor der neuerlichen Genossenzusammenkunft ein tüchtiges Stück Fleisch zu mir nehmen kann. – Ich freue mich doch der guten Gesinnung dieser Menschen. Es giebt Material, mit dem sich etwas anfangen läßt! Mir tut es wohl, endlich wieder einmal wirkliche »Genossen« um mich zu sehn. Das giebt so stark das Gefühl des persönlichen Wirkens. Ich will dafür gern einen Tag später in München ankommen.

München, Donnerstag d. 22. September 1910.

Ich wohne in der Pension, in der ich mit Olden vor einigen Monaten den »Haifischtee« verfaßte, Akademiestr. 9. Olden bewohnt das Zimmer neben dem, in dem ich dies schreibe, und das man mir für heute provisorisch gegeben hat. Morgen kriege ich ein besseres. Ganze Pension 130 Mk. Teuer genug. Gottseidank zieht Olden in diesen Tagen aus. Es ist nicht angenehm, Bekannte, die einem nicht recht nahe stehn, so auf dem Halse wohnen zu haben.

Ich werde chronologisch da fortfahren, wo ich gestern innehielt. Von der Conditorei aus, wo ich die gestrige Notiz in dies Heft schrieb, ging ich Abendbrot essen, und geriet in ein Lokal, in dem jener blöde Rechenkünstler saß, der einmal in die Torggelstube kam, mir scheint er heißt Dr. Brückli, ein Kerl, der sieben fünfstellige Zahlen nach einmaligem Hören vor und rückwärts und in jeder Reihenfolge auswendig nennt, addiert, multipliziert und ähnliche mnemotechnische Scherze treibt. Er zeigt gegenwärtig in Luzern seine Künste. Ein gräßlicher Esel, dessen Gesamtintelligenz bei der Hypertrophie der einen Gehirnsphäre, in der die Mathematik lagert, natürlich völlig minderwertig ist. Ich war froh, als ich das kulturwidrige Monstrum los war, und ging zu Losch, wo sich etwa 10 Kameraden versammelten. Losch war von seinem Schneidertisch, von dem aus er mir am Tage mit überkreuzten Beinen seine Vielseitigkeit dargetan hatte, heruntergekommen und schimpfte nun, auf dem Fußboden stehend, auf alle »Oxodoxen«. Ich mußte an Judenpauls »tabula rabbula« denken. Aber bei aller Einbildung und Torheit – ich habe diese Art Menschen doch recht gern. Auch Jacob Losch ist ein Prachtkerl, mit soviel Anständigkeit des Empfindens, soviel Gerechtigkeit und Menschenliebe, wie man sie wirklich nur bei Anarchisten findet.

Ich sollte aus meinen Versen vortragen, und außer mir gab auch Frau Losch einige Rezitationen zum besten. Es war rührend, wie die einfache Frau, mit ihrem breiten oberbayerischen Dialekt, die Hände verlegen an der Schürze drehend, ohne eine Spur von Talent Mackays »Unschuldig verurteilt« sprach, diesen temperamentvollen, aber doch künstlerisch schwachen Monolog eines, der von der Gesellschaft zum Verbrecher gemacht wurde; – sie geriet sichtlich in Erschütterung bei ihrem Vortrag und mich ergriff das Gedicht bei diesem ganz kümmerlichen Hersagen mehr, als hätte es Kainz gesprochen. Bierbaums »weißer Maulwurf« folgte. Daran, daß dieser Vortrag einfach komisch auf mich wirkte, erkannte ich wieder, ein wieviel stärkerer Dichter Mackay ist, auch dann noch, wenn sich Bierbaum einmal zum Sozialsatiriker erhebt. Ich mußte eine ganze Menge Gedichte zum Besten geben. Zum Schluß gab es noch eine ausgiebige Diskussion, in der ich den Genossen noch einmal klar zu machen suchte, daß es eine Unmöglichkeit sei, gleichzeitig dem sozialistischen Bunde und einem Arbeiterverein anzugehören, dessen Beiträge der sozialdemokratischen Partei zugute kämen. Auch bekämpfte ich die leider auch von Landauer geförderten Pläne mancher Genossen, jetzt schon mit einer Siedlung zu beginnen. Nur keine Konzessionen! Lieber nichts – als Kompromisse! – Gegen 11 Uhr brachten mich alle in die Stadt hinunter und ich schlief im Hotel »Einhorn« für 2 Franken recht gut.

Heut früh dampfte ich von Luzern ab – nachdem ich in aller Frühe einen lustigen Stammbuchvers gemacht hatte. Von Landschaft war wenig zu sehn. Der Himmel überall trübe, tief bewölkt und neblig. Dabei plumpe unschöne, zusammenhanglose Berge – ich weiß nicht was die Menschen daran so berauschend schön finden können. Sie versperren mir den Ausblick und beleidigen mein Bedürfnis nach harmonischen Gebilden. Weiter nichts.

Ein Trost auf der Reise war die Fahrt über den – leider auch schwer verhängten – Bodensee, der in seiner Weite und Mächtigkeit meine ganze Liebe hat. Dort sind die Bergzüge am Platze. Sie schließen aneinander an und stehen nicht unverschämt direkt vor der Nase.

Uli, die ich telegrafisch verständigt hatte, begrüßte mich zärtlich am Bahnhof. Sie sieht angegriffen aus. Ich war mit ihr im Café Wittelsbacher Passage und aß mit ihr in der Neuen Börse Abendbrot. 5 Mk schenkte ich ihr in bar. Dann mietete ich mich hier ein. Nun ist es bald Mitternacht. Ich will schlafen gehn. – Einige Bemerkungen, die ich gern noch über die letzten Zeitungsneuigkeiten gemacht hätte, muß ich bis morgen aufschieben. Vor allem über den Verlauf des sozialdemokratischen Parteitags in Magdeburg. – Daß Josef Kainz in Wien gestorben ist, sei nur registriert.

München, Freitag d. 23. September 1910.
In Magdeburg gehn arge Dinge vor. – So langweilig und abgedroschen der Streit zwischen »Radikalen« und »Revisionisten« innerhalb der sozialdemokratischen Partei Deutschlands an sich ist, und so gleichgiltig zumal der aktuelle Streitfall ist – die Bewilligung des Staatsbudgets in Baden durch die Genossen, die Annahme des scharfen Antrags Zubeil – bei einer Wiederholung solcher Disziplinwidrigkeit seien die Schuldigen aus der Partei auszuschließen – ist insofern eine recht interessante Überraschung, als dadurch zum ersten

Mal das Prinzip unter heftigem Bellen beileibe nicht zu beißen, durchbrochen ist, denn die Giftzähne der »radikalen« Majorität sind nun tatsächlich in die Hosen der Revisionisten eingeschlagen – ein Schritt weiter, und der Biß geht ins Bein. Ich verfolge die Sache mit vielleicht mehr Eifer als sie wert ist. Was gehts mich schließlich an, ob aus der einen liberal-demokratischen Partei zwei werden, die sich nur dadurch unterscheiden, daß die eine nüchterne kalte geschäftstüchtige Realpolitik, und die andre eine etwas demonstrativere Negation, eine in revolutionäres Getue eingewickelte geschäftskluge Realpolitik treibt? Mir persönlich sind übrigens trotz ihrer brutalen Majorisierungstaktik die sogenannten »Radikalen« der Partei lieber. Sie haben wenigstens noch irgendwo soviel Scham, daß sie sich revolutionär stellen, und am Ende auch soviel unpraktischen Fanatismus, daß sie es über kurz oder lang zur Spaltung der Partei treiben werden. Vorläufig hat man ja die Entscheidung auf 2 Jahre verschoben – falls nicht heute schon die Blätter von einer würdigen Entscheidung der vergewaltigen Minderheit berichten sollten – : die Wahlen im nächsten Jahr sollen noch einmal die ganze Partei in geschlossener Einmütigkeit vortäuschen, in dem Schwindel werden die feindlichen Brüder wohl wieder einig sein. – Bebel hat übrigens brillant gesprochen. Demagogisch und versöhnlich, es wird dem alten Herrn recht peinlich sein, daß seine buldoggigen Ultras, die Rindviecher Zubeil und Stadthagen seine diplomatische Einfädelung der Sache so plump zerrissen haben. Auch Frank bemühte sich in den morschen Hosenträger noch einmal eine Sicherheitsnadel zu stecken, aber es scheint, daß das schöne Kleidungsstück, das trotz allem bisher die beiden Beine der Partei oben in einer Hülle zusammenhielt, nun doch rutschen soll. Hardekopf schreibt hübsche Berichte für die Münchner Neuesten Nachrichten. Ich ärgere mich nur über seine begeisterte Parteinahme für die Süddeutschen – er sollte das infame Gelichter, das in der »Münchener Post« so lieblich repräsentiert wird doch kennen. Auch hätte er nicht nötig, den Liberalen gute Ratschläge auf ihren Parteitagsweg zu geben. – Gefreut habe ich mich sehr über einige Aeußerungen Bebels: »Es giebt eine Menge Nationalliberale unter den Genossen«. Ich erinnere mich, daß ich in einer Versammlung einmal fast gelyncht wurde, als ich von der »nationalliberalen Sozialdemokratie« sprach. »Die sogenannten sozialistischen Monatshefte«. »Seht euren Führern auf die Finger« etc.

Hier will ich eine kleine Episode festhalten. Als ich im Juli auf dem Wege von hier nach Frankfurt Landauer in Karlsruhe besucht hatte, traf ich, im Begriff dort abzureisen, auf dem Karlsruher Bahnhof Dr. Frank, der direkt vom Landtag kam und nach Mannheim in die Ferien ging. Die Budgetbewilligung hatte 2–3 Tage vorher stattgefunden. Wir begrüßten uns und er meinte im Hinblick auf meinen Prozeß: »Na, Ihnen hat man ja gründlich zugesetzt.« »Ja, sagte ich, Ihnen steht's noch bevor.«

München, Sonnabend, d. 24. September 1910.
Heut erhielt ich die neue Nummer des »Sozialist«, die meinen »Frauenrecht«-Artikel enthält. Er ist doch auch im Stil besser, als ich befürchtet hatte. Auch mit dem Abdruck der Varnhagen-Exzerpte ist in dieser Nummer begonnen. Ich will noch heute den Rest der Auszüge (bis März 1848) mit einem Nachwort versehn und nebst einem kurzen Bericht über die Luzerner Versammlung an Landauer abschicken. – Dann stehn mir gleich weitere Arbeiten bevor.

Frau v. Ruttersheim will doch noch ein drittes Chanson haben und giebt mir selbst das Thema an, das sie behandelt wissen möchte. Albern, aber sicher geeignet für die Wirkung, die beim Wiener Cabaret-Publikum damit erzielt werden soll. Die 150 Mark, die ich, wenigstens nominell, dafür kriegen soll, werden mich schon zu dem nötigen Tiefstand des Geistes und Gemütes bringen, um den Schmarrn herzustellen. Schweinerei, was der Dalles geistigen Menschen für Prostitution aufzwingt! Und dabei bilde ich mir noch was drauf ein, von diesem Hurentume verhältnismäßig sehr wenig erfaßt zu sein. – Aber meine gute ehrliche Arbeit will man nicht. Drei Bücher harren des Drucks; für mein Stück finden sich aber keine Verleger und keine Bühnen, für meine Moritaten, selbst wenn Zille sie illustriert, keine Abnehmer, und somit für die vielen schönen Pläne, die ich habe, bei mir selbst keine Courage. Laufe ich an den Buchhandlungen vorbei, dann suche ich jedesmal ganz unwillkürlich unter all dem Mist der in den Fenstern liegt, nach meinem Namen, obwohl ich doch weiß, daß ich ja seit mehr als 1 ½ Jahren nichts mehr publiziert habe – und dann packt mich Wut und Bitterkeit. – Gestern war ich zum ersten Mal wieder in der Torggelstube. Der – selbst in meinem Zimmer – unvermeidliche Balder Olden und Gumppenberg waren da. Kein Wedekind, keine Reinhardiner. Ich notzüchtigte aber Gumppenberg, mich zur Mitarbeit an seinem »Licht und Schatten« aufzufordern, das sehr gut zahlt. Ich bin auf die Ausreden neugierig, mit denen er meine Einsendungen ablehnen wird. Und nun geht auch die regelmäßige Mitarbeiterschaft für den »Bär« los, der am 1. Oktober erscheinen soll. Außerdem liegt hier ein Stoß Seiten aus dem Hesperus, aus dem ich für Johannes' Jean Paul-Ausgabe »Emanuels letzten Traum« durch Striche und Anordnungen dem modernen Publikum mundgerecht machen soll. Endlich wieder Arbeit! Hätt ich nur erst das mir zugedachte Zimmer in der Pension! Wenn ich eingewöhnt bin und alles an Ort und Stelle liegt, dann gehe ich auch wieder an ein neues Drama. Im Schubfach ist noch Platz.

München, Sonntag, d. 25. September 1910.
Nachzutragen wäre noch, daß ich vorgestern abend in der Torggelstube den Prager Dichter Hugo Salus flüchtig kennen lernte. Er kam

mit ein paar Damen hinein, begrüßte Gumppenberg, ließ sich von Olden versichern, daß sie einander ebenfalls schon kannten, was er sich sehr höflich zu bestätigen bemühte und stellte sich mir vor, indem er behauptete, wir hätten uns auch schon mal getroffen. Ich erinnerte mich nicht, erst nachher kam mir vor, als hätte ich den Kopf seinerzeit bei den »Kommenden« gesehn. Diese Begegnung ist ja eigentlich kein so bedeutsames Ereignis, daß ich darauf nachträglich hätte zurückzukommen brauchen. Mir scheint aber, daß dies Tagebuch doch wohl verfehlt wäre, wenn ich nicht die prominenten Leute, die zum ersten Mal in meinen Gesichtskreis treten, erwähnen sollte. Schließlich denke ich doch, daß diese Blätter einmal von irgendwem gelesen werden könnten, und diesem künftigem Irgendwem gegenüber fühle ich eine Art Verpflichtung, die Gelegenheiten, über Personen des heutigen Tages etwas zu sagen, zu benutzen, wie sie kommen. Salus machte trotz seines unzulänglichen Eklektikertalents als Lyriker und trotz seines etwas Klingebielschen Aussehens, – die Haare bammeln ihm um den Kopf, als ob sie da zum Trocknen aufgehängt wären – einen sehr sympathischen Eindruck. Er hat eine liebenswürdige Art des Benehmens und einen angenehmen herzlichen Händedruck. Seine schlechten Verse in der »Zukunft« und der »Jugend« werde ich künftig mit etwas mehr Wohlwollen lesen als bisher.

Gestern geschah wenig Bedeutendes. Ich sprach telefonisch mit Frieda, die ich heute besuchen soll. Vor mir liegt schon ein Packet mit Spielzeug. Ich freute mich doch sehr ihr liebes weiches, etwas singendes und fragendes »Halloh«! am Telefon zu hören, und ich bin sehr neugierig auf ihr und Fricks Töchterchen. – Nachmittags ging ich einmal über die Oktoberwiese, die heuer zum 100sten Mal und deshalb sehr festlich gefeiert wird. Ich sah einen Luftballon aufsteigen und viele tausend vergnügte Menschen umeinander drängen. Morgen will ich mit Uli hinaus, – das wird mehr Spaß machen und

Miterleben statt Beobachten bewirken. Ich ging von dem Jahrmarkts-
rummel aus zu Uli, die etwas fieberkrank im Bett lag. Sie haust jetzt
mit 2 Männern zusammen, dem Maler Seewald und dem Bruder des
Hochstaplers und ehemaligen Kulturgründers Schiemann, die ihr
beide anscheinend sehr ergeben sind und die sie zu eifersuchtsloser
Rivalencourtoisie ausgezeichnet erzogen zu haben scheint. Ich spielte
Chemin de fer mit ihr, wobei ich 5 Mark verlor, die ich am 1ten zahlen muß. Abends traf ich auf dem Wege zur Torggelstube Morax mit
Cilla Stamm, die in der Zeit meiner Abwesenheit mit einander ein
Verhältnis eingegangen sind. Recht so. Ob sich Morax' bisherige Geliebte, die arme liebe dumme Ida mit ihrer abgründigen Häßlichkeit
würdig damit abfindet, habe ich noch nicht heraus. Cilla jammerte
– etwas zu viel – über ihre Geldlosigkeit. Schließlich versprach ich
ihr, am 1. Oktober die 9 Mark zu zahlen, die die Verpflegung ihres
Kindes in Zürich monatlich kostet, schenkte ihr auch gleich 2 Mark,
damit sie nur erst ruhig sei. Auch will ich ihr eine Empfehlung an
den Grafen DuMoulin schreiben. In der Torggelstube traf ich wieder
die Herren Olden und v. Gumppenberg, außerdem das Riesenrind-
vieh Maximilian Burg. Jeder ritt sein Steckenpferd. Burg renom-
mierte von Brasilianischen Aussichten, die ihm viele Millionen ein-
tragen sollen, Gumppenberg versprach dem Agenten goldene Berge,
der seine stiefmütterlich behandelten Stücke an tüchtige Bühnen lan-
zierte, ich setzte meinen alten Plan einer Autoren-Verlags-Genos-
senschaft auseinander und Olden übte sehr dilettantisch Ewerssche
Hundeschnäuzigkeit, indem er dem Kinderschänder und Mädchen-
schulrektor Bock in Berlin Worte freudiger Anerkennung widmete.
Arschloch! – Ich sehe die Notwendigkeit kommen, mich mit ihm
zu verkrachen. In Freundschaft ist die Nachbarschaft in der gleichen
Pension auf die Dauer unerträglich. – Spät kam Wedekind, der sich
nach kurzer Begrüßung an einen andren Tisch setzte, wo Max Halbe
mit großem Anhang – viel Damen – seine Sonnabendbowle trank.

Die Herren sind zur Zeit grade friedlich. Wedekind bedankte sich sehr bei mir für meinen »Schaubühnen«-Artikel »Wedekind als Schauspieler« und fragte mich, ob ich seinen Brief erhalten habe. Leider nicht. Ich werde heute gleich an Jacobsohn schreiben, denn ich bin sehr neugierig, was mir Wedekind darauf zu sagen hat. Er hat den Brief nämlich an die Redaktion der »Schaub.« adressiert.

Der Sozialdemokratische Parteitag dürfte gestern geschlossen sein. Die feindlichen Brüder haben friedlich miteinander weiter getagt und sich gegenseitig jede Bereitschaft zur Einträchtigkeit versichert. Alberne Farce! Mehr Charakter haben die »Radikalen« gezeigt, mögen die »Revisionisten« sachlich hundertmal recht haben. Natürlich ist alle Welt sonst auf seiten der Revisionisten, aber ich habe verdammt Verdacht, daß sie das ihren weltmännlichen Formen verdanken. Mir ist natürlich Frank persönlich auch lieber als etwa Zubeil oder Stadthagen (wenn ich nur noch dran denke, wie der mir damals die Niederlage des Crimmitschauer Streiks mitteilte!), aber diese Köter wollen ja garnicht als Persönlichkeiten eingeschätzt werden, sondern als Instrumente der Parteiprinzipien, und da sind sie einfach die logischeren. – Das wichtigste, was dieser Parteitag zutage gefördert hat, war die Verlesung eines Geheimerlasses des Generals Frh. v. Bissing, der Anweisungen giebt, was im Falle eines Aufruhrs zu geschehen hat. Ein sehr wichtiges Schriftstück, das beweist, wie sehr – ganz dummerweise leider – die Behörden mit der Möglichkeit einer Volkserhebung rechnen, mit wie niederträchtigen Mitteln – Artillerie, Sprengstoffen, Brutalisierungen jeder Art – man jeder Revolution entgegenzutreten entschlossen ist, wie Menschenblut für diese Art Menschen nur der Bestandteil einer staatsmännischen Rechenaufgabe ist, und wie selbstverständlich überall der Zustand empfunden ist, daß das Volk, das Militär, wir alle, alle, alle uns dem zu fügen haben, was jene Erlesenen über uns verfügen. Sollte die Welt einmal wieder Zustände erhalten, wie sie vor tausenden von Jahren schon manchmal da waren, kulturelle, anständige, menschliche Zustände – ich denke ans klassische Griechentum, an Moses' Zeit etc. – dann mögen die Geschichtslehrer ihren Zöglingen erzählen, daß die Leute des 20ten Jahrhunderts ihre vorgeschrittene Säkulumszahl als Symbol einer vorgeschrittenen Kultur auffaßten. – Ich fürchte fast, die einzige herrliche Entdeckung unserer Zeit – Ehrlichs Syphilisheilmittel – ist ein Anachronismus. Die damit kurierten werden herumlaufen, ohne zu ahnen, daß sie in Empfindung, Geist und Einsicht immer noch ärger verseucht bleiben, als sie es an Mark und Nieren je waren.

München, Montag, d. 26. September 1910.
Ich benutze eine Erholungspause zu dieser Eintragung. Cilla Stamm kam schon früh zu mir und ihre jammervolle Selbstbemitleidung hat mich ganz konfus gemacht ... Das schrieb ich um ½ 12 Uhr. Jetzt ist es ¾ 2, und ich kann fortfahren. Denn das unglückselige Geschöpf kam gleich wieder. Ich hatte sie mit einem Empfehlungsbrief zu Dr. Ludwig geschickt, und den traf sie nicht zuhause. Auch einen Brief an den Grafen DuMoulin habe ich verfaßt, vielleicht hilft der ihr. Augenblicklich ist sie bei Olden im Zimmer. Mag der zusehn, ob er sie beschäftigen kann. Herrgott, es ist entsetzlich. Man hat alle Sympathie für so ein Mädel, sie ist hübsch, freundlich, gescheit, teilt meine anarchistischen Ansichten, – und doch: wie soll ich ihr und ihrem Kind helfen, da sie weder Sprachen noch stenografieren noch buchführen oder sonst etwas Praktisches kann? und als Kellnerin, Kinderfräulein oder ähnliches nicht gehn will? Daß ich doch immer wieder in solchen Fällen der bin, dessen Hilfe gesucht wird!

Gestern war ich nun draußen bei Frieda. Eine Blume konnte ich ihr nicht mitbringen, weil die höfische Auffahrt, in die ich grade hineingeriet – zur Feier des Oktoberfest-Sonntags – mir eine Viertel-

stunde lang den Zugang zum Bahnhof verbaute, sodaß ich keine
Zeit mehr fand, mehr als das Billet zu besorgen. Peter begrüßte mich.
Der Junge wird mir immer lieber, und es sind wahrhaft väterliche
Gefühle, die ich für ihn habe. Lächerlich, von Vaterliebe zu reden,
die durch die Tatsache des Zeugungsvorgangs entstehn könnte. Liebe
ich eine Frau, so empfinde ich zu deren Kindern als Vater. Als ich
Frieda kennen lernte, stand sie nahe vor der Entbindung. Als Peter
noch ganz ganz klein war, trat ich mit ihr in die engste Liebesgemein-
schaft, und das – besonders ihre damalige Liebe zu mir – bestimmte
mein Verhältnis zum Peter, wie es immer bleiben wird. – Ich spielte
eine ganze Weile mit dem süßen Bengel, dann kam Frieda ins Zimmer, ihr Baby auf dem Arm. Sie sieht entzückend aus, stark, gesund,
glücklich wie damals, und wie seither niemals. Das kleine Geschöpf-
chen hat lange dunkle borstige Haare, einen dunkelroten Teint und
sieht aus wie eine kleine Mestizin. Sehr komisch, aber keineswegs
schön. Es heißt Eva Verena. Frieda hätte es gern Frigga genannt,
wollte aber ihren teuren Schwiegereltern diesen Tort doch nicht an-
tun. Wie die sich verhalten werden, bleibt wohl noch abzuwarten.
Soviel weiß ich jetzt schon: Mein Verhältnis zu Frieda bleibt durch
das Ereignis ganz unberührt. Ich liebe diese Frau und werde sie lieben, mag sie Kinder haben, soviel und von wem sie immer mag. Ob
sie mich noch einmal wird lieben können, das freilich kommt mir
mehr und mehr zweifelhaft vor. Sie hat sich, wie es scheint, bei Frick
zur konsequenten Monogamistin entwickelt. Monogamie aber ist
ein Synonym für schwere Verliebtheit.

Abends machte ich das bestellte Chanson für Frau v. Ruttersheim
und schickte es per Eilpost nach Wien. Sie ist mir jetzt also 500 Mk
schuldig, die laut unserer Abmachung bis zum 1. Oktober zu zahlen
sind. Heut haben wir den 26. September! – ?!?!?! –

München, Dienstag, d. 27. September 1910.
Ich bin tief empört, und diese Gemütsstimmung danke ich natürlich
wieder der lieben Familie. Da bringt mir das Mädel einen Brief meines teuren Bruders ans Bett, in dem er mir nun die gnädige Bereitschaft der Geschwister kundgiebt, mir monatlich je 25 Mk Zuschuß
zu gewähren. Schön. Sehr schön! – Aber, – da man ja nie wissen
kann, und damit das Geld auch ausschließlich für mich verwendet
wird, und weil es ja so sehr wichtig ist und auf daß ich das geschwisterliche Opfer nun auch ganz würdige und anerkenne, soll der Monatswechsel nicht an mich, sondern direkt an die Pensionsmama geschickt werden: natürlich nur die 130 Mk, die die Pension kostet, die
andern 45 Mk an mich direkt. Diese neueste geschwisterliche Liebes-
leistung übertrifft doch wieder alles Dagewesene. Ich muß mich
also, um das Almosen zu verdienen, sogar mit dem 100 Markwechsel,
den ich bisher bedingungslos bekam, unter Kuratel begeben. Aber
natürlich – Onkel Leopold schrieb gleichzeitig eine Postkarte – ganz
ausschließlich »zu meinem Besten«. Natürlich! Das ist ja grade das
Abscheuliche, daß alles, was »zu meinem Besten« an mir geschieht,
so ekelhaft entwertet wird, daß mir niemals die Möglichkeit zu einer
dankbaren Stimmung gegen meine Wohltäter gegeben wird. Ich
werde noch einen Vermittlungsvorschlag machen – das Einsenden
der Pensionsquittung anbieten –, aber schlimmstenfalls muß ich natürlich auch diesen Trank schlucken. Ich muß bei Gott das Alter
meines Vaters teuer bezahlen.

Gestern war ich mit Uli auf der Oktoberwiese. Ein kolossaler Betrieb. Es mögen wohl an hunderttausend Menschen da draußen gewesen sein. Ich bin gern, wo sich die Menge drängt. Der häßliche
Einzelne wird dann so unpersönlich und hilft zur Schönheit einer
gewaltigen Ganzheit. – In ein paar Buden sahen wir menschliche
Monstrositäten. Einen jungen Menschen von 2,30 metern Länge,
der zwei winzige Zwergmenschen vorführte, die doch recht wider-

lich wirkten, besonders als sie mit unmöglichen Organen Couplets über ihre eigne Mißwachsenheit vortrugen. In einer andern Bude zeigte man einen Kerl, »halb Mensch, halb Kamel«. Dies galt indessen nicht für seine Intellektualität, sonst hätte man kaum gewagt, ihn als Außergewöhnlichkeit zu demonstrieren, sondern für seinen Körperbau. Er hatte nämlich Beine und Füße, die von einer gelbbraunen Hornmasse überwachsen waren, ganz von der Farbe von Kamelbeinen. Sonst waren die Beine recht gut gebaut, und auch von einem Huf war keine Rede. Interessiert hätte mich, wie weit dieser Überzug reichte, besonders ob die Genitalien normal waren. Aber bis etwas über die Knie reichte keusch ein Hemd. – In derselben Bude sehn wir dann einen »Automatenmenschen«, das war ein puppenhaft angestrichenes schandhäßliches Wesen, das breitbeinig, unbeweglich und mit verglasten Augen dastand, auf die Faxen des Conferenziers hin groteske Bewegungen mit Armen und Oberkörper vollführte, genau wie aufgezogen, marschierte wie die Blechfigürchen, die man laufen lassen kann, kurz: man war durchaus im Zweifel, ob es ein Mensch oder ein Automat war, und der starre Ausdruck der Augen, der auch, als ein Stab bis dicht davor und darüber hin und her bewegt wurde, unbewegt blieb, benahm fast jeden Zweifel, daß es sich um eine Maschine handelte. Nach einigen belebenden Fisimatenten des Dompteurs jedoch bekam das Instrument plötzlich Bewegung, klappte die Augen auf und zu, verbeugte sich und erklärte höchstselbst, daß er jetzt Ansichtskarten verkaufen werde, was er auch tat. Dann stellte er sich wieder breitbeinig hin, klappte die Augen zu einer blöden Starrheit hoch und war wieder Puppe. Die abgegebene Erklärung, dieses Monstrum sei der einzige Mensch, der fähig sei, sich aus eignem Willen selbst zu hypnotisieren, ist natürlich Unsinn. Die Kunst des Mannes besteht darin, daß er die Augenmuskeln beherrscht, um jedes Zwinkern abstellen zu können, ferner daß er die Glieder steif und automatisch zu bewegen vermag.

Zudem ist er so vortrefflich ekelhaft geschminkt, daß die Illusion einer Wachsnachbildung völlig erreicht wird. Was für Existenzen! – Ich fragte mich nachher, was wohl einst aus solchen Menschen wird, die durch körperliche Verbildungen zu Ungeheuern wurden, wenn die Jagd nach dem Brot kein Erfordernis einer schuftigen Gesellschaftsordnung sein wird. Ob sie auf ihre Mißratenheit so eitel sein werden, daß sie sich doch zur Schau stellen werden? Und ob die Menge auch dann noch gierig hinterherlaufen wird, wo solche Monstra zu sehn sind? Wer kann das entscheiden? Ich muß mich schütteln, wenn ich dergleichen gesehn habe, um den eklen Eindruck loszuwerden. Die Vielen schütteln sich auch, aber sie empfinden ein Grauen, das einer Art Wollust verdammt ähnlich ist.

Abends suchte ich die Torggelstube auf. Als ich an den Stammtisch trat, wo ich Gumppenberg mit etlichen fremd aussehenden Herren sitzen sah, wurde ich plötzlich von einem Tisch hinter mir angerufen und sah dort zu meiner großen Freude Alexander Moissi sitzen. Ich begleitete ihn, da er eben im Fortgehen war, bis vor seine Wohnung. Am Donnerstag will er mir für die Wiederholung der von Reinhardt inszenierten Aufführung des »Oedipus« von Sophokles in der Musikfesthalle der Ausstellung ein Billet reservieren lassen. Ich freue mich sehr darauf.

Gelesen habe ich, seit ich hier bin, nicht viel. Ich holte mir aus Oldens Zimmer eins seiner Rezensionsbücher, und zwar ein neues Novellenbuch von Johannes Schlaf. »Der alte Herr Weismann« (Verlag Hans Bondy). Alle Freundschaft, die ich für Schlaf persönlich empfinde, alle Anerkennung seiner großen dichterischen Qualitäten vermögen nicht den Eindruck zu verhindern, daß er im argen Niedergang ist. Seine philosophischen und wissenschaftlichen Schriften kenne ich nicht – aber sie sollen garnicht ernst zu nehmen sein. In seinen letzten Romanen finden sich neben unendlichen Feinheiten und psychologischen Meisterleistungen ödeste Längen und Salbadereien, und auch diese Novellen, in denen er zu seinem früher stärksten Können zurückkehrt, zur Idylle, enttäuschten mich. Dieser Hang zum Idyllischen ist bei Schlaf an sich so sehr sympathisch, und wenn ich an seine lyrischen Erstlingsnovellen »Frühling« und die »Kuhmagd« zurückdenke, so muß ich ihn unter unsere feinsten Dichter zählen. Aber jetzt versagt er, und das liegt an seinem sprachlichen Unvermögen. Er ist nicht mehr imstande, jenen Detailfinessen, die in früheren Büchern so unglaublich heimlich wirkten, den notwendigen Ausdruck zu geben. Statt dessen finden sich geschmacklose Häufungen nichtssagender Partikelchen: »So war denn nun wohl nachgrade also –« dies Beispiel ist kaum übertrieben. – Ich habe das Buch trotz vieler noch sehr schöner Einzelheiten, im Ganzen mit einigem Schmerz gelesen. Das ist nicht mehr der alte Johannes Schlaf. Natürlich habe ich Olden, der mich nach der Meinung fragte, ein günstigeres Urteil zu suggerieren versucht. Ich will nicht dazu beitragen, daß so ein Schmock etwa mit schadenfreudigem Grinsen dem Leserpublikum der »Münchner Neuesten Nachrichten« oder eines ähnlichen Meinungsschlauches die heitere Geschichte eines gesunkenen Dichters vorsetzen soll. Ich ziehe meinen Hut immer noch tief vor dem Dichter, dessen älteren Werken ich wundervolle Stunden danke.

München, Mittwoch, d. 28. September 1910.
Ein ganzer Stoß Postsachen liegt neben mir. Endlich eine Postkarte von Johannes! Er ist nun ganz allein im Hotel Baumgarten. Cecha mit ihrem Schatz ist abgereist, ebenso die unsympathische Russin, die neben mir bei Tische saß. Seine Worte klingen lieb und befreit. – Ferner ein Brief Landauers. Er dankt mir voll Anerkennung für meine Behandlung der Varnhagenschen Tagebücher, erklärt sich mit meinem Vorgehen in Luzern einverstanden, und kündigt für die

nächste Nummer des »Sozialist« einen langen Artikel als Antwort auf meinen über das Frauenrecht an. Er scheint sehr versöhnlich geschrieben zu haben, denn er spricht die Hoffnung aus, daß wir uns in diesem einen trennenden Punkt endlich verständigen würden.

»Bleiben wir aber uneins, so zeigt das, was wir ohnedies wissen: daß unsre Ausgangspunkte, unsre Naturen verschieden genug sind, daß aber trotzdem uns Ziel und Weg gemeinsam ist.« – Seine Frage nach der Münchner Gruppe ist mir etwas peinlich. Da hat Morax in meiner Abwesenheit viel verbummelt, was sich wahrscheinlich nicht mehr reparieren läßt. Und ich bin ganz Landauers Ansicht, daß grade in München das Zustandekommen von etwas Rechtem Ehrensache wäre. Schlafen lassen werde ich die Sache jedenfalls nicht. Landauers Brief ist mir sehr lieb, er bringt mich ihm innerlich doch wieder viel näher. Hoffentlich stellt er auch in dem Entgegnungsartikel seine autoritäre Art recht in den Hintergrund. –

Aus Lübeck eine Karte von Grethe und Julius, aus der ich ersehe, daß Papa wieder recht wohl ist und seinen Tätigkeiten fleißig folgt. Ferner als Drucksache zwei Exemplare der Beilage zum »General-Anzeiger«, »von Lübecks Türmen«, die viele Ansichten aus Parchim enthalten. Eine nette Erinnerung an meine Obersekunda-Zeit. Diese Aufmerksamkeit meiner Schwester freut mich doch sehr. Grethe war mir von jeher die liebste von meinen Geschwistern. Sie hat irgendetwas Unphiliströses, was ihr bessere und anständigere Gefühle giebt als Hans und Charlotte haben, die von Papa eine entsetzliche Engherzigkeit geerbt haben. – Schließlich ist auch noch ein umfänglicher Brief von Siegfried Jacobsohn da. Ich soll mein Gedicht für das neue Montagsblatt, das nicht »der Bär« sondern »Deutsche Montagszeitung« heißt, noch heute express abschicken. Vorläufig habe ich noch keine Ahnung, worüber es handeln wird. Dann will Jacobsohn meine Unterschrift für eine Protesterklärung gegen die Berliner Polizei, die die freien Volksbühnen durch Lustbarkeitssteuern und Zensurschindereien kaputt chikanieren möchte. Selbstverständlich unterschreibe ich den Protest, zumal er in der Form recht energisch und würdig gehalten ist. – Diesem Brief lag nun auch der angekündigte von Wedekind bei, ohne Kuvert, da er auf dem Verlag »aus Versehen« geöffnet wurde. Wedekind dankt mir darin für den »Schaubühnen«-Artikel, von dem er glaubt, daß er großen Nutzen haben werde, »da die Schaubühne ja wol in erster Linie von Literaten gelesen wird«. Sachlich meint er – und darin stimmen wir ganz überein – »Je selbständiger der Schauspieler um so werthvoller ist er. Nur dürfte er dem Autor nichts schuldig bleiben. Wenn er erfüllt hat, was die Rolle als notwendig fordert, dann mag er darüber hinausgestalten, soviel er kann. Aber wenn er das für die Rolle absolut notwendige nicht aufbringt, dann ist er meiner Ansicht nach im Unrecht.« – Schon recht. Wenn aber Wedekind etwa findet, daß Gertrud Eysoldt das für die Lulu absolut notwendige weniger aufbringt als Tilly Wedekind, so ist er im Unrecht. Mag Tilly tausendmal mehr die Auffassung betonen, die Wedekind für die richtige hält, – die strömende Genialität der Eysoldt ist garnicht fähig, einer Rolle etwas schuldig zu bleiben. Und da – weiß ich nicht, ob Wedekind mit mir mitgeht. Der Brief ist mir jedenfalls als documentum humanum viel wert.

München, Donnerstag, d. 29. September 1910.
Es ist etwas Erfreuliches aus der Zeitgeschichte zu vermerken. In Berlin haben große Zusammenrottungen von Arbeitern und Frauen stattgefunden, die mit den Streikbrechern bei einem Moabiter Kohlenarbeiterausstand Händel gesucht haben. Es ist zu Schießereien gekommen, die Menge hat das große Polizeiaufgebot angegriffen. – Eben fährt, wie zur Illustration der freudigen Gefühle, die mich angesichts der Volksenergie beseelen, unter großem Gepränge, an der Spitze laut blasend eine berittene Musikkapelle, eine Batterie

Artillerie unter meinem Fenster vorbei, ein endloser Zug von Kanonen und Pferden, deren Rasseln und Trappeln meinen Schreibtisch erschüttert. Das Volk bleibt gaffend stehn. Es scheint sich wenig Gedanken darüber zu machen, mit wessen Geld, zu wessen Schaden und auf wessen Knochen diese Mordinstrumente entladen werden könnten. Gottseidank, der ekle Zug ist vorbei ... Also in Berlin hat es richtige Straßenrevolten gegeben, eine Kirche wurde von der Menge gestürmt, es wurde aus den Fenstern geschossen, Frauen haben in ihre Häuser eindringende Polizisten – die unter persönlichem Kommando des bemerkenswerten Polizeipräsidenten v. Jagow (»ich warne Neugierige«) stehn – angegriffen, eine warf solchem Burschen eine brennende Petroleumlampe an den Kopf, – kurzum: einmal ein deutlicher Beweis, daß sich auch deutsche Proletarier nicht mehr alles bieten lassen. Grauenhaft ist der Gedanke an die Strafprozesse, die den Exzessen folgen werden. Es wird viele Jahre Zuchthaus geben, und natürlich macht die »liberale« Lumpenpresse vom Schlage der Münchner Neuesten Nachrichten schon jetzt scharf. Aber trotzdem: man kann von solchen Vorfällen ermutigt werden, wieder Vertrauen fassen zu den guten freiheitlichen Instinkten des Volks. Besonders beglückend ist die Lehre, die sich aus der Tatsache ergibt, daß die Arbeiter so hoch über ihre Führer hinausgewachsen sind, daß sie es wagen, ihren jämmerlichen sozialdemokratischen Leithammeln diese Unannehmlichkeit zu bereiten. Wieder bestätigt sich mir, was ich immer wußte: daß die Berliner Arbeiterschaft die beste, männlichste, selbständigste und freiheitlichste in Deutschland ist. Es soll mich wundern, ob nun Ruhe herrscht in Moabit, oder ob die würdige Staatsregierung unter Bethmann-Hollweg Militär nach Bissingschem Rezept ausrücken lassen wird. Das würde viel Blut kosten, aber fruchtbare Saat sein für künftige Rache.

Gestern besuchte mich Hardekopf, der von Magdeburg zurück ist. Wir waren auch abends noch beisammen und hatten uns manches zu sagen. Es sieht schlecht aus, die Krankheit Emmys nimmt ihn auch bös her. Wir waren beide außerdem von Geldmangel gedrückt. Momentan besitze ich noch 30 Pfennige und weiß vorläufig garnicht, wie ich's heute machen soll, daß ich in den Ausstellungspark hinein-komme, um die Aufführung des »König Ödipus« zu sehn. Diese Not ist zu widerlich; ich kenne sie jetzt seit 10 Jahren fast, aber nie-mals werde ich mich daran gewöhnen.

München, Freitag, d. 30. September 1910.

Den schauderhaften Sommermonaten mit ihren unaufhörlichen Re-gengüssen, niedrigen Temperaturen, Stürmen und Dunkelheiten, folgt jetzt endlich – seit etwa einer Woche – ein prachtvoller Vor-herbst. Ich ging gestern vormittag im Englischen Garten spazieren (und werde diese Promenade täglich wiederholen, solange das Wetter einlädt). Klarer warmer Himmel, lichte Sonne, und die Bäume, schon ein wenig angeherbstelt, in allen Farben frohgrüner Lebendigkeit und gelben und roten Alterns des Laubes getönt. Diese Stunde der Versenkung war eine köstliche Erfrischung.

Abends sah ich die Festaufführung des »Königs Ödipus«. Ich pumpte den Maler und Meggendorfredakteur Färber, der seine Roda Roda-Copie schon bis zur roten Weste treibt, um 2 Mk an. So war ich gesichert. Vor Beginn der Aufführung mußte ich mich an einen Tisch mir fremder Damen setzen, wohin mich ein Herr Rothenfelder lockte, indem er selbst sich erst vorstellte. Eine Frau d'Albert hatte den Wunsch geäußert, mich kennen zu lernen – ich hatte sie, wie sie mir ins Gedächtnis rief, schon einmal gesehn, als ich mit Lotte und Strich in der Loge des Schauspielhauses bei einer Wedekind-Aufführung saß und sie einen Platz in der gleichen Loge hatte. Eine nette herzliche Dame, die mich in ihre Villa nach Starnberg lud. Kaum saß ich, so überreichte mir der Herr Rothenfelder auch schon ein

Gedichtbuch von sich und 5 Minuten drauf wußte ich, daß er unendliches erlebt habe – nämlich homosexuell sei und deswegen Familien-
unzuträglichkeiten habe. Ein großer Schwätzer. Die Gedichte stehn
mir noch bevor. – Die »Ödipus«-Aufführung war einzig großartig.
Die Riesenfesthalle, deren Zuschauerplätze sich amphitheatralisch
aufbauen – es mögen gut 3000 Personen Platz finden, war völlig besetzt. Das Drama spielte sich auf den Stufen zum Palast des Königs
ab. Die Bühnenbegrenzung waren vier mächtige ionische Säulen,
flankiert von Kübeln mit freien Opferflammen. Die Volksmenge
– Reinhardt hatte hunderte Mitwirkende zusammengebracht –
strömte aus allen Türen in die Festhalle, ergoß sich in die Gänge vor
den Stufen und agierte unglaublich wirksam zwischen den Tribünen
des Publikums. Dadurch wurde das bildhafte Mitwirken der Zuschauer erreicht und der Gesamteindruck gewaltig erhöht. Wegener
als Ödipus war mächtig und von stämmiger Kraft. Die breite stark-
knochige Figur, das knorrige Gesicht, die starken Armbewegungen,
die dröhnende und dabei so überlegt temperierte Stimme mit dem etwas zischenden S-Laut – das war ein majestätischer großer Eindruck.
Wegener war in dem von Ernst Stern entworfenen Kostüm das richtige Gefäß der ungeheuren sophokleischen Tragik. Tilla Durieux,
die geniale Partnerin Paul Wegeners in vielen Dramen, war für die
Rolle der Jokaste vielleicht zu jung. Ich hätte da lieber die Sandrock
mit ihrem einseitigen Medea-Talent gesehn. Hier hätte es hingepaßt.
Winterfeld als Kreon war stark, ohne genial zu sein. Er trat – und
das war recht so – neben Wegener ganz zurück. Sehr zu loben ist
Kühne, im Privatleben ein Gemisch von Schmierenkomödianten
und Jesuitenkaplan, auf der Bühne in den Rollen, zu denen es gehört,
eine sehr schätzbare Kraft. Er gab den Wortführer des Volks mit
sehr schönem Pathos und sehr wirksamen Gesten. Moissi spielte
den greisen Seher Theiresias, eine herrliche Leistung. Dieses unsag-
bare weiche biegsame, einschmeichelnde und in der Leidenschaft

doch so gewaltige Organ! Dieser Ausdruck der Worte, der Gesten, des ganzen Wesens! Im Gegenspiel gegen Wegeners knorrige Kraftfigur bot sich eine unvergeßliche namenlos schöne und große Szene. Max Reinhardts Regieleistung war das Genialste, was ihm bisher überhaupt gelungen ist. Was dieser Mann dem Theater unserer Zeit bedeutet, wird eine künftige Zeit einzusehn und zu benutzen haben. – Hier in München kam ihm natürlich der vortreffliche Raum der Musikfesthalle sehr zugute. Für Berlin ist er in einigem Dilemma. Wegener möchte die Aufführung dort im Zirkus vornehmen. Ich schlug vor, lieber die Ausstellungshalle des Zoologischen Gartens zu benutzen. Dieser Vorschlag soll Reinhardt von einigen, die ich sprach, unterbreitet werden. Nach Schluß der Vorstellung traf ich am Ausstellungsparktor laut Verabredung Wegener und Käte Richter und wir fuhren mit Winterstein und mit der schönen rumänischen Elisabeth Weihrauch ins Hoftheaterrestaurant, wo sich an unserem Tisch noch Bernhard v. Jacoby mit Frau, Diegelmann, ferner ein Schulfreund Wegeners, Arzt in Karlsbad, und schließlich Frank Wedekind einfanden. Ich aß zum Abendbrot einen Rettich, weil mein Geld zu Größerem nicht reichte. – Es ist seltsam. Es hätte mich eine Andeutung gekostet, und ich hätte von Winterstein, Wegener und Jacoby ohne weiteres ein Goldstück haben können. Ich mochte nicht. Diese Leichtigkeit, von der ich soviel Jahre gelebt habe, habe ich ganz eingebüßt. Endlich zogen wir alle – außer Diegelmann und dem Arzt – in die Torggelstube, wo wir Steinrück, Gumppenberg und Olden trafen. Es war sehr nett. Gumppenberg bestritt die Berechtigung, heutzutage überhaupt noch Sophokles zu spielen. Wir hätten für diese Art Tragik keinen Sinn mehr. Ich erwiderte mit einem Hinweis auf Ibsens »Gespenster«, und nun entstand eine lebhafte Debatte zwischen Gumppenberg einerseits, Wedekind und mir andrerseits über die Idee der Gespenster. Gumppenberg behauptet allen Ernstes, die ganze Oswaldtragödie sei nur Beiwerk zu dem dramatischen

Problem: Frau Alving – Pastor Manders, während ich, von Wedekind lebhaft unterstützt als Kern der Sache das Thema: »Die Sünden der Väter –« behauptete, dabei natürlich aber die Frau Alving als Trägerin der dramatischen Tragik zugab. Wedekind sagte sehr hübsche Malicen gegen seinen alten Freund und Feind Gumppenberg. – Winterstein erzählte eine hübsche Geschichte aus der Vorbereitung der Ödipus-Aufführung. Ein Herr Kühler oder Dr. Kühler (glaub' ich), Mitglied des Münchner Ausstellungskomitees, hatte sich heftig gegen die Hergabe der Musikfesthalle gewendet und gefragt, wer denn dieser Sophokles eigentlich sei, ein Moderner oder was sonst? Man klärte ihn darüber auf, daß Sophokles schon vor einigen tausend Jahren gelebt und das Stück geschrieben habe. »Na sehn Sie, meinte der kluge Herr, da wäre in der langen Zeit gewiß schon jemand andrer drauf verfallen, wenn mit dem Geschäfte zu machen wären.« – Wegener war sehr lustig, er ermahnte mich wiederholt aufs Ernstlichste, auch so schöne Stücke zu schreiben, bei denen man so viel schreien kann. Ich sagte aber, auf so komplizierte Verwandtschaftsverhältnisse, wie sie in der Familie Ödipus obwalten, käme ich nicht so leicht. – Vielleicht spielt mein lieber Wegener doch noch einmal eine Rolle von mir! – Als ich mit Olden heimfuhr – Steinrück brachte uns mit einer Droschke bis zur Ecke der Akademiestrasse – erzählte er mir, daß er mein Zimmernachbar geworden sei, und gleich mir von dieser Nacht ab im dritten Stock wohne. Ich erklärte ihm darauf unverhüllt, daß das für mich ein Grund sein würde, ganz aus der Pension herauszuziehen. Heut früh teilte ich dies gleich der Wirtin mit, die mich nun von morgen ab in die erste Etage quartieren wird. Das ist umso erfreulicher, als ich gleich nachher mit dem Stubenmädel, einer reizenden Brünetten, ein Techtelmechtel anfing und auf meine Frage erfuhr, daß sie gleichfalls im ersten Stock wohne. Ich bin erotisch schrecklich ausgehungert. Es wäre ein Glück für mich, wenn darin endlich Regelmäßigkeit und Befriedigung einträte.

Ich habe seit undenklichen Zeiten nicht mehr so viel und so gern geküßt wie heute.

München, Sonnabend, d. 1. Oktober 1910.
Der Monat fängt mit Geldsorgen an. Onkel L. schickte trotz meiner
Bitte, wenigstens 50 Mk aus meinen eignen hinzulegen, nur im ganzen 100 Mk. – 44 sind schon davon an Johannes abgeschickt. Die
Rechnung hier beträgt mit Trinkgeld 46 Mk. Was bleibt da als Taschengeld für Oktober, zumal ich 5 Mk unbedingt an Frieda zurückgeben muß, die ich gestern im Café Wittelsbacher Passage traf und
anpumpte? Mit Frau v. Ruttersheim war ausgemacht, daß sie die
Chansons vor dem 1. Oktober zu zahlen habe. Also den Vertrag hat
sie schon gebrochen; ob sie nun noch nachträglich anständig sein
wird? Ob ich die 500 Mk oder etwas davon zu sehn bekommen
werde? Alle meine Erfahrungen sagen nein. Ich bin es zu sehr gewöhnt, daß ich alle Übereinkünfte halte, an mir niemals eine gehalten
wird. Immerhin: die Frau ist sehr schön! Mag das als Trost dienen. –
Das Berliner Montagsblatt, dem ich vor einigen Tagen ein recht nettes
Einführungsgedicht schickte, habe ich sehr gebeten, dahin zu wirken,
daß ich die 50 Mk monatlich – ach, es ist so infam wenig – praenume-
rando bekomme. Dann könnte ich zum 1. Oktober auf 30 Mk hoffen
(20 erhielt ich in Berlin schon Vorschuß) und zum 1. November auf
50 Mk. Andernfalls erhalte ich jetzt nichts und in einem Monat
30 Mk. – Natürlich wird dieser andre Fall eintreten. – Die Redaktion
von »Licht und Schatten« schickte mir meine fünf erlesen guten lyrischen Gedichte mit einem geschäftsmäßigen Wisch als »ungeeignet«
zurück. Natürlich! Bessere Beiträge bekommt Gumppenberg von
keinem seiner Mitarbeiter! Aber er hat politische Gründe, mich zu
boykottieren. Er hat dazumal, als mich die »Jugend« auf das leere Gerücht hin, ich sei homosexuell, aufs Pflaster setzte, und als Wedekind

in großer Anständigkeit Sinzheimer darüber seine Meinung derart klar machte, daß der seitdem nicht mehr in die Torggelstube kommen kann, damals – während ich hilflos im Gefängnis saß – hat Herr Hanns von Gumppenberg für Sinzheimer gegen mich Partei genommen und gefunden, daß so ein Mensch nicht in einem literarischen Blatt arbeiten dürfe. Er ist also konsequent. Wir kennen uns, sitzen wir auch allabendlich noch so friedlich bei einander am Weintisch. Aber wartet nur, ihr Herren Sinzheimer und Gumppenberg. Die Rache behalte ich mir vor! Wenn ich nicht mehr abhängig und gedrückt in euren Kreisen sitze, dann werdet ihr eigenartige Dinge von mir erleben! Alle die, die es mich heute büßen lassen, daß ich – denn darauf läuft alles hinaus – mich vermesse eine Gesinnung zu haben, alle die sollen es bereuen! Wartet, ihr Hunde! Ich werde noch einmal zeigen, daß ich einer vom Alten Testament bin.

Meine Absicht, Käte Richter gestern abend in den Zug nach Wien zu setzen, mißlang leider, da der Zug ohne sie abfuhr. Ob sie schon fort war oder noch in München ist, weiß ich nicht. Ich hätte sie gern noch gesehn. Am Bahnhof traf ich Margarete Beutler und Freksa. Sie war übermüdet und so kam kein rechtes Gespräch auf. Ich habe für diese Frau, die ich vor 9 Jahren glühend liebte, doch immer noch eine Schwäche, so breit sie seitdem auch geworden ist.

Schrecklich ist, daß ich jeden Vormittag den Besuch Cillas habe. Sie geht mir furchtbar auf die Nerven. Ich lege ihr das Fortgehen näher als höflich ist – aber sie sitzt da – auch jetzt wieder … So. Sie ist weg. Ich habe ihr gesagt, dies sei die Zeit, wo ich arbeiten müßte (Du lieber Himmel: »Arbeiten!«) Sie möge nachmittags kommen. Ich werde mich also in der nächsten Zeit hüten müssen, nachmittags zuhause zu sein.

Ich las dieser Tage die in den Verlag des »Sozialistischen Bundes« übergangene Broschüre des Dr. Hermann Wetzel »Die Verweigerung des Heerdienstes und die Verurteilung des Krieges und der Wehrpflicht in der Geschichte der Menschheit«. Eine überaus wertvolle erfreuliche Schrift, die in großen Zügen brevierhaft den Gedanken des Weltfriedens und der Gewaltlosigkeit als Erkenntnis der Großen aller Zeiten nachweist. Die Broschüre würde nach meiner Überzeugung, agitatorisch geschickt verwendet, die beste Wirkung tun. Mir war wichtig, den Philosophen Karl Christian Friedrich Krause aus der Arbeit kennen zu lernen, der mir bisher ganz unbekannt war. Die Zusammenstellung von Aeußerungen gegen den Krieg ist geschickt und äußerst aufpeitschend. Doch garnicht erschöpfend. Jean Paul, Carlyle, Scheerbart hätten zitiert werden sollen. Aber Wetzel scheint wesentlich Tolstojaner zu sein und selbst die Gewalt auch als revolutionäres Mittel der Notwehr abzulehnen. Inzwischen hat ja Tolstoj selbst in seinem Manifest »Gegen den Krieg« deutlich zwischen kriegerischer und revolutionärer Gewalt unterschieden.

Ferner las ich eine Novelle von Gorkij »Kain und Artem«, in einem Reklamband »Die alte Isergil und andre Erzählungen«, den ich schon in Château-d'Oex fast durchgelesen hatte. Sehr fein – gewiß! Aber immer etwas gewollt psychologisch – jeder Vergleich Gorkijs mit Dostojewsky und schon mit Tschechow ist frivol. Landauer schickte mir die 1. Oktobernummer des Sozialist mit einem langen Artikel »Von der Ehe« als Polemik gegen meinen »Frauenrecht«. »Erich Mühsam in treuer Freundschaft« steht am Rande. Sehr versöhnlich und recht schön. Um im Einzelnen urteilen zu können, muß ich ihn schon noch ein paarmal lesen. – Die nächste Nummer erscheint als Gedächtnisnummer zum Jahrestag der Erschießung Ferrers. Ich soll ein Erinnerungsgedicht dazu schreiben.

München, Sonntag, d. 2. Oktober 1910.
Jetzt habe ich glücklich das Zimmer in dieser Pension, in dem ich bleiben werde, und für die nächsten Tage steht mir die peinliche Aufgabe

bevor, meine unzähligen Köfferchen und Kartons auszupacken. Denn ich will mich hier einrichten, als ob ich jahrelang wohnen bleiben sollte. Ist erst alles in Ordnung, dann hoffe ich, wird auch wieder rechte Arbeit in Gang kommen.

Landauers Artikel im neuen »Sozialist« befriedigt mich sehr, wenn ich ihn auch nicht überall unterschreiben möchte. Er konzediert meinen Absichten über die Freiheit in Sexualdingen mehr als ich je erwartet hätte und schränkt die maßlosen Schimpfereien des »Tarnowska«-Artikels sehr ein. Seine Verteidigung der Ehe präzisiert er dahin, daß unter Ehe auch Vielehe oder Gemeindeehe verstanden werden könne. Ferner giebt er die Einwirkung der Geschlechtlichkeit auf alles seelische Erleben zu, mithin auch in den Freundschaften von Mann zu Mann, von Frau zu Frau. Was er aber noch gegen meine Auffassungen aufrecht hält, faßt er in die versöhnlichste Form, z. B. in die Frage, ob wir denn die Freiheit der »verantwortungslosen Lust« überhaupt vertragen würden. Kurzum, ein sehr lieber, verständiger Artikel, in dem fast etwas wie Reue über den früheren durchklingt. Ich bin sehr froh, keinen Groll mehr gegen diesen Freund tragen zu brauchen. – Sehr gute Worte findet Landauer in der gleichen Nummer zu den Moabiter Streikunruhen, die noch immer nicht ganz beendet zu sein scheinen. Das haarsträubende, stupide und viehische Verhalten der Polizei wird in ruhigen Worten kritisiert und der Verdacht angedeutet, daß die ganze merkwürdige Sache von Dratziehern bewirkt worden ist, die nach einer Wahlperiode zur Besänftigung des durch Steuern, Teuerung und die Verfahrenheit der öffentlichen Dinge aufgebrachten Bürgertums suchen. Sehr wahrscheinlich! – Dumm und teilweise sogar infam ist das Verhalten der sozialdemokratischen Presse den Vorgängen gegenüber. So treffend der »Vorwärts« manches vorbringt, was sich gegen das brutale Losschlagen mit Säbeln auf Greise, Frauen und Kinder richtet, so falsch ist es, wenn er die Ursprünge dieser Krawalle dem »Mob« und »Janhagel« zuweist. Es ist durchaus wahrscheinlich, daß grade die Arbeiter in sehr berechtigter Wut gegen die Streikbrecher, die unter dem Waffenschutz der hohen Polizei ihr jämmerliches Geschäft verrichten, vielleicht unter Drohungen protestiert haben. Dann ist die Poizetka mit Brownings und Plempe dazwischengefahren und hat eine wahre Revolte hergestellt. Es heißt, ernste Vorgänge entwürdigen, wenn man sie um zweifelhafter taktischer Vorteile willen unernst hinstellt. Der »Vorwärts« (von dem Münchner sozialdemokratischen Revolverblatt rede ich nicht) stände würdiger da, hätte er von vornherein jeden Angriff auf die Arbeiterverräter und die bezahlten Verbrecher im Schutzmannshelm gutgeheißen. Hätte ich nur den Varnhagen noch hier. Ich möchte so gern die Urteile dieses Konservativen über die Berliner Schutzmannschaft zitieren, die er gleich bei deren Entstehen fällte.

Frieda hatte mir vorgestern erzählt, daß der Baron Rechenberg in Ascona in argem Dilemma sei. Er fürchtet bald zu sterben und möchte keinesfalls seine schofle Familie als seine Erben wissen. Deshalb sucht er nach einer irgendmöglichen Frau. Ich sagte sofort: die Gräfin! – Gestern war die Gräfin nun bei mir, um adiö zu sagen (sie ist leider dauernd nach Berlin gezogen). Ich setzte ihr die Sache auseinander, und das Ergebnis war, daß ich noch gestern nachmittag einen Brief an Rechenberg abschickte, in dem ich ihm mitteilte, daß ich ihm eventuell helfen könne. Natürlich nannte ich ihm keinen Namen. Bedingung wäre, daß sie keine Geschlechtsgemeinschaft mit ihm zu haben brauchte und ihre volle Freiheit hätte. Es kommt nun nur darauf an, was er ihr für Garantien bieten kann. Möglicherweise könnte er den kleinen Rolf adoptieren, so wäre ihm auch der Wunsch nach einem Kinde erfüllt. Ich wäre sehr glücklich, wenn die Geschichte gelänge. Dem braven tauben versoffenen Kerl wäre sein Lieblingswunsch erfüllt und er könnte ruhigen Gemüts eingehn, und die liebe feine tapfere Gräfin käme endlich aus den schrecklichen

Geldsorgen und Abhängigkeiten heraus. Freilich: der jüdische Anarchist als Ehehelfer zwischen Grafen und Baronen hat etwas sehr Komisches. Das soll mich indessen nicht hindern, was Gutes zu stiften. Schade, jammerschade, daß die Gräfin von München fort ist. Sie wird mir oft fehlen.

München, Montag, d. 3. Oktober 1910.

Sollen diese Tagesaufzeichnungen für mich selbst als Erinnerungsstützen Wert haben, so müssen sie ehrlich sein, die notierten Ereignisse niemals fälschen und für mein gegenwärtiges Erleben wichtige Vorgänge nicht verschweigen. Die Rücksicht darauf, daß die Notizen einmal publiziert werden könnten, darf nichts entscheiden. Steht schon manches in diesem Heft, was die Veröffentlichung in den nächsten Jahrzehnten sowieso ausschließt, so werde ich mich auch nicht abschrecken lassen, Sachen einzutragen, die die Drucklegung zu meinen Lebzeiten – und vielleicht noch lange darüber hinaus – überhaupt verbieten. Ob sich in 80 oder 100 Jahren mal jemand findet, der meine Tagebücher der öffentlichen Mitteilung für wert halten und herausgeben wird, kann ich nicht wissen. Niemand, der aus dem Tagesgeschehen und -Erleben heraus Notizen schreibt, kann deren Kulturdauer ermessen. Über den Wert von Tagebüchern entscheidet nicht das Talent des Verfassers – denn die Zusammenhanglosigkeit der Bemerkungen hindert doch die Entstehung eines literarischen Meisterwerks –, sondern der Rhytmus der allgemeinen und persönlichen Ereignisse, die registriert werden. Also ich will ehrlich sein, soweit ich es vor mir selbst nur kann, und ich will auch nicht vor einer Entblößung meiner Geschlechtlichkeit haltmachen. – Mit dem Stubenmädel hier habe ich seit heute nacht ein richtiges Verhältnis. Bisher hatten wir uns nur geküßt. Gestern hatte sie Ausgang und ich führte sie auf die Oktoberwiese, die heute geschlossen wurde, und nachts kam sie zu mir ins Zimmer. Es stellte sich die überraschende und merkwürdige Tatsache heraus, daß das zwanzigjährige Mädchen noch unberührt war, und so habe ich zum ersten Mal in meinen Leben eine Deflorierung vorgenommen. Und nicht minder merkwürdig ist, daß das gute Kind rasend in mich verliebt ist, ja, sich, wie sie mir beichtete, auf den ersten Blick in mich verliebt hat. Bei mir – ich glaube darin sicher zu sein – ist von Verliebtheit garnicht die Spur vorhanden. Das Mädelchen rührt mich mit ihrer wilden Zärtlichkeit – ich bin darin so wenig verwöhnt. Es rührt mich umso mehr, als ich doch wirklich bei Frauen dieser Art sonst ganz abfalle, und mir immer eingebildet habe, es gehöre schon eine ungeheure Differenziertheit dazu, wenn eine Frau zu mir in zärtlichen Empfindungen aufglühen kann. Die Kleine ist niedlich, aber keineswegs schön. Sie küßt prachtvoll und drückt sich alle Augenblicke zu mir ins Zimmer, um es tun zu können. Für mich hat dies Verhältnis den Reiz der Neuheit – und noch manchen andern Reiz. Nur daß sie Frieda heißt, ist greulich. Dieser Name hat in meinem Leben eine zu köstliche Bedeutung, als daß ich ihn für ein neues Erlebnis anwenden könnte. Ich werde für die Kleine schon einen Namen erfinden müssen. – Aber froh bin ich, daß ich endlich einmal – und doch hoffentlich für längere Wochen – sexuell versorgt bin.

Durch die Expedition des »Sozialist« erhielt ich einen Brief von Felix Hartenheim zugesandt, der nach meiner Adresse fragt, um mir eine »erfreuliche Nachricht« geben zu können. Was mag er wollen? Wer könnte mir Erfreuliches zu melden haben? Sollte das mit einer Beleihung der Erbschaft zusammenhängen? Und wieso grade Hartenheim? Ich war nie mit ihm befreundet, und habe ihn seit mindestens zwei Jahren nicht gesehn. Sonderbar!

München, Mittwoch, d. 5. Oktober 1910.

Es passiert wenig. Mit den paar schönen warmen Tagen ist's wieder vorbei. Die Katarrhzeit beginnt. – An Frau v. Ruttersheim habe ich den ersten noch sehr höflichen Mahnbrief geschrieben. Rößler meint, daß sie zahlen wird. Ich habe sehr große Zweifel. Immerhin: ich denke viel an ihre herrlichen flammendroten Haare, obwohl ich sie doch nur einmal sah. – Mit Hardy war ich viel zusammen. Gestern las ich ihm einige Artikel von mir aus dem »Sozialist«, auch den Landauerschen »von der Ehe« vor. Er gab mir zu, daß so leicht kein andres Blatt eine so ausgezeichnete Polemik enthalten könnte. Er will Abonnent werden. Dann schimpften wir gemeinsam auf die Niederträchtigkeit, daß ich bei meiner Begabung als Dichter und Essayist nicht die Möglichkeit habe, etwas an einer Stelle zu publizieren, wo es gelesen würde. Ich müßte mir schon gradezu einen andern Namen beilegen, aber das tue ich nicht. Ich werde die Bande schon zwingen, mich zu lesen und meinen Namen anzuerkennen, obwohl er eine Überzeugung bezeichnet. Hadwiger sagte mir einmal vor Jahren schon: »Ein anständiger Mensch hat keine Gesinnung«. – Ich hielt das damals für einen Witz. Heut weiß ich, daß er in Deutschland allgemeine Geltung hat und daß man den, der unanständig genug ist, doch eine zu haben, mit dem Hungertode bestraft. – Das Gedicht zu Ferrers Gedächtnis habe ich gemacht, und werd's heute abschicken. Ich fürchte, es ist ein wenig deklamatorisch ausgefallen. Auch für das Montagsblatt muß ich heute was machen. Ich werde mir den unsagbar lächerlichen Parteitag der nationalliberalen Schlappschwänze vornehmen. – Wie die Blätter berichten, hat sich Kamerad Imhof in Offenbach erschossen. Angeblich wegen eines Strafverfahrens, das man wegen Hehlerei gegen ihn anhängig gemacht hat. An den Grund glaube ich nicht. Ich werde wohl bald näheres erfahren.

Heft 5

7. Mai – 28. Juli 1911

München, Sonntag, d. 7. Mai 1911.
Der elende Tripper! Ununterbrochen macht er sich bemerkbar, stört mich in meinen Absichten, lähmt meine Aktionen, vergiftet meine Laune. Nun laboriere ich seit 3 Wochen dran, und noch merke ich fast garkeine Besserung. Morgen will ich noch einmal zu Hauschild. Ich muß der Schweinerei endlich energisch zu Leibe gehn. – Gestern abend war es wieder gräßlich. Emmy war im Café – ich hatte vorher im Luitpold Eduard Joël und Frau getroffen –; sie war sichtlich geil auf mich und bat mich, ich möchte sie, ehe ich in die Torggelstube gehe, heimbegleiten. Ich tat das, ging mit hinauf zu ihr ins Atelier, und regte mich an ihren Küssen furchtbar auf. Dann zog sie sich um, und ich sah sie nackt, was mich so toll machte, daß ich vor Schmerz und Wollust hätte schreien mögen. Das enge Suspensorium wäre unter dem Druck des mächtig gestrafften Gliedes beinahe gerissen. Wir waren beide sehr betrübt, daß wir nicht tun konnten, worauf wir beide brannten. – Genau dieselbe Geschichte wie vor 5 Jahren in Wien, wo ich nackt neben der ebenfalls geschlechtskranken Irma Karczewska lag. Wir küßten uns wie wahnsinnig und mühten uns, wenigstens mit Mund und Fingern einander genüge zu tun, aber schließlich war der Widerstand des Schmerzes doch immer noch größer als der Antrieb der Lust. Das war damals die Tragik: daß wir uns erst kennen gelernt hatten und dann bald auseinandergingen, sodaß wir nie dazu kamen, einen richtigen Koitus miteinander zu vollziehen.

Schon nachmittags war ich bei Emmy gewesen. Morax und Frl. Vital waren da, und ich zeichnete einen Bilderbogen zu der Schauerballade, die Emmy und Morax zusammen bei Kati vortragen wollen. Es sind sehr lustige Bilder geworden, die Emmy sehr primitiv und dadurch umso wirksamer antuschte. – Eduard Joël ist ein netter Kerl. Aber unsere Interessen gehn doch allmählich weit auseinander, und ich kann nicht leugnen, daß ich seine Gesellschaft umso mehr schätze, je deutlicher mir die Möglichkeit scheint, von ihm Geld für den »Kain« herauszuschinden. Angebohrt habe ich schon. Heute nachmittag werde ich wieder mit dem Ehepaar beisammen sein. Ob etwas herausschauen wird?

Nach dem Intermezzo in Emmys Atelier begleitete ich sie bis vor den »Simpl«. Das süße Ding trug auf dem ganzen Wege Leuchter und Kerze in der Hand, damit sie auf dem Heimweg die Treppen hinauffinde, zumal sie die Nacht Engert versprochen hatte. Sie erzählte mir das ganz arglos und mit vielem Bedauern darüber, daß ich nicht imstande bin, meine Pflicht zu tun. Sie könne unmöglich so lange allein schlafen. Daß es grade Engert sein sollte, war mir sehr fatal. Aber wer will den Weibern ihren Geschmack vorschreiben?

Dann also Torggelstube: Im Residenztheater war die Premiere der »Ratten« von Hauptmann gewesen, dazu Sonnabend, wo die Halbe-Gesellschaft erschien. So saß also eine lange Tafelrunde versammelt: Halbe und Frau, Waldau, Mi von Hagen, Steinrück, Dr. Mannheimer, das Mockerl, Lina Woiwode, Basil, Dr. Kutscher, Rößler u.s.w., wozu dann noch Wedekind und schließlich Feuchtwanger und Dr. Uhde-Berneis kamen. Es wurde reichlich Bowle getrunken. Ich hatte das Zusehn und mußte allerlei schlechte Witze deswegen ertragen. – Wir schrieben eine Glückwunschkarte zu dem Erfolg der »Ratten« an Gerhart Hauptmann. Die Terwin war wieder sehr lieb. Der Rest der Gesellschaft blieb bis nach ½4 Uhr nachts. Dann trennten wir uns. Gustel Waldau und besonders Steinrück waren stockbesoffen. – Übrigens waren auch Edgar und seine Frau Fritzi Schaffer dabei. Ich nahm, um mich nicht anzustrengen, ein Auto zur Heimfahrt. – Sehr bemerkenswert schien mir ein Gespräch zwischen Wedekind und Halbe. Wir sprachen über die Schauspielhaus-Aufführung von »Mutter Erde«. Wedekind meinte, das sei ein Stück, das durchaus in das ständige Repertoire der deutschen Theater gehöre. Es gebe noch manche solche Dramen, die ganz zu Unrecht abgesetzt seien. Er dachte dabei offenbar auch an eigne, nannte aber als Beispiel Hauptmanns »Fuhrmann Henschel«. Wedekind schlug Halbe nun eine gemeinsame Protest-Aktion vor. Die beiden Herren sezessionierten sich dann und berieten darüber. Aus dem, was sie nachher einander sagten, ging mir hervor, daß beide gewillt sind, der Sache Realität zu geben. Natürlich Halbe nur zögernd, skeptisch und vielleicht nicht ganz gern, Wedekind stürmisch, unpolitisch, draufgängerisch. So werden sie sich vielleicht auf eine ganz gescheite Aktion einigen, und eines Tages wird das deutsche Publikum vor einer sehr verblüffenden Sensation stehn. Ich hatte Neigung, die Spalten des »Kain« sogleich zur Verfügung zu stellen, fürchtete dann aber aufdringlich zu scheinen und schwieg.

Von Papa kam eine Ansichtskarte mit dem Holstentor drauf, in der er mir für die Gratulation zu seinem Examenstag und für die Zusendung der »Drucksache« dankt und über seinen (recht günstigen) Gesundheitszustand berichtet. Meine Andeutungen, daß ich zur Fortführung des »Kain« Geld brauche, hat er nicht verstanden. Außer andren Briefen einer von einem anonymen »Freund«, der die erste Nummer »passabel« fand, über die zweite schimpft und mich warnt, das Publikum zu ignorieren. Ob der Mann recht hat? Lion Feuchtwanger erklärte mir gestern genau das Gegenteil: die zweite Nummer habe ihm in jeder Hinsicht besser gefallen als die erste. Er lehnte das Programmgedicht »Kain« entschieden ab.

Heute vormittag kam Rößler. Wir gingen dann ins Stefanie, ich

seit einem Jahr zum ersten Mal. Wirt und Geschäftsführer begrüßten
mich mit Händedruck, Kellner und Gäste mit staunendem Grinsen.

München, Montag, d. 8. Mai 1911.
Die »Ratten« von Hauptmann sind ein wunderschönes Stück. Ich
sah es gestern bei der zweiten Aufführung im Residenztheater. Frau
von Hagen hatte für mich eingereicht, nachdem Steinrück es bei der
Premiere verbummelt hatte. Vielleicht die beste Tragikomödie, die
in deutscher Sprache geschrieben ist. Der Vorwurf selbst ist ungeheuer stark. Eine Frau, die sich nach einem Kind namenlos sehnt
– ihr erstes ist gestorben – nimmt eines von einem polnischen Dienstmädchen in Pflege, täuscht es ihrem Mann, dem Maurerpolier John,
der in Altona arbeitet, als eignes vor, und der meldet es beim Standes-
amt an. Pauline, die Polin, verlangt ihr Kind zurück. Konflikte. Das
kranke Kind der Frau Knobbe wird von deren größerer Tochter
Selma in der Johnschen Wohnung gehütet. In ihrer Angst giebt Frau
John deren Kind an Pauline. Das kleine Knobbe-Kind stirbt, während sich die Mutter und Pauline drum streiten. Nun muß der Bruder der John, der verkommene Lude Bruno helfen. Er tut es gründlich, indem er Pauline umbringt. Zum Schluß kommt alles an den
Tag. Mitten hinein spielt die Komödie der Familie eines Theaterdirektors. Das Durcheinander von Groteske und Tragödie ist wundervoll gestaltet. Jede Figur prächtig gelungen, dabei – bei einer Szene,
wo der Direktor mit seinen Schülern die Braut von Messina studiert –
eine wunderfeine, im Stück völlig begründete theoretische Kontro-
verse zwischen Klassizismus und Naturalismus. Das Berliner Milieu,
Sprache, Charakter der Menschen – einer der schönsten Hauptmanns.
Und es war eine erfreuliche Aufführung unter Basils Regie. Außer
dem Theaterdirektor Höfers, der seiner Rolle viel schuldig blieb,
und seinen Schülern – außer dem Spitta v. Jacobis –, die aber wenig

zu bedeuten haben im Stück, war jede Figur – trotz mancher Schwäche – famos. Frl. Schwarz gab die John. Freilich: der Gedanke, daß
die Rolle am Lessingtheater von Else Lehmann gespielt wird, kann
einen wehmütig stimmen. Hier und da roch man die Regiebemer-
kung. Im großen und ganzen aber doch eine starke gute Leistung.
Auch Basil als Maurerpolier John hatte vortreffliche Momente und
überzeugte. Sehr stark war die Pauline der Terwin, die in Dialekt,
Haltung, Gebärde und Wärme ganz auf der Höhe ihrer Aufgabe
stand. Der Erich Spitta von B. v. Jacobi war sehr fein, viel schwächer
seine Geliebte, die Walpurga von Frl. Neuhöfer. Schröders alter Pastor Spitta recht gut, ebenso die Frau des Theaterdirektors, die die
Ramlo spielte. Ganz ausgezeichnet gefiel mir wieder das kleine Fräulein Pricken, die aus der Selma eine richtige Zillesche Nutte machte.
Ihr Aeußeres war erstaunlich gut und auch im Spiel traf sie völlig
die Berliner Jöhre. – Aber hoch über allen andern stand die Leistung
Steinrücks als Bruno. Er hatte nur kurz auf der Bühne zu tun, aber
während er da stand, ein Bild der Verkommenheit – mit dem gelinden
Stich ins Sentimentale, das der Berliner Verbrecher zu cachieren
sucht, schlug einem die Angst an den Hals. Es war eine schauspielerische Leistung von unheimlicher Wucht und Geschlossenheit. – In
Berlin hat das Stück einen Mißerfolg gehabt. Hier ging das schlech-
teste Publikum mit, das am Residenztheater auszudenken ist, das
Publikum der zweiten Aufführung, die noch dazu auf einen Sonntag
fiel. Es muß schon an der Aufführung gelegen haben. Ich freue mich
auch Fritz Basils wegen. Seine Regieführung ist ganz vorzüglich zu
nennen.

Vorher war ich mit Joëls im Luitpold gewesen, hatte sie dann zu
einem Spaziergang begleitet, und zu mir ins Zimmer geführt. Es kann
nicht schaden, wenn den Lübeckern berichtet wird, daß ich einigermaßen wohne. Schließlich bearbeitete ich ihn, mit Julius zu sprechen,
ob nicht Papa evtl. doch etwas Geld für den »Kain« herausrücken

möchte. Dann hätten sich die Stunden Bärenführerschaft ausgezahlt. Übrigens freute ich mich selbst des Wiedersehens.

Nach dem Theater »Simplizissimus«. Emmy hat ein Verhältnis mit dem kleinen Keller angefangen. Ich Esel habe die tolerantesten Prinzipien, dazu noch einen Tripper und war doch eifersüchtig. Natürlich ließ ich mir nicht das mindeste merken. Aber es ist doch eigentümlich, wie lieb ich das kleine Hurenweib habe. Sie trug mit Morax zusammen die schöne Ballade vom Räuber vor, der seinen Bruder abmurksen will, und an seiner »blassen Brust« das Bild der Mutter findet. Der große Bilderbogen, den ich dazu gezeichnet habe, wirkte sehr lustig zu dem Leierkastenlied. Eine peinliche Überraschung wurde uns dadurch zuteil, daß die Ichenhäuser plötzlich mit Else Lasker-Schüler das Lokal betrat. Die eifersüchtige Megäre, die komplett wahnsinnig ist, hat Emmy in Berlin mit Schimpfreden und Drohungen nachgestellt. Nun war das arme Kind ganz verängstigt. Ich hoffe, sie fährt bald wieder ab. Es wäre recht widerwärtig, wenn Emmy wieder keine Ruhe vor ihr hätte. Ich bin aber entschlossen, trotz aller Freundlichkeiten der törichten Frau gegen mich und trotz meiner Verehrung für manche ihrer Gedichte, Emmy sehr energisch gegen sie zu verteidigen. – Heut nachmittag war Emmy bei mir. Sie erzählte, daß Keller bei ihr geschlafen habe. Wir gingen in den Englischen Garten, wo wir uns viel küßten, dann aß sie bei mir Mittag. – Danach ging ich zu Hauschildt, der sich meinen armen Schwanz besah. Er verulkte mich, daß ich in meinen Jahren noch solche »Kinderkrankheiten« bekäme. Aber er fand, daß sich der Zustand wesentlich gebessert hat, empfahl mir die bisherige Behandlung energisch fortzusetzen und riet wieder sehr von Spritzen ab. Er stellte mir in Aussicht, daß ich in 14 Tagen gesund sein könne. Noch 14 Tage! Aber wenn nur dann die Geschichte vorüber ist!

München, Dienstag, d. 9. Mai 1911.

Pfempfert schickt mir die beiden letzten Nummern der »Aktion«, in denen die Enquete über Kerr fortgesetzt wird. Dehmel schreibt ganz dumm, Else Lasker-Schüler macht mindere Knittelverse, Kurtz spreizt sich, und die übrigen sind ziemlich belanglos. Ob Kerr viel Nutzen von der Umfrage haben wird? – Erfreulich war mir, daß das Blatt unaufgefordert eine ganz gut redigierte und ziemlich auffällige Annonce des »Kain« bringt. Wüßte ich nur erst, wie Nr. 3 bezahlt werden soll! Roda Roda riet mir, ich solle Sobotka um 100 Mark anpumpen. Vielleicht tue ich es. Ich denke auch daran, das Tagebuch aus dem Gefängnis als Buch zu verkaufen und darauf Vorschuß zu nehmen. Vielleicht kommt der Verlag Eugen Rentsch in Frage, der von mir seinerzeit ein Buch herausgeben wollte, und bei dem jetzt Toni Maier in Stellung ist. – Ich war nachmittags im Café Stefanie gewesen, am Schachtisch, wo ich mit Roda Roda einige Partien spielte. Meyrink war da, Jodocus Schmitz, der Major Hoffmann, Professor v. Stieler und Nonnenbruch. Nach dem Abendbrot traf ich im Bauer Emmy mit Morax und Ida, Keller und Engert. Emmy war sehr aufgeregt, da gleichzeitig mit der Ichenhäuser die Else Lasker-Schüler in einer Ecke des Lokals saß. Das verängstigte Kind fürchtete Revolver und Vitriol. Mir fiel mal wieder die angenehme Aufgabe zu, zu parlamentieren. So setzte ich mich zu der Lasker und kam auf Umwegen zu dem Thema Emmy. Ich erreichte das Versprechen, sie werde während der Zeit ihres Münchner Aufenthalts nicht mehr den »Simpl« betreten, noch Emmy im mindesten nahetreten. Als ich zu Emmys Tisch zurückkam, war sie grade dabei, einen Zustand zu kriegen. Ich begleitete sie mit Keller zusammen nach Hause und sie stieß schreckliche Drohungen gegen Elschen aus. Auch noch solche Geschichten!

Abends Torggelstube. Zuerst traf ich nur Eyssler dort, der mir mit seinen lispelnden, wienerisch-urnischen Vertraulichkeiten schauderhaft auf die Nerven ging. Ein Kretin. Er ging bald und ich blieb

ziemlich lange allein. Dann kam Wedekind, der sich wegen seines
Verhaltens neulich entschuldigte, als er mit seiner Frau plötzlich aufbrach. Er sei in einem Zustand schwerer Depression gewesen, zumal
Messthaler ihn auf 1000 Mark Konventionalstrafe verklagt habe,
weil er ein Engagement im Intimen Theater nicht innegehalten habe.
Gespräche über die »Ratten«, die Wedekind ebenso hoch einschätzt
wie ich, über Hauptmann im allgemeinen, über Herwarth Walden,
über »Kain« und Geldbeschaffungsmöglichkeiten. Ludwig Thoma
erschien. Gespräche über Wolzogen, Überbrettl, Schönherr. Wedekind rückte plötzlich mit einem Anliegen heraus: er wolle eine Erklärung veröffentlichen, daß sein Stück »Oaha« keine Personen treffen solle, sondern eine Satire auf Satiriker sein will. Wedekind war
blaß, während er seine Sache vortrug. Thoma war einer von denen
gewesen, die er in dem Stück so bös hergenommen hatte, und Thoma
hatte dann im »Simplizissimus« unheimlich grob geantwortet. So
war es eine brenzliche Sache, von »Oaha« zu sprechen. Thoma wich
zuerst aus; dann meinte er, – wie mir schien, um einen Fühler auszu-
strecken, – Wedekind solle doch mit solcher Erklärung warten, bis
einmal an die Aufführung des Stücks gegangen werde. Er hatte richtig geraten. Denn Wedekind bestätigte sogleich, daß er es im Laufe
des Juli, da er wieder den ganzen Monat hindurch im »Schauspielhause« gastieren wird, spielen wolle. Die Herren einigten sich dahin,
daß Wedekind eine entsprechende Erklärung im »März« publizieren
soll. Thoma benutzte die Gelegenheit, zu erklären, daß er sowohl
wie der verstorbene Albert Langen herzlich über Wedekinds »Oaha«-
Grobheiten gelacht hätten. Wedekind selbst gab zu, in seiner Satire
ungerecht gewesen zu sein und erzählte, wie er dazu gekommen sei,
sie zu schreiben. Bei einem gelegentlichen Gespräch sei ihm die Idee
gekommen, daß Satiriker selbst den besten Stoff für eine Satire abgeben könnten und da habe er eben den Kreis ausgesucht, der ihm am
nächsten war. – Als Thoma gegangen war, unterhielt ich mich mit

Wedekind noch über Mary Irber und Vallé. Vor 3 Uhr gingen wir miteinander fort.

Heut kam ein neuer Brief von Kätchen. Ihr geht es schlecht. Sie hat Schmerzen. Dazu kommt, daß sie auf der Straße gefallen ist und sich verletzt hat. Sie möchte sich wegen des Trippers behandeln lassen, hat aber garkein Geld. Sie rechnet auf meine Hilfe. Sie hat furchtbar viel Pech gehabt in der Zeit, seit wir beisammen waren, auch eine Engagement-Aussicht ist ihr in die Binsen gegangen. Wie soll ich ihr nur helfen? Mir stehn schon wieder schauderhafte Dalles-Tage bevor. Die D.M.Z. hat sich natürlich nicht gemeldet, und da ich in der letzten Woche den Beitrag verbummelt habe, habe ich auch noch nicht gemahnt. Ich werde Rößler bitten, für Kätchen ein Geldstück zu lockern. Aber ich selbst muß endlich wieder arbeiten. Da sitze ich und schreibe das Tagebuch voll, und meine wichtigsten Sachen bleiben liegen. Vor allem muß ich endlich für die »Schaubühne« den Artikel über die Terwin schreiben!

München, Mittwoch, d. 10. Mai 1911.

Die Angelegenheit Else Lasker-Schüler – Emmy spitzt sich dramatisch zu. Ich erhielt einen langen Brief von Elschen, in dem sie Emmy als »geiles kleines Nähmädchen« beschimpft, in deren Mund ihr »erlauchter« Name (an einer andern Stelle »die Majestät meines Namens« – immer dick unterstrichen) nichts zu tun habe, und worin sie schließlich erklärt, sie lasse sich das Betreten öffentlicher Lokale nicht verbieten. Ich hielt es für ratsam, diplomatisch zu sein und schrieb einen langen vorsichtigen Antwortbrief, von dem ich auch noch eine Abschrift nahm, sodaß mir wieder die Zeit, wo ich hätte arbeiten mögen, zum Teufel ging. Ich bat die Lasker, mir persönlich den Gefallen zu tun, den Simpl. zu meiden. Abends im Café kriegte ich dann einen weiteren albernen Brief, in dem u. a. stand, sie (Tino von Bagdad) habe in Berlin nur Emmy aus dem Café entfernt wissen wollen, um den einzigen Ort, wo man sich aufhalten könne, nicht verflachen und verhuren zu lassen. Im übrigen: »Bei Philippi sehn wir uns wieder.« – Ich ging also mit in den »Simpl«, um bei eventuellem Krach Emmys Partei nehmen zu können. Aber Elschen kam nicht. Jedenfalls vermute ich, daß ihre Hysterie sie nicht ruhen lassen wird, bis nicht der Krach da war. Und wenn sie ihn nicht provoziert – Emmy ist auch nicht die Zahmste.

Nachmittags kam Rößler ins Café und dann zu mir zum Abendbrot. Auch Emmy erschien. Die beiden geilten sich aneinander auf, und nach dem Essen legte sich Rößler auf den Diwan und es begann ein Piacere, zu dem ich sittsam das Gaslicht ausdrehte. Da ich merkte, daß Emmy sich ganz auszog, und so schon wie auf Kohlen stand, da die Gruppe Tat auf mich wartete, ließ ich die beiden bald allein. – Es ist seltsam, daß ich auf den alten Rößler nicht eine Spur eifersüchtig bin. Die ganze Geschichte gestern machte mir einen diebischen Spaß. Ich mußte über Emmys unbefangene Selbstverständlichkeit sehr lachen. Sie ist schon ein erotisches Genie. Sie will immer und jeder Mann und jede Situation ist ihr recht.

Mittags im Hofgarten hatte ich Uli und Lotte getroffen. Ich konstatierte mit vielem Schmerz, daß doch eine rechte Entfremdung zwischen uns eingetreten ist. Besonders Lotte sagte mir Bosheiten, die kaum mehr freundschaftlich zu deuten sind. Es wäre sehr schade, wenn das Puma in der Dauerehe mit Strich völlig verbürgerte. Ulis Naturell läßt die Entwicklung zum Glück nicht befürchten.

Heut schreiben wir den 10. Mai. Mit Arbeiten und Correspondenz bin ich ganz zurück. Mir graut, wenn ich mich meiner Pflichten erinnere.

München, Donnerstag, d. 11. Mai 1911.
Gestern abend, als ich mit Halbe und Genossen von der Kegelbahn
aus zu Kathi Kobus kam, saß Elschen Lasker mit der Ichenhäuser
richtig im Lokal. Emmy hatte sie vorher nicht bemerkt, bekam jetzt
aber, als sie die Frau sah, wieder richtige Zustände der Todesangst,
sodaß wir schleunigst aufbrachen und in ziemlich großer Gesellschaft ins Stefanie gingen. Ich schrieb der Lasker von dort aus einen
Brief, in dem ich ihr erklärte, ich sehe in ihrem Verhalten einen Akt
der Geringschätzigkeit gegen mich und betrachte daher unsere
freundschaftliche Beziehung als erledigt.

München, Freitag, d. 12. Mai 1911.
Emmy unterbrach mich gestern mittag im Schreiben. Es war auch
nicht allzu wichtig, was ich hätte notieren können. Auch der Bericht
über den gestrigen Tag kann kurz ausfallen. Das Erfreulichste war,
daß ich endlich den Terwin-Artikel geschrieben und abgeschickt
habe. Wenn Jacobsohn nur rasch Geld schicken möchte. Es wird ja
nur sehr wenig werden, aber ich bin schon fast ganz pleite. Ein paar
Mark hoffe ich noch von Fuhrmann zu kriegen. Und heute muß ich
unbedingt wieder was an das Montagsblatt schicken, um gleichzeitig
mahnen zu können. Ich habe große Angst, daß es vergeblich sein
wird. Die 6 Mark, die ich vorgestern an Kätchen schickte, machen
sich schwer fühlbar. Dabei bittet auch Johannes wieder um Geld.
Aber ich kann ihm diesmal wirklich nicht helfen.

Heut ist Friedels Geburtstag. Sie wird 35 Jahre alt. Ich schrieb ihr
einen kurzen herzlichen Brief und legte mein letztes Gedicht bei.
(»Sehr traurig und bedrückt ist mein Gemüt«). Ich liebe die Frau
über jeden Begriff. Jeden Tag frage ich mich: werde ich durch sie
noch einmal glücklich sein? – Wenn ich Geld hätte! – Bei einer unserer
letzten Begegnungen fragte ich sie, ob sie, wenn ich über die nötigen

Mittel verfügte, mitkomme nach Frankreich. Da meinte sie lächelnd: »Parce que si, parce que non!« – Es ist sehr widerlich, alle Hoffnung immer wieder auf die Arterienverkalkung des Vaters setzen zu müssen.

Gestern abend war ich im »Simpl.« (Elschen Lasker ließ gestern nichts von sich hören oder sehn). Michel, mit dem ich nachmittags im Stefanie schon Billard gespielt hatte, war da mit Leo Greiner. Emmy war sehr niedlich und ganz verrückt auf den Schauspieler Schwirzer, den sie dann auch wohl mit nach Hause genommen hat. Ich muß schon noch zurückstehn. Allerdings hoffe ich: nicht mehr allzu lange. Heut früh war ich so aufgeregt, daß ich trotz meines Zustands onanierte, was ziemlich schmerzlos vonstatten ging. Mir ist dieser Tripper schon elend über.

Auf die Annoncen meiner Bücher im »Kain« sind zwei Bestellungen auf je 1 »Wüste« und »Krater« eingetroffen. Etwelche Lyriker senden mir fürchterliche Verse zum Abdruck ohne im geringsten sich an der Notiz, »Mitarbeiter dankend verbeten« zu stoßen. Ja, wenn die Seele glüht! – Der Verlag Eugen Diederich in Jena schickt mir im Auftrag des Pfarrers Vogel dessen 1908 erschienenes Buch »Der moderne Mensch in Luther«. Es wird wohl noch eine Weile auf die Durchstudierung warten müssen.

München, Sonnabend, d. 13. Mai 1911.
Bleibt einmal ein Tag unausgefüllt, dann fallen mir doch nachher so allerlei Dinge ein, die für den Moment interessant genug waren, um sie zu notieren. Und was über den Moment hinaus Interesse behalten wird, läßt sich ja heute doch noch lange nicht übersehn. So will ich doch noch einiges aus den letzten Tagen nachtragen. – Da war ein Mann bei mir, der sich als der Schriftsteller Singer vorstellte. Er erklärte, er wolle auch eine Zeitschrift gründen und möchte von mir

wissen, was an Kapital dazu nötig sei und wie man die Sache überhaupt anfange. Ich schenkte ihm über die finanziellen Unterlagen
des »Kain« reinen Wein ein und gab ihm beide Nummern mit. Der
Mann versprach, mir die Adresse eines Versicherungsonkels zu schreiben, der evtl. ein paar tausend Mark auf das Blatt pumpen würde. Bis
jetzt habe ich keine Botschaft gekriegt. Ich hatte ein wenig das Gefühl,
ich sollte ausgefragt werden, und ich bin auch heute noch nicht im
klaren darüber, ob ich nicht den Besuch eines Spitzels hatte. Allerdings beobachtete ich den Mann, als er fortging, vom Fenster aus
und sah, wie er mit den gelben Kainheften in der Hand lebhaft gesti-
kulierte und Selbstgespräche führte. Möglicherweise spinnt der Kerl
blos. – Ferner ist ein merkwürdiger Brief zu erwähnen. In Nr. 2 des
»Kain« hatte ich Frau Scharfs Übersetzung von Paul de Kocks »Mädchen mit den drei Unterröcken« rezensiert. Jetzt kam ein eingeschrie-
bener Brief von Dr. R. Douglas, dem Verleger des Buches, mit dem
meine Freundschaft dazumal mit Ohrfeigen endete, die ich bekam,
weil ich die 100 Mark Vorschuß nicht wieder herausrücken wollte,
die ich für meine Lektortätigkeit an dem Verlag bekommen hatte.
Die von mir acquirierten Autoren Scheerbart und Przybyszewsky
waren dem Ehepaar Douglas-Andree nicht wertvoll genug, und so
legte ich meine Tätigkeit nieder. – Jetzt schreibt mir dieser Herr, er
habe nicht blos (wie ich tadelnd vermerkt hatte) das Buch mit dem
»neckischen« Vorwort versehn, sondern selbst Verbesserungen der
Übersetzung vorgenommen und stellenweise die Übertragung überhaupt erst in eine Form gebracht, die die Veröffentlichung möglich
machte. »Stets zu Ihren Diensten« schließt er das anmutige Schreiben, das natürlich bestimmt ist, Frau Scharf zu Gesicht zu bekommen. Ich habe es ihr geschickt. Doch war es gestern noch nicht angekommen. Es wäre fatal, wenn es verloren gegangen wäre.

Gestern traf ich den Schwabinger Buchhändler Steincke, der mich
ansprach und mir erzählte, er habe von Nr 1 etwa 30, von Nr 2 etwa

50 Expl. »Kain« verkauft. Das Publikum sei sehr damit zufrieden. Außerdem sprach mich im Hofgarten ein Herr Böhm an, der sich erbot, für 4–500 Mark Inserate zu beschaffen. Ich verwies ihn an Toni Meier.

Dr. Kutscher hatte mich zu gestern abend in sein Seminar-Kolleg eingeladen, da dort ein Student, namens Schulz, einen Vortrag über den Spielplan der Volksbühnen halte. Er hatte den jungen Mann an mich empfohlen, damit ich aus meiner Praxis Material zur Verfügung stelle. Herr Schulz war aber nicht gekommen. Der Vortrag war recht interessant. Ein sehr kluger junger Mensch hatte kolossal aus allem, worüber er mal nachgedacht hatte, aufgepackt und brillierte mit mancherlei draufgängerischen Bekenntnissen. Es war viel Gutes in dem, was er sagte, auch viel Trocknes, Totes, Gemeinplätzliches, und nebenher manches Verkehrte. So beurteilte er die Psyche des Volkes ganz falsch. Es ist der große Fehler fast aller derer, die sich berufen glauben, Volkserzieher zu sein, daß sie meinen, man müsse ganz leichte Kost für die Menge auswählen und solche, die inhaltlich ihr Interesse berühren. Ich habe beobachtet, daß das sogenannte niedere Volk, sofern es noch nicht kleinbürgerlich verfault ist, sehr bereit ist, schwierigen Gedankengängen nachzugehn. Man kann den Arbeitern viel differenziertere geistige Anstrengung zumuten, als dem bürgerlichen Zeitungsleser, der alles sehr schön tranchiert, zergliedert und womöglich vorgekaut serviert haben möchte. Speziell in der Kunst ist es ganz falsch anzunehmen, daß dem einfachen Menschen Tendenz vorgesetzt werden muß. Im Gegenteil: eine reine schöne Stimmung findet in den unverdorbenen Herzen derer, die noch nicht völlig in Geschäftsspekulationen aufgehn, die willigste Resonanz. – Ich habe darüber nachher mit Herrn Schulz ausführlicher gesprochen, ihm auch erzählt, wie glücklich meine Kunden und Sollergäste waren, als sie sich einmal auf meinen Rat im Volkstheater »Carmen« angesehen hatten.

Im Anschluß an Schulz' Vortrag sprach Kutscher über Freilicht-Theater (mit Lichtbildern). Er fing mit Wachlers Versuch auf dem Hexentanzplatz an. Von unserem Peter Hille-Waldspiel in Schlachtensee (1903) wußte er nichts. Als ich ihm nachher davon sprach, war er sehr überrascht und notierte sich einiges. So wird der naive Versuch doch wohl noch zu seiner historischen Eingliederung kommen.

Abends war ich dann noch im Hotel Union, wo nach dem Seminar in gewissen Zeitabständen die sogenannte »Kutscherkneipe« stattzufinden pflegt, wobei eine literarische Persönlichkeit als Vortragender mitwirkt. Gestern las Wedekind seinen »Totentanz« vor. Er leitete die Vorlesung mit ein paar Worten ein, die in ihrer Unbeholfenheit recht sympathisch wirkten. W. beschwerte sich bitter über die Polizei, die ihm die Aufführung und selbst die öffentliche Rezitation des Werks unmöglich mache. Was er über den Inhalt selbst sagte, war nur geeignet, zu verwirren. Er behauptete, sich den Casti Piani als Mephisto vorgestellt zu haben, und es habe ihm gereizt, den sterben zu lassen. So ein Blödsinn! Es ist schon komisch, daß die besten Künstler, sobald sie ihre Werke erklären wollen, immer ins Quatschen geraten. – Die Vorlesung selbst war sehr schön. Ich liebe das Stück ganz besonders, und ich möchte es mir gern als Vorbild nehmen für meinen Wunsch, handelnd, kämpfend zu theoretisieren. Wundervoll ist der Gedanke, das Liebespaar in Versen sprechen zu lassen. Dadurch wird der Vorwurf der Übertreibung in der Gestalt der Hure von vornherein abgeschnitten. – Nachher dankte Kutscher in denkbar tölpelhaftester Privatdozentenmanier für Wedekinds Bemühung. B. v. Jacobi und Frau waren da. Frau Lucie meinte zu Wedekind: »Ja, aber die Elfriede kann ich nicht verstehn!« – Sie erhielt die Antwort: »Da gratuliere ich Ihnen, gnädige Frau!« …

Als ich einmal den Lokus aufsuchte, kam mir einer von den Studenten nach, derselbe peinliche Kerl, der vor Monaten, als ich – am Tage von Emmys Ankunft – im »Gambrinus« sprach – mit seiner

Kastratenstimme die saudumme Rede gehalten hatte (der »Individualist bis ins dritte und vierte Glied«), und entschuldigte sich mit tiefen Verbeugungen. Ich war gnädig. – Gegen ½ 12 Uhr ging ich dann noch in die Torggelstube. Die Gesellschaft (Eyssler, Muhr, Strauß) ging bald. Ich blieb allein und verzog mich gegen ½ 1 Uhr in den »Simpl.«, wo ich zu meinem Bedauern erfuhr, daß Mary Irber dagewesen und schon weg sei. Als Emmy mit ihren Vorträgen fertig war, begleitete ich sie und Schwirzer noch und kam gegen 2 Uhr nach Hause.

Pierre Ramus, Wien, schickt mir die Jahrbücher der »Freien Generation« von 1910 und 1911 und die letzte Nummer des »Wohlstands für Alle«.

München, Sonntag, d. 14. Mai 1911.
Ich bin erst wieder um 1 Uhr aufgestanden, obwohl das herrlichste Wetter ist. Der Tripper lähmt mich vollständig. Vielleicht ist ja das lange Im Bett Liegen gut, denn Hauschild hat mir in erster Linie Ruhe verordnet. Aber im Laufe des Tages laufe ich ja doch wieder viel zu viel herum und strenge mich bei allen möglichen Dingen überflüssig an. – Heut wäre ich vielleicht früher aufgestanden. Aber um 11 Uhr kam Herr Otto Singer an, um mir die Adresse des Versicherungsagenten zu bringen, den er mir zum Anpumpen empfohlen hat. Der Mann blieb geschlagene 2 Stunden sitzen. Mein Verdacht, daß er Spitzel sein könnte, ist unbedingt falsch. Er war lange in Rom und erzählte von dem versoffenen Dr. Sydow, mit dem er dort zusammen war, ferner von Fritz Klein und Ehrhardt, die dort – wie in Ascona – den Deutschen den Kredit verdorben hätten. Der Herr war mir heute ganz sympathisch. Äußerlich erinnert er an Meßthaler. Er scheint aber ein sehr anständiger Mensch zu sein. Sein unruhiges Auge deutet auf schwere Neurasthenie oder Anlage zur Geisteskrankheit.

Gestern suchte mich der Herr Boéhm (nicht Böhm), der mich vorgestern im Hofgarten angesprochen hatte, im Café Bauer auf. Er ist bei Toni Meier gewesen, und der hat erklärt, daß er sich nicht mehr viel um »Kain« kümmern kann. Nun will Boéhm den Kram übernehmen. Zunächst will er nach Inseratenagenten annoncieren. Hoffentlich falle ich mit dem Menschen nicht herein. Geld darf er mir jedenfalls nicht verwalten. Ich bin sehr neugierig, wie sich die Sache anlassen wird.

Nach Tisch war ich wieder mit Lotte und Uli im Hofgarten zusammen, die viel netter waren als vorgestern. Zuerst waren noch Seewald, Strich und der Zeichner Bolz dabei. Die beiden Mädels haben eine schreckliche Angst vor dem Dickwerden, und das Puma neigt wirklich dazu. Ich mußte mit ihnen zur Automatenwage des Café Luitpold gehn, die sie, weil sie zu hohes Gewicht anzeigte, als unzuverlässig ablehnten. Uli erzählte mir aus Ascona eine köstliche Geschichte: Lotte hatte ein Gewicht von 118 Pfund konstatiert, und war vor Verzweiflung darüber tagelang unsichtbar. Als Uli endlich zu ihr ging, stand sie nackt im Zimmer und maß mit einem Zentimetermaß den Bauchumfang. Schließlich stellte sich heraus, das die Wage 6 Pfund zugelogen hatte und Uli forderte und erhielt für jedes Pfund 1 Franken Freudengeld.

Die Lasker-Schüler-Geschichte nimmt allmählich die Formen einer komischen Groteske an. Meinen Brief, in dem ich ihr die Freundschaft kündigte, schickte sie mir zerrissen zurück, mit der Aufschrift, sie verbitte sich strengstens (dick unterstrichen) jede weitere Belästigung. Morax übergab mir die Fetzen und bestellte mir zugleich die spätere Mitteilung der Dame an mich, sie habe es nicht so gemeint. Und nun beteiligt sich auch die Ichenhäuser – Emmy nennt sie unhöflich Frl. Siechenhäuser – an der Korrespondenz. Gestern bekam ich einen total verstiegenen Brief von ihr. Wenn ihr Diener Jehovah ermittle, daß ich ein Hurerich sei, so müsse ich Millionen Meilen weit von ihrem Lande fortgehn. Scheißtrommel! – Inzwischen hat Emmy selbständig Schritte unternommen, um die Dichterin Tino loszuwerden. Sie hat veranlaßt, daß ihr von Berlin aus ein Telegramm ins Café Bauer geschickt wurde, wonach sie sofort nachhause zurückkommen möge. Natürlich ist sie darauf nicht hereingefallen und hat angeblich das ganze Material der Polizei übergeben. Wenn das wahr ist, wäre sie als Käsehändlerin entlarvt. Die Zeit ihres Münchner Aufenthalts kann immerhin noch recht unterhaltende Intermezzi bringen.

München, Montag, d. 15. Mai 1911.
Heut abend gehe ich in die Uraufführung von Dauthendeys »Spielereien einer Kaiserin«. Ein Freibillet habe ich nicht kriegen können, da der Neue Verein, der die Geschichte veranstaltet, die Auswahl der in sehr beschränkter Zahl bewilligten Freikarten dem Presseverein überlassen hat, der mich selbstverständlich ablehnt. Nun wollte ich trotzdem aus meinem Dalles drei Mark anwenden. Als ich aber zu Schmidts Konzertbüro kam, stellte sich heraus, daß der billigste noch freie Platz 6 Mk 20 kostet. Zum Glück war Victor Mannheimer grade dort, der sich erbot, die fehlenden 3 Mk für mich zu zahlen. Ich freue mich sehr auf die Aufführung. Die Durieux spielt die Hauptrolle.

Aber nun bin ich ganz pleite, zumal ich eben auch noch gebadet habe, was jetzt wöchentlich 3–4 Mark verschlingt. Ich will jetzt sofort zu Fuhrmann und versuchen, ob ich ein Goldstück von ihm heraushole. Die Deutschen Montags-Schweine haben selbstredend nichts von sich hören lassen.

München, Dienstag, d. 16. Mai 1911.
Von Fuhrmann bekam ich 19 Mk 50 und den Auftrag, über die Vorstellung des Neuen Vereins für den »Komet« zu schreiben. Ich werde sie sehr rühmen können. Die »Spielereien einer Kaiserin« sind eine

sehr schöne Dichtung, wenn auch eigentlich kein Drama: Bilder aus dem Leben Katharinas I. von Rußland. Prachtvolle Verse (Jamben), eine sehr reiche Sprache, starke Charakteristik der Kaiserin und der andern Figuren. Die Durieux war fabelhaft. Es ist undenkbar, sich die Figur Katharinas besser gestaltet zu denken. Eine Leidenschaft in Wort und Gebärde, die unerhört war, dabei von strahlender Schönheit. Diese Frau hat sich allmählich zu einer Künstlerin entwickelt, neben der alle andern völlig verschwinden. Die Eysoldt hat wohl noch mehr eigentliche Genialität, nicht aber diese überlegte Kraft, vor allem nicht die äußeren Wirkungsmittel, die die Durieux raffiniert bändigt. (Trotz allem: meine Liebe gehört der Eysoldt. Die Durieux verehre und bewundere ich). Ihr Partner, Steinrück als Feldmarschall Menschikoff, versagte gestern leider vielfach. Er stand garnicht auf seiner sonstigen Höhe. Ob das nur damit zusammenhing, daß er seine Rolle nicht genügend studiert hatte, oder ob sie ihm nicht lag, entscheide ich nicht. Er hatte große, prächtige Momente, aber eben blos Momente, und oft genug war es qualvoll, ihn agieren zu sehn. Dagegen war Basil als Peter I. sehr gut, und vorzüglich das Mockerl, das die Zofe Katharinas, Sascha, zu spielen hatte. Auf dem Zettel stand die Nicoletti, aber wenn ich auch nichts vorher gehört hätte, im ersten Moment hätte ich die Terwin erkannt, die nun zum ersten Mal neben der großen Durieux auf der Bühne stehn durfte. Sie machte ihre Sache ausgezeichnet. (Heute schickt mir Jacobsohn meinen Artikel über Johanna Terwin zurück. Ich bin wütend, und vor dem Mockerl ist mir die Sache schrecklich unangenehm. Auch der Geldausfall ist peinlich). Nach dem Theater Torggelstube. Der Tisch war wieder voll besetzt, sodaß leider die wichtigsten Persönlichkeiten, die etwas später kamen, keinen Platz mehr fanden. Wedekinds, die Durieux u.s.w. saßen draußen. Dauthendey war zuerst bei uns, wurde dann aber hinübergeholt, ebenso das Mockerl, Steinrück und Basil. Ich war traurig, die Durieux nicht begrüßen zu können. Aber ich mochte nicht an den Tisch drängen in meiner dürftigen Equipierung. Roda Roda und Frau fuhren mich in einem Auto heim, in dem auch Scharfs mitgenommen wurden.

Nachmittags war ich bei Emmy im Atelier gewesen, um dort für eine Ballade, die ich neulich Morax aus dem Handgelenk diktiert hatte, einen Bilderbogen zu zeichnen. Morax, Engert und Keller waren da. Emmy lag im Bett. Das arme Mädel kriegt viel zu wenig Schlaf. Jeder will mit ihr schlafen, und da sie sehr gefällig ist, kommt sie nie zur Ruhe. Bis drei muß sie bei der Kathi sein, die sie scheußlich ausnutzt, und morgens um 9 Uhr sitzt sie dann schon in der Malschule. Ich wollte, ich wäre erst gesund. Dann würde ich sie oft mit zu mir nehmen und einfach nicht fortlassen, ehe sie nicht gründlich ausgeschlafen ist. Aber Hauschildt, der sich gestern wieder den Sünder ansah, vertröstet mich immer noch auf 14 Tage. Diese Zeit hatte er vor 3 Wochen, als ich zuerst zu ihm ging, schon als Dauer der Krankheit prophezeit. Mich macht die Sauerei schon ganz melancholisch.

Ich habe in den letzten Tagen Landauers »Aufruf zum Sozialismus« gelesen, und habe nun begonnen, das Buch sofort zum zweiten Mal durchzugehn. Mein Urteil will ich bis zur Vollendung der zweiten Lektüre zurückstellen. – Ich muß an die Kain-Arbeit! Es ist hohe Zeit.

München, Mittwoch, d. 17. Mai 1911.

Vor genau einem Monat kam die Gonorrhöe zum Ausbruch. Heute kann ich sagen, daß es etwas besser geht. Aber noch ist Ausfluß da, und der kleinste alkoholische oder sexuelle Exzess kann mich wieder ganz herunterbringen. Dabei sehne ich mich maßlos nach Umarmungen. Es ist so viel Kraft aufgespeichert, dabei das ganze Interesse so auf den Genus konzentriert, daß ich mich mitunter vor Geilheit kaum zu lassen weiß. Gestern nachmittag kam ich zu Emmy. Sie stand splitternackt in ihrem Atelier und wusch sich. Trotz meines Zustands küßte ich sie wie ein Rasender. Das gute Kind freut sich auch auf die erste Nacht, wo es wieder gehn wird.

Jaffé, (der Professor) hat mir auf meinen Wunsch den Rest der »Wüste« geschickt. Nun liegt die ganze Auflage meines ersten Gedichtbuchs in einem großen Packet in meinem Zimmer. Ich werde etliche Exemplare herausnehmen und den Rest an den Verlag des Sozialistischen Bundes schicken. Ich werde das Buch, das ursprünglich 2 Mk 40 Pf gekostet hat, für 1 Mk 50 Pf verkaufen lassen.

Der Maler Oppenheim ist wieder in München. Er stellt bei Tannhauser aus. Der Kerl hat eine unverschämte Schnauze. Das Urbild eines Prager Judenbengels. Aber sachverständige Leute erklären ihn für sehr talentiert, und Heinrich Mann ist anscheinend immer noch mit ihm befreundet. Kokoschka behauptete allerdings, als ich ihn hier zuletzt sprach, Oppenheim plagiiere ihn. – Er kam abends ins Café Bauer. Wir gingen dann in die Torggelstube, wo die Herren Rößler, Strauß, Meßthaler und noch einer, dessen Name mir nicht einfällt, pokerten. Ich kibitzte bei Rößler, der mir aus jedem größeren Pott, den er zog, eine Mark abgab. Ich kam um 6 Mark bereichert heim. Rößler wohnt jetzt hier in der Pension. Heute früh hatte ich schon seinen Besuch.

München, Donnerstag, d. 18. Mai 1911.

Von meinem Bruder Hans kam dieser Tage ein längerer Brief, in dem er die zweite Nummer des »Kain« kritisiert. Er läßt nichts Gutes daran. Die erste Nummer sei überall viel besser gewesen, und dann folgt der Ratschlag für die dritte und alle folgenden Nummern, ich solle regelmäßig ein größeres Gedicht wie im Heft 1 bringen. Der Mann glaubt, unsereins kann der Muse Gedichte abzapfen wie er seinen Meerschweinchen. Außerdem wäre die Befolgung seines Vorschlags der Mord des Blatts. Gedichte müssen Festtagsspeise sein – und gar lange Ergüsse höchstens im Jahre einmal. Das Tagebuch aus dem Gefängnis findet Hans langweilig, die Notiz vom Witzblatt-Humor hat er sowenig wie einer seiner Freunde verstanden, die »alle keine Esel« sind. – Wenn die Zeitschrift nicht wieder besser wird, findet er, wird sie niemand lesen wollen. Merkwürdig, daß ich hier fast überall das Gegenteil gehört habe. Die meisten Leute – und ich verkehre hier schließlich mit literaturkundigeren Persönlichkeiten als mein Bruder Hans einer ist – urteilen, daß die zweite Nummer bedeutend klarer und fertiger aussieht als die erste. Ich werde die dritte so schreiben, wie es mir behagt. Wem's nicht paßt, soll mich am Arsche lecken.

Meine Beziehung zu Emmy wird immer herzlicher. Wir mögen uns beide sehr gern leiden. Gestern, als ich von der Kegelbahn (allein) in den Simpl kam, traf ich dort bei Emmy Lotte und Strich. Wir gingen dann alle zusammen – auch Anny Trautner ist wieder vorhanden und kam mit – ins Stefanie, und Herr v. Sörgel schloß sich uns an. Emmy poussierte mit ihm und da ich den Kerl nicht leiden kann – er ist ein Flaps – litt ich darunter. Nachher ging ich mit Emmy fort und Sörgel schloß sich uns in der Hoffnung an, mit Emmy schlafen gehn zu können. Er trottete immer neben uns her und tätschelte Emmys Hand. Endlich erklärte Emmy, sie werde mich noch ein Stück begleiten, da sie mich noch allein sprechen wolle. Jetzt ging der Herr. Ich bin überzeugt, sie tat das, weil sie merkte, daß ich den Menschen nicht mag. Ich hätte natürlich mir nichts merken lassen und hätte mich schon vor Emmys Haustür gedrückt. Wir gingen dann noch durch die Nacht spazieren und küßten uns sehr viel und innig. Ich litt schrecklich, daß ich nicht zu ihr konnte. Ach, wie mich dieser Tripper peinigt! – Lotte meinte gestern, als ich sie fragte, warum sie sich garnicht mehr bei mir zeige, sobald ich gesund bin, werde sie kommen. Ich faßte das als Piacere-Versprechen auf. Wer weiß? – Erst um 4 Uhr in der Frühe, als es schon hell wurde, trennte ich mich unter Küssen von Emmy und ging im wundervollen Gesang der Vögel heim.

Die Marie in der Torggelstube schenkte mir vorgestern zwei Kartenspiele. Ich glaube wenig an Kartenprophezeiungen. Aber ich fühlte Neigung, irgendetwas zu wissen. So nahm ich aus dem ersten Kartenspiel eine Karte heraus: es war der Kreuz-König. Darauf zog ich aus dem andern eine: es war die Herzdame. Es wurde mir merkwürdig zu Mute und ich dachte wild an Friedel. Dann zog ich noch einmal und griff aus dem ersten Spiel den Herzkönig und aus dem zweiten die Kreuz-Dame. – Und es gibt Leute, die behaupten, nicht abergläubisch zu sein! Ich weiß mit dem sonderbaren Ergebnis meines Versuchs intellektuell garnichts anzufangen, aber um ein Ahnen tiefer symbolischer Bedeutungen komme ich nicht herum, und daß Frieda der Sinn des Spiels ist, das ist mir keine Frage.

München, Freitag, d. 19. Mai 1911.
Mit dem Tripper geht es jetzt merklich besser. Nur noch ganz geringer Ausfluß und fast keine Schmerzen mehr beim Schiffen. Natürlich werde ich noch sehr vorsichtig sein, bis ich völlig geheilt und dessen sicher bin: weder saufen noch vögeln. Aber in einer, längstens in zwei Wochen hoffe ich gründlich nachholen zu können. Wenn nur Emmy verfügbar bleibt! Bei ihrem umfänglichen Liebesleben scheint sie sich auch etwas zugezogen [zu] haben. Mehrere ihrer letzten Männer haben Beschwerden bemerkt, und nun habe ich veranlaßt, daß sie heute zum Arzt geht, damit sie falls nötig sogleich etwas für ihre Gesundheit tun kann. Aber für mich wäre es scheußlich, wenn ich gleich wieder nicht wüßte, wo ich mit meiner überschüssigen Kraft bleiben soll.

Mit dem »Kain« bin ich noch immer völlig im Rückstand. Ich muß

endlich mal mit Steinebach sprechen, um zu erfahren, ob die nächste
Nummer überhaupt sicher herauskommen kann. An Julius Muhr in
Wien habe ich geschrieben und ihn um eine Unterstützung für das
Blatt gebeten. Aber es scheint sehr fraglich, ob er schicken wird. Vielleicht gibt Steinebach selbst Kredit, sodaß es weiter gehn kann. Jedenfalls bin ich sehr in Sorge. – Daß Papa sich nicht rührt, ärgert mich
schwer. Ich habe es ihm wirklich nahe genug gelegt, mir zu helfen,
und er brauchte sich, wenn er mir schon 3000 Mk vorstreckte, deshalb
auch nicht einen Schnaps entgehn zu lassen. Ich begreife den alten
Mann nicht. Er muß sich doch sagen, daß der Wunsch, er möchte
sterben, nachgrade Leidenschaft in mir werden muß. Ich habe keinen
Anzug am Leibe, mit dem ich mich in einträglicherer Gesellschaft
sehn lassen kann. Ich trage zerrissene Stiefel, weil mich die 4 Mk 50
reuen, die das Besohlen kostet. Ich habe viel zu wenig Wäsche, und
überall haperts und fehlts. Sobald der Vater stirbt, bin ich ein begüterter Mann. Warum macht er mir das so fühlbar? Sehr merkwürdig!

München, Sonnabend, d. 20. Mai 1911.
Johannes lädt mich in einem unendlich lieben und sehr drängenden
Brief ein, ich soll zu ihm nach Bern kommen. Alle Einwände, Geld-
mangel, Kain u.s.w. sucht er zu zerstreuen und erinnert mich an
seine Liebe und Freundschaft. Sogar für mein sexuelles Wohlergehen
glaubt er sorgen zu können. Da sei ein Mädel, die bisherige Geliebte
Siegfried Langs, der nicht mehr in Bern ist, die sei ganz nach meinem
Geschmack und werde gewiß alles erwidern. (?!)

München, Sonntag, d. 21. Mai 1911.
Wieder allerlei Unterbrechungen. – Ich fahre fort, wo ich gestern abbrach: Besonders wünscht Johannes, daß ich meine Gonorrhöe in

Bern bei einer berühmten dermatologischen Kapazität, Dr. Jadassohn, kurieren lasse. Iza schließt sich der Einladung herzlich an, – und ich bin so gut wie entschlossen, anfang Juni nach Bern zu reisen. Ich habe – bei jedem Brief wird es mir von neuem klar, – doch große Sehnsucht nach Johannes, nach seinen klugen Gesprächen und nach seinen guten Zärtlichkeiten. – Ich bin, seit ich den Plan gefaßt habe, ganz fröhlich. Wenn mir nur der Dalles nicht in die Quere kommt. Wenn die D.M.Z. schickt, geht's. Gleich heute werde ich Johannes schreiben, daß ich kommen möchte.

Von vorgestern ist zu berichten: ich war wieder im Kutscher-Kolleg. Herr Schulz trug noch einiges zu seinem Vortrag nach. Dann redete Kutscher einiges dummes Zeug zu demselben Thema. Er definierte den Begriff »Volk«, indem er meinte: Unter Volk verstehn wir etwa die Bewohner Deutschlands. Saudumm. Dann folgte der Vortrag eines Dr. Borchardt über die Aufführung des zweiten Teils »Faust« im Deutschen Theater in Berlin. Im Kutscher-Seminar hat man gegen Reinhardt zu sein. Es war also ein recht unerquickliches Gerede, das der Herr von sich gab. Schließlich machte Kutscher im Anschluß an seine Freilicht-Theater-Vorträge die Mitteilung von den Peter Hille-Waldspielen in Schlachtensee, im Jahre 1903, die unter meiner Leitung stattgefunden hätten ... Ich habe bei den verschiedenen Besuchen im Kutscher-Kolleg – ich war auch früher schon manchmal dort gewesen – nicht den Eindruck gewonnen, als ob dort ergiebige Kulturarbeit geleistet würde. Kutschers Absichten sind gewiß gute, aber er selbst ist beschränkt, und bei den Versuchen, schon jetzt Stellung zu gewinnen zu den Literaturströmungen der Gegenwart, kommt kein Erleben der fließenden Wirklichkeit heraus, sondern ein philologisches Einschachteln von Dingen, die noch garnicht fertig sind.

Gestern war ich bei Steinebach, nachdem ich vorgestern nachmittag mit Toni Maier eine ziemlich ergebnislose Konferenz hatte.

Nummer drei ist gesichert, denn es sind etwa 80 Mark in der Kasse, und das übrige will Steinebach kreditieren. Ich machte ihm den Vorschlag, selbst als stiller Teilhaber in den Verlag einzutreten, d. h. das Risiko zu übernehmen und dafür am Gewinn teilzunehmen. Ihm war der Gedanke sympathisch, und er sagte halb und halb zu, will sich die Sache aber noch überschlafen. Es wäre für mich sehr erfreulich, wenn was daraus würde. Dann wäre das Blatt als ständige Institution gesichert, und die ewige Schnorrerei wäre überstanden. Andrerseits bedeutet es natürlich im Falle eines Geschäfts einen bedeutenden Ausfall für mich, insofern Steinebach vermutlich den Hauptrebbach machen würde. Gleichviel, mir ist die Hauptsache, daß ich weiterarbeiten kann. Heute gehe ich daran.

Eine peinliche Affäre gab es gestern nachmittag mit Uli. Ich kam mit Emmy ins Café Stefanie, wo Lotte mit Strich und Uli mit Seewald saßen. Wir setzten uns dazu. Nachher berichtete mir Emmy unter Tränen, daß Uli schon, als wir kamen, abfällige Bemerkungen, wie »Um Gotteswillen« oder ähnliche gemacht hätte, und sich sehr ablehnend gegen sie verhalten habe. Wir sollten zu Tannhauser, wo Oppenheimer seine Kollektivausstellung hat. Alle hatten die Absicht zu gehn, dann aber zeigte Lotte keine Lust mehr, und versprach ein andres Mal auf die Ehrenkarte, die ich von Oppenheimer habe, mitzukommen. So ging ich mit Emmy und Morax, der inzwischen gekommen war. Die Ausstellung war recht interessant. Der Mensch, so übel er sich benimmt, kann viel, wenn auch Wedekinds Einwand gegen manche seiner Porträts (besonders das von Heinrich Mann) berechtigt ist: sie gehn bei der Sucht, im Einzelnen zu charakterisieren, ins Karrikaturistische. Originell ist seine »Kreuzabnahme«. Um Christus bemühen sich die porträtähnlichen Herrn Peter Altenberg, Karl Kraus und Heinrich Mann. Aber ein sehr schön komponiertes Bild. Auch landschaftlich bietet die Ausstellung sehr Gutes (besonders fand ich eine Schneelandschaft ausgezeichnet). Unter den Porträts war wohl das beste das von Adolf Loos. Aber auch Franz Blei und Arthur Schnitzler und das Selbstbildnis sind gut. Ob Kokoschka mit seiner Behauptung, Oppenheimer plagiiere ihn, recht hat, kann ich nicht entscheiden. Möglich wär's schon. – Als wir aus der Modernen Galerie herauskamen, liefen wir grade Uli und Seewald in die Arme, die hineingingen. Es war offenbar, daß sie vorher nur grade mit uns, d. h. mit Emmy, nicht gehn wollten. Das arme Kind war ganz verzweifelt über die schlechte Behandlung. Ich werde mit Uli darüber reden, und sollte das zum Bruch zwischen uns führen.

Gestern abend kam Herr Schulze zu mir und blieb zum Abendbrot. Nachts war ich bei Kathi Kobus, wo ich, wie schon vorgestern, zu der von mir gedichteten und gemalten Moritat mit einem Stock die Bilder zeigte, während Morax und Emmy sie sangen. Àpropos Emmy: Geschlechtskrank ist sie nicht. Vorgestern war sie beim Frauenarzt, der ihr die Reste der letzten Fehlgeburt auskratzte und eine Blinddarmentzündung konstatierte. Dabei singt das Mädel jeden Abend, läuft tags über herum und vögelt des Nachts. Zäh wie Leder – aber hysterisch! hysterisch!

Der Verlag Engl, München 1911, ediert ein Buch von Johannes Eckardt »Karl Schönherrs Glaube und Heimat«, das er mir zur Rezension schickt, offenbar auf den Artikel im »Kain« hin, »Schönherrs Plagiat«. Wie mir Steinebach erzählte, war der Pater Expeditus Schmidt bei ihm, um sich den »Kain« zu holen. – Eine lustige Postkarte: Ein Genosse in Cöln-Merheim fragt mich um freiheitliche männliche und weibliche Vornamen an, da ihm seine Gefährtin demnächst ein Kind schenken werde: Ich will ihm gleich antworten.

München, Montag, d. 22. Mai 1911.

Donnerwetter, der 22te! – Von der neuen Kain-Nummer ist noch garnichts da. Ich muß wirklich diese Blätter etwas vernachlässigen, will ich das meinige für das Blatt tun. Ich weiß noch nicht einmal, was alles hineinkommt. Über den Hauptartikel bin ich noch ganz im Unklaren. Gestern, als ich an die Arbeit wollte, rief mich Emmy aus dem Café Bauer an, ich möchte hinkommen. Dort kam nach einiger Zeit Wilhelm Michel und Frau, und wir gingen ins Stefanie, wo ich mit Michel Billard spielte. Nachher zu Emmy aufs Atelier. Das ist eine wüste Bude. Ein mächtiger Raum, dessen ganzes Mobiliar in einem dürftigen Lager, einem Ecktisch, einer primitiven Waschvorrichtung, ein paar unterschiedlichen Sitzgelegenheiten und einer Staffelei besteht. Alles unglaublich verschmiert, ein wüstes Durcheinander von Abfällen, Papier, kleiderähnlichen Stoffen und Malgerätschaften. An den Wänden Zeichnungen von allen Bekannten und Heiligenbilder, Kreuze und ähnliches. Denn Emmy ist katholischfromm und trägt sich mit der Absicht, zum Katholizismus überzutreten. Morax und Ida und Engert lagerten in dem Atelier, in dem Emmy, angetan oberhalb mit einem verschlissenen Herrengehrock, unten mit feinen batistenen Höschen herumsprang und den schmierigen Engert karessierte. Morax besaß eine Familienkarte für die Blumensäle, und wir beschlossen, allesamt dorthin zu gehn. Wir nahmen vor dem Café Bauer eine Droschke, aus dem Café kamen noch Keller und Otten, die sich mit Morax in eine zweite Droschke setzten und nun fuhr die ganze groteske Kavalkade unter dem erstaunten Grinsen des zusammengelaufenen Publikums davon. Wir sahen wüst genug aus. Ich auf dem Rücksitz, nach vorn Engert, dessen Abgeschabtheit nachgrade beängstigend wirkt, und der in seiner unerhörten Länge, mit dem gewaltigen Maul, der schwarzgeränderten Brille, den wilden Haaren und den dürren Bewegungen unerhört auffällig wirkt. Neben ihm die kleine, verhutzelte, proletarische, kränkliche, unsagbar häßliche Ida Weber, und dann Emmy mit dem goldigen kurzen Jungenhaar und dem schwarzen Käppi drauf, dem verschlissenen Gehrock, den sie jetzt als Paletot trug und dem grünseidenen Fetzen, den sie zur Verdeckung des weißglänzenden Kragens darüber gewickelt hatte, und den violetten Strümpfen, die sie leger auf die gegenüberliegende Bank legte, damit ich ihre Beine streicheln konnte. So fuhren wir durch alle Hauptstraßen, was an dem schönen Sonntagnachmittag erhebliches Aufsehen machte, zumal ich oft erkannt wurde.

In den Blumensälen selbst war es ziemlich fad. Am besten gefiel mir eine Kinematographen-Nummer, wo ich zum ersten Mal einen bewegten Film auf dem Film dargestellt sah, der von den Zuschauern (in effigie) zertrümmert wurde. Emmy juchzte wie ein kleines Kind und klatschte bei jedem Reklame-Lichtbild in die Hände. Wir haben allesamt all unser Geld ausgegeben und fuhren nachher mit den letzten Groschen per Straßenbahn zurück. Auch die Fahrt war noch recht fidel. – Dann begleitete ich Emmy und Morax bis vor den Simpl. und ging ins Stefanie, wo ich Schach spielte. Nach kurzer Zeit rief Emmy mich telefonisch an. Ich solle sofort hinkommen, es sei etwas Dringendes. Morax hatte mich rufen lassen, weil vier Kriminaler, darunter die, die ihn seinerzeit verhaftet hatten, da waren. Nun fürchtete er, daß die Polizei wieder etwas gegen ihn im Schilde führe. Da die unsympathischen Gäste bald gingen, ging auch ich ins Stefanie zurück, wo ich Heinrich Mann und Oppenheimer traf. Mann scheint mit der Benatzky auseinander zu sein. – Er erzählte, daß die Lasker-Schüler – sie treibt sich immer noch in München herum – ihm aus heiler Haut Krach gemacht habe, weil er angeblich ihren Mann – Herwarth Walden ausgerechnet! – einmal nicht ehrerbietig genug gegrüßt habe. Sie beschimpfte ihn ganz unglaublich: Das Bild, das Oppenheimer von ihm gemalt habe, sei viel zu bedeutend. Er sei nur der Text zu Oppenheimers Musik etc. Mann sagte, er habe sie dabei die ganze Zeit freundlich angelächelt, denn er glaube, sie sei irrsinnig. Das glaube ich auch.

Heut früh kam eine Karte von Rechenberg mit der Mitteilung, daß heute geheiratet wird. Gleichzeitig eine Postanweisung von 4 Frcs (3 Mark 25 Pf) als »Trinkgeld« für meine Dienste. Ich werde davon ein Glückwunschtelegramm schicken. Ich freue mich sehr, daß aus der Geschichte etwas geworden ist. Wenn nun die Gräfin nur bald zu dem Geld des Schwiegervaters käme!

München, Dienstag, d. 23. Mai 1911.

Der Tripper läuft wieder stärker. Ich bin schon ganz verzagt. Schlapp und energielos bis zum Stumpfsinn. Keinen Tag komme ich vor 1 Uhr Mittag aus dem Bett, und dabei tue ich nichts am »Kain«, der in 8 Tagen erscheinen soll. Steinebach hat sich bereit erklärt, den Verlag de facto zu übernehmen, wenn ich ihn auch nominell behalte. Ich bin sehr glücklich über diese Lösung der Schwierigkeiten. Jetzt ist das Blatt wenigstens bis zum Winter gesichert. Hoffentlich macht Maier keine Schwierigkeiten, dem ich noch nichts mitgeteilt habe. Ich glaube, ich habe Steinebach zu günstige Bedingungen eingeräumt: 25 % vom Reingewinn, wobei er seine Druckarbeit voll rechnen soll. Immerhin: Maier hätte 50 % gekriegt, und wenn nur erst Reingewinn da ist, will ich gern mit ¾ der Einkünfte zufrieden sein. Begaunern wird mich der Mann jawohl nicht.

Abends war ich im Hoftheater, weil Bernhard v. Jacobi wünschte, daß ich ihn als Golo sehn sollte. Hebbels »Genoveva« ist ein quälendes Stück, unendlich anstrengend, weil es wegen der großen Schönheiten zwingt, die ganzen 3 ½ Stunden aufmerksam auf jedes Wort des viel zu breiten, psychologisch konstruierten, in ungeschicktem Romantizismus dilettierenden Dramas hinzuhören. Jacobis Golo war in der Tat sehenswert, graziös, sicher, leidenschaftlich und – so

soll es sein – in jeder Schlechtigkeit sympathisch und mitleiderwek-
kend. Im übrigen war das Spiel ganz farblos. Die Berndl als Genoveva war weder schlecht noch gut, Lützenkirchen als Siegfried ver-
waschen, die Swoboda als Hexe Margarete wenig überzeugend; die
ganze Regie Kilians ging mehr aufs Dekorative als aufs Künstlerische
aus. – Ich hielt nur mühsam bis zum Schluß aus und ging dann mit
total benommenem Schädel in die Torggelstube. Dort traf ich die
große Gesellschaft: Steinrück, Waldau, Goldschmidt, Strauß, Ergas
und die Schaffer, Dr. Jessnitzer, v. Jacobi und Direktor Victor Barnowsky. Waldau war sehr lustig. Ich mag ihn furchtbar gern leiden.
Mit Barnowsky sprach ich über die »Freivermählten«. Er versicherte,
daß ich das Stück vom Kleinen Theater nur deshalb nicht zurückbe-
kommen habe, weil es zur engeren Wahl steht, also noch Aussicht
auf Annahme hat. – Dr. Strauß bat mich zu einer privaten Unterre-
dung an einen andern Tisch. Die Lasker-Schüler war bei ihm, um
evtl. Emmy zu verklagen. Sie hat natürlich alles entstellt und stellt
die empörende Behauptung auf, Emmy laufe ihr nach. – Ich war
dann noch im »Simpl.«, und hatte Gelegenheit, auf dem Heimweg
mit Emmy noch viele Küsse zu wechseln.

Heut hatte ich Besuch von Herrn Haussmann. Das ist der Student,
der die unverschämte Rede in jener Versammlung hielt und sich neulich bei der »Kutscher-Kneipe« entschuldigte. Er wollte die »Prä-
missen« zu meinem Vorgehen kennen lernen. Der arme Teufel scheint
mir total in sich zerrissen zu sein. Er fügt die gescheitesten Sätze
und Einfälle zu den blödesten und dümmsten Gedankenkörpern zusammen. Übrigens: Typischer Selbstmordkandidat.

Mein alter Schulkamerad Gustav Radbruch, Heidelberg, gratuliert
zum »Kain«. Er ist noch Extraordinarius, sonst hätte er Geld geschickt für das Blatt. Nicht mehr nötig.

München, Mittwoch, d. 24. Mai 1911.
Von dem, was gestern geschah, wüßte ich nichts, was mir wichtig genug wäre, um mich von der Arbeit am »Kain« zurückzuhalten. An meiner Faulheit soll das Unternehmen denn doch nicht scheitern.

München, Donnerstag, d. 25. Mai 1911.
Die Tagebuch-Abstinenz hat genützt. Ich habe gestern ein tüchtiges Stück geschrieben, den ganzen Hauptartikel: über Landauers »Aufruf zum Sozialismus«. Abends war ich in der Torggelstube: Roda Roda und Frau, Rößler, Heinrich Mann und Oppenheimer (die bald gingen), Tante Meyer, Frau Etzel – und nachher Steinrück und die Terwin. Das arme Mockerl war totunglücklich. In diesen Tagen hat sie in Berlin die Lulu in der »Büchse der Pandora« gespielt, und die Berliner Presse, hauptsächlich Jacobsohn und Schlenther, hat sie furchtbar verrissen. Sie weinte und sah entzückend aus. Plötzlich erschien Etzel mit etwa 7 oder 8 Herren von der »Lese«. Rößler, Steinrück und ich brachen mit dem Mockerl fluchtartig auf. Auf der Straße trafen wir Lulu Strauß. Steinrück ging heim, wir andern ins Hoftheater-Café. Das Mockerl berichtete, daß sie sich in Berlin in einen sehr reichen Schriftsteller verliebt habe. Ich wußte sofort, daß sie Hatvany meinte, was sie mir, als wir allein waren, bestätigte. Das liebe Kind schimpfte mordsmäßig auf die »Scheißbande« in Berlin. Ich redete ihr Mut zu und machte ihr Liebeserklärungen. Nachher brachte mich Rößler noch per Auto bis vor den »Simplizissimus«. Lotte, Uli, Strich und Seewald waren da. Ferner meine alte Freundin und Cabaret-Kollegin, Jenny Hummel. Um Emmy bin ich recht besorgt. Sie ist, fürchte ich, ernstlich krank. Dabei singt und vögelt sie auf Teufel komm raus.
Von Albert R. kam ein neuer Brief. Die Hallunken, denen er vertraut hatte, haben ihn nicht nur betrogen, sondern ihm auch noch den ganzen Kredit versaut und verdächtigen ihn jetzt obendrein

noch als Spitzel. Wenn ich nur wüßte, wie man dem armen anständigen Kameraden helfen könnte.

Eben kommt ein Brief von Dr. Felix Muhr, der mir aus Wien mitteilt, daß sein Bruder mir auf meinen Anpumpungsversuch negativ antworten lasse. Na, für den »Kain« brauche ich ja das Geld nicht mehr. Aber ich hatte gehofft, damit die Berner Reise machen zu können.

München, Sonnabend, d. 27. Mai 1911.

Von vorgestern ist einiges zu notieren, vor allem eine arge Sünde. Emmy verführte mich zum Koitus. Ich warnte sie, ich sträubte mich, ich kämpfte gegen mich, aber ich war schwach. Nun werde ich sie wohl angesteckt haben, und Kätchens Tripper wird die Runde durch München machen. Gestern ging, wie mir schien, Emmy mit Bolz nach Hause, – und auch auf Oppenheimer scheint sie es abgesehn zu haben. – An mir rächte sich die Überanstrengung sehr unangenehm. Nachmittags saß ich mit Emmy im Café und spielte grade mit Morax Schach. Da kam Engert herein, die gewaltige Mähne bis auf die Haut weggeschoren. Er sah scheußlich aus, und ich machte eine entsprechende Bemerkung. Da schlug er mir – ganz ohne feindselige Absicht – seinen Hut auf den Kopf, und muß dabei eine sehr empfindliche Stelle, wohl das Ende des Rückenmarks getroffen haben. Ich glaubte, ich müsse sterben. Das Blut schlug erst in den Kopf, dann zum Herzen, ich tastete umher, und Emmy erzählte, ich hätte furchtbar ausgesehn, mit verdrehten Augen und grünen Lippen. Wer weiß, was für ein bedenkliches Symptom das ist. Ich will doch für alle Fälle meine Bestimmungen für den Todesfall treffen. Eines Tages sterbe ich, und dann fällt womöglich der Ertrag meiner Arbeiten statt Johannes Nohl meiner Familie zu. Und das will ich wahrhaftig nicht verantworten. –

Mit dem »Kain« geht es langsam vorwärts. Am 3.ten Juni soll die dritte Nummer erscheinen. Ich denke, morgen werde ich das ganze Heft fertig haben. Aber der Dalles ist scheußlich. Ich bin ganz und gar abgebrannt. Doch fand ich eben ganz zufällig in den Abgründen einer zerrissenen Westentasche, tief im Futter vergraben, ein 50 Pfennig-Stück. Es ist doch etwas mit dem Unterbewußtsein. Ich habe nicht etwa nach der Münze gesucht, aber ich bin überzeugt, wenn ich's nicht ganz nötig gebraucht hätte, hätte ich sie auch nicht gefunden. Jetzt wieder an die Arbeit!

München, Sonntag, d. 28. Mai 1911

Heut früh kam ich erst um ½ 8 Uhr nach Hause. Ich war vom »Simpl.« aus mit Uli und Seewald, Strich und Lotte, Emmy, Morax und Alwa (Schwirzer) zu Uli aufs Atelier gegangen, wo die andren sehr viel Schnaps tranken und dadurch in eine Stimmung kamen, die ich durch Zusehen und Mitreden künstlich in mir erzeugen mußte. Lotte und Emmy küßten sich maßlos. Dadurch wurde eine angenehme erotische Atmosphäre geschaffen. Dann wurde Uli lebhaft und tanzte zum Wahnsinnigwerden schön. Wenn ich Uli so sehe, dann vergesse ich alles in der Welt und vergehe vor Liebe zu ihr. – Um 6 Uhr langten wir in Café Bauer an, nachdem Lotte und Emmy (Uli war mit Seewald zu Hause geblieben) auf der Straße den unglaublichsten Unsinn getrieben hatten. – –

Von Johannes kam ein Brief. Er rechnet bestimmt damit, daß ich im Juni nach Bern komme. Ob es gelingen wird, Jaffé für den Zweck anzupumpen? – Ferner schreibt L. Hirsch, er stehe mit Frowein wegen Ankauf meines »Kraters« in Unterhandlung. Ich werde es mir noch sehr überlegen, ob ich meine Einwilligung zu der Transaktion gebe. – Heute muß ich unbedingt die dritte »Kain«-Nummer zu Ende schreiben. Morgen werde ich wohl den Kontrakt mit Steinebach unterzeichnen, in dem ich mich zur Arbeit, falls ein Geschäft aus dem Blatt wird, für 10 Jahre verpflichte, allermindestens aber für 3. Vorher steht mir kein Kündigungsrecht zu. Doch darf Steinebach zurücktreten, falls bis zum Oktober mit Verlust gearbeitet wird.

München, Dienstag, d. 30. Mai 1911
Die Heilung meiner Krankheit scheint endlich wirklich im Gange zu sein. Gestern hatte ich garkeinen Ausfluß mehr und ging zum Arzt. Hauschildt sah sich die Sache an und war sehr befriedigt. Er riet mir, weiterhin garnicht zu behandeln, sondern nur Diät zu üben. Heute ist wieder geringer Ausfluß da, aber ich denke, das hat nichts mehr auf sich, und ich gebe mich der schwachen Hoffnung hin, daß Emmy trotz unserer Sündhaftigkeit gesund geblieben ist.

Der Dalles in den letzten Tagen war scheußlich. Ich mußte mich buchstäblich 50 Pfennigweise durchpumpen. Gestern gingen wir nun – Emmy, Bolz, Morax, Ida, Engert und ich ins Colosseum (Bolz zahlte meinen Verbrauch). Es war ganz lustig. Besonders machten mir zwei musikalische Clowns, ein Jongleur-Humorist und eine prächtige Akrobatentruppe viel Freude. Dann ging ich in die Torggelstube, wo ich Lulu Strauß, Lina Woiwode, Grünbaum und Frau nebst einigen andern Damen und einem Herrn, die mir aus der Wiener »Nachtlicht«-Zeit noch irgendwie bekannt waren, antraf. Es gab sich, daß vier der Anwesenden den »Kain« abonnierten und mir die 12 Mk dafür gleich aushändigten. Eigentlich müßte ich sie ja nun an Steinebach abliefern, aber ich betrüge mich drum. Dieser Dalles war zu scheußlich. – Ich begleitete nachher die Woiwode nach Hause. Sie ist ein reizendes Mädel, hübsch, lieb, offen, dabei klug und ehrgeizig. – Als ich sie vor ihrer Tür abgesetzt hatte, ging ich noch in den »Simpl.«, wo u. a. Uli und Lotte waren, mit denen ich neuerdings wieder engere Fühlung gewinne.

Nachmittags hatte ich im Café Stefanie Dr. Wolfskehl gesprochen. Er äußerte sich sehr entzückt über Nohls George-Artikel im »Sozialist«.

München, Sonnabend, d. 3. Juni 1911

Zwei Tage lang habe ich keine Eintragung gemacht. Der »Kain« muß fertig werden, und es kam noch sonst allerlei dazwischen, wovon ich einiges nachholen will. – Ich lese eben durch, was ich Dienstag einschrieb und sehe, daß ich unter denen, die ich in der Torggelstube vorfand, den wichtigsten nicht nannte: Sobotka. Mit dem sprach ich über Operettentexte und er meinte, man müsse mal statt dieser ewigen faden Wiener Liebesgeschichten eine Kriminalsache zum Vorwurf eines Librettos machen. Ich kam auf den Gedanken, das zu tun und beschloß zugleich, Sobotka für die Berner Reise anzupumpen. Am Dienstag war ich bei ihm. Er forderte mich auf für die Operette ein Szenarium zu verfassen und es ihm (für den Neuen Verlag) vorzulegen. Die 100 Mk, die ich haben wollte, gab er mir nicht, wohl aber fünfzig und 20 für 5 Wiener Abonnenten. Die 20 Mk habe ich an Steinebach abgeliefert. Mit dem habe ich inzwischen einen Vertrag abgeschlossen, der mich für mindestens 4 Jahre bindet. Wenn nur bis zum Oktober Überschüsse da sind, damit das Blatt dann weiter geht! Um das übrige Geld, das ich zur Reise gebraucht hätte, zu kriegen, wandte ich mich an Jaffé, den ich energisch an die 150 Mk-Geschichte erinnerte, und bat ihn um 100 Mk. Natürlich verweigerte er sie und kam schließlich mit dem schäbigen Versprechen, er werde, falls es mir gelingt, die übrigen 80 Mk zusammen zu bringen, 20 Mk geben. Vieh! – Ich werde mir heute von Fuhrmann Geld holen, und dann zu Jaffé, dem ich die 20 Mk natürlich nicht ersparen will. – Von der Gräfin kam inzwischen ein amüsanter Brief. Sie hat geheiratet und schreibt sehr lustig von ihrer Beziehung zu Rechenberg und zu ihrem Schwiegervater. Auf Jaffé schimpft auch sie immer noch. Über die Eheschließung und das, was ihr voranging, meint sie, daß immer nur aus den verrücktesten Plänen etwas werde, aus den vernünftigen nie …

Im Café Stefanie wurde mir Mittwoch ein Trauerbrief übergeben. Er war von Gertrud Fehl. Sie sei für kurze Zeit in München und möchte mich sehn. Ich hatte sie zuletzt vor etwa 4 Jahren in Berlin gesehn, als ich ihr ein Engagement nach Zürich verschafft hatte, und freute mich, wieder ein Lebenszeichen von ihr zu bekommen. Ich schrieb ihr also und lud sie zum nächsten Mittagessen zu mir ein. Sie kam, ganz in schwarz, etwas schlanker, als sie gewesen war, und erzählte mir von ihrem Schicksal. Sie war damals in Zürich durch einen gewissenlosen Kerl krank gemacht worden und hatte fürchterliche Krankheiten hinter sich. Jetzt sei sie mit einem Manne verheiratet, der auch in München sei, einem Rumänen, dem es sehr seltsam gehe. Er hat mit ihrer (Gertas) Schwester zusammengelebt und sollte sie jetzt heiraten. Inzwischen hat er sich aber in Gerta verliebt und die beiden haben sich verständigt. Jetzt ist sein reicher Vater gestorben; auf diesen Tod hatte er alle seine Hoffnungen gesetzt gehabt, da er über 80 000 Fr. erben sollte. Er und seine Brüder sind aber von der Stiefmutter um den letzten Pfennig geprellt worden. Daher hat er seinen Verwandten und Freunden mitgeteilt, er werde sich erschießen, und ist nun für alle Welt tot. Inzwischen hat er sich mit Gertrud getroffen und die beiden haben geheiratet. Im Hause Fehl weint also die eine Schwester um den gestorbenen Geliebten, während die andre mit ihm auf der Hochzeitsreise ist. Nun sitze sie hier in einer heillosen Angst, von Bekannten entdeckt zu werden, er noch dazu als ungarischer Deserteur, und ohne einen Pfennig Geld. Ich half mit einer geringen Kleinigkeit aus und befürchte jetzt, da ich auch gestern wieder angepumpt wurde, daß dieser Roman, in den ich da aus Versehen mit hineinspiele, noch recht kostspielig für mich werden kann.

Aber ich überlege schon, ob ich nicht die ganze Geschichte dramatisieren soll. Jedenfalls habe ich viele Küsse von Gerta eingeheimst. Leider ist es mit dem Tripper wieder viel ärger geworden. Ich bin sehr unglücklich deswegen. Jetzt schleppe ich mich schon sieben Wochen damit. Wie soll das werden!

München, Dienstag, d. 6. Juni 1911.

Schon wieder habe ich zwei Tage unausgefüllt gelassen. Es waren die Pfingstfeiertage und ich war inzwischen in Tegernsee. — Am Sonnabend nachmittag traf ich im Caféhause Rößler und Weissgerber und wir beschlossen, einen kleinen Poker zu machen, zu dem sich auch Meyer noch einfand. Ich gewann 42 Mark, von denen ich 10 Mark gleich Emmy schenkte. Rößler hatte mich eingeladen, mit ihm am Sonntag früh nach Tegernsee zu fahren. Ich holte ihn also ab, und wir fuhren um ¾ 12 Uhr ab. Vorher hatte das Moggerl (ich hatte sie immer Mockerl geschrieben und erfuhr erst jetzt, wie die Orthographie sein muß) antelefonieren lassen, daß sie und Moissi dort wären und uns erwarteten. Moissi soll hier am Volkstheater gastieren. Wir hatten schon korrespondiert miteinander. Im Hotel Steinmetz in Tegernsee saßen sie beim Mittagstisch, als wir kamen. Moissi lief uns mit ausgebreiteten Armen entgegen und umarmte und küßte uns beide. Auch das Moggerl ließ sich einige Zärtlichkeiten gefallen und hielt mir die Wange zum Kuß hin. In Moissis Gesellschaft war auch Berneis. Nach Tisch gab es natürlich einen Poker, bei dem ich nahezu 10 Mk verlor. Nachher fuhren wir im Boot (Berneis ruderte) ans andre Ufer nach Rottach, wo Rößlers »Witwe« mit seinen Kindern zur Zeit wohnt. Die Kinder sind reizend. »Genossin Lotte«, die ich schon in Friedrichshagen im Kinderwagen schob, ist 9 Jahre alt. Zuerst war sie etwas scheu, freundete sich aber nach und nach sehr mit mir an und turnte mir dann immerzu auf dem Schoß herum. Sie wird mal sehr hübsch werden. – Die ganz kleine heißt Gwendelin und sieht Rößler frappant ähnlich. Ein sehr lustiges, niedliches und furchtbar komisches Kind. Moissi, Moggerl und Berneis ruderten wieder nach Tegernsee hinüber, wir andern blieben in Rottach, wo ich für die Nacht im alten Schulhause ein Zimmer nahm, dessen Fenster unmittelbar auf dem Kirchhof ging, an den das Haus direkt angrenzt. – Am Abend kam Thoma, Emilio Ganghofer und Thomas Bruder Peter, ein wilder Jägerskerl mit zerrissenem Bauerngesicht, der kein Wort spricht. Ganghofer erzählte aus seiner Seemannszeit haarsträubende Geschichten und log das Blaue vom Himmel herunter. Grade erzählte er, wie er während einer Revolution vor Peru lag. Die Kugeln flogen um das Schiff herum. Ein Kriegsschiff fuhr heran, dessen Kapitän sich über den Rand beugte und rief: –– Da unterbrach Peter Thoma den Erzähler und ergänzte: »Obst net an Radi host«. Wir lachten furchtbar über diese einzige Bemerkung, die der Jäger den ganzen Abend von sich gab. Schon frühzeitig – gegen ½ 11 – brachen wir auf und ich ging zu den guten Bauersleuten im alten Schulhause schlafen, nachdem mich Thoma sehr herzlich zum Frühstück eingeladen hatte. Ich schlief prachtvoll und stand früh um 7 Uhr auf.

Es regnete stark, während ich den See entlangging und dann den Weg zu Thoma hinauf suchte. Er wohnt prachtvoll. Das bayerische Vorgebirge ist wunderschön, die Berge sind nicht zu nahe und nicht zu hoch. Thomas Haus liegt ziemlich hoch. Man hat einen prächtigen Ausblick. Es ist völlig bäuerisch gehalten. Ich wurde in ein Zimmer geführt, dessen Wände ganz von Geweihen bedeckt sind, auf denen überall Ort und Datum der Jagd steht. Ein großes Bild Ludwigs II. hängt an der Wand, das Thomas Vater von dem König bekommen hat. Die Möbel sind einfach und stilecht, der Ofen ist eine Nachbildung nach einen alten oberbayerischen Muster. Thoma bewirtete mich zunächst mit ausgezeichnetem Kaffee, zu dem es Brot mit Butter und Schnittlauch und wundervollen geräucherten Speck gab. Außerdem zwei Eier. Dann zeigte er mir das ganze Haus und Anwesen. Der Bauernstil ist ganz durchgeführt, und er erläuterte mit großer Liebe jedes Stück. Der Garten ist groß, sehr gut angelegt und trägt an Obst und Gemüse mehr als Thoma braucht. Am Hause die Vogelnester machen ihm besondere Freude, und er war glücklich, als er bemerkte, daß grad ein neues Schwalbenpaar anzubauen begann. Sein größter Stolz ist ein Kuhstall, in dem sein mächtiges, preisgekröntes Vieh lag. Dieser Thoma ist ein ganz prächtiger Mensch, unglaublich beruhigend und wohltuend.

Marietta scheint endgültig von ihm fortzusein. Er erwähnte sie nicht und ich fragte natürlich auch nicht. Nachher kam sein Bruder Peter und ein Jäger und wir beobachteten durchs Fernglas ein Reh, das am Waldrand graste, ein reizendes, graziöses Tier, das sich weit vorwagte. Thoma stopfte mich mit Zigarren voll und ich ging gegen 10 Uhr nach Rottach zurück, wo ich Rößler mit Witwe und Kindern beim Frühstück traf. Das Wetter war sehr merkwürdig: eine Viertelstunde wunderschön, und urplötzlich Wolkenbruch, Hagel und Gewitter. Immer abwechselnd. Eine längere Sonnenzeit benutzten wir zu einer prachtvollen einstündigen Kahnfahrt. Um Mittag telefonierte das Moggerl an, Basil sei in Tegernsee, wir sollten doch kommen. Ich fuhr dann nach Tisch hinüber und pokerte mit Berneis, Moissi und Basil: 6–8 Mk Verluste. Um 5 Uhr sollten wir alle bei Thoma Kaffee trinken. Da aber Moissi nicht gut zu ihm steht (Marietta!) und Basil abends spielen, also früh nach München abfahren mußte, und da das verliebte Moggerl sich von Moissi nicht trennen wollte und Berneis Thoma noch garnicht kannte, fuhr ich allein ab. Rößler und Familie war schon da. Es gab wieder Kaffee und das herrliche Geräucherte, und die Gespräche gingen um Politisches: Thoma ist gegen Harden. Ich mochte mich nicht auf ernsthaft streitbare Diskussionen einlassen. Auch drängte die Zeit, da wir 7'26 fah-

ren wollten. Morgens hatte ich mich mit Thoma über Dinge des Sozialistischen Bundes unterhalten, für die er viel Interesse und Verständnis zeigte. Ich lasse ihm Material schicken. – Ich ging nun mit
Rößler an den Bahnhof, nachdem wir uns unterwegs von seinem
Anhang getrennt hatten und in der Erwartung, daß auch die andern
nobel sein würden, nahmen wir Billets zweiter Klasse. Der Zug, der
endlos lang war, war dicht besetzt, sodaß uns der Koupeur sagte,
wenn wir nicht Platz fänden, sollten wir nur I. Klasse einsteigen.
Das taten wir und trafen in einem Koupee erster Güte Moissi, das
Moggerl und Berneis. Große Freude. Es war eine ungeheuer vergnügte Fahrt nach München. Rößler war in großer Form. Er hielt
vom Fenster aus pathetische Reden an die Vorübergehenden, sodaß
wir vor Lachen fast geborsten wären. Am amüsantesten wurde er,
als der Zug zwischen Solln und München etwa eine Stunde lang auf
dem Geleise stehn blieb. Der ganze Zug war in der größten Nervosität. Die Leute schimpften. Rößler aber stand am Fenster und rief
den Menschen die komischsten Dinge zu. Etwa: »Ich habe den Lo-
komotivführer im Verdacht, ein Melancholiker zu sein«. – Wir trennten uns, als der Zug mit einer Verspätung von mehr als fünf viertel
Stunden in München ankam, von den übrigen und gingen noch in
die Torggelstube, wo wir Kutscher, Peppler und Frau und einen
Hamburger Theatermenschen trafen. Nachdem wir etwas gegessen
hatten, fuhren wir in der Elektrischen heim. Ich war noch etwas
oben bei Rößler und ging dann schlafen. Es ist eine Ewigkeit her,
daß ich nicht mehr in der Elektrischen abends nach Hause gefahren
bin.

Ich will morgen abend noch Moissi im Theater sehn; es findet die
Uraufführung eines Dramas »Unterwegs« statt, von einem Polen
Thaddeus Rittner, den ich, glaube ich, aus dem Kraus-Kreis kenne.
Übermorgen früh fahre ich dann nach Bern zu Johannes. Das Reise-
geld werde ich von Fuhrmann im Vorschuß kriegen.

München, Mittwoch, d. 7. Juni 1911.

Fuhrmann hat mir 100 Mk Vorschuß gegeben, 20 Mk hatte ich noch, und mit diesem Vermögen will ich morgen nach Bern reisen. Lange reichen wird es ja nicht, aber irgendwie wird's nachher schon weiter gehn. – Wenn ich nur erst die nötigste Korrespondenz erledigt hätte! Kürzlich kam schon ein Telegramm von Hans, warum ich nicht schreibe, auch Onkel Leopold sei beunruhigt. Nun muß ich heute noch eine Menge Briefe besorgen. – Auch der Tripper macht mir schwere Sorgen. Immer, wenn mal ein Tag der Ausfluß aufgehört hat, setzt er am nächsten wieder ein. Jetzt leide ich schon fast 8 Wochen darunter. In Bern werde ich mich sofort in sehr sorgfältige Behandlung geben. Ich sehe schon ein: ohne zu spritzen wird die Geschichte nicht aufhören. Aber der Zustand ist nachgrad unerträglich.

Gestern traf ich im Hofgarten Heinrich Mann mit Hertzog und Oppenheimer. Ich ging mit ihnen noch einmal in die Ausstellung der Oppenheimerschen Gemälde bei Thannhauser. Er hat ein neues Porträt von H. Mann fertiggestellt, das in vielem besser ist als das erste, doch aber auch stark karrikaturistisch wirkt. Im ganzen hatte ich von der Ausstellung einen noch stärkeren Eindruck als beim ersten Besuch. In den oberen Räumen sind Kollektivausstellungen von Hodler und Uhde. Zu Uhde habe ich wenig Beziehung. Hodler ist für mein Gefühl der tiefste aller lebenden Maler. Er ist der einzige, der Ekstasen gestalten kann.

Im Stefanie sitzt jetzt täglich ein wunderschönes Mädchen, in das ich mich beim ersten Sehen verliebt habe. Ich habe mich erkundigt: es ist ein Fräulein von Bach, eine Schülerin von Weissgerber. Emmy erzählte mir neulich, daß mich einige Damen der Weissgerber-Schule gern malen möchten. Wenn ich diese prachtvolle Blondine dadurch kennen lernen könnte, täte ich's. Nur muß ich erst gesund sein, ehe ich mich wieder auf irgendwelche erotische Ausflüge begebe. –

Bing ist wieder da. Ich spielte eine Partie Billard mit ihm.

Abends Torggelstube: Steinrück, v. Jacobi und Frau, Muhr, Dr. Goldschmidt und Feuchtwanger. Die Diskussion über Jagow und Kerr reißt immer noch nicht ab. Ich kämpfte allein gegen Jagow. Alle andren fanden ihn völlig im Recht. Cassirer als Mensch, Kunsthändler und Ehemann. Zum Schluß blieben Steinrück, Feuchtwanger und ich allein. Steinrück findet es ungerecht, daß ich ihn als Menschikoff verrissen habe. Mein Lob der Durieux (im »Kometen«) findet er übertrieben. Langes Gespräch über die Terwin, ihr Können und ihre Grenzen. – Übrigens: das Moggerl schenkte mir in Tegernsee ein Bild von sich mit nackten Beinen: ganz entzückend, ganz reizend.

Uli sprach ich im Stefanie, Lotte traf ich auf dem Wege zur Torggelstube auf der Straße. Wir gingen noch eine Viertelstunde miteinander ins Café Odeon. Das Puma hatte mir allerlei zu beichten. Sie war sehr nett und zutraulich: Es hilft alles nicht: wir beide können soviel Krach miteinander haben wie wir wollen. Wir gehören doch zusammen. Das ist mein Trost in allen meinen Freundschaften, daß die Freunde, wenn sie jemand ganz Verläßliches suchen, immer wieder zu mir kommen.

Bern, Freitag, d. 9. Juni 1911.

Also ich bin wirklich nach Bern gefahren, und muß mich hier vorläufig erst mal in die andre Umgebung finden, um zu wissen, wie ich mich zu Stadt und Menschen einzustellen habe.

Mittwoch abend war im »Volkstheater« das Moissi-Gastspiel in der Uraufführung des fünfaktigen »Don-Juan-Dramas« »Unterwegs« von Thaddeus Rittner. Das Stück taugt nicht viel. Viel zu lange Dialoge, fatale psychologische Schwächen und ungeschickter dramatischer Aufbau. Die Don Juan-Figur des Barons ist gewiß in mancher Hinsicht interessant und ich verstehe Moissi, daß er sich die Rolle herausgesucht hat. Er hat gezeigt, was für eine Bravourleistung daraus zu machen war. Das war dann auch das Erfreuliche des Abends: Moissi, der ganz ausgezeichnet, ganz ergreifend und von unglaublicher Lebendigkeit war. – Wie eigentlich die Qualitäten des Stückes sind, darüber läßt sich nach der Aufführung im Volkstheater sehr wenig sagen. Was gutes daran sein mag, das haben die unsäglichen Schmieranten dieser Bühne kaputgeschludert. Unter dieser Erbärmlichkeit litt natürlich auch Moissis Spiel, das, da es allein in den Regionen der Kunst trieb, virtuosenhaft wirkte. Es war sehr schade, so ohne Befriedigung fortgehn zu müssen, und es ist mir kaum je vorgekommen, daß ich nach dem Theater so ohne Ahnung war, wieviel das Stück, das ich gesehn habe, wert war. – Und doch freue ich mich, nicht abgereist zu sein, ehe ich Moissi nicht auf der Bühne sah. Nachmittags hatte ich ihn – mit seiner Frau und mit Berneis im Hofgarten gesprochen. Er erzählte, daß er nächste Woche in Zürich den Ödipus spielt. Könnte ich doch hinfahren! – – Nach der Vorstellung ging ich mit Rößler im Pilsner Bierhaus Abendbrot essen, dann in die Torggelstube. Das Moggerl wollte grade fortgehn, als wir kamen. Sie kletterte zum Fenster zu uns auf die Straße hinaus, und Rößler holte dann auch noch die Woiwode. Die beiden waren heimlich entflohn, da die Terwin bei der Woiwode übernachten wollte, statt, wie es Basils Hoffnung war, mit dem schlafen zu gehn. Ich begleitete die Mädels zur Kanalstraße vor die Wohnung der Woiwode. Sie waren beide sehr nett und lieb. Zum Adjö küßten mich beide auf den Mund. – Dann ging ich zurück, ging aber, obwohl Wedekind kam, den ich lange nicht gesprochen habe, mit Rößler sehr bald fort, um zur Reise frisch zu sein.

Gestern früh kam um 8 Uhr schon Albert R. zu mir, der Mittwoch abend, als ich grade ins Theater wollte, im Café Stefanie aufgetaucht war. Er erzählt mir ausführlich von den gräßlichen Niederträchtigkeiten der »Kameraden«, auf die er vertraut hatte. Der arme

Teufel ist ganz niedergedrückt von den Schweinereien und den für ihn ganz scheußlichen Folgen. – Er begleitete mich zur Bahn, und um 10 Uhr 20 fuhr ich ab.

Die Reise verlief ganz gut. Die meiste Zeit bis Lindau brachte ich im Speisewagen zu. Die Fahrt über den Bodensee war trotz der sehr großen Hitze recht schön. Zwischen Romanshorn und Zürich machte ich ein Gedicht für die »D.M.Z.«, das ich in Zürich, wo ich genügend Zeit hatte, im Wartesaal des Bahnhofs niederschrieb und mit einem energischen Mahnbrief absandte, in dem ich mit dem Anwalt drohte. Wenn es doch hülfe! Dann fahre ich nächste Woche mit Johannes nach Zürich zum »König Ödipus«.

Am Bahnhof hier erwarteten mich Johannes und Iza. Beide sehn wohl aus. Wir gingen Abendbrot essen und inzwischen erzählten wir uns wild durcheinander unsre Erlebnisse. Ich hörte absonderliche Geschichten über Margrit, die ich aber nur zum Teil glaube. Johannes' Art zu kombinieren aus Tatsachen und Psychologie ist ungeheuer bestechend, aber man darf sich doch nicht immer davon überzeugen lassen. Sonst – sähe es um Margrits Charakter traurig aus. Ich bin in der Wohnung, in der Johannes und Iza wohnen, einquartiert und soll hier von morgen ab auch ganze Pension haben. Ich habe ein hübsches Zimmer bekommen, das bisher Iza bewohnt hat, Ausblick auf Berge und wohnlich eingerichtet. Spät abends war ich mit Johannes noch am Bahnhof. Wir hatten sehr viel zu erzählen. – Er und Iza sind noch sehr glücklich miteinander. Eine richtige Ehe, wenn auch der ewige Dalles manche Unbequemlichkeiten mit sich bringt.

Heut früh kam Johannes zu mir ins Zimmer und seitdem waren wir fast ununterbrochen beisammen. Unsre Freundschaft hat in den 7 ½ Jahren ihres Bestandes nichts an Zärtlichkeit und Vertrauen eingebüßt. Ich bin froh, wieder bei ihm zu sein und ihn froh zu sehn, mich bei sich zu haben. Am Bahnhof frühstückten wir zu dreien, Dann ging ich mit Johannes zu Margrit. Die Kinder begrüßten mich voll Zärtlichkeit. Margrit selbst tat, obwohl sie sicher schon von meinem Dasein orientiert war – wir hatten eine Viertelstunde warten müssen – ganz erschrocken und sehr überrascht, lief, ehe sie ein Wort zum Gruß gesagt hatte, nervös aus der Stube, um einen Brief, der eben an mich abgegangen sei, von der Post zurückholen zu lassen, und erzähle dann von ihrem Schicksal. Damit steht es schlecht genug. Der Fey, den ich in vorigem Jahr bei ihr kennen lernte, hat sie wüst betrogen. Er hat ihr eine Menge unersetzliche Bücher, die der Landesbibliothek gehören, gestohlen, und sie muß sie erstens ersetzen (sie schätzt den Schaden auf 4–500 Franken) und hat noch sonst unendliche Scherereien, die sie womöglich die Fortsetzung des Studiums kosten können. Sie tat mir in ihrer hysterischen Haltungslosigkeit leid, zumal sie sehr gealtert ist. Herrgott, was war das vor zwei Jahren, als sie in München mit mir Meinungen und Lager teilte, für ein blühendes, begehrenswertes Weib! – Ich bin gespannt, wie sich unser Verhältnis jetzt hier anlassen wird. –

Wir aßen in einer Pension, hier in der Schwarzthorstrasse, dann gingen wir – wieder mit Iza in ein Caféhaus, dann ich mit Hans allein zu der mir zugedachten Geliebten. Sie war nicht daheim. Ihre Mutter war da: ein richtiger Kupplerinnentypus. Die Frau – sie heißt Gugger – soll insgeheim in dem Haus einen Puff betreiben, bei dem auch die Tochter gelegentlich aushelfen muß. Auch ein Bruder, der als Zuhälter geschildert wird, war nicht zuhause. Aber nach den Bildern, die ich sah, muß das Mädel – Lene mit Namen, wirklich nett sein. Auch soll die Familie nach außen hin jede Form wahren, und ihre merkwürdige Existenz vor allen persönlichen Bekannten mit viel sittlichem Aufwand verleugnen. Ich bin neugierig.

Draußen kühlt ein Gewitterregen die Luft aus, die tagsüber wahnsinnig glühte. Und jetzt gehe ich zu Johannes hinüber, um ihm einiges aus diesen Tagebüchern vorzulesen.

Bern, Sonntag, d. 11. Juni 1911.

Die Vorlesung aus den Tagebüchern, die ich vorgestern und gestern vornahm, hat mich in eigentümliche Stimmung versetzt. Es ist doch ein selten reiches Erleben um mich und also wohl auch in mir. Eins ist mir wieder besonders heiß lebendig geworden bei der Durchsicht dieser Blätter: meine Liebe zu Frieda, und das deutliche Bewußtsein, das sie und niemals eine andre mein Schicksal ist.

Gestern war ich beim Arzt, einem Professor Jadassohn, der ein berühmter Dermatologe sein soll. Er konstatierte, daß ich noch immer einen »ganz floriden Tripper« habe und verordnete mir eine Ichthargan-Einspritzung, die ich viermal täglich machen muß. Es ist eine Höllenqual damit, aber ich hoffe, daß es nun endlich wirklich schnell helfen wird. Der Mann selbst gefiel mir gut. Er macht einen vertrauenerweckenden Eindruck, ist witzig und anscheinend etwas boshaft. Wie wird es blos mit meiner Rechnung werden? Das Geld schmilzt zusehends zusammen, und ich sehe garnicht, wo bis zum Ersten wieder etwas her soll. Dann aber soll von dem, was einläuft, hier die Pension und die Reise bezahlt werden, und außerdem die Rechnung in München. Ich mag nicht daran denken. Es wird sehr arg kommen, fürchte ich.

In das Verhältnis Johannes-Iza habe ich jetzt einigen Einblick. Die Hauptsache ist: die beiden lieben sich fraglos sehr und kommen hier jetzt ausgezeichnet miteinander aus. Johannes' Nerven sind in der Zeit dieser Ehe so ruhig geworden, daß er sich die Nervositäten Izas, die vor dem Doktor-Examen steht und eben eine Angina überstanden hat, mit rührender Geduld gefallen läßt.

Heut waren wir bei Lene Gugger, die mir ausnehmend gut gefällt. Der Typus ist ein wenig Schwabing, doch erinnert mich das Mädel irgendwie ein bißchen an Kätchen in ihrem Wesen. Hätt ich doch das Geld, das Kind mit nach München zu nehmen. Ich glaube, sie käme gerne mit. Denn ihre kupplerische Mutter scheint sie zu hassen, und ich hatte den Eindruck, daß ich ihr nicht übel gefalle. Aber, da ihr die Mutter schwerlich die Existenzmittel geben wird, wird aus dem schönen Plan wohl nichts werden. – Wie beneide ich Rößler! Der hat sich kürzlich in ein Mädchen verliebt und hat ihr vorgeschlagen, auf seine Kosten in der Pension zu wohnen. Jetzt wird sie wohl inzwischen angekommen sein und schon bei ihm hausen. Eine Inderin, Schauspielerin und angeblich große Schönheit.

In den Zeitungen fand ich den Aufruf eines Komitees, das sich zum Schutz der Wedekindschen Werke gegen die Polizei konstituiert hat. Man soll, wenn man Interesse für die Sache hat, seine Adresse bei Georg Müller abgeben. Ich werde das tun und auch im »Kain« auf die Geschichte eingehn. Ob das das Resultat des Gespräches zwischen Halbe und Wedekind ist, dessen Zeuge ich kürzlich war? – Damals schlug Wedekind vor, man solle eine Aktion unternehmen, um Stücke wie Halbes »Mutter Erde« oder Hauptmanns »Fuhrmann Henschel« dagegen zu schützen, daß sie zu schnell einfach vom Repertoire der Bühnen verschwinden. – Sehr auffallend ist, wie geheimnisvoll die Wedekind-Demonstration arrangiert zu sein scheint. Ich hatte kein andeutendes Wort gehört, bis ich, erst hier, den Aufruf las.

Die Stadt Bern ist wunder-wunderschön. – Aber ständig hier leben – nein!

Bern, Dienstag. d. 13. Juni 1911.
Lene Gugger war gestern zum Abendbrot bei uns. Ich muß mir gestehn, daß mir das Mädchen einen ungeheuer starken Eindruck macht. Ich habe den Verdacht, daß dieses Weib in meinem Leben eine entscheidende Rolle spielen könnte. Ein sehr merkwürdiges, sehr eigenartiges Geschöpf. Dunkle, brennende, tiefe, verlittene Augen, ein sehnsüchtiger, klassisch schön geformter Mund, gebogene, ausdrucksvolle Nase, dunkle weiche Haare, schneeweiße Stirn. Der

Wuchs schlank und ziemlich lange grade Beine – soweit man durch
die Kleider unterscheiden kann, knabenhafte Schultern und Arme –
und ganz sicher ein zarter schöner Akt. – Nein, mit Kätchen hat sie
im Wesen garkeine Ähnlichkeit. Ich kam wohl darauf, weil mich einige Bewegungen in ihrer Häuslichkeit an Kätchens hausfrauliche
Betulichkeit erinnerten. Lene ist die verschlossenste Frau, die mir
noch begegnet ist. Wir – auch Margrit Faas war da – sprachen über
alles mögliche, über moralische und gesellschaftliche Dinge. Lene
hörte aufmerksam zu. Ihre klugen Augen beobachteten jeden mit
viel lebendigem Interesse. Aber sie sprach kein Wort. Richtete man
direkte Fragen an sie, so wich sie aus. – Ich war sehr ergriffen von ihrer Art und schlug ihr vor, nach München zu kommen. Sie lehnte
ab, obwohl sie zugab, daß sie sich in Bern nicht wohlfühlt und obwohl sie versicherte, daß ich ihr nicht antipathisch sei. Wir gingen
später mit ihr in ein Cinema-Theater, und dann ins Café Bubenberg.
Sie hatte sich erst sehr gesträubt, ein Caféhaus aufzusuchen. Es war
klar, daß sie sich vor den Leuten geniert. Tatsächlich beglotzten diese
Berner Schweine, von denen gewiß soundsoviele das wirklich zu-
innerst reine Mädchen schon für ein Goldstück umarmt hatten, das
arme Kind mit unverschämten verachtenden Blicken, auf die Lenes
Augen drohend antworteten. – Ich will, solange ich hier bin, möglichst oft mit ihr zusammen sein. Das wird dem mißhandelten Wesen
gewiß wohltun, wenn man sie als Menschen behandelt und achtet.
Ich fühle, daß ich hier sehr, sehr lieben könnte, wenn nur die Möglichkeit bestände, ihr die Existenz zu sichern.

Diese Möglichkeit zeigt sich allerdings plötzlich, wenn auch bis
jetzt nur in schwachen Illusionen. Margarete Faas, die wir gestern
besucht haben, steht mit einem Wucherer in Verbindung. Johannes
ist überzeugt, das sei ihr Vater. Sie hält es für möglich, daß der gegen
hohe Prozente 5000 Mk für mich herausrücken würde, deren Verzinsung erst bei der Rückzahlung nach der Fälligkeit meiner Erbschaft

zu entrichten wäre. Heut abend werd ich vielleicht noch Bescheid haben über meine Aussichten. Es wäre herrlich. Ich würde, falls ich das Mädel doch noch dazu herumbrächte, dann in München mit ihr eine kleine Atelierwohnung einrichten. Vielleicht hätte der Himmel ein Einsehen und ließ den großen Reichtum nachfolgen, ehe der kleine verzehrt wäre. Nur ein Ungemach scheint wieder dabei zu sein, über das erst Gewißheit sein müßte. Lene hat sich jetzt operieren lassen, der Blinddarm wurde ihr herausgenommen. Aber der Professor, der sie behandelt, will nun auch die Basedowsche Krankheit bei ihr entdeckt haben. Das wäre furchtbar: wenn dieses reizende Geschöpf einst mit gestielten Augen und Kropf herumlaufen müßte. Es wäre nicht auszudenken grauenhaft.

Mit Margrit hatte ich mancherlei Gespräche, die mich recht interessierten. Eine sonderbare Frau. Verlogen bis zur Manie, und dabei doch von einer prächtigen ehrlichen Menschlichkeit. Wie das Schicksal dieser armen Hysterikerin mal ausgehn wird, das wird, scheint mir, noch von vielen grotesken Überraschungen abhängen.

Johannes bekam gestern ein Paket mit Wäsche und Anzügen von seinem Bruder. Er schenkte mir eine Hose und eine schöne doppelreihige Phantasieweste. Das ist mir sehr erfreulich. Denn meine Garderobe ist mir schon lange eine rechte Sorge.

Bern, Freitag, d. 16. Juni 1911.

Es ist eigentümlich, wie faul ich hier bin. Ich tue garnichts und komme darüber nicht einmal zu den Einzeichnungen in dies Tagebuch. Dabei merke ich beim Durchlesen der alten Eintragungen, wieviel ich dadurch, daß ich mal ein paar Tage aussetze, vergesse. Die wenigen Male, die ich in München überschlug, vermißte ich nachträglich einige ganz wichtige Dinge, z.B., daß mir das Kleine Theater die »Freivermählten« mit der Begründung zurückgegeben hat, das Stück eigne sich mehr zur Lektüre als zur Aufführung. Anderthalb Jahre hat es gedauert, bis die Herrschaften zu diesem Resultat gekommen sind. – Ferner will ich doch nicht ganz wortlos übergehn, daß kürzlich der kleine verwachsene Herr Nassauer gestorben ist, Geschäftsführer der »Münchner Zeitung«. Ich war häufig mit ihm in der Torggelstube beisammen und hatte ihn ganz gern.

Hier in Bern habe ich mich inzwischen leidlich eingewöhnt. Die Wirtin kocht einigermaßen. Das Geld reicht noch bis morgen – und der Herr wird weiterhelfen. Wird er? Eine Aussicht hat sich leuchtend aufgetan, während zugleich eine Quelle verstopft ist. Da die »Deutsche Montagszeitung« absolut nichts schickte, sandte ich ihr gestern einen Beitrag unter Nachnahme von 100 Mk und zugleich einen Brief, in dem ich mitteilte, bei Ablehnung des Nachnahmebriefes gehe meine Forderung an einen Rechtsanwalt. Mit meiner Sendung kreuzte sich nun ein Brief des Blattes, den ich heute erhielt. Man schreibt mir, daß die Zeitung in Liquidation gehe, ich müsse, wenn ich überhaupt etwas von meiner Forderung retten wolle, warten. Ginge das Blatt pleite, so bekämen die Gläubiger überhaupt nichts. Ich danke. Mit den 50 Mk monatlich ist's jetzt Essig. Nun hat aber Margarete Faas einen Wucherer an der Hand (Johannes hat sie in Verdacht, daß ihr eigner Vater solche Geschäfte macht), von dem sie versuchen will, für mich bis zum Tode des Vaters etwa 5000 Franken (oder Mark) zu leihen. Morgen soll sich die Sache entscheiden. Ich bin äußerst gespannt, zumal ich blos noch etwa 5 Franken habe, und außer den 20 Mk, um die ich Jaffé von hier aus gemahnt habe, bis zum Monatsersten kein Pfennig zu erwarten ist. Das wird noch nett werden, falls Margrits Halsabschneider nicht funktioniert.

Mit Lene Gugger komme ich täglich zusammen. Ich bin jetzt völlig überzeugt, daß ihre Mutter sie für Geld verkuppelt. Aber ich habe sie von Tag zu Tag lieber. – Sie spielt die Rolle des gesellschaftsfähigen Mädchens (keineswegs eine gansige Jungfrauenrolle) ungeheuer geschickt. Sie ist klug, auch boshaft und hat gewiß die tiefe Sehnsucht, aus dem Milieu, in dem sie gehalten wird, herauszukommen. Ich hatte mehrere ernste gute Gespräche mit ihr. Ich erklärte ihr, wenn ich zu meinem Gelde komme, wolle ich sie nach München einladen, sie solle dort auf meine Kosten in einer eignen Wohnung leben und durchaus tun und lassen was sie will. Sie lehnte das entschieden ab, meinte aber, wenn ich sie als Haushälterin engagierte, würde sie gern kommen. Wäre ich doch bald soweit, daß ich einen eignen Hausstand hätte! Das Mädel könnte mir viel Glück geben. Ich habe ein recht gutes Gedicht für sie gemacht (»Seltsames Wesen du an meiner Seite«). Ein liebes, tiefes und im Herzen reines Geschöpf.

Mit Iza habe ich öfters kleine Reibereien. Sie nimmt meine Witzeleien über alles mögliche dann, wenn sie mal davon betroffen wird, schwer übel und rächt sich dann durch gewollte Bösartigkeiten. So meinte sie gestern, als ich sie mit einem Nußknacker verglichen hatte (wirklich ganz ohne kränkende Absicht, blos weil sie so komisch auf dem Sofa saß), ich solle nur gehn und mich in meinem Tagebuch idealisieren. Tu ich das? Sie hat nicht viel daraus gehört, aber ich war doch bestürzt über den Ausdruck. Ich fragte Johannes, der nicht fand, daß ich mir vor der Nachwelt Gloriolen umhänge. Den armen Johannes peinigt sie mit kleinlichen Eifersüchteleien. Er hat die Gewohnheit, jedes Mädchen in sich verliebt zu machen und tut dann so, als sei auch er verliebt. Ich habe das immer als kleine Koketterien aus seiner Homosexualität betrachtet und nicht wichtig genommen. Aber Iza macht ihm damit das Leben schwer. Er läßt sich ihre Nörgeleien mit rührender Sanftmut gefallen. Das sollte meine Frau sein! – Immerhin: ich freue mich trotz allem sehr über das Verhältnis, da ich sehe, daß die Nerven des Freundes unendlich ruhiger und sein Allgemeinbefinden unvergleichlich gesünder geworden ist, seit er diese Ehe führt. Allzu lange Dauer prophezeie ich allerdings der Liebe nicht mehr.

Meine Münchner Wirtin schickt mir trotz vielfacher Mahnungen meine Briefe nicht nach. Ich bin sehr beunruhigt darüber und habe jetzt an Rößler geschrieben, er möchte dafür sorgen. – Heute muß ich wieder zu Professor Jadassohn. Bis jetzt hat auch die Spritzerei nicht sehr viel geholfen. Ich möchte blos wissen, wie lange ich mich noch mit diesem elenden Tripper herumschlagen soll. Jetzt ist er 2 Monate alt.

Bern, Sonnabend, d. 17. Juni 1911.
Der Professor hat mir die tröstliche Versicherung gegeben, daß der Tripper genau so zu bewerten und zu behandeln sei wie ein ganz frischer. Die ganzen 8 Wochen vorher betrachtet er als verloren. – Er hat mir eine etwas stärkere Injektion verschrieben und mich für den Freitag der nächsten Woche wiederbestellt.

Ich war auch gestern wieder lange bei Lene. Mein Gedicht hat sie erfreut, aber wohl etwas ängstlich gemacht. Durch die Zeilen: »Acht auf den dunkeln Weg. Er liegt voll Schlamm« und »– – Ich glaube deinen Lügen, erkenn' dich gern als was du scheinen willst« fühlt sie sich wohl etwas durchschaut, aber ich muß zugeben, sie verstellt sich meisterhaft. Ich sprach lange mit ihr über Huren, sie ging ganz unbefangen auf das Thema ein und erklärte mit der ruhigsten Sicherheit, daß sie für Geld sich nie verkaufen würde. Ich wurde ganz schwankend, ob wir sie nicht doch vielleicht falsch taxieren. Später aber, nach dem Abendbrot, holten Johannes und ich sie ab. Da sie allein nicht mit uns gehn sollte, nahmen wir auch die alte Kuppelmutter mit und gingen in ein italienisches Weinlokal mit den beiden. Ich sprach viel mit Lene, und sie machte allerlei Bemerkungen, die uns unsern Verdacht doch wieder stark bestätigten. Vor allem waren auch die Blicke der Leute auf der Straße und die getuschelten Bemerkungen der infamen Berner Spießer überführend. Nun, ich habe es ihr am Nachmittage deutlich genug gesagt, daß mir eine Hure ein ebenso wertvoller Mensch schiene wie jeder andre. – Leider ist sie in Johannes arg verliebt, und den auszustechen wird mir wohl schwer werden. Auch jetzt wieder behindert mich der Bart in meinen Plänen. Lene hat mir deutlich gesagt, sie könne bärtige Leute nicht leiden. Wann ich mich wohl entschließen werde, mich rasieren zu lassen?

Von München ist endlich einige Post nachgesandt worden: eine Karte von Ewers, der die – inzwischen ja Tatsache gewordene – Liquidation der D.M.Z. in eventuelle Aussicht stellt, dann eine ganz verrückte Karte von Rechenberg; der will einen Roman schreiben, »Schnaps« von dem jeder, der ihn liest, besoffen werden muß. Und schließlich ein Dankbrief von Dr. Georg Hirth für meine Notiz über seine Person in der Nr. 3 des »Kain«. Er abonniert zugleich und bestellt »Wüste«, »Krater« und »Hochstapler«. Ob das eine Einleitung ist zu einer Aufforderung zur ferneren Mitarbeit an der »Jugend«?

Jetzt erwarte ich Lenes Besuch. Nachher soll ich von Margrit erfahren, ob der Wucherer – jetzt vermutet man einen sozialdemokratischen Abgeordneten oder Gemeinderat, namens Mohr in dem Kerl – die Tausende herausrückt. Mein Kapital beträgt noch 1,10 Fr. – und vielleicht werde ich heute reicher sein als je zuvor. – Gott geb's!

Und dann muß ich endlich an die Arbeit und Nr. 4 herstellen.

Bern, Montag, d. 19. Juni 1911.

Natürlich ist das Geld, das Margrit beschaffen will, immer noch nicht da. Jeden Tag mußte ich zu ihr laufen oder sie irgendwo sonst treffen. Aber regelmäßig hatte sich der Wucherer noch nicht entschlossen. Morgen früh muß sie nun nach Zürich abreisen und vorher – um ½ 10 Uhr – soll ich noch mal zu ihr kommen. Sie hofft, mir bis dahin irgendwo 200 Franken besorgen zu können. Hoffentlich gelingt es ihr. Der Dalles – wir haben garnichts mehr, und ich muß morgen neue Ichthargan-Lösung haben – geht mir schon schauderhaft auf die Nerven.

Sonnabend abend hatte ich sehr ausführliche Gespräche mit Margrit: über Landauer, mich, sie und den Sozialistischen Bund. Sie klagte sehr über die Lieblosigkeit, die sich vor einem Jahr (genau!) bei dem Geheimbund-Prozeß Morax gegenüber gezeigt habe. Wir alle seien noch nicht die richtigen neuen Menschen. Sie weinte viel, und ihre Art ging mir recht nahe. Ganz klug werde ich aus der Frau nicht. Hinter all ihren hysterischen Verlogenheiten sehe ich doch so viel wahre schöne Menschlichkeit in ihr, daß sie mich immer wieder rührt und ergreift und daß manchmal ganz echte Zärtlichkeit für sie in mir aufsteigt. Und doch: irgendetwas Wahrscheinliches haben die Behauptungen und Combinationen, die Johannes und Iza über sie aufstellen. Sie muß in sich sehr zerrissen sein.

Bei Lene waren wir – Johannes und ich – bis jetzt außer heute täglich. Sie ist ein liebes Mädel. Sie macht doch manchmal schon Andeutungen. So meinte sie gestern, sie stecke ihr Gesicht, wenn sie ausgehe, am liebsten in einen Schleier und ziehe den Hut möglichst tief darüber. Auf meine Frage, warum sie sich denn nicht frei zeigen möge, antwortete sie: »Wir haben doch einen sehr schlechten Ruf.« Sie tut mir sehr leid, zumal das infame Weib, daß sie geboren hat, sie in schrecklicher Gefangenschaft hält. Ich möchte dem armen Kind sehr gern heraushelfen.

Der neue »Sozialist« enthält einen Artikel Landauers »Gott und der Sozialismus«, der in der nächsten Nummer fortgesetzt werden soll. Es ist eine sehr schroffe Polemik gegen Johannes Nohls Artikel in der vorigen Nummer: »Fichtes Reden an die deutsche Nation und Landauers Aufruf zum Sozialismus«. Darin hatte Johannes Landauers Buch eingehend besprochen, es – besonders im Gefühlsmäßigen sehr gelobt und nur im Hinblick auf Landauers religiöse Anschauungen abweichend kritisiert. Es war ein schöner, starker, klarer

Aufsatz, dazu der erste, den der Freund mit Unterzeichnung seines ganzen Namens veröffentlicht hat. Ich war recht glücklich über die gelungene Arbeit. Landauer hatte ihm gleich nach Einlauf sehr erfreut geschrieben, ihm aber angekündigt, er werde antworten und hoffe, Johannes zu »erschüttern«. Der hatte entgegnet, das sei nicht seine Absicht gewesen. Er sei Anfänger in der schriftstellerischen Laufbahn, wolle sich auf Polemik nicht gern einlassen und bitte Landauer, den Artikel lieber ungedruckt zu lassen. Nach freundschaftlicher Verständigung zwischen beiden, war er dann also doch erschienen. – Und nun legt Landauer in einer Weise los, daß ich tief empört bin. Er wirft Johannes durch die Blume Pose, Mache, Abhängigkeit von George, Empfindungslosigkeit und selbst Unehrlichkeit vor und polemisiert in einem Ton, den ich nur gehässig nennen kann. Der arme Freund ist ganz deprimiert, daß ihm so häßlich begegnet wird und ich fühle so stark mit ihm wie ich nur mit einem Menschen fühlen kann. Es ist, als bekäme ein Kind an seinem Geburtstag unverdiente Schläge. – Ich bin wütend über Landauer. Das war wirklich nicht nötig, und wenn Johannes ihn jetzt heimtückisch, untreu, wortbrüchig nennt, so weiß ich kaum, wie ich ihm widersprechen kann. Ich erkläre mir Landauers Vorgehn psychologisch mit einer gewissen Eitelkeit. Er will unbestechlich sein, auch einem Lobe gegenüber, in dem er mit Fichte verglichen wird. Dadurch wird er ungerecht bis zur Gemeinheit. Hätte ich nicht infolge meiner zehnjährigen Freundschaft mit Landauer soviele Gründe, die mir seine Haltung wenigstens menschlich begreiflich machen, so würde ich kaum anders können, als mit ihm zu brechen. Jedenfalls will ich ihm meine Meinung brieflich sagen. Ich hoffe, er wird bei all seiner Empfindlichkeit daraus keine unfreundschaftlichen Konsequenzen ziehn. –– Johannes gegenüber verteidige ich Landauer so gut es gehn will. Darin werde ich durch Iza, die entsetzlich hart und intolerant über Menschen und Taten urteilt, weiter getrieben als ich eigentlich will. Ihre Liebe zu Johannes führt sie zu gehässiger Verblendung gegenüber Landauer. Sie ist ein sehr schwer umgänglicher Mensch. Der arme Freund ist sehr traurig. Ich auch.

Heut abend las ich ein Plakat des Inhalts, daß Moissi am Donnerstag und Sonnabend hier am Stadttheater spielen wird. Ich habe ihn gebeten, mir seine Ankunft mitzuteilen, da ich ihn von der Bahn abholen will. Das wird sehr nett werden. Und jetzt – es ist gegen Mitternacht – will ich schlafen gehn.

Bern, Mittwoch, d. 21. Juni 1911.

Große Pleite und allerlei Sorgen. Ob ich die 5000 Franken, die Margrit beschaffen will, kriege ist immer noch zweifelhaft, wenn es auch allmählich wahrscheinlich geworden ist. Die Bedingungen werden sein: Ausstellung eines Schuldscheins über 8000 Franken und Rückzahlungsverpflichtung in 3 Jahren. Immerhin ziemlich happig. Ich rechne 20 Prozent Verzinsung heraus. Aber wenn schon. 5000 Franken, das sind etwa 4000 Mark können schon tüchtig weiterhelfen. Freilich werden jedenfalls an 1000 Franken gleich fortgehn. Johannes muß etwas kriegen, Margrit wird selbst ein paar hundert Franken pumpen wollen, Reitze möchte ich gern 100 Franken schenken, dann muß ich nötigst Garderobe und Wäsche komplettieren, Izas Examen muß bezahlt werden und etliche kleine Gläubiger werden sich wohl auch einfinden, wenn man Geld bei mir riecht. – Macht alles nichts. Ich werde maßlos froh sein, wenn es endlich, endlich gelingt. – Was dann in drei Jahren wird, das will ich getrost dem Schicksal überlassen. Entweder ich habe dann schon geerbt, oder Margrits Vater hat das Zeitliche gesegnet, oder ich habe mit dem »Kain« oder mit einem Drama oder sonst einem Buch große finanzielle Erfolge, oder ich stopfe das Loch mit der Wolle eines andern Wucherers zu oder es findet sich sonst ein Rat. Drei lange Jahre Zeit! Und inzwischen wenigstens ein Jahr lang genügend zu leben, anzuziehen, auszugeben und zu helfen, wenn es mir Spaß macht. – Morgen soll sich alles entscheiden. Wäre nur erst morgen. Dieser 21. Juni ist wirklich der längste Tag im Jahr.

Die gute Lene sitzt mir fortwährend im Kopf. Ich glaube ernstlich, ich liebe das Mädchen, wiewohl ich gut weiß, daß meine Gefühle für Frieda von dieser Liebe, die garnicht so arg begehrend ist sondern vielmehr mitfühlend, verstehend, streichelnd nie verdrängt werden könnten. Aber diese tiefen dunkeln traurigen ausdrucksvollen und doch so ganz unerforschlichen Augen und der rührende, süße, verlangende, sehnsüchtige, küßliche Mund ergreifen mich im Allerinnersten. Dabei sehe ich täglich, wie die entsetzliche Hexe, die ihre Mutter ist, sie quält, vergewaltigt, unterdrückt und habe das tiefe Verlangen, ihr zu helfen und sie womöglich mit mir nach München zu nehmen, auf die Gefahr hin, ihre Liebe nie erringen zu können. Gestern waren wir – Johannes und ich – wieder bei ihr. Abends wollten wir sie ins Café haben und Johannes rief sie telefonisch an. Sie sagte zu. Als wir sie auf der Straße erwarteten, kam sie plötzlich rennend an, in heilloser Angst, da ihre Mutter hinterher sei. Sie habe sie durchaus nicht fortlassen wollen, und so sei sie einfach davongelaufen. Sie war ganz aufgelöst und zitterte, dabei aber doch vergnügt und verhöhnte die Mutter, deren rechtes Ohr in der Wut immer ganz rot werde. Sie fürchtete großen Krach zuhause. Nachmittags schon hatte sie uns von wüsten Familiengeschichten erzählt. Wie ihr Bruder – Johannes behauptet, er sei Zuhälter, und den Typus hat er wirklich – sie verprügele und schon Versuche gemacht habe, sie umzubringen, wie sie sich mit der Mutter schlage etc. Schauderhafte Zustände. – Heut wollten wir wieder hin. Sie war nicht da. Die Alte erzählte, sie sei mittags davongelaufen. Eben komme ich vom Café und Spaziergang heim, und Iza erzählt mir, Lene sei vor einer Stunde dagewesen, habe aber nicht warten wollen. Ich bin recht traurig, sie

verfehlt zu haben. Aber ich denke ernsthaft daran, sie, wenn das Wu-
cherergeld wirklich ausgezahlt wird, sehr zu bitten, mit uns zu kommen. Aus diesem Schandhause muß sie befreit werden. Ich denke
jetzt viel an alte Geschichten: wie ich erst Bianca Colani und drei
Wochen später Gerta Melchers aus den Klauen ihrer Mütter befreite.
Und an die Verse der Beutler an Bianca denke ich:

»Soll deine Mutter im Jammer enden!
Was gilt die Mutter?! – Wir sind das Neue!«

Aus der Korrespondenz: ein Brief von Rößler als Antwort auf
meinen. Die Inderin ist bei ihm, aber er möchte sie schon wieder los
sein, da sie »anständig« ist. Hardekopf sei in München. Er sitze mit
Bolz und Emmy im Caféhause, die sich bestrebe, ein kordiales Verhältnis zwischen ihren Liebhabern herzustellen. Eine Nummer des
»Zwiebelfischs« sei angekommen für mich und Halbes Roman »Die
Tat des Dietrich Stobäus«. Aus dem Zwiebelfisch hat er eine Seite
herausgenommen und beigelegt, auf der ich mit dem »Kain« ekelhaft
angepöbelt werde »Der beliebte Anarchist E. M. …« Die beiden ersten Nummern werden wohl auch die letzten bleiben. Die Empfehlung Ganghofers im Inseratenteil wird angerempelt, die ganze Zeitschrift als Kuriosum für Sammler hingestellt. Das Blatt gebe heraus
»Kain« Verlag. Der Inhalt der ersten Nummern wird angegeben,
ohne daß irgend ein Beitrag näher behandelt würde außer der Notiz
»An die Leser«, die auf dem Deckel steht. Das ganze ist eine Gemeinheit. Und wenn ich bedenke, daß der Macher des Blatts Herr Dr. Kurt
Martens ist, der sich immer höchst liebenswürdig gegen mich gestellt
hat und für den S. B. einst so viel Interesse zu haben vorgab, daß er
sogar einmal zu einer Versammlung in den »Gambrinus« kam, dann
bin ich von neuem verblüfft über die Doppelseelenhaftigkeit vieler
Menschen, die im privaten Verkehr so ganz andres tun als sie nachher

vor der Öffentlichkeit dokumentieren. Ich ärgere mich sehr über die gesinnungslose Viecherei.

Ferner erhielt ich durch Margrit einen Brief von R., der schon wieder großes Pech hatte. Seine Kameraden sind in Konstanz eingesperrt worden und haben seinen ganzen »Zinck« bei sich. Der arme Teufel! In Wien hat er allerhand für den »Kain« getan. – In Zürich soll demnächst eine Konferenz stattfinden zwischen ihm und seinen führenden Genossen, die ihn so schwer hineingelegt haben. Ich soll womöglich dran teilnehmen. Neulich habe ich schon mit Peter Fr. deswegen telefoniert.

Heute kam von Bayros eine Postkarte aus Österreich mit einer Handzeichnung, die moderne bayerische Kunstinquisition darstellend. Der Text ist nicht sehr geistreich. Als Dank für meine »Kain«-Notiz: »Der unzüchtige Marquis«. Vielleicht kann ich mal die Originalzeichnung von Bayros gut verkaufen. −− Als ich eben nach Hause kam, wurde mir mitgeteilt, daß inzwischen der Geldbriefträger mit 25 Franken für mich dagewesen sei. Von Jaffé offenbar, dem ich von hier aus noch deswegen geschrieben hatte. Also doch!

Etwas, was ich neulich auf der Straße sah und was mich abscheulich bewegte, will ich notieren. Ich ging zu Margrit. In der Länggasse kam mir mit Musik und Getrommel eine Abteilung Soldaten entgegen. Als sie näher kamen, sah ich, daß in den Uniformen lauter Knaben steckten, eine langer Zug, Gewehre über den Schultern. Ich war tief empört und angewidert von dieser »Jugendwehr«. Kinder mit Mordwaffen umgehn zu lehren, sie zur Massenmörderei zu erziehen, ehe sie noch ausgewachsen sind. Pfui Teufel! Aber echt schweizerisch-demokratisch!

Bern, Freitag, d. 23. Juni 1911.
Der Besitz einer Summe, wie ich sie nie besessen habe (ich habe in
meinem ganzen bisherigen Leben noch nicht ein einziges Mal über
eine Summe von auch nur 300 Mark auf einmal verfügen können),
ist nun in greifbare Nähe gerückt – und zugleich auch die Möglichkeit, daß Lene ihrer Mutter durchgeht und mit mir nach München
kommt. – 5000 Franken werde ich zwar nicht kriegen, wohl aber
– falls nicht wieder ganz ausgefallene Geschichten dazwischen kommen, 3000 – und zwar zu verhältnismäßig günstigen Bedingungen:
Ich muß 3500 Franken quittieren und diese Summe mit 5 % verzin-
sen. Das ist nicht übermäßig wucherisch. Beinahe wäre die Sache
noch zuletzt schiefgegangen, da der Notar den Einwand machte,
daß Margrit, deren Scheidung noch nicht perfekt ist, garkeine Rechts-
geschäfte machen darf nach Berner »Recht«. Der Mann selbst, der
natürlich keine Ahnung hat, daß 500 Fr. weniger gezahlt werden als
ich auf dem von ihm zu beglaubigenden Schuldschein bestätigen
muß, hat sich nun zur Verfügung gestellt, daß er seinen Namen für
den Handel vorschieben will. Das ist wirklich sehr anständig, und
nun werde ich wohl morgen mit Margrit zu ihm gehn und vielleicht
auch morgen abend schon das Geld in Händen haben. Es wäre ein
rechter Segen. Johannes und Iza habe ich auf Margrits Wunsch erzählen müssen, ich kriege blos 1500 Fr. – Vielleicht ist es ganz gut,
wenn sie von dem Mehr nichts wissen. Ich werde dann auch ihnen,
da sie sparsamer drauf rechnen werden, länger damit helfen können.
– Der Lene habe ich noch einmal allen Ernstes vorgeschlagen, sie
solle mit nach München kommen, und sie hat gestern sehr mit sich
gekämpft deswegen. Ich sehe jetzt ziemlich ein, daß ich ihre Liebe
nicht haben werde. Aber sie hat die meine – und so meine ich doch,
daß für mich – und zwar nur für mich – Verpflichtungen bestehn.
Als ich vorgestern bei ihr war, erzählte ich ihr in aller Ausführlichkeit
die Bianca- und Gerta-Geschichten. Sie hörte sehr aufmerksam zu,

und ich war nicht wenig überrascht, als sie mir nachher beiläufig erzählte, sie werde in zwei Tagen (das wäre heute) für 14 Tage nach Basel zu einer Kusine reisen, von da aus nach Zürich und dann noch nach Genf. Mir schoß sofort der Gedanke durch den Kopf, sie erfinde diese Reise, um sich für den Rest meines Berner Aufenthalts vor mir verbergen zu können. Mit Johannes erwog ich nachher diese Möglichkeit, sowie auch die, die Johannes aufstellte, die Alte zwinge sie, mit einem Herrn, der sehr viel dafür zahle, die Reise zu machen. Ich dachte schließlich, die Alte schicke sie auf Reisen, um sie unserer, speziell meiner Gesellschaft zu entziehen. Denn das Weib haßt mich tödlich, soviel ist ganz sicher. Sie wittert, daß ich gegen sie zu Lenes Gunsten Pläne mache. Das bestätigte mir Lene gestern noch dadurch, daß sie erzählte, Margrit Faas besuche jetzt die Alte oft und habe ihr gesagt, sie müsse sie in einer sehr dringlichen Angelegenheit sprechen. Als wir fragten, woher denn Margrits Freundschaft zu der Kuppelmutter kommen mag, meinte Lene: »Der Weg zur Tochter führt an der Mutter vorbei.« Sie nimmt also an, Margrit sei lesbisch in sie verliebt, und mir bestätigt sich dieser Verdacht durch die Aufregung, in die Margrit kürzlich geriet, als ich ihr sagte, ich hätte Lene gern und ginge mit dem Gedanken um, sie mit nach München zu nehmen. Es ist bei Margrits kompliziertem Charakter garnicht ausgeschlossen, daß sie jetzt gegen den Entführungsplan, den auch sie nur im Gefühl wittert, intrigiert. Trotz allem: ich bin ernst mit mir zu Rat gegangen. Lene ist ein wertvolles Geschöpf. Ich habe sie gern. Hier im Hause Gugger verkommt sie mindestens körperlich. Das Leben, daß sie führt, ist entsetzlich, zumal an Johannes Vermutung, daß sie mit ihrem Leibe dem völlig untätigen Bruder, der sie prügelt und bedroht, den Lebensunterhalt verschaffen muß, doch manches Wahrscheinliche ist. Ist sie in München, so kann ich ihr mit dem Geld, das ich jetzt bekomme, leicht über die ersten Wochen hinweghelfen und ihr, da sie sehr willig und zu jeder Arbeit bereit ist, wohl auch eine Möglichkeit zum Geldverdienen besorgen. Ich will das tun, auch wenn ich nie einen Kuß dafür bekommen sollte. Ich habe ihr das deutlich gesagt, aber sie ist noch unschlüssig, und sehr interessant war mir ihr Einwand, der Bruder werde kommen und sie zurückholen. Mich werde er sogar vielleicht erschießen. Ich fürchte ihn nicht. Die Reise, gab sie zu, sei Schwindel.

So stehe ich also jetzt vor Entscheidungen, die weite Folgen in meinem Leben haben können. Leider ist meine Energie noch immer nicht so rege, wie in normalen Zeiten. Denn der elende Tripper ist immer noch nicht ausgeheilt. Heute war ich wieder beim Professor Jadassohn, der mir erklärte, ich werde ihn auch noch in München ärztlich weiter behandeln müssen. Eine teure Geschichte.

Ein Brief kam heute an, der seine Vorgeschichte hat. Vor etwa zwei Jahren schon schrieb mir mal ein Herr Eckert, den ich von Ascona und Zürich her kannte, er habe einen Verlag begründet, oder wolle es tun, und möchte von mir ein Buch herausbringen. Ich schrieb damals sofort zurück und bot »Glaube, Liebe, Hoffnung« an, bekam aber dann von der Geschichte nichts mehr zu hören. Heut schickt mir Frl. Seidenbeck einen Brief nach, dessen Absender »Eckert u. Co. G.m.b.H. Verlag, Berlin, Burgstrasse 29« heißt. Ich werde aufgefordert, das Stück dort einzusenden. Man wolle es evtl. als Subskriptionswerk verlegen. Ich bin sehr froh, auch darüber, daß mich das unsympathische Benehmen des Herrn Borngräber, den ich in Berlin deswegen besuchte, abgeschreckt hat, ihm das Stück zu senden. Ich habe starke Hoffnung, daß daraus was wird, und wenn aus der Geldsache erst positiv etwas geworden ist, verlasse ich mich auch im Glücksfall auf meine alte Theorie von der Duplizität der Vorgänge.

Bern, Sonnabend, d. 24. Juni 1911.

Das Geld ist da! Wirklich und wahrhaftig: ich bin reicher, als ich es je im Leben war, und nun werde ich mich erst an die gewaltige Tatsache gewöhnen müssen, daß ich – mindestens für einige Monate – in garkeiner Sorge um gelegentliche dringliche Erfordernisse zu sein brauche. Zwar: daß eine Lüge gegen Johannes dabei ist, verstimmt mich ein bischen. Aber ich habe Margrit das heilige Versprechen geben müssen, ihm und Iza nur 1500 Franken zuzugeben. Die übrigen 1500 brachten wir gleich, nachdem die Geschichte beim Notar erledigt war, zur Kantonalbank, die sie an die Münchner Filiale der Deutschen Bank überweist. Aber es war doch große Freude, als ich nachhause kam und einen richtigen echten rosafarbenen Tausendfrankenschein schwenkte und Iza 120 Fr. für ihr Doktorexamen und noch 80 für Extra-Ausgaben aushändigte. Johannes soll außerdem noch 50 Fr. kriegen, von denen Iza nichts wissen soll. Er soll sich mal eine Privatfreude gönnen können, über die er – wenigstens vorher – keine Rechenschaft ablegen muß. Ach, bin ich froh über das Geld. Ich will mich bemühen, den Tausendfrankenschein heil von Bern fortzubringen – nur fürchte ich, es wird nicht gelingen. Die Wirtin muß bezahlt werden. Wer weiß was Jadassohn fordert?, und Margrit habe ich schon 115 Fr. Schulden gezahlt, von denen sie 50 seinerzeit bei einer Verhaftung des Freundes für den Anwalt ausgelegt hat, 50 bei einer andern Gelegenheit Johannes und Iza geliehen und mit den übrigen 15 jetzt während meines Aufenthalts hier mir ausgelegt hatte. – Und drei volle Jahre durch wird mich kein Mensch um das Geld mahnen. Zum 24. Juni 1914 aber ist's noch lange hin. Wenn die Rückzahlungspflicht akut wird, dann wird der »liebe Gott« – ach, daß ich diesen Allverantwortlichen einmal loben darf! – schon wieder weiter helfen, da er ja jetzt gezeigt hat, daß er auch anders kann, als immer blos chikanieren und ängstigen. – In Zürich wird dann der Tausender gewechselt. Reitze kriegt 50 Fränkli und außerdem will ich versuchen, von

dem Spediteur Kuoni die beiden Reisekörbe wiederzukriegen, die
fast sieben Jahre dort liegen, mit allen alten Briefen und Andenken,
Peter Hille-Manuskripten und Bildern, deren Verlust mich so oft
schmerzt. – Dann in München will ich Uli und Lotte meine Schulden
zahlen, sie und Emmy beschenken – alles ohne von meinem wahren
Reichtum etwas merken zu lassen, und wenn womöglich die liebe
Lene mit mir kommt – das sehe ich wohl ein – wird es jawohl nicht
allzulange dauern mit dem Geld. Aber ein paar Wochen froh sein damit und ohne Angst für mich allen andern helfen können, das lohnt
schon den Schmerz, nachher vor einem leeren Scheckbuch stehn und
guten Tagen nachträumen zu müssen. – Soll ich noch aufschreiben,
was außerdem mein Herz bewegt? Ach was! Ich bin so voll von
Freude über den Ausgang dieser Aktion, an der ich zweifelte, bis das
viele Geld wirklich in meinen Händen war, daß die heutige Einzeich-
nung von nichts anderm handeln soll. Heut ist ein guter Tag. Selbst
das Regenwetter sehe ich mit liebenden Augen an. Mir ist, als wären
die grauen Regenwolken, die den Himmel verhängen, Banknoten
und die Regentropfen an den Telefondrähten blanke Silbermünzen.

Bern, Sonntag, d. 25. Juni 1911.
Die Erfahrung jeder Minute, daß im Caféhaus, beim Zigarrenhändler
auf der Straße bei einem aufsteigenden Wunsch niemals die Erwägung
kommt: Geht das noch mit der Kasse zusammen? Das Durchzählen
des Geldes im Kopf und das Subtrahieren, das jetzt ganz wegfällt,
giebt ein nie gekanntes ungeheures Gefühl weltmännischer Sicherheit.
Ich erlebe jetzt und werde wohl in den kommenden Wochen noch
viel mehr ein Vorgefühl dessen erleben, was mir vom Moment des
Erbfalls an bleibend bevorsteht: eine innerliche Befreitheit, die sich
ganz gewiß auch in meinen künftigen Erfahrungen geltend machen
wird, die ganz besonders – davon bin ich tief überzeugt – mich auch

für erotische Erfolge viel mehr prädestinieren wird als bisher die stetigen Sorgen, Ängste und damit im Zusammenhang die Dürftigkeit der äußeren Erscheinung. Jetzt werde ich ja zunächst nicht gleich an eine völlige Renovierung meiner ganzen äußeren Aufmachung gehn. Aber einen neuen Anzug und etwas Wäsche werde ich mir immerhin leisten. Das wird schon Wunder wirken. Nur muß ich erst die Gonorrhöe los sein. Bis dahin will ich sehr sparsam sein, damit ich dann, wenn ich wieder alles darf, auch imstande bin, einmal mit Sekt und Unbedacht alles zu tun.

Daß Lene mit mir nach München kommt, hoffe ich kaum mehr. Wir haben ihr gestern ganz menschlich und sehr eindringlich zugeredet, aber, wiewohl ihr manchmal die Lust, radikal mit der Vergangenheit zu brechen, flammend aus den Augen strömte, blieb sie bei der Weigerung. Gestern hat sie nun Johannes und mir gebeichtet, wie es eigentlich um die Familie steht. Johannes Kombinationen sind, wie so oft, viel zu weit geschossen. Aber, wie immer haben sie manches Richtige gefunden. Die Alte ist keine Puffmutter, wiewohl sie ihre Hände arg beschmutzt hat. Vor allem: Lene wird von ihr nicht verkuppelt und ist es nie geworden. Im Gegenteil glaubt die Mutter heute noch – natürlich fälschlich – daß sie unberührte Jungfrau sei. Das Geheimnis des Hauses Keßlergasse 15 ist folgendes: Hier in Bern lebt eine Frau, die in verschiedenen Stadtteilen geheime Bordelle unterhält und daraus kolossale Einnahmen bezieht. Nach dem Tode des Vaters Gugger, der ein ordentlicher Kerl gewesen zu sein scheint, geriet die Familie in Not, und da trat die erwähnte Huren-Exploiteuse mit dem Ersuchen an Frau Gugger heran, für sie das Haus Keßlergasse 15, in dem sie (die Gugger) damals schon ein Geschäft mit künstlichen Blumen, Spiegeln, Linoleum und dergleichen betrieb, das heute noch ihre Existenz ist, zu kaufen, da die Frau, die es haben wollte, selbst in zu schlechtem Ruf stand, als daß man es an sie weggegeben hätte. Lenes Mutter verdiente an den

Scheinkauf 5000 Franken. Da das Haus nun natürlich in ein übles Renommee geriet, bat die tatsächliche Besitzerin Frau Gugger, der es ja nach dem Rechtsverhältnis gehörte, selbst hineinzuziehen. Die Miete wurde billig angesetzt und dadurch eigentlich ganz erspart, daß das Kuppelweib sich verpflichtete, den ganzen Bedarf für ihre Unternehmung im Guggerschen Geschäft zu beziehen. Außerdem erhielten Guggers die Erlaubnis zur Benutzung des ganzen Bodens und Kellers, und haben dadurch, daß eine Etage überhaupt nicht bewohnt ist, eigentlich Verfügung über das ganze Haus außer dem ersten Stock, wo ein einziges – angeblich sehr hübsches und liebenswürdiges Mädchen – allen anklopfenden Herren ihre Gefälligkeiten zu erweisen hat. Dabei wird viel Sekt vergossen und Lene meint, daß das junge Mädchen jedes Jahr an 50 000 Franken einbringt, wovon sie selbst fast garnichts behält, wohl aber sich schandmiserabel behandeln lassen muß. Natürlich ist in Bern das Gerücht entstanden und wird allenthalben verbreitet und geglaubt, Guggers unterhielten den Puff, und Lene macht es ihrer Mutter zum bitteren Vorwurf, daß sie sie zwingt, in diesem Hause zu wohnen und sich vor den schadenfrohen gemeinen Blicken aller Berner Klatschtanten zu schämen. – Sie erzählte uns das sehr ruhig und sicher, nachdem sie offenbar sehr schwer gekämpft hatte und versicherte, daß sie noch niemals vorher die Wahrheit über diese Dinge gesagt hätte. Ihre Worte waren so klar, eindeutig und ehrlich, daß jeder geringste Zweifel an der vollkommenen Wahrheit jeder Einzelheit ihres Berichtes eine Niederträchtigkeit gegen das sonst so undurchdringliche und gradezu schauerlich verschlossene Mädchen wäre. – Johannes war ebenso ergriffen und ebenso von der absoluten Zuverlässigkeit ihrer Worte überzeugt wie ich. Sie war in Augenblicken, während sie sprach, wenn sie einmal Atem schöpfte und mit den großen düsteren Augen entschlossen und stark vor sich hin blickte, begeisternd schön. – Warum sie nicht mit mir will, darüber war der letzte Grund nicht

aus ihr herauszuholen. Ich erkläre es mir mit einer Fülle von Einzel-
momenten, die sich ihr, ohne daß ihr Urteil eigentlich darüber klar
wäre, zu einem bestimmten Gefühl gefestigt haben. Dazu gehört einmal die Rücksicht auf mich. Sie kann mich nicht lieben (alle ihre bisherigen Liebhaber waren homosexuell, und ihre Knabenhaftigkeit,
die mich grade so sehr anzieht, mag es sein, die sie hemmt, mich zu
lieben. Ich bin ihr wohl zu männlich.) Sich von einem Mann, dem
sie sich in garkeiner Hinsicht erkenntlich zeigen kann,

Bern, Dienstag, d. 26. Juni 1911.
Meine psychologischen Spekulationen über Lenes Gründe, nicht
mit mir nach München zu gehn, wurden auf ziemlich merkwürdige
Art unterbrochen. Eine etwa fünfjährige Nichte der Lene, ein Töchterchen von Lenes älterem Bruder, der in der gleichen (Schwarzthor-)
Straße wie wir wohnt, trat ein, steckte den Finger in den Mund und
sagte: »Abi chumme«. Ich glaubte, Lene sei unten, nahm Hut und
Stock – und wurde wortlos und ohne Gruß von – der alten Guggerin
empfangen. Ich sprach sie an; sie erklärte darauf, Herrn Nohl sprechen zu wollen, der grade schlief. Da sie darauf bestand und sich entschieden weigerte, zu uns heraufzukommen, rief ich den Freund
und nun legte die Alte los. – Wir hatten nämlich – soweit war ich bei
der letzten Eintragung nicht gekommen – den Abend, an dem Lene
uns gebeichtet hatte, mit ihr gebummelt, und sie war bis 3 Uhr nachts
mit uns im Bahnhofsrestaurant gewesen. Frau Gugger hält mich für
ihren Verführer, beschimpft sie – das hatte uns Lene schon erzählt,
da sie meint, das Mädel sei in mich verliebt und haßt mich nun töt-
lich. Ich sei ein Mormone, hat sie der Tochter bereits gesagt, um damit ihrem tiefsten Abscheu Ausdruck zu geben. Uns erklärte sie, sie
würde es nicht länger mehr ansehn, wie »das Kind« in schlechten
Ruf (sic!) gebracht würde, und drohend kündigte sie an, sie wolle

Lene von einem Arzt untersuchen lassen, ob sie noch »heil« sei. Sie habe die Macht über die Tochter und werde ihr nicht mehr gestatten, das Haus zu verlassen. Während sie also in ihrem berndütschen Kauderwelsch schimpfte, kam Lene die Straße daher, die uns versprochen hatte, uns um jene Zeit zu besuchen. Die Mutter befahl ihr, gleich mitzukommen. »I geh nit« sagte Lene ruhig und trotz der aufgeregten Bemühungen der Alten, die endlich mit derben Schritten und voll finsterer Entschlossenheit abging, schloß sich Lene uns an und blieb eine Weile da. Dann begleitete Johannes und ich sie in die Stadt hinunter. – Da die Wut der Alten sehr groß war, und Lene offenbar eine Klärung der Lage sehr wünschte, bat sie uns, wir möchten abends zu ihr kommen. Inzwischen war es Abendbrotzeit geworden, und wir kamen erst gegen ½ 8 Uhr heim – um 7 Uhr pflegen wir sonst zu essen. Zu unserer Überraschung war Iza nicht zu Hause. Die Wirtin, Frl. Görg, erklärte, sie sei erst vor kurzem fortgegangen, und Johannes riet gleich, sie werde wohl in hysterischer Eifersucht fortgelaufen sein. Wir warteten eine Weile, aßen dann ohne sie und gingen, da Lene wartete, fort. Auf der Straße kam uns Iza entgegen, und Johannes ging mit ihr noch einmal ins Haus. Ich wartete sehr lange unten. Endlich kam der Freund, ganz außer sich vor Anstrengung und Aufregung. Iza hatte ihm eine schreckliche Szene gemacht, gedroht aus dem Fenster zu springen u.s.w. Als wir ein paar Schritte gegangen waren, rief sie ihn vom Fenster aus wieder an und machte wieder eine Gebärde, als ob sie hinunter springen wollte. Jetzt gingen wir beide hinauf. Neue Auseinandersetzungen. Ich redete ihr sehr ins Gewissen. Inzwischen war es aber mit der Kraft des Freundes zu Ende, der plötzlich in Tränen ausbrach. Es dauerte eine ziemliche Zeit, bis alles wieder soweit ruhig war, daß wir gehn konnten. Iza kam mit, und war nun natürlich sehr brav und nett. Aber ihre Hysterie ist gräßlich. Sie quält den armen Johannes grenzenlos. Sonst ist er das ganze Jahr hindurch fast jede Minute bei ihr. Jetzt, seit ich hier bin, geht er ziemlich viel aus, bleibt dann auch nachts länger im Café, und inzwischen geht sie nicht zu Bett und ist, wenn er heimkommt, beleidigt. Ich hatte, da ich doch sehe, daß ich die eigentliche Ursache aller seiner Verstimmungen bin, mehrmals die Absicht, vor der anfangs beabsichtigten Frist abzureisen. Doch hat es der Freund mir immer wieder ausgeredet. – – Am Abend also waren wir vorgestern alle bei Lene. Johannes und Iza gingen zur alten Gugger in die Küche, um mit der ein menschliches Wort zu reden. Ich war inzwischen mit dem süßen Ding allein, und sie war netter zu mir als je. Sie ließ mich sogar, ohne sich zu sträuben, Haare und Nacken von mir küssen. – Gestern früh kam sie dann wieder bei uns an – sie hatte sich von einer Besorgung in der Stadt weggestohlen, und gestern abend kam sie noch einmal per Fahrrad. Heute haben wir sie in den Zirkus eingeladen, und morgen will sie in aller Frühe herkommen und uns ihre Freundin vorstellen, mit der sie verabredet ist. Das soll ein ganz prachtvoll gutes Mädchen sein, das Lene abgöttisch und ganz selbstlos liebt. Ich bin neugierig auf den Besuch.

Gestern nachmittag waren wir im Café Bubenberg mit Margrit zusammen. Ich lernte bei der Gelegenheit einen früheren Gewerkschaftssekretär, namens Erdmann, kennen, einen ganz netten Menschen, mit dem ich Billard spielte. Er lud mich ein, in Zürich sein Gast zu sein. – Ferner traf ich im Café den Architekten Haller aus Zürich, mit dem ich im vorigen Jahr in der Cabaret-Zeit viel zusammen war. Er ist mit der Schwester von Emanuel Benda aus Lübeck verheiratet.

Von dem Gelde schmilzt die oberste Kruste allmählich fort. Noch ist der Tausendfrankenschein unversehrt in meiner Brieftasche. Aber ich sehe die Stunde, da ich ihn wechseln muß, deutlich kommen. Gestern haben wir – Johannes und ich – uns je einen Panamahut gekauft. Das hat 42 Franken gekostet. Es wird eine schmerzliche Stunde werden.

Ich las hier die Lebensgeschichte Eduard Mörikes, die die Gesamtausgabe seiner Werke, wie sie im Hesseschen Verlag von Rudolf Krauß herausgegeben sind, einleitet. Die Briefe, die da abgedruckt sind, sind wunderbar schön. So etwas lebendiges, frisches, persönliches, natürliches kenne ich in der ganzen Briefliteratur nicht wieder. Ich beneide Mörike oft um die Zeit, in der er leben konnte. Da war doch noch Beziehung zwischen den Geistern. Heute überall nur Neid, Konkurrenz, Schmälerung, Geschäft.

Als ich gestern abend zu Bett ging – Johannes leistete mir Gesellschaft – kam das Gespräch auf Frick und Frieda. Ich mußte sehr weinen.

München, Montag, d. 3. Juli 1911.

Eben bin ich (früh um 7 Uhr: jetzt ist's ½9) mit dem Schnellzug von Zürich angekommen. Und nun heißt es nachtragen. Fünf volle Tage liegen zwischen der letzten Notiz und heute, und in diesen fünf Tagen habe ich mehr erlebt als gewöhnlich, sodaß ich alles Einzelne wohl nicht mit der Ausführlichkeit behandeln kann, die ich mir wünschte. Ich will nach der Reihe die Erinnerungen festzuhalten versuchen.

Mittwoch: Ich war bei Jadassohn, der mich untersuchte, mir eine verschärfte Injektion verschrieb und mir Fortsetzung der Behandlung bei einem Münchner Spezialisten empfahl, dem er einen Orientierungszettel aufschrieb, aus dem ich entnahm, daß keine Kokken mehr vorhanden seien. Ob der eitrige Ausfluß, der immer noch vorhanden ist, und seit gestern wieder heftiger eingesetzt hat, ein Anzeichen für neu belebte Kulturen ist oder eine unbedenkliche Erscheinung, kann ich nicht beurteilen. Ich weiß nur, daß jedes Tröpfchen Eiter, das mir aus der Harnröhre fließt, mich unendlich deprimiert und mir die zehn Wochen, die der Tripper jetzt schon alt ist, sehr empfindlich zum Bewußtsein bringt. Jadassohn verlangte für die Behandlung

40 Franken. Ich zahlte 20, versprach, ihm den Rest von hier aus zu
schicken und ging von ihm aus zur Bank, wo ich 500 Mark an die
Münchner Filiale der Deutschen Bank überweisen ließ und das übrige Geld des gewechselten Tausendfrankenscheins als Taschengeld
zu mir nahm: Jetzt bestehn davon noch einige 40 Mark. Ich will Jadassohn statt der 20 Mark ein Kain-Gratis-Abonnement zuweisen.
– Mittwochabend Zusammensein mit Lene und Margrit, die mich
bat, ihr von hier aus 200 Franken zu pumpen für 2 Monate. Ich werde
sie ihr durch die Bank überweisen lassen. Da ich Donnerstag fahren
sollte, nahmen wir gerührten Abschied. Mit Lene hingegen wurde
verabredet, daß Johannes Donnerstag früh noch einmal zu ihrer Mutter gehn sollte, um sie zu überreden, die Tochter abreisen zu lassen –
wenigstens bis Zürich.

Donnerstag früh, als ich noch im Bett lag, klopfte es energisch an
die Tür. Lene trat ein und berichtete, unten warte noch das Mädel
aus dem ersten Stock Keßlergasse 15.

München, Dienstag, d. 4. Juli 1911.
Eine Reihe von Störungen, Unterbrechungen, neuen Eindrücken
und plötzlichen Entschließungen ließ mich gestern nicht mehr zum
Schreiben kommen. Ich fahre nach der Reihe fort:
Ich ließ also die beiden Mädchen unten warten, und als ich auf
die Schwarzthorstrasse kam, lernte ich das arme Ding kennen, das
im Gugger-Hause für schlechten Ruf sorgt: eine harmlose, keineswegs hübsche, verlebte und durchaus typische Hure. Man war per
Droschke gekommen, und ich mußte nolens volens miteinsteigen
und mit den beiden eine Spazierfahrt, die an einer kleinen Ausflugs-
kneipe im Freien unterbrochen wurde, unternehmen. Ich merkte
schnell die Absicht. Es handelte sich offenbar um den Plan einer romantischen Flucht aus der Keßlergasse. Beide Frauen wollten mit

mir fort. Ich überlegte: die kleine Schneppe (Anny Galli mit Namen) wäre für alle Münchner Bekannten ein unmöglicher Verkehr. So lustig sie war – das ungewöhnliche Erlebnis hatte ihre Stimmung offensichtlich sehr gesteigert –, sie schwätzte doch recht törichtes Zeug zusammen. Ihr Intellekt und ihr Interessenkreis war sehr beschränkt; ihre Sehnsucht war, wie sie selbst sagte, wieder zu werden, was sie früher war: Verkäuferin in einem Delikatessengeschäft. Und nur, weil sie Hure war, weil sie sich in dem Puff unglücklich fühlte, und weil anscheinend Lene eine Bekannte in München haben wollte, mir einen solchen Verkehr, der eine schwere Nervenbelastung für mich geworden wäre und mir den Verkehr mit meinen wertvollen Freundinnen, Uli, Lotte, Emmy versperrt hätte – nicht aus Moralgründen, sondern weil eine gewisse Differenziertheit doch Vorbedingung eines freundschaftlichen Zusammenhangs in unserem Kreise ist – nur aus mildtätigem Mitleid mir eine Last aufhalsen – ich erkannte, daß ich dazu nicht imstande sei. So schlug ich vor, beide Mädchen sollen mit mir abreisen. Anny solle in Zürich bleiben, wo sie gewiß schnell ein Unterkommen fände und Lene und ich sollen miteinander nach München. Als Anny einmal in jener Kneipe uns allein gelassen habe [hatte], und mich Lene nach meiner Meinung fragte, sagte ich ihr offen darüber bescheid. Von der Minute an war Lene verändert: sie sagte, sie hasse mich, sie wolle sofort nach Hause zurückfahren, und ich hatte große Mühe – denn einen häßlichen Abschied von ihr wollte ich durchaus nicht –, die beiden zu bewegen, wieder mit mir heimzufahren. Johannes stand inzwischen auf, und nun war in Lene von Minute zu Minute ein Wechsel der Entschlüsse sichtbar. Wir merkten schließlich, daß sie ohne die Freundin nicht mit mir mochte, und nachdem Johannes, Iza und ich ihr vergebens zugeredet hatten, entschied sie sich negativ. Oft kämpfte sie, während wir sprachen, mit Tränen und auch mir war es heiß hinter den Augen. Die kleine Hure schwätzte inzwischen immer weiter, und als es zum Abschied

ging, sagte sie mir bedeutungsvoll: »Auf Wiedersehen – hoffentlich
bald.« Lene dagegen brachte vor Erregung kein Wort des Abschieds
heraus. Sie drückte mir die Hand und sah mir ins Auge, daß ich
wußte: diese Liebe zu erringen wäre keine Unmöglichkeit, – in dem
Moment mindestens hatte ich sie schon. Inzwischen war die Zeit,
wo wir zum Bahnhof aufbrechen mußten, herangekommen. Johannes und Iza begleiteten mich, und wir fuhren mit der Straßenbahn
ab. Kurz vorm Ziel sahen wir, wie die beiden Mädel Arm in Arm
zum Bahnhof einbogen. Sie waren also noch immer im Zweifel, hoff-
ten noch immer, ihr Wunsch werde erfüllt werden. Als sie eben in
den Bahnhof hineingehn wollten, wir betraten ihn grade in einem andern Portal, holte ein junger Mann sie ein, sprach sie an, und wir beobachteten, daß sie mit ihm wieder abbogen. Wir bestellten jetzt im
Bahnrestaurant Mittag für uns drei. Johannes aber brach auf, um
noch einmal mit Lene zu reden. Es dauerte lange, bis er wieder kam.
Dann berichtete er, er habe sie eingeholt, und sie noch einmal zu
überreden gesucht. Sie sei aber in großer Aufregung weiter und nachhause gegangen. Jetzt erst – eine Viertelstunde vor Abgang des Zu-
ges – war entschieden, daß ich allein fahren sollte. Der Abschied
von Johannes war sehr schwer für uns beide. – Als der Zug sich in
Bewegung setzte, sah ich, wie er an Izas Arm, ohne noch einmal um-
zublicken, die Treppe des Bahnsteigs hinabging. Ich wußte, daß er
weinte, und ich blieb lange außerhalb des Kupees stehn, damit die
Mitreisenden meine Augen nicht sähen. Mein Freund! Mein lieber,
teurer, reiner Freund! Diese Tage in Bern haben uns wieder so eng
aneinander geführt, daß wir einen Bruch dieser Freundschaft gewiß
nicht mehr zu fürchten haben. Die Küsse, die wir diesmal getauscht
haben, waren rein und frei von all der Verstohlenheit und Gier, die
uns früher so oft den guten Bund gestört hat.

Auf der Reise geschah mir etwas Eigentümliches. Während der
Zug in Olten hielt, stand gegenüber auf dem Gleis ein andrer Schnell-

zug, auf dessen Wagenschildern ich las, daß er von Berlin nach Mailand fuhr. An einem Fenster zweiter Klasse erblickte ich plötzlich einen alten Herrn, dessen frappante Ähnlichkeit mit meinem Vater mich verschreckte. Auch er sah mich an, und der Zweifel: Ist er's? Ist er's nicht? ängstigte mich nachgrade ungeheuer. Er kam mir gealtert vor, auch wollte mir scheinen, daß der Übergang von den Backen zum Hals ein andrer war als bei Papa, zudem sagte ich mir: es ist doch ganz ausgeschlossen, daß er, ohne daß ich etwas wüßte, plötzlich nach Italien fährt: und doch war mir abscheulich zu Mute und ich war froh, als der Zug mit dem Doppelgänger losfuhr.

Am Züricher Bahnhof erwartete mich der brave Reitze, der mich zum Hotel Bären am Limmatquai führte. Von da ging's Einkäufe machen. Ich erstand einen hellen Waschanzug, da es sehr heiß war. Außerdem, da meine Uhr – die ich vor Jahren von einem Genossen für 1,50 Mark gekauft hatte, kaput war, – eine alte silberne für 3,50 Fr. Sie ist sehr hübsch und scheint ausgezeichnet zu gehn. Die alte Nikkeluhr schenkte ich Reitze – außerdem gab ich ihm 50 Fr. –, ließ sie aber noch auf meine Kosten reparieren. In seinem Hause sah ich die Frau und die beiden Töchter, von denen die älteste – jetzt 15jährig – sehr anmutig ist und bald sehr begehrenswert sein wird. Reitze hatte mir zu meiner freudigen Überraschung gesagt, daß Otto Gross in Zürich sei, und während ich beim Schneider war – einem tschechischen Genossen, der mir Taschen in den neuen Anzug nähte, kamen die beiden an. Ich war dann die meiste Zeit meines Züricher Aufenthalts mit Gross beisammen, und wir vertrugen uns sehr gut. Zwar wars das erste, daß er mir das Versprechen abpreßte, ich müsse für eine Zeitschrift die er gründen wolle, 100 Franken hergeben. Auch war er zuerst etwas argwöhnisch und wollte vor allen Dingen nichts von meinem Vorschlag wissen, er müsse Johannes Nohl zur Mitarbeit heranziehn. Dem nimmt er den Artikel über Landauers Buch übel, worin er seinen Gottbegriff erläutert. Aber allmählich gewann ich ihn und wir wurden wirklich Freunde. – Sofie Benz' Tod frißt furchtbar an dem armen Menschen. Er hat alles verloren mit ihr, was ein Mensch überhaupt verlieren kann und oft sah ich ihn in diesen Tagen um die Geliebte weinen. Schrecklich ist auch die Kokainsüchtigkeit bei ihm. Ewig auf dem Sprung zur Apotheke, ewig mit der Schachtel in der Hand und mit dem Kiel in der Nase, die immer verletzt und mit Salbe verschmiert ist. Dabei halluziniert er neuerdings viel, hört Beschimpfungen gegen sich, er sei ein Feigling etc. Ich ging sehr auf seine Art ein und bemühte mich, seine psycho-analytische Methode an ihm selbst unmerklich anzuwenden. Es gelang mir auch allmählich die Selbstvorwürfe, die er sich wegen Sofie macht, zu entkräften. Jedenfalls bin ich jetzt darüber sicher orientiert, daß er sich nicht blos nicht die Anregung zu dem Selbstmord gegeben hat, sondern seit langer Zeit bei Sofie gegen die Tendenz gearbeitet hat, ihn zu begehn. Sehr lange Gespräche – ich antizipiere hier schon die folgenden Tage – hatte ich mit ihm über Frick. Der hat zuletzt noch mit Sofie Verhältnis gehabt. Er hat dann nach ihrem Tode Gross, der von Schmerz völlig zerrissen war, die Schuld gegeben, und Gross hat infolgedessen eine sehr abweisende Stimmung jetzt gegen Frick. Auch über Frieda sprachen wir viel, die – ich Pechvogel! – zwei Tage vor meiner Ankunft in Zürich gewesen war. Ich ließ Gross recht tief in mich hineinschauen und habe die Gewißheit, daß er in günstigem Sinne über mich an Frieda berichten wird. Das muß mir um so wichtiger sein, als doch vielleicht damals, als ich die Geliebte verlor, seine Gehässigkeiten auf ihre Stellung zu mir eingewirkt haben mögen. Er hat mich beim Abschied vorgestern wegen all dieser Dinge sehr um Verzeihung gebeten. Dieses häufige Erinnern an Frieda in dieser Zeit des Zusammenseins mit Gross hat mich furchtbar ergriffen, grade weil er seinerzeit die glücklichste Periode meines armen Lebens so nah mitangesehn hatte, und da er der war, der nachher am hitzigsten gegen mich bei Frieda gewühlt hat.

Am Freitag besuchte ich mit Reitze etliche Genossen, die wir einluden, abends zu einer Zusammenkunft in den Stüssihof zu kommen. Darunter war ein italienischer Schuster, bei dem ich das Bild von Caprista sah, für das er 9 Jahre Zuchthaus bekommen hat. Es ist eine Lithographie, auf der allegorisch die Kämpfe in Spanien mit Ferrer dargestellt sind. Künstlerisch nicht sehr bedeutend, doch aber kräftig komponiert und hingestellt. Der erste Abdruck ist von Bertoni ausgelost worden, und dieser Schuster hat ihn bekommen. Noch ein andres antiklerikales Bild des unglücklichen Künstlers hängt in dem Zimmer; doch ist das eine mindere Reproduktion. – Auch Paula Steininger besuchte ich. Eine liebe, gute Frau, die mich freundlich begrüßte. Wir sprachen hauptsächlich über Beatrice Pallon. – Abends war dann nun die Genossenzusammenkunft: 15–18 Personen, darunter Winkler und Cilla, die beiden von München Ausgewiesenen, letztere mit Herrn Itschner, der mir schauderhaft unsympathisch ist. Ich sprach über den Autoritätsbegriff und untersuchte die Gründe, aus denen die Versuche in Zürich und anderswo – ich hätte getrost München nennen dürfen – keine anarchistischen Gruppen sich halten können, weil eben die Losgelöstheit von der Autorität bei den Anarchisten noch nicht so selbstverständlich sei, daß der natürliche Ersatz, die Kameradschaft notwendig entstehn müsse. Als ich grade mit dem 1 ½ stündigen Vortrag fertig war, kam Gross, der sich jetzt auch offen zum Anarchismus bekennt (sein Blatt soll heißen »Psychologische Zeitschrift für Anarchismus«). In der Diskussion redete Itschner, der den Parlamentarismus verteidigte, dann auch Gross über Vaterautorität etc., gegen das Familienprinzip. Leider machte ihn Cilla dadurch, daß sie sich zwischendurch unterhielt nervös, sodaß er stecken blieb und mitten in der Rede abbrach. Ich fertigte nachher den Itschner so gründlich ab, daß Gross mir nachher etwas übertrieben Glück wünschte und behauptete, eine so vorzügliche polemische Rede habe er noch nie gehört. Übrigens hatte sich an diesem Tage im Café Terrasse Herr v. Zuppan eingefunden, der aus dem österreichischen Offizierskorps geflüchtet ist. Ich führte ihn in den Anarchistenkreis ein. Keine intellektuelle Kapazität, aber, wie es scheint, ein sehr anständiger Kerl. Ich habe den Wunsch, daß Gross sich mit ihm anfreunde. Zuppan kann im Verkehr mit dem genialen Menschen unendliches profitieren, und Gross braucht Anschluß wie das liebe Brot. An sonstigen Bekannten traf ich in Zürich den (jungen) Schauspieler Dannegger und Gstaller. Brupbacher und Tobler sah ich nicht. Sonnabend hatte Gross einen sehr schlechten Tag. Reitze und ich zwangen ihn, sich völlig umzuziehn. Er hatte seit 14 Tagen das Hemd nicht vom Leibe gezogen gehabt. Er hatte viel Halluzinationen und war sehr unglücklich und gedrückt. Abends vorher wollte er nicht schlafen gehn, und so blieb ich mit ihm bis ½ 10 Uhr morgens beisammen. Wir hatten sehr ernste und gute Gespräche, und diese Nacht war es eigentlich, die uns zur Freundschaft zusammenführte. Morgens um ½ 8 erschien zu meiner Freude im Bahnhofsrestaurant, wo wir Café tranken, Gustel Waldau. Merkwürdigerweise duzten wir beide uns, als ob es so sein mußte. Das Auftauchen dieses charmanten Kerls tat mir sehr wohl, da ich von den schwierigen Gedankengängen, in die das Gespräch mit Gross fortwährend zwingt, sehr angegriffen war. Man hielt mich dann noch, eigentlich gegen meinen Willen, den ganzen Sonnabend und Sonntag in Zürich fest. Als ich Sonntag abend, begleitet von Reitze, Gross und noch einem alten braven Genossen zur Bahn ging und dann abfuhr, stand Gross am Zuge und weinte.

Ich muß abbrechen, da Steinebachs Druckerei auf mich wartet.

München, Mittwoch, d. 5. Juli 1911.
Über die Begegnungen seit meiner Rückkunft nach München nur einiges, was mir einfällt. – Zuhause fand ich einen dicken Stoß Drucksachen vor: Halbes »Tat des Dietrich Stobäus« (bei Albert Langen),

ein sehr dickleibiger Roman, den ich zu lesen begonnen habe. Ferner eine Schrift von Friedrich Stieve: »Kampf unserem Jahrhundert« bei Haupt und Hammer, Leipzig 1909. Die neue Nummer des »Sozialist«, in der Landauer seine Frechheiten gegen Johannes fortsetzt und Berndl einen unverfrorenen seichten Aufsatz über Psychoanalyse ausschleimt. Eine Landauersche Fußnote, in der er private Mitteilungen über Otto Gross' Art, in Gesten Symbole zu suchen, öffentlich ausbreitet, vervollständigt die Berndlsche Unflätigkeit. Die erste Juli-Nummer des »Pan«, in der sich Kerr in einem Artikel »Caprichos« mit Karl Kraus auseinandersetzt. Es ist ziemlich das gröbste was ich noch gedruckt gesehn habe, aber es war notwendig, den größenwahnsinnigen Wiener einmal gründlich zu stäupen. Kerr trifft ihn an den wundesten Stellen. – Der »Wohlstand für alle« war da und »Neue Bahnen« ein sozial-ethisches Blättchen, das in Heilbronn erscheint mit einem recht dummen Artikel gegen Landauers »Aufruf zum Sozialismus«. Ferner die »Karpathen«.

Schon Montag in der Frühe war ich in der Druckerei, und lieferte die Korrekturen ab. Es stellte sich heraus, daß noch Platz war in der neuen Nummer und so schrieb ich noch eine Notiz über den Dr. Orterer, der als Rektor des Luitpoldgymnasiums ganz bodenlose Chikanen gegen seine Schüler treibt. Leider erfuhr ich gestern, daß noch mehr Platz gewesen wäre, den ich, wenn mir Steinebach die Korrekturen rechtzeitig geschickt hätte, leicht und gern hätte füllen können. So mußten wir eine ganze Seite geschäftliche Mitteilungen in den Text hineinnehmen. – Von näheren Bekannten traf ich zuerst Thesing, den Maler, den ich von Ascona her kannte, und der mit Bolz befreundet ist.

Nachher kam das Puma ins Stefanie. Sie war sehr lieb und erzählte mir viel. Von ihr erfuhr ich, daß Lisa Sensburg in Berlin plötzlich an galoppierender Schwindsucht gestorben sei. Ich sprach sie noch im April im Café des Westens. Von sich selbst und von Uli berichtete sie einiges (Uli traf ich noch nicht). Sie (Lotte) hat ein paar kleine Ehebrüche hinter sich, und dann fragte sie mich geheimnisvoll etwas, was mich sehr entsetzte: ob ich ihr nicht Cocain besorgen könne. Ein Herr, den sie nicht nennen wolle, habe ihr mal etwas gegeben, was sie eingeatmet habe, und das sei sehr angenehm gewesen. Ich lehnte sehr energisch ab, ihr etwas zu besorgen, und machte ihr durch Schilderung der möglichen Folgen die Hölle heiß. Als ich ihr erzählte, wie Gross infolge des ewigen Cocain-Schnupfens stets mit lädierter und besalbter Nase herumläuft, verlor sie ganz die Lust zu der Vergiftung, und ich hoffe, sie wird nicht darauf zurückkommen. Ich ging dann mit ihr in die Kaulbachstraße zu ihrer Premiere, wo ich ihr Hände, Hals und Haare küßte, dann zu Strich in die Seestraße, der sich von Berlin John Höxter mit hergebracht hat. Alle drei aßen bei mir Abendbrot. Nachher gingen wir ins Luitpold, wo wir Strichs Bruder und Herrn v. Sörgel trafen, dann alle zusammen in die Torggelstube. Am Stammtisch saß mit einigen Schauspielern, von denen ich nur Weigert kannte, Professor Anthes, und als Lotte mit ihrer Gesellschaft gegangen war, schloß ich mich dem Stammtisch an und zog mit Anthes und den andern ins Orlando di Lasso. – Auch gestern war Anthes, der ein sehr netter Kerl ist, wieder in der Torggelstube. Wir unterhielten uns, da er Professor an der Lübecker Ernestinenschule ist, ausgiebig über Lübecker Angelegenheiten, über die Familie Fehling, Emanuel Bunde und viele andre, dann über Mieze Wichmann, die katholisch geworden und ins Kloster gegangen ist. Heute vormittag war Anthes bei mir, um das Manuskript der »Freivermählten« auszuleihen und sich die bisher erschienenen Kain-Nummern zu holen.

Gestern abend kam ein galizisch-jüdischer Student zu mir, dem es schlecht ging. Dr. Ludwig hatte ihn mir rekommandiert. Ich half ihm mit ein paar Groschen aus und lud ihn zum Abendbrot ein. Der Kerl interessierte mich erst nachträglich wegen einer Äußerung. Er meinte,

Juden mit progressiven Ansichten müßten ihre Meinung unterdrük-
ken, weil sie sonst dem Judentum insgesamt schadeten. Ich antwortete ihm, ich würde meine Meinung stets offen heraussagen, auf die
Gefahr hin, daß ich sogar mir selbst damit schadete. Er verstand den
Komparativ nicht. – Heut wurde ich schon wieder angeschnorrt,
was 2 Mark kostete. Wenn die Menschen wenigstens nicht so demü-
tig dabei wären! Wie die Hunde, die geprügelt werden. Widerlich.

Ich erwarte jetzt jeden Augenblick den neuen »Kain«. Schade,
daß ich den Artikel über Mottls Tod noch nicht schreiben konnte.
Der berühmte Dirigent bekam auf eine Anrüpelung der Münchner
Post hin, die ihm bei seiner Verlobung die uneheliche Herkunft auf-
mutzte, abends bei der Tristan-Aufführung einen Herzkrampf und
starb vorgestern. Jetzt will ich für die August-Nummer einen ver-
nichtenden Angriff gegen die schmierige Gesellschaft schreiben, die
damit, daß sie vor aller Welt schmutzige Wäsche – oder was sie dafür
hält – ausbreitet, und jeden verdienteren Menschen persönlich be-
dreckt, sozialistische Aufklärung zu schaffen meint. Seht euch vor,
Schweinehunde!

München, Donnerstag, d. 6. Juli 1911.
Gestern habe ich viel Geld ausgegeben, und in wenigen Tagen – das
sehe ich voraus – werde ich wohl von den 1400 Mark, die ich bei der
Deutschen Bank deponiert habe, von denen keiner nichts weiß, ein
Bätzlein herunternehmen müssen. Die Checks für Gross (100 Fr.)
und Margrit (195 Fr.) habe ich schon in der Tasche. – Gestern zahlte
ich nun – da inzwischen auch das Geld von Onkel L. gekommen ist,
an Uli 5 Mk meiner Domino-Schulden und an Lotte 25 Mk, die ich
ihr von Weihnachten her noch schuldig bin. Außerdem leistete ich
mir mal wieder das Vergnügen, mit dem Puma Einkäufe zu machen.
Ich schenkte ihr eine neue Handtasche, einen Unterrock und etliche

Paare Strümpfe, was gegen 25 Mk kostete, und kaufte mir selbst für etwa 12–15 Mk Hemden und Strümpfe, die ich notwendigst gebrauche. Das Puma war wieder ganz süß – und hat mir ein Piacere versprochen, das sich allerdings, da meine infame Krankheit immer noch vorhanden ist, in Formen wird bewegen müssen, bei denen ich nicht ganz auf meine Kosten werde kommen können. Aber – wenn ich nur ein paar Küsse bekomme! Dann will ich zufrieden sein.

Zum Abendbrot waren Morax und R. bei mir, der in Geschäften hier zu tun hatte und morgen wieder da sein wird. Er erzählte, daß Otto Gr. fortwährend von mir spricht und sehr überlegt habe, ob er nicht mit nach München fahren soll. Er arbeite an einem Brief an Frieda über mich und über seine Irrtümer in seinem Verhalten gegen mich. Das ist mir natürlich lieb, aber daß Frieda deswegen ihre Gefühle zu mir revidieren sollte, will ich weder erwarten noch wünschen. Meine Liebe zu ihr ist golden und stark und dauerhaft genug, um warten zu können, bis ihre eigne Kraft die Erwiderung erzwingt.

Der neue »Kain« ist da. Leider hatte sich im letzten Moment noch herausgestellt, daß ich nicht genügend Manuskript geliefert hatte. Durch die Bummelei des Druckers – eine Unterbrechung: ein alter weißhaariger Schauspieler, der ohne Engagement herumläuft und Hunger hat – 2 Mark. –– Durch die Bummelei des Druckers also hatte ich die Korrekturen erst am Sonntag nach Zürich gekriegt. Ich hatte extra weniger Manuskript geschickt, weil sonst jedesmal die Schwierigkeit gewesen war, den Übersatz herauszustreichen. Das evtl. Fehlende hoffte ich sehr schnell nachliefern zu können. Montag hatte mir der Setzer nun gesagt, 1 ½ Seiten fehlten, worauf ich anordnete, daß das Gedicht »Widmung«, das schon in die erste Nummer hätte hineinsollen, auf die erste Seite gesetzt werden sollte, und den Artikel »Der Herr Rektor« noch schrieb. Zu guterletzt stellte sich dann heraus, daß noch eine ganze Seite Platz war. Wäre ich erst heimgelaufen, etwas schreiben, so wäre das Erscheinen noch um mindestens einen Tag verschoben worden. So gab ich die Correspondenz an die Leser, die sonst meist auf den Umschlagdeckel kommt, und das Inhaltsverzeichnis der ersten Hefte auf die letzte Seite, und dadurch sieht das ganze etwas gereckt und künstlich ausgefüllt aus, was um so fataler ist, als ich mich in der Notiz an die Leser beweglich entschuldige, ich fände für literarische Beiträge, die man von mir erwartete, durchaus keinen Platz. Ich sehe jedenfalls, daß ich fürs erste nicht mehr verreisen darf.

Abends Kegelbahn. Voll besetzt: Halbe, Roda Roda, Georg Queri, Meßthaler, Scharf, Anthes, Etzel, Wilm, Lahmeyer, Baas, Stücklen, der Zeichner Schönpflug von der »Muskete« als Gast, Jodocus Schmitz und ein Herr Brann oder so ähnlich, ein Freund Halbes. Es war sehr lustig, besonders machte Queri unausgesetzt – und zwar hier und da recht gute Witze. Nachher im »Simpl« mußten wir die geräuschvollen Taktlosigkeiten der Frau Scharf über uns ergehn lassen. Emmy saß an einen Polen, einen Freund Przybyszewskys (der selbst auch Emmy liebt) eng angedrückt, und sang nachher meinen »Gesang der Vegetarier«. Ich hatte sie nachmittags schon mit Hardekopf im Luitpold getroffen. Das Verhältnis zwischen den beiden Menschen gefällt mir garnicht mehr. Hardys krampfige Scheu wirkt immer grauenhafter. Er sieht schuldbeladen aus. Bei nächst passender Gelegenheit will ich mal wieder mit ihm Fraktur reden.

München, Freitag, d. 7. Juli 1911.
Eigentlich hatte ich heute zum Justizpalast gehn wollen, wo im Schwurgericht der Dr. Semerau abgeurteilt werden soll, weil er mit dem Marquis de Bayros zusammen »unzüchtige« Schriften verbreitet hat. Ich ließ mich deshalb schon um ½9 Uhr wecken, stand aber erst gegen 10 Uhr auf und überlegte, daß es gescheiter sei, einige wichtige Correspondenzen zu erledigen. So schrieb ich an Arthur nach

Waidmannslust, der morgen Geburtstag hat. Ich schickte ihm die Gedichte von Heinrich v. Reder. Zugleich teilte ich ihm die Themata mit, über die ich evtl. bei den Studenten in Berlin sprechen möchte (Herr Max Rosenthal hatte mich als Vorsitzender der Kunstabteilung der Freien Studentenschaft vor einigen Wochen aufgefordert). – Ferner schickte ich Margrit ihren Scheck über 195 Fr. und dem Verlag Eckert das Manuskript von »Glaube, Liebe, Hoffnung.« – Der unangenehmste Brief steht mir noch bevor: der an Landauer. Ich will ihm heut oder spätestens morgen schreiben, obwohl ich voraussehe, daß unsere mehr als zehnjährige Freundschaft daran kaputgehn wird.

Gestern traf ich im Hofgarten Lotte, Strich, Uli, Seewald, den widerlichen Sörgel und den kleinen Herrn v. Hörschelmann. Mit dem ging ich zu Thannhauser in die Ausstellung, wo ein Herr – ja wie heißt er nur? Mir scheint: Rippli mit noch einem exotischen Anhängsel – ausgestellt hat. Im »Komet« hatte man den Mann neben Hodler gestellt. Das ist komplett blödsinnig. Ein wirklicher Künstler ist er schon und eine erfreuliche Erscheinung. Aber ich fand, daß seine Bilder wie brillante angetuschte Zeichnungen aussehn. Ein ganz raffinierter Techniker, der viel mehr kann als er ist. Ihn mit dem Genie Hodler zu vergleichen, ist vollendete Idiotie. Wir gingen dann noch in die oberen Räume, wo sehr viel Dreck und ein Saal voll Hodlers hängt. Das nenne ich Kunst, Erlösung, Überschwang! Wie gebadet kam ich heraus. Dann ging ich mit Hörschelmann ins Stefanie, wo Uli und Lotte waren, und von da aus kamen Lotte und Hörschelmann zu mir, Kaffee trinken. Der Zwerg ist ein sehr interessanter Mensch. Seine kindliche Aufmachung und sein Kinderorgan kontrastieren merkwürdig zu den gescheiten Sachen, die er sagt. – Er erzählte mir von Gumppenbergs »Drittem Testament«, das er in seiner sehr reichen Erstausgaben-Sammlung besitzt und von Wedekinds Parodie darauf »Das neue Vaterunser.« Er lud mich ein gleich mit ihm zu kommen, um die alte Wedekindsche Schrift, die er unter dem Pseudonym v. Trenck herausgegeben hat, bei ihm zu lesen. Ich tat das. Zuerst das Vorwort von Gumppenbergs »Drittem Testament«, das im Jahre 1891 erschienen ist. Gumppenberg berichtet da allen Ernstes von spiritistischen Sitzungen, in denen ihm von einem jüdischen jungen Mädchen, das im 17ten Jahrhundert in Kleinasien gestorben sei und sich »Gelru« nannte, Gottes Offenbarung diktiert wurde »wie Moses und Buddha«. Es ist köstlich, diesen pedantischen Phlegmatiker da als neuen Heiland aufmarschieren zu sehn. – Wedekinds Parodie, deren Einleitung Gumppenberg blutig verhöhnt, ist eine sehr freche, aber zugleich sehr schöne Dichtung. Das Vaterunser wird von Zeile zu Zeile mit einem verbindenden Text versehn, der in ausgezeichneten Versen die wilde Schilderung einer orgiastischen Liebesvereinigung giebt. Zum Schluß folgt »die erste Kommunion, Lieschen klettert flink hinauf in die obersten Äste«, von der ich nicht wußte, daß sie überhaupt gedruckt sei. Die frühe Arbeit Wedekinds interessierte mich ungemein, und ich will Wedekind, sobald ich ihn erwische, bitten, mir ein Exemplar des als Privatdruck erschienenen Werkes zu dedizieren … Abends war ich in der Torggelstube, wo ich lange allein saß, bis Höxter und sein ihm aus Berlin nachgereister Freund kam, der sich van Hoddis nennt und natürlich anagrammatisch Davidsohn heißt. Wir spielten noch im Café Orlando di Lasso Billard und im Stefanie Schach. Nach 3 Uhr kam ich nach Hause.

Der Tripper plagt mich in diesen Tagen wieder sehr. Es ist immer noch und immer wieder Ausfluß da und nach dem Einspritzen brennt die Harnröhre so, daß ich die Wände hochlaufen möchte. Nachher sehe ich mal das Adreßbuch nach einem Tripperspezialisten durch.

München, Sonnabend, d. 8. Juli 1911.

Bis zur Torggelstube geschah nicht viel Vermerkenswertes: höchstens, daß ich mal wieder an Uli 7 Mark im Dominospiel verlor, und daß R. wieder auftauchte. – Auf dem Wege zum Torggelhaus traf ich Roda Roda mit Frau, die eben von dort wieder umkehren wollten, weil niemand da war. Wir gingen zusammen hin. Roda ist in großer Erregung. Er hatte mir schon vor einigen Tagen geheimnisvoll erklärt, er wolle mir einen offenen Brief in den »Kain« schreiben, der sich gegen Reinhardt richten soll. Damals wollte er mit der Sprache noch nicht heraus. Gestern erschien nun in der »Münchner Zeitung« eine Protesterklärung von ihm gegen die Aufführung der Operette »Thermidor«, deren Text er mit einem Herrn Steffan zusammen verfaßt hat, und die das Künstlertheater zur Aufführung angenommen hat. Man hat ihm da Streichungen von Stellen gemacht, die er für sehr wichtig hält. Mir schien, er sieht die ganze Geschichte sehr durch das Vergrößerungsglas seiner subjektiven Gekränktheit. – Nachher kam Anthes, und später Wedekind. Es gab recht unterhaltende Gespräche, und Roda Roda erzählte sehr Interessantes von den Türken in seiner serbisch-kroatischen Heimat und über den Islam überhaupt. Von einem andern Tisch ließ mich eine schauspielerinhafte jüngere dickliche Dame herüberbitten. Sie stellte sich als Grete Gräf vor und behauptete, wir hätten vor zwei Jahren einmal einen vergnügten Abend mit Orlik zusammen im Dafé in Berlin zugebracht. Ich hatte keine Ahnung mehr davon, bestätigte ihr aber höflich, ich sei sehr erfreut sie wiederzusehn. Auch erinnerte sie mich an eine Nacht bei Bols mit Wegener, deren ich mich recht deutlich entsinne, da ich mich damals heftig in Frl. Kündinger verliebte. Ich glaubte auch, die ganze Zusammensetzung der Gesellschaft rekonstruieren zu können – aber daß auch Frl. Gräf dabei war, hatte ich vollkommen vergessen. Auch ihr Ehemann war gestern da. Er heißt Mewes und erinnerte mich an eine andre Geschichte, wie wir uns schon mal kennen gelernt hatten. Ich sei eines Morgens mit Johannes Nohl ihm auf die Bude gerückt, um ihn anzupumpen. Johannes habe einige dicke Schulbücher von ihm mitgenommen, dann seien

wir wieder losgeschoben. Dieser Geschichte erinnere ich mich allerdings sehr deutlich. Das war in den ersten Wochen meiner Freundschaft mit Johannes – also entweder Ende November oder Anfang
Dezember 1903, – jedenfalls noch vor dem Tobsuchtsanfall am Weih-
nachts-Heiligabend. –– Auch der Schauspieler Reisig vom Künstlertheater war in der Torggelstube. Ich hatte ihn lange nicht gesehn.

Nachher ging ich noch mit Anthes ins Orlando di Lasso. Er sagte
mir außerordentlich Lobendes über die »Freivermählten«. Er findet
es unbegreiflich, daß sie weder gedruckt noch aufgeführt werden.
Daß die Vertretung freiheitlicher Ansichten, die nicht demokratisch-
liberal sind, in Deutschland bei Bürgern, Sozialdemokraten und Café-
häuslern als halb närrisch, halb verbrecherisch gilt, will durchaus
kein Mensch glauben. Heut früh, als ich noch im Bett lag, brachte
Anthes das Stück wieder. Wedekind schickt mir eine Visitenkarte
mit der Bitte an Stolberg, mir heut abend ein Billet zur Premiere von
»So ist das Leben« zu geben. Ich bin auf den Ersatz für die schwan-
gere Tilly Wedekind recht gespannt. Es wird wieder ein netter Thea-
termonat werden, dieser Juli.

München, Sonntag, d. 9. Juli 1911.

Ich habe an Landauer geschrieben. Leicht ist mir der Brief – beim
Himmel! – nicht geworden, aber grade darum ist er nun frei von allem diplomatischen Einlenken und Brückenbauen. Ich will Klarheit.
Ich will eine Antwort, aus der ich wissen kann, ob unsre Freundschaft fortbestehn kann oder nicht. Ach, daß ich doch nicht schon
wüßte, wie die Antwort ausfallen wird! Landauer ist kein Mensch,
der imstande wäre, sich Unrecht zu geben. Ich kenne seine Art zu
gut: er wird alles, was er gegen Johannes hat beschönigen und durch
rabulistische Erklärungen mit seinem Privatverhalten in Einklang
bringen, und alles, was er gegen Gross und die Psychoanalytiker

schrieb, wird er noch einmal dick unterstreichen, um nur nicht Unrecht haben zu müssen. Wie wollte ich froh sein, wenn ich ihn falsch taxierte! Wenn er mir schriebe, er gebe zu, daß er im Schreiben heftiger und polemischer gegen Nohl geworden sei, als seine Absicht war. Er sehe ein, daß er auch den Psychoanalytikern vielleicht nicht gerecht geworden sei. – Seine Abneigung gegen das ganze System sei aber so groß, daß er sich nicht habe beherrschen können – und nun wolle er in der nächsten Nummer des »S.« wieder gutmachen. Ach, er wird nicht so schreiben. Er wird recht haben wollen – und sei es auf Kosten unserer Freundschaft! – Ich habe von meinem Brief eine Abschrift genommen, die ich Johannes senden will.

Gestern begann das Wedekind-Gastspiel im Schauspielhaus mit »So ist das Leben«. Da Tilly Wedekind ein Kind erwartet, mußte die Prinzessin Alma von einer andern Dame gespielt werden, als die ein Frl. Jenny Vallière gewonnen war, eine leidlich gute Schauspielerin, die hübsch aussieht und angenehm spricht und sich bewegt. Doch störte mich mitunter ein Vokal, mit dem sie sich als Rheinländerin verriet. Den Pietro Folchi spielte Herr Hans Ansfelder recht unbedeutend, den Filipo Herr Ernst Rothermund, der als Gast feierlich angekündigt war, ganz schauderhaft schmierenmäßig. Auch Wedekind selbst stand nicht auf seiner Höhe. Den Prolog sprach er zwar sehr gut, nachher aber wurde seine Aussprache oft undeutlich, auch störte grade in diesem, seinem poetischsten Stück das häufige Sichversprechen abscheulich; es reißt aus jeder Illusion. Auch das Gewimmer im letzten Akt war qualvoll. – Von den übrigen Schauspielern war keiner überragend. Hans Raabe bei weitem am ausdrucksvollsten. Viel Schuld an der unlebendigen Darstellung hatte das Publikum, das sich von Anfang an langweilte und garnicht mit dem prachtvollen Stück mitging.

Nachher Torggelstube. Als ich kam, war der Haupttisch leer. In seiner Sonnabendecke saß einsam Max Halbe. Ich setzte mich zu ihm, und nun erschienen schnell hintereinander Wedekind und Frau, Albu und Frau, Direktor Stolberg, Weigert, und ein Dr. Ricklinger. Es gab manche recht gute Gespräche, bis einer nach dem andern ging. Zuletzt blieben Halbe und ich allein noch bis 3 Uhr sitzen. Halbe benutzte die Gelegenheit, mich nach meinem Urteil über seinen Roman zu fragen. Gottseidank konnte ich ohne unehrlich zu werden loben. Es ist wirklich viel dran. – Wir gingen dann zu Fuß miteinander fort und unterhielten uns unterwegs über mancherlei: Scharf und Frau, Weinhöppel (Hannes Ruch) und schließlich über Wedekind als Schauspieler, über den wir verschieden urteilten. Es ist merkwürdig, wie gut ich mit Halbe befreundet geworden bin, nach dem wir uns doch früher gegenseitig nicht hatten riechen können. Aber er ist wie eine ewig knurrende Bulldogge. Man haßt die bissige Schnauze, bis sich der Köter an einen, und man sich an den Köter gewöhnt hat. Dann entpuppt sich das Tier als der liebenswürdigste und treueste Kamerad der Welt.

Die Post brachte heute früh einen neuen Schustermann-Ausschnitt, und zwar überraschenderweise über den »Krater« – aus dem »Türmer«. Ich heiße da ein »Vielgeschmähter« und »Vielverkannter«. Der Krater wird als »eines der besten Gedichtbücher der letzten Jahre« gelobt. Die »von poetisch originellen Einfällen, Bildern und Witz übersprudelnden Verse, die wirklich höchst geistvolle Improvisationen zu sein scheinen« haben den Rezensenten, dessen Namen das Ausschnittbüro mit Bleistift darunter geschrieben hat, und der H. Beurmann zu heißen scheint, »oft aufs tiefste ergriffen«. Schließlich eine anerkennende Bemerkung über die Balladen. Ich freue mich über die Rezension, zumal das Buch nicht viele gekriegt hat. Die liebe Presse war darin einig, mich totzuschweigen, und als der kleine Beermann, der »Eierbecher«, eine günstige Besprechung ans »Berliner Tageblatt« bringen wollte, wurde ihm doch bedeutet: »Über Mühsam bringen wir nichts, mindestens nichts Lobendes«.

München, Montag, d. 10. Juli 1911.
Heute wäre ich um ein Haar nach Wien gefahren. R. war da und wollte mich mitnehmen. Grossmann (Pierre Ramus) sollte orientiert werden, in aller Eile die Wiener Kameraden herbeizurufen – und ich war schon entschlossen, die kleine Tour zu machen, als mir einfiel, daß meine Geschlechtskrankheit mir in Wien furchtbarer sein müßte als irgendwo. Ach, liebe Wiener Erinnerungen! Sofie Stöckl, Irma Karczewska, Ferry Werner und Paula, holdes Bordellmädchen in der Blutgasse! Nein, nach Wien, wo jeder Pflasterstein vor Erotik zittert, gehe ich nicht mit einem Tripper. Aber bei einem neuen Arzt war ich heut wieder: einem Dr. Kleintjes, Spezialisten für Harn- und Hautkrankheiten, der gleich um die Ecke Ludwigstrasse – Akademiestrasse wohnt. Er ist der Meinung, der eitrige Ausfluß, der immer noch – und grade heute wieder – hier und da erscheint, sei eine Folge der scharfen Ichthargan-Einspritzungen. Daß noch Kokken da seien, glaubt er sowenig wie Jadassohn. Er verschrieb eine Zink-Einspritzung und meint, in 14 Tagen werde ich heil sein. 14 Tage! Die Zeitdauer stimmt mich argwöhnisch. Hauschild prophezeite sie Woche für Woche. – Ach, ich leide schrecklich unter den Folgen der süßen Aprilnächte mit Kätchen in Rixdorf! Stündlich werde ich durch diese häßliche Qual an die Talentlosigkeit der Natur gemahnt, die das einzige Versöhnliche, was sie geschaffen hat, den Menschen mit dem Leben auszusöhnen, durch diese widerliche Drohung vergiftet hat. Es ist unausdenkbar gemein!

Im Stefanie traf ich – mit Gisela Etzel-Bogenhardt, die von mir für eine Anthologie Gedichte in Prosa wollte (ich habe keine geschrieben) – Lu Märten. Sie sah gut aus, scheint aber ein rechter Blaustrumpf zu sein. Ich erzählte ihr, was ich alles von den Münchner Sozialdemokraten für Infamien erduldet habe – und statt sich zu empören darüber, nahm sie an, daß ich schwarzsehe und fand meine ganze soziale Weltanschauung unlogisch und mich selbst inkonse-

quent. O diese gescheiten Weiber! Vor lauter Gescheitheit geht ihnen
alle natürliche Empfindung in die Brüche.

Von Rößler und dem Moggerl eine Ansichtskarte aus Brügge. Röß-
ler macht diesen Vers: »Wir machen uns das Vergnügge – und grüßen
Dich aus Brügge.« Das Moggerl ruft hinter ihrem Gruß her: »O
Erich warum bist Du nicht hier!« Ja, warum nicht? Ich Ochse!
Warum nicht?!

München, Dienstag, d. 11. Juli 1911.
Bis ich zu den Dingen komme, die mich erregen und beschäftigen,
will ich nüchtern registrieren, nicht ohne auch noch eine wunder-
schöne Droschkenfahrt mit dem Puma zu erwähnen, die schon vorgestern stattfand, also schon gestern zu vermerken gewesen wäre.
Wir fuhren durch den Englischen Garten, dessen sommerliche Pracht
unnennbar schön um uns lag, – wir sprachen fast nichts, und wenn
ich manchmal ihre Hand an meinen Mund legte, sah Lotte mich tief
und ernst an. Es war, als ob wir einen neuen Bund schlössen.

Gestern abend war »Der Marquis von Keith«. Ich habe Wedekind
wohl schon vier, fünf Mal in der Rolle gesehn. So gut wie gestern gefiel er mir noch nie darin. Überhaupt wurde wesentlich frischer und
lebhafter gespielt als vorgestern. Die Vallière als Gräfin Werdenfels
sah sehr gut aus, auch wirkte ihr Organ angenehm sinnlich, Hans
Raabes Genußmensch war eine vorzügliche Leistung, wenn man die
ungeheure Schwierigkeit der Aufgabe in Betracht zieht. Alma Lind
war als Molly gegen die Vorjahre unverändert gut. Die Karyathiden
(Eßlair, Ferner und Ansfelder) ganz brillant, ebenso Lübau und Seger
als Saranieff und Zamrjaki. Burghardt spielte den Sommersberg, den
Verfasser der »Lieder eines Glücklichen« (Wedekind erzählte mir
nachher in der Torggelstube, daß er, als er sich umdrehte und ihn
sah, beinahe losgeplatzt wäre) in meiner Maske. Schauderhaft war

hingegen der Gast Ernst Rothermund als Konsul Casimir und noch schlimmer Luise Barrand, die den 15jährigen Sohn Casimirs gab. Da sehnte man sich nach Tilly Wedekind zurück. Das Stück selbst machte mir wieder einen kolossal starken Eindruck.

Heut wurde ich durch den Postboten geweckt, der eine Kiste hereinbrachte, aus der jämmerlicher Lärm und unheimlicher Gestank drang. Sie enthielt den kleinen Kater Peter, den mir Frl. Görg auf meine Bitte übersandte, da Lotte ihn gern haben wollte. Das arme Tier war von der langen Reise in der Kiste ganz lahm und dreckig. Ich gab ihm gleich Milch zu trinken und ließ ihn im Zimmer sich bewegen, wobei er die Pfoten fortgesetzt einzeln ausschüttelte und ausstreckte. Nachher brachte ich das Tier auf dem Arm zu Lotte, die noch ein Kätzchen hat. Die beiden Viecher bekamen sich gleich in die Haare. Sie werden sich aber wohl, da beide sehr jung und verschiedenen Geschlechts sind, bald aneinandergewöhnen.

Inzwischen kamen Briefe – und darunter Landauers Antwort. Er fügt sich mit Rücksicht auf unsre lange freundschaftliche Beziehung in die Rolle eines Beschuldigten, der sich verteidigt. Natürlich sieht er die Dinge in völlig anderm Licht als wir und findet, daß ich ihm schmählich Unrecht antue. Leider erlaubt er mir nicht, eine Abschrift des Briefs an Nohl zu senden. Der würde das Menschliche, Ehrliche und Schöne in Landauers Verhalten dann sicher auch einsehn, aber Landauers Stolz wehrt sich offenbar gegen die Zumutung, sich auch Nohl gegenüber zu verteidigen. Gegen mich ist der Brief respektvoll, aber doch so fest, daß Landauer direkt die Kabinettsfrage stellt: ich müsse zugeben, ihm unrecht getan zu haben oder auf seine weitere Freundschaft verzichten. Als Beilagen fügt er dem Schreiben die Korrespondenz mit Nohl und seinen Briefwechsel über Nohls Artikel mit Buber bei. Nun bin ich mit meinem verfluchten Tout comprendre wieder in einer elenden Zwickmühle. Daß Landauer nun in allem Recht, wir andern in allem Unrecht haben, gebe ich ihm natürlich nicht zu. Ich werde noch einen Tag warten, und ihm dann schreiben, was mein ehrliches Herz mir diktiert. Was soll ich anders tun?

München, Mittwoch, d. 12. Juli 1911.
Der Tripper scheint nun wirklich soweit geheilt zu sein, daß Rückschläge nicht mehr zu fürchten sind. Ich komme eben vom Arzt. Er hat den Nachturin, den ich bis dahin zurückhalten mußte, untersucht und keine Kokken gefunden. Er meint, ich könne mit Maßen wieder anfangen, Alkohol zu trinken und in der nächsten Woche, falls bis dahin alles günstig bleibt, auch schon koitieren. Wie ich mich danach sehne! Vor einigen Tagen küßte ich eines der Pensions-Stubenmädchen, die sehr auf mich einging. Ich hätte nachher fast geheult, daß ich sie nicht, da die Gelegenheit so günstig war wie möglich, bei mir behalten konnte. Und als ich vorgestern Lotte die Katze brachte, – sie lag noch im Bett –, da ließ sie mich ihr süßes Brüstchen küssen, sodaß ich bald vergangen wäre. Ob sie die erste sein wird? Emmy wohl kaum. Die sagte mir erst gestern im Café wieder, daß sie »da herum nicht ganz sicher« sei – und mich gleich wieder zu infizieren – dazu spüre ich bei Gott wenig Lust.

An Landauer habe ich noch nicht geschrieben, will es aber heute sicher tun. Mich beschäftigt die Geschichte aber und ich leide darunter. Wozu sind all diese Mißverständnisse nötig? Wir wollen neuen Anstand, neue Beziehungen zwischen den Menschen schaffen und schon unter uns ist keine ehrliche freie schöne Verständigung möglich.

Gestern abend traf ich im Stefanie den Maler Heiduk und Frau, die im eignen Automobil von Berlin gekommen sind. Was diese Künstler für Menschen sind! Heiduk fand die Verurteilung Semeraus wegen seiner »unzüchtigen« Schriften zu 8 Monaten Gefängnis für ganz in der Ordnung. Ich fragte ihn hierauf, ob er nicht doch lieber

Billard spielen wolle. – Dabei ist er ein ganz netter Mensch. Es ist bei den Leuten lauter Weltfremdheit.

Torggelstube: Anthes, Weigert mit einer Dame, die Schauspieler Rothermund und Ansfelder, Direktor Victor Barnowsky mit zwei Finanzmännern und Gustel Waldau, der gesund und braun von Italien zurück ist. Die beiden älteren Herren, die Barnowsky poussierte, hatten solche Ähnlichkeit miteinander, daß ich Anthes leise fragte: »Wer ist denn der Herr, der zu beiden Seiten von Waldau sitzt?«. – Wedekind saß im andern Raum und schrieb. Ihm war wohl unser Lärm zu vulgär. Nachher Orlando di Lasso, wo Weigert uns unaufhörlich mit Lobpreisungen des Justizrats Bernstein ennuyierte. Gegen drei Uhr Heimweg in Begleitung von Anthes und Ansfelder. Durch die nächtliche Ludwigstrasse, die ich unaussprechlich liebe.

München, Donnerstag, d. 13. Juli 1911.
An Landauer schrieb ich einen vorsichtigen, freundschaftlichen – doch aber bestimmten Brief. Ich gebe mich darin mit seiner Aufklärung zufrieden, ohne, wie er verlangte zuzugeben, daß ich ihm schmählich unrecht getan hätte. Ob und was er jetzt schreiben wird, kann ich garnicht voraussehn. Seinem Eigensinn wäre zuzutrauen, daß er nun doch Schluß macht in unsrer Freundschaft, ebenso leicht ist es natürlich möglich, daß er einsieht, daß ich von meinem Standpunkt garnicht anders handeln konnte als ich tat. Es wäre nicht hübsch von ihm, machte er deswegen ein Ende, weil ich ihm gegenüber einmal stark meine Persönlichkeit betont habe. Und mir wäre der Verzicht nicht leicht.

Papa schrieb mir eine Karte aus Kudowa in Schlesien, wo er schon im vorigen Jahr die Quellen benutzt und damit seiner Herztätigkeit sehr geholfen hatte. Er lädt mich zum 12. November nach Berlin zum »Familientag« ein. Ich werde mich also wohl nicht drücken können.

Gestern begegnete mir der Direktor Maximilian Burg und erzählte, er wolle Mitte August im Hotel Wagner ein Einakter-Cabaret aufmachen, das er »Münchner Narrenspiele« nennen wolle. Er wolle von mir einen Einakter dazu haben. Auch bat er mich, bei Thoma anzufragen, ob der ihm nicht einen geben wolle. Ebenso Rößler. Ich habe gegen die ganze Sache starken Argwohn. Burg ist ein unheimlicher Renommist. Jedenfalls werde ich erst mal mit Rößler und Thoma sprechen, und wenn nicht ganz sichere finanzielle Garantien geboten werden, lasse ich die Finger aus dem Narrenspiel.

Abends war Kegelbahn – und zwar Sommerfest. Es gab herrliche Schinken, Sardellen, Käse, Caviar und Gänseleberpastete. Ferner setzte Halbe eine ganz vorzügliche Pfirsichbowle an, und ich trank davon genug, um einigermaßen betrunken zu sein. Ungünstige Folgen haben sich aber bis jetzt nicht eingestellt, und so hoffe ich, diesen ersten Exzess als Feuerprobe auf meine Geheiltheit betrachten zu können. Ach endlich, endlich! Übrigens ist das festliche Ereignis für die Ewigkeit fixiert worden. Ein Photograph kam und nahm die ganze Kegelgesellschaft für die Sportnummer der »Münchner Illustrierten Zeitung« auf.

München, Freitag, d. 14. Juli 1911.

Halbes Roman »Die Tat des Dietrich Stobäus« habe ich zu Ende gelesen. Ich ging mit einigem Mißtrauen an den beinah 600 Seiten starken Wälzer heran – aber ich bin angenehm enttäuscht. So große stilistische Schwächen das Buch hat – schrecklich viel Hinweise auf die Disposition der Geschichte –, psychologisch ist das eine feine Studie. Man erlebt wirklich alles mit, was den Menschen dahin bringt, die Geliebte zu töten, und das Spukhafte, Schauerliche, Geheimnisvolle, das durch die ganze Geschichte geht, hat mehr Größe als ich Halbe je zugetraut hätte. Daß er die Handlung um das Jahr 1860 spielen läßt und in einem nachgelassenen Dokument des Dietrich Stobäus in der Ich-Form erzählt, ist eine Klugheit des Autors, die beweist, wie stark er sich seiner sprachlichen Unfertigkeiten bewußt ist. Von einzelnen Geschmacklosigkeiten abgesehn, hat mir das Ganze sehr gut gefallen und die künstlerische Persönlichkeit Halbes näher gebracht.

Rößler ist wieder da. Er tauchte im Café Stefanie auf, sehr munter aussehend. Wir waren dort eine Weile am »Majors-Tisch« beisammen, wo unter andern auch Meyrink sich wieder mal zeigte, der jetzt in Starnberg wohnt. Ich mußte dann bald nach Hause, da ich das Puma zum Abendbrot erwartete. Es kam statt um 7 erst um 8 Uhr und bat mich, ich möchte erotische Attacken unterlassen. Nach dem Essen legte sie sich auf den Diwan und da ich merkte, daß sie sich willig streicheln und küssen ließ, durfte ich hoffen, mein geheiltes Befinden endlich wieder in aller Süßigkeit ausleben zu dürfen. – Sie berichtete mir zu meinem nicht geringen Entsetzen, daß sie in letzter Zeit angefangen hat, Aether einzuatmen, und während wir darüber sprachen und dadurch das Piacere, das sicher erfolgt wäre, noch verzögert wurde, erschien Rößler, was mir garnicht lieb war. Natürlich wußte er nichts von dem Ernst unsres letzten Gesprächs und erreichte durch seine Lustigkeit, daß das Puma jetzt ihm ihre ganze Zärtlichkeit zuwandte. Ich quälte mich sehr dabei, ließ mir aber nichts anmerken. Rößler lud uns in den Ratskeller ein, wo wir eine Flasche sehr guten Moselwein tranken. Dann Torggelstube. Unterwegs trafen wir den alten Schmierendirektor Julius Türk, der jetzt das Rixdorfer Theater hat, also Kätchens Prinzipal ist. Er kam mit uns. Nach einer Weile erschien Wedekind mit Tilly, W. in sichtbarer Aufregung. Sie setzten sich apart und verließen dann, da an einem der Nachbartische Radau gemacht wurde, schnell das Lokal. Es war »Erdgeist«-Premiere gewesen (zu der ich wegen der Aussicht auf Lottes Besuch nicht gegangen war) und da soll nicht alles geklappt haben, sodaß Wedekind sehr verstimmt war. Nachher kam Lulu Strauß mit der Nachricht, die Vallière sei nach der Aufführung ohnmächtig geworden. Es wäre für Wedekind schrecklich, wenn die Frau ernstlich krank würde. – Das Puma war um 11 Uhr ins Luitpold verabredet. Rößler war durch die lange Reise sehr übermüdet, und mit Julius Türk, der über Wedekind saudummes Zeug zusammenquatschte, allein zu bleiben, hatte ich garkeine Lust. So fuhr ich zum Café Stefanie, wo ich Billard spielte. Nachher ging ich noch zu Kati Kobus. Die blödsinnige Hitze in dem Lokal veranlaßte mich, sehr bald fortzugehn. Emmy wird heute in der Ludwigskirche getauft. Ihr ist das eine prächtige Sensation – und es ist allerliebst zu sehn, wie sich bei ihr der Entschluß, katholisch zu werden, so durchaus deutlich aus Neugier, Sentimentalität und Geilheit zusammensetzt.

Heut kam eine Karte von Johannes, der in Aeschi ist, und ein weiterer Brief von Landauer, der sich mit meiner Antwort zufrieden gibt. Er reist sehr bald nach Süddeutschland ab, und wir werden uns vermutlich in Frankfurt sehn, da dort eine Zusammenkunft des Sozialistischen Bundes geplant ist.

München, Sonnabend, d. 15. Juli 1911

Der Diwan in meiner Stube kann endlich wieder eine Liebesgeschichte erzählen: das Puma war die erste – und wir liebten uns auf das Süßeste. Nachmittags schon hatte sie mich ins Stefanie antelefoniert, ich möchte sie abholen. Ich kam zu ihr, und wir wollten wieder Einkäufe machen. Vorher – in ihrem Zimmer – küßte sie mich mehrmals zärtlich auf dem Mund, indem sie sorgfältig den Schnurrbart dazu zurückbog. Ich kaufte ihr einen sehr schönen lilaseidenen Schal und nahm auch gleich für Uli einen geblümten mit (30 Mark gab ich aus – dabei habe ich erst vor einigen Tagen 100 Mark von der Deutschen Bank geholt und muß mir notwendigst einen Anzug kaufen. Das Puma findet, ich sehe in meinem weißleinenen Waschanzug aus wie ein Ostergruß). – Dann fuhr ich also mit Lotte zu mir. Als wir beim Ankleiden waren, kam Rößler und lud uns zu sich zum Abendbrot ein. Was geschehen war, konnten wir ihm nicht verheimlichen, da unsere dürftige Kleidung uns deutlich verriet. Nachher gingen wir drei in Eckels Weinstuben, dann fuhr ich mit dem Puma ins Café Odeon. Sie erzählte, sie habe mit Rößler eine Reise verabredet, während Strich mit seinen Eltern reise, und als ich sie fragte, ob sie nicht auch mit mir kommen würde, war sie sehr einverstanden. Erst meinte sie, sie werde nach der Reise mit Rößler mit mir eine machen, nachher fiel ihr ein, sie wolle doch lieber Rößler ganz schießen lassen und blos mit mir reisen. Ich war sehr glücklich. Wir verabredeten Weimar. Ihre Adresse wird inzwischen Berlin sein, da ihre Mutter in solche Dinge gern eingeweiht werden kann und jeden Schutz übernimmt. So kann sie getrost die Korrespondenz mit Strich pflegen, ohne daß er eine Ahnung hat, daß Lotte nicht bei ihrer Mutter in Wilmersdorf, sondern bei Mühsam in Weimar ist. Wenn nur Strichs Abreise zustande kommt! Es wäre herrlich – über alles Maß herrlich! Eine richtige Hochzeitsreise mit Lotte, wie ich dereinst – selige Zeit! – mit Frieda die Hochzeitsreise nach Augsburg machte. Daß es doch zustande käme! Wie reich wäre der Berner Pump verzinst!

Wir gingen nachher noch ins Luitpold, wo wir Sörgel und Strich trafen, dann in die Torggelstube. Da der Separatraum schon geschlossen war, mußten wir an einem Holztisch im großen Lokal Platz nehmen. Wedekind saß einsam in unserer Nähe, kaute Bleistift und schrieb. Ein merkwürdiger Mensch, der nicht anders arbeiten kann, als im Kneipenlärm und zwischen Kellnerinnen. – Der Sörgel geht mir schandbar auf die Nerven, und da auch Lotte durch ihn nervös zu werden schien, brachen wir bald auf. – Heut früh frühstückte ich oben bei Rößler, der mir sein indisches Verhältnis vorstellte. (»Das dollste an Braut habe doch jetzt ich!« hatte er uns in Tegernsee von ihr erzählt.) – Ein hübsches nettes Mädel, schlank und groß – aber garnicht mein Typ. Sie hat etwas Bürgerliches an sich, was sie wie eine auf Abwege geratene höhere Tochter erscheinen ließ. Auch Jolly Jolanda war da, ein Cabaret-Mädel, das bis heute hier oben in der Pension gewohnt hat ...

Die »Familie Mühsam« schickt mir eine neue Einladung zum Familientag mit der »Tagesordnung«, die sich aus einem Festmahl und einer »Geschäftssitzung« zusammensetzen soll. Der Zusammenschluß der Familie soll danach eine dauernde Einrichtung werden. Ein hanebüchener Blödsinn.

München, Sonntag, d. 16. Juli 1911.

Mein Programm war gestern, abends ins Schauspielhaus zu gehn, um »Erdgeist« zu sehn, dessen Premiere ich versäumt hatte. Nachher wollte ich Uli und Lotte im Luitpold treffen. Es kam anders. Als ich schon in der Elektrischen nach der Maximilianstraße fuhr, stieg Ecke Theresienstraße Rößler ein und erzählte, daß er zur Ausstellung wolle. Da ich in diesem Jahre noch nicht draußen war, entschloß ich mich kurzerhand ihn zu begleiten. Vor der Theater-Bar der Ausstellung saßen Mitglieder des Künstlertheaters, darunter Pallenberg, der erste Komiker, den ich kürzlich im Vorübergehn durch Lulu Strauß kennen gelernt hatte, ferner Charlé, ehemals Direktor der Neuen Wiener Bühne und ein Herr Lux, der mich daran erinnerte, daß wir uns im Jahre 1900 schon gekannt hätten, als Besucher des gleichen Stammtisches im Kaiser-Kaffee in Berlin mit dem verstorbenen Leschnitzer, meinem Kollegen in Risenfelds Adler-Apotheke, Dr. Keibel, Boas u.s.w. Er (Lux) hieß damals Löwe und war Zahnarzt. Also einer, der mich noch aus meiner Apothekerzeit kannte. Die Herren dachten, ich sei gekommen, um die »Schöne Helena« zu sehn und Pallenberg war dann so liebenswürdig, mir in dem fast ausverkauften Haus noch ein prächtiges Freibillet in der Mitte des zweiten Ringes zu beschaffen. Vorher hatte Charlé mich beiseite genommen, und mich gebeten, in ein Chanson, daß er zu singen hat, noch ein paar Verse hineinzudichten mit Schüttelreimen. Ich versprach, es zu versuchen. Dann wurde der Plan erwogen, in der Nacht, nach der Vorstellung per Auto nach Salzburg zu fahren. Es scheint aber nichts daraus geworden zu sein. Oder die Herren sind ohne mich gefahren.

Die »Schöne Helena« von Offenbach ist unter Reinhardts Regie zu einer ganz köstlichen Humorleistung geworden. Man mag gegen Reinhardt sagen, was man will, er ist doch der einzige, der Theater spielen kann, und das ist wohl sein wertvollstes Verdienst, daß er einem wieder ins Bewußtsein gebracht hat, daß Theater Theater und nicht Wirklichkeitskopie ist. Er arbeitet mit Farben, Bewegung, Tönen, Abstimmungen – und so gehört es sich auf der Bühne. Es gab Bühnenbilder (Ausstattung von Ernst Stern), die ganz blendend schön waren. Die Offenbachsche Musik klang herrlich durch den Raum, eine so einschmeichelnde, tänzerische, zierliche Musik, wie sie wohl nie wieder geschrieben werden wird. Und gespielt wurde köstlich. Der Menelaus von Pallenberg wird mir in seiner Komik unvergeßlich sein. Den Agamemnon gab Zettl in meiner Maske, sogar der Kneifer fehlte nicht, blos war er viel länger als ich. Die Helena spielte Mizzi Jeritza, die eine sehr schöne Stimme hat, den Calchas Gustav Charlé sehr lustig. Rudolf Ritter sah als Paris sehr gut aus und sang recht schön. Die Eibenschütz war als Orest zu forciert. Ihre Quietscherei war ja manchmal ganz spaßig, aber im ganzen drängte sie sich zu weit vor – und dazu fehlt es ihr an Charme und Sicherheit. Die Inszenierung war ganz glänzend. Sehr wirksam ein Steg, der durch den Zuschauerraum auf die Bühne führte, und von dem aus – also mitten durch die Zuschauer hindurch ein großer Teil der Mitwirkenden auftrat. Lustige Einfälle in hellen Haufen. Eine Glanzleistung Reinhardts, deren Eindruck sich in stiller Selbsteinkehr sicher kein Snob entzieht.

Nachher traf ich in der Elektrischen die kleine Frieda Wiegand, die ich vor ein paar Monaten im Café Bauer kennen gelernt hatte. Sie sah reizend aus, war aber in Begleitung eines entsetzlich fad aussehenden Burschen. Wir ignorierten die Begleitung und plauderten sehr nett miteinander.

In der Torggelstube fand ich den Stammtisch dicht besetzt: Roda Roda, Ettlinger mit Frau, fremde Damen, Muhr, Weigert mit einer Dame, Rothermund, Steiner, die Vallière, die ich erst kennen lernte mit Ehemann und einer hübschen Freundin, namens Helene Ries u.s.w. Die Vallière gefiel mir sehr gut. Sie beklagte sich sehr über die Münchner Theaterkritiker, die gar keine Rücksicht darauf nehmen, daß sie mit viel zu wenig Proben die ungeheuer schwierigen Wedekind-Rollen spielen muß. Ich werde im »Kain« darauf hinzeigen. Das Frl. Ries war allerliebst. Sie ist erst ein halbes Jahr bei der Bühne und geht jetzt nach Brünn ins Engagement. Ich lockte das junge sinnliche Ding auf allerlei schlüpfrige Wege, auf denen sie sich graziös bewegte. – Nachher spielte ich noch mit Rothermund und Steiner im Orlando di Lasso Billard, bis wir nach 3 Uhr hinausgeworfen wurden. Ich leistete mir zum Heimweg ein Auto.

Nun an die Arbeit! Fuhrmann drängt um einen Beitrag für die Staats-Nummer des »Kometen« – und die August-Nummer des »Kain« harrt noch des ersten Federstrichs.

München, Dienstag, d. 18. Juli 1911.
Ein Tag keine Eintragung und wieder eine lange Reihe registrierwürdiger Geschehnisse. Zunächst zwei Theater-Abende:

Sonntag war ich mit Lotte in »Musik«. Das Stück selbst ist ein Experiment Wedekinds gewesen, und als ich vor einem Jahre mit ihm darüber sprach, gab er mir zu, daß meine Auffassung davon die richtige sei, daß nämlich das Schicksal der Clara Hühnerwadl kein tragisches sei, sondern daß das Mädchen einfach Pech hat. Dieses Pech führt dann natürlich zur Lächerlichkeit (Viertes Bild: »Der Fluch der Lächerlichkeit«). Heinrich Manns Meinung, das Stück sei das beste Wedekinds, denn es bringe wahre Kunst in kolportagehafter Aufmachung, scheint mir gesucht und falsch. Wedekind spielte den Musiklehrer Reissner (gemütloser Weise in der Maske des Vorbilds Dressler) unter allem Luder. Er versagt, wo er nicht sich selbst spielen kann, und er hätte gescheiter getan, die Rolle des Lindekuh zu übernehmen. Dagegen war die Vallière recht gut. Es ist keine leichte Aufgabe, fortwährend – den ganzen dritten Akt hindurch ununterbrochen zu heulen, und morgens hatte sie, wie sie mir nachher erzählte, eine Art Blutsturz gehabt; d. h. infolge einer Krachszene mit Wedekind war die Periode 10 Tage zu früh eingetreten und hatte ihr das Blut literweise aus allen Körperöffnungen getrieben. Sie ist eine zweifellos gute Schauspielerin. Stolberg könnte sich freuen, wenn er sie behalten dürfte. Das zeigte sich auch gestern wieder, wo ich sie (begleitet von Uli) als Lulu im »Erdgeist« sah. Natürlich darf man sie nicht mit der Eysoldt vergleichen. Die spielte den Erdgeist als raffiniertes Tier, und Stimme und Bewegungen überwältigten den Zuschauer, daß man meinte, ein Elementarereignis stürze über einen her. Aber im vorigen Jahre spielte Tilly Wedekind die Rolle, und zwar ganz nach Wedekinds Intentionen, der den Schön – seit er ihn spielt – zur Hauptfigur des Stückes machen will. Tilly verschwand völlig dabei. Im Vergleich zu ihr schnitt die Vallière brillant ab. Vor allem: sie hat eine famose Figur, schlanke Hüften, hohen Wuchs, eine sehr schöne Erscheinung. Ihr Spiel ist das einer reifen Schauspielerin; sie hat etwas von der Art der Frau v. Hagen. Wedekinds

Schön war auch nicht übel, und die übrigen Schauspieler (Steiner als Afrikareisender war sogar gut) verderben nichts. Nur – und das ist der Jammer am Schauspielhaus immer – es gab garkeine Regie, und jeder Schauspieler agierte am andern vorbei. Wedekind sollte wirklich mal für ein gutes Zusammenspiel sorgen. Sonst wird das Interesse an seinen Juli-Gastspielen bald dahin sein.

Zu den andern Dingen: Sonntag traf ich im Café Emmy. Ihre Taufe hat sie überstanden, und nun redet sie ernstlich vom Kloster. Ich sagte ihr, ins Kloster hineinkommen sei leichter als wieder herauskommen, und als ich schließlich fragte, wer denn im Kloster ihr Gärtchen bestellen soll, wurde sie böse und ging. Heut früh, als ich sie im Stefanie begrüßen wollte, schnitt sie mich. Zu dumm! Sie wird schwer einen Freund finden, der es so uneigennützig gut mit ihr meint, wie ich.

Ferner war Sonntag Gertrud Fehl bei mir. Sie heulte schrecklich, und ich gab ihr 10 Mark. Ihre zahllosen Küsse entschädigten mich etwas für das Goldstück. Aber wie das mit dem Ehepaar weiter werden soll, ist mir schleierhaft.

Sonntag abend nach dem Theater war ich mit Lotte und Strich bei Eckel Abendbrot essen. Nachher kam Höxter. Ich hatte das Gefühl, Höxter paßt nicht nach München. Er soll nur bald nach Berlin zurückgehn. Dort gilt er als etwas Besonderes, hier sind zuviel Besondere, als daß man ihn, wie er es wünscht, schätzen könnte.

Gestern nach dem Theater war ich in der Torggelstube, wo ich den weichen Meyer, Anthes, die Vallière mit ihrem Gatten, Falkenstein, Weigert mit Freundin, Feuchtwanger und Charlé antraf. Nachher kam Wedekind. Das Gespräch ging hauptsächlich um Roda Roda, der anfängt, sich mit seiner »Thermidor«-Geschichte lächerlich zu machen. Er hat vor einigen Tagen – ich war dabei – Ettlinger, der authentisch fürs »Berliner Tageblatt« orientiert werden wollte, ehrenwörtlich versichert, er habe vom Künstlertheater keinen Pfennig

Vorschuß bekommen. Nun stellte sich heraus, daß die Quittungen über 3000 Mark vorliegen. Roda hat sich mit seinen Behauptungen und Übertreibungen elend in die Nesseln gesetzt. »Ihm treibt schon der Arsch mit Grundeis« drückte Müller sich aus ... Sehr komisch war ein Gespräch zwischen dem Pedanten Feuchtwanger und der ehrgeizigen Vallière. Feuchtwanger hielt ihr einige Schwächen in der Aussprache vor – zum Teil ganz blöd –, und die Vallière regte sich schrecklich darüber auf, und erbot sich, Dutzende von Briefen beizubringen, in denen ihr die ersten Sachverständigen ihr unerhörtes Talent bestätigten. Ich wollte mich totlachen über den Disput, an dem ich mich nur beteiligte, wenn er aufzuhören drohte. Ich heizte dann ein, und es ging weiter. Weigert, der unentwegt nur Anekdoten erzählt, brachte recht lustige über den Prinzen Louis-Ferdinand, diese urkomische Serenissimus-Figur am bayerischen Hof.

Nachher gingen wir – Weigert mit Freundin, Feuchtwanger und ich noch ins Orlando, wo ich eine sehr nette Hure sitzen sah – im Typus an die Kellnerin Emmy vom »Simplizissimus« erinnernd. Ich beschloß, sie mit mir zu nehmen, und stieg ihr, als sie fortging, nach. Wir fuhren per Auto zu mir, und ich hatte eine sehr hübsche Nacht, in der ich mich nach dem verfluchten Tripper, der vor genau 3 Monaten eingesetzt hatte, mal gründlich auslebte. Das Mädchen gefiel mir sehr gut, hat eine hübsche Figur, wenigstens vom Nabel abwärts (leider Hängebusen), ist 23 Jahre alt und steht ihrem Beruf mit großer Unbefangenheit und garnicht moralistisch gegenüber. Ich gab ihr 12 Mk. (Das Geld geht weg wie der Teufel. Ich habe mir gestern 200 Mk geholt und auch schon für 32 Mk einen neuen Anzug gekauft, ganz abgesehn von den erhöhten kleinen Ausgaben.) Ich ging mit dem Mädel ins Stefanie. Als sie fort war, kam Rößler, der mich überredete, mit ihm schwimmen zu gehn. So fuhren wir im Auto zum Ungerer-Bad. Es war herrlich. Seit 3 Jahren schwamm ich zum ersten Mal wieder, und es ging noch ausgezeichnet. Ich werde das köstliche

Vergnügen jetzt möglichst jeden Tag aufsuchen. Nachher per Auto zur Torggelstube Mittagessen (Die Vallière mit Mann, Meßthaler, an einem andern Tisch Ettlinger und Rosenthal). Dann per Droschke heim, wo ich wieder, statt endlich mit der August-Nummer des »Kain« zu beginnen, 4 Seiten in dies Buch einschrieb. – Jetzt gehe ich natürlich ins Stefanie. Ich bin schon ein arges Faultier!

München, Mittwoch, d. 19. Juli 1911.

Nun ein paar Personalnotizen. Mit Hardy scheint es jetzt wirklich aus zu sein. Er zeigt sich mit Emmys Laune solidarisch. Gestern begegneten mir beide im Hofgarten. Sie beugten die Köpfe und schoben vorbei ohne zu grüßen. Meinetwegen. Emmy nehme ich es nicht übel. Sie ist momentan in einem Zustand kompletter Verschrobenheit. Sollte es ihr gelingen, sich dem verfluchten Geschwätz der Pfaffen mal wieder zu entziehn, dann wird sie auch wieder zu ihrer sexuellen Beweglichkeit kommen und einsehn, daß das was ich tat kein Verbrechen war. Aber daß Hardy, statt sie den pfäffischen Einflüssen zu entfremden, sie darin bestärkt – Lotte behält immer wieder recht: er dämonisiert ein kleines Mädchen –, das ist ekelhaft. Bis vor einer Woche hat er das Mädel aus Snobismus auf den Strich geschickt – Emmy erzählte es mir selbst –, jetzt grüßt er seinen besten Freund nicht mehr, weil der das gleiche Mädchen vor dem Kloster warnt, in dem keiner sei, der ihr das Gärtchen bestellen werde. Hätte ich vier fünf Tage früher das gleiche zu Emmy gesagt, dann hätte sie mir die Hose aufgeknöpft, wie es doch wahrlich oft genug geschah. Äh, – diese Menschen haben keinen Respekt vor ihren Beziehungen. Sie halten das »Erlebnis« für wichtiger und merken garnicht wie ärmlich die Erlebnisse sind, die nicht auf guten menschlichen Beziehungen fussen.

Im Stefanie erzählte mir Scharf, daß Dr. Robert Douglas gestorben ist. Damit ist die Ohrfeige, die ich von ihm bezog, aus der Welt geschafft. Er war ein schwer nierenkranker Mensch, und er hat Glück gehabt, daß der Tod verhältnismäßig milde Formen hatte. Nachtrauern kann ich ihm nicht, dazu sind wir uns immer zu fremd gewesen, dazu hat vor allem unsere Bekanntschaft zu unerquicklich geendet. Doch werde ich seiner Witwe schreiben. Für diese meschuggene Zirkusdame habe ich doch irgendwelche Sympathien, und für ihren kleinen Addi auch heute noch zärtlichste Freundschaftsgefühle. Ich würde mich freuen, wenn der süße Junge wieder an mich glauben lernte.

Frl. Ichenhäuser forderte mich gestern abend zum Schachspielen auf, womit diese Feindschaft erledigt sein dürfte. Mir ganz angenehm.

Kanders, der vor ein paar Tagen von einer spanischen Reise zurückkam, schreibt mir aus dem Krankenhause, ich möchte ihn besuchen und ihm Nohls George-Artikel mitbringen. Soll heute geschehen. – Von Rechenberg ein Brief, in dem er mir mitteilt, er errichte mit einem andern zusammen bei Constanz ein Geschäft zum Vertrieb von praktischen Dingen. Ich möchte dafür Propaganda machen. Der Brief ist sehr lustig. Gleichzeitig ein ganzer Stoß Prospekte über die Gegenstände, die die Firma vertreibt: Haus- und Küchengeräte und Condome. Der Präservativ-Prospekt ist so komisch, daß ich heute schon sehr vergnügte Minuten hatte – Ich werde ihn dem Puma bringen.

Gestern besuchte mich Herr Otto Singer, der mir nachgrade doch »spinnert« vorkommt. Er sitzt dann da, redet ganz gleichgiltiges Zeug, sieht unstet umher und läuft wieder fort. Ich weiß garnicht, was ich mit ihm anfangen soll. Heut war ein schwedischer Genosse bei mir, der aus Preußen und Sachsen ausgewiesen ist. Ich gab ihm 2 M.

In der Torggelstube erzählte Feuchtwanger, der Prinzregent liege im Sterben. Die Hofchargen und Redaktionen seien ganz insgeheim benachrichtigt worden. Mich geht das ja nichts an. Ob der Mann, der in der Residenz wohnt, Luitpold oder Ludwig heißt, soll mir recht gleichgiltig sein. Aber die Schauspieler sind sehr besorgt. Eine Hoftrauer hätte für viele Leute, die mich angehn, wichtige Folgen. Deshalb sei auch dies hier vermerkt.

Mit der Vallière poussierte ich gestern nach Noten. Obwohl ihr Ehemann mit am Tisch saß, kniffen wir uns die Hände und drückten die Knie aneinander. Die Situation war sehr reizvoll, zumal wir uns in anzüglichen Bemerkungen, die alle von der Tischgesellschaft auf andre Dinge als auf unsere Verständigung bezogen werden mußten, überboten. Trotzdem glaube ich kaum, daß sich ein richtiges Techtelmechtel entwickeln wird. Wenn ich die Frau recht beurteile, so liebt sie Sensationen und fürchtet Erlebnisse.

München, Donnerstag, d. 20. Juli 1911.

Mit Emmy scheine ich es jetzt endgiltig verschüttet zu haben. Heut vormittag traf ich sie im Stefanie mit Bolz. Ich begrüßte sie, hielt ihr die Hand hin und sagte: »Na, Emmy, wir wollen uns wieder vertragen.« Erst lächelte sie, dann meinte sie aber – und verweigerte mir die Hand: »Geh mir vom Leibe!« – Ich sagte, was mir im Augenblick in den Sinn kam: »Ich bin ja noch garnicht drauf.« – Doch kaum war ihm das Wort entfahren, möcht ers im Busen wieder wahren. Zu spät. Tiefe Entrüstung. Nach einer Weile wilder Aufbruch von Bolzens Tisch, der mir berichtete, Emmy habe es ihm übel genommen, daß er mir nicht gleich an die Gurgel gefahren sei. Nun habe ich womöglich von Hardy Attacken zu gewärtigen. Es ist recht übel.

Von Rechenberg kam ein sehr spaßiger Brief in seinem besoffenen liebenswürdigen Schimpfstil. Er wird Teilhaber an einem Versandgeschäft – eben sehe ich, daß ich darüber gestern schon berichtete. Inzwischen habe ich mit dem Condom-Prospekt Uli, Lotte und die Vallière höchlich amüsiert.

Mit Lotte werde ich reisen. Ich habe ihr festes Versprechen und bin namenlos glücklich darüber. Ich liebe das süße herrliche Geschöpf mit allen Fasern meines Lebens, und mir scheint, daß sie zur Zeit auch für mich zärtlicher empfindet als sonst. Jeden Tag beglückt sie mich durch zarte süße Küsse auf dem Mund, und ich hoffe, auch heut wird mir das Glück eines solchen Kusses nicht entgehn. Ich warte auf ihren telefonischen Anruf. Bis dahin an die Arbeit! Es wird hohe Zeit!

München, Freitag, d. 21. Juli 1911.

Eben geht Bolz fort. Er erzählt Schauergeschichten von Emmys Zustand, die anscheinend in kompletten religiösen Wahnsinn verfallen ist. Sie verflucht mich und fast alle übrigen Freunde als Ketzer, halluziniert den Teufel, der sie an den Beinen zieht, und in ihrer kleinen armen Psyche scheint es wild herzugehn. Dabei ist sie geil wie nur je, und Bolz hat nach jedem Koitus, den sie zuerst verlangt, die furchtbarsten Flüche und Anklagen gegen ihn und gegen sich selbst anzuhören. Er ist schon ganz verzagt. Das schlimmste ist, daß man das Mädel jetzt jeder Gewalttätigkeit für fähig halten muß. Bolz hat sie schon auf der Straße attackiert, als er mit einer andern Frau ging. Ich muß gewärtigen, daß sie mir mit Revolvern oder Rasiermessern entgegentritt. Das beste wäre schon, sie ginge je eher je lieber in ein Kloster. Das wird für ihre verwirrte Seele vielleicht besser sein als das Irrenhaus, wo sie den Zwang spüren müßte. Das arme Mädelchen! – und die dreimal gottverfluchten Pfaffen, die ihr wohl obendrein noch die Hölle heiß machen! – –

Heut früh – jetzt ist's abends – kam Lotte und holte mich ab, als ich grade baden gehn wollte. Ich ging natürlich mit ihr ins Café. Ich habe sie sehr, sehr lieb, und jedesmal, wenn sie mir mit sündigem Lächeln von der bevorstehenden Reise spricht, möchte ich sie vor seliger Freude zerfleischen. – Ich habe diese Tage viel an diese Liebe und an die zu Frieda gedacht. Wie ungeheuer töricht sind die Menschen, die da meinen, ein Herz könne nicht gleichzeitig nach mehreren Seiten gezogen werden. Meine Liebe zu Frieda leidet garnicht durch diese Aufwallung. Denke ich Friedels, dann füllt sich alles Herz mit Sehnsucht und Zärtlichkeit, und doch zweifle ich nicht einen Moment an der Richtigkeit und dem Wert des Gefühls, das mich dem Puma verbündet. Ich kann neben dem Puma sitzen, sie leidenschaftlich zu küssen wünschen, und gleichzeitig an Frieda denken, sie herbeisehnen und in die Luft greifen in der Illusion, ich erfaßte ihre Hand. Und wieder kann ich durch ein Wort, eine Bewegung, einen Blick von Uli zu glühender Liebe hingerissen werden, und dann, fünf Minuten später, wenn ich etwa die Vallière sehe, deren Hände in Küssen ertränken, kann mit der Uhr in der Hand ihren Atem aufzufangen suchen, bis zu dem Moment, wo ich stürmisch aufbreche, um Lotte zu treffen. Vielleicht ist es dumm und unpraktisch von mir, all das nicht zu verbergen. Aber ich kann nicht anders. Ich könnte mit Lotte im Bett liegen, sie rasend lieben, und ihr gleichzeitig von Moggerl vorschwärmen. Wie ist es blos denkbar, daß ich, da ich – das bilde ich mir doch ein – ein Erotiker bin, wie nicht viele herumlaufen, daß ich so maßlos wenig Glück bei den Frauen habe? Die Natur ist garzu talentlos. Irgendein Kommis bekommt's, und weiß nichts damit anzufangen.

Gestern abend in der Torggelstube poussierte ich die Frau Mewes, ehemalige Grete Gräf. Sie ließ sich sogar auf den Mund küssen von mir. Der Vallière und nachher der Frau Weigert küßte ich die Hände – beide sind mit sehr schönen Händen ausgestattet –, und nachher liefen alle drei mit ihren Ehemännern nach Hause. Es ist ganz verrückt. Daß ich mehr oder weniger aufs Onanieren angewiesen bin, das kommt mir wie der infamste Witz vor, den das Schicksal je ausgeheckt hat. – Wäre Strich nur erst fort! Dann geht's mit dem Puma

auf Reisen, und der Gedanke daran ist so wohltuend wie die himm-
lischen täglichen Schwimmbäder im Ungererbad draußen. Puma, süßes Puma! Weiber, süße Weiber! Liebe, süße Liebe!

München, Sonnabend, d. 22. Juli 1911.
Ich sitze schon wieder in Erwartung des Pumas, das mich um 11 Uhr
abholen wollte, und jetzt – ½ 12 Uhr – noch nicht da ist. Ich weiß
schon, daß mein gegenwärtiger Reichtum viel zu der erhöhten Sympathie beiträgt, die sie mir jetzt entgegenbringt. Aber das ist nicht
Berechnung, sondern es beweist nur, daß der Mensch, wenn er nicht
fortwährend rechnen muß und Launen haben kann, liebenswerter
ist. – Sie wird mich wieder ins Caféhaus schleppen und mir beim Dominospiel Geld abnehmen. Am Ende ist das bei der unglaublichen
Hitze, die jetzt wochenlang andauert – ein in München unerhörter
Zustand, der mir recht angenehm ist – das gescheiteste was man machen kann. Käme sie nur erst!
   Landauer fragt mich an, ob ich an einer Zusammenkunft der süddeutschen Genossen in Stuttgart teilnehmen will und schlägt den
13. August dafür vor. Ich habe zustimmend geantwortet. Nur wird
das, was ich aus München zu berichten habe, nicht tröstlich lauten.
Gestern abend spät sprach ich Morax, der von der Kati kam. Ich
fragte ihn, ob er denn nichts mehr tun wolle. Aber er scheint müde
zu sein und redete sich hinaus, er sei bald 30 Jahre alt und müsse sich
endlich eine Existenz schaffen. Als ob er nicht bei der Kati singen
könnte, auch wenn er hier und da mir ein paar technische Mühen ab-
nimmt. Auch der eine Enttäuschung! Es ist recht, recht übel. Ich
überlege, wie ich in München mit ganz neuen Personen eine ganz
neue Gruppe heranziehn kann. Es wird schwer halten.

München, Sonntag, d. 23. Juli 1911.

Die Sonne sengt vom Himmel hernieder, daß der Asphalt stinkt.
26° Réaumur im Schatten. Man sehnt sich nach Regen – in München!
das will was heißen. Es ist Spätnachmittag. Das Schwimmbad und
den Kuß des Pumas habe ich schon genossen. Gleich gehe ich an die
Arbeit, denn es fehlen mir für die August-Nummer des »Kain« noch
wichtige Beiträge: der Leitartikel, der »Sittlichkeit« heißen und den
Fall Semerau noch einmal behandeln soll, der Theater-Artikel (über
das Wedekind-Gastspiel) und einige Bemerkungen (über Jatho, vielleicht über die Kriegsgefahr wegen Marokko). – Gestern mußte ich
schon wieder ins Theater. Im Lustspielhaus war die Premiere einer
»Kriminalgroteske in drei Instanzen« von Lothar Schmidt und Heinrich Ilgenstein. »Fiat Justitia!« heißt der Dreck. Die beiden Autoren
sprach ich vor der Aufführung. Sie hatten großen Erfolg, obgleich
hundsmiserabel gespielt wurde, und obgleich das Stück nicht besser
ist als tausend andre – allerdings auch nicht schlechter. Eine Satire
auf die deutsche Rechtsprechung. Das Milieu nach Serbien verlegt.
Einige nette Einfälle, gute, wenn auch alte Witze. Widerlich war mir
ein langer sentimentaler Passus im zweiten Akt, wo die Eltern des
als Mörder Verdächtigen erscheinen. Die Eitelkeit der Beamten, ihre
arrogante Dummheit und der Buchstabensinn der Justiz werden verulkt, aber doch eben nur verulkt. Es fehlt der Stachel des Hasses,
den man bei Ilgenstein eigentlich hätte erwarten dürfen. Das »Zwei-
erlei Maß« wird ungeschickt aber derb glossiert – und das gute Bür-
gertum applaudiert, freut sich, geht vergnügt heim und findet, daß
in dieser Welt alles aufs beste beschaffen sei. Die Polizeizensur weiß
das gut zu unterscheiden. Hätte das Stück etwas vom Wedekindschen Mostrich, dann wäre es so sicher verboten worden, wie, wenn
es von mir verfaßt wäre. – Uli war im Theater, weil Alwa – mehr
schlecht als recht – einen Gefängniswärter zu spielen hatte. Lotte
konnte ich leider nicht mehr erreichen, sodaß ein Billet von den

zweien, die ich nachmittags von Lulu Strauß bekommen hatte, verfallen mußte.

Lotte! Ich laufe den ganzen Tag mit dem Gedanken an sie herum.
Gestern sagte sie mir in reizender Form eine kleine Schmeichelei,
aus der ich ersah, daß sie mich doch sehr gern haben muß. Ich habe
mir das sehr lustige Kegelbahn-Bild besorgt, auf dem ich hinter dem
breitprotzigen Roda Roda hervorluge. Sie kritisierte die verschiedenen Visagen auf der Photographie sehr geringschätzig. Dann zeigte
sie auf mich und meinte: »Wenn ich den da nicht im Original kennte,
würde ich ihn sehr nett finden.« Als ich ihr darauf den Arm um die
Hüfte legte, machte sie die Lippen spitz.

Die Roda Roda-Geschichte nimmt sehr peinliche Formen an.
Roda hat – ich saß dabei – in der Torggelstube Ettlinger sein Ehrenwort gegeben, daß er keinen Vorschuß für Thermidore bekommen
habe. Inzwischen sind die Quittungen über 3000 Mk ans Licht gekommen. Jetzt bombardieren sich die Herren Roda und Ettlinger
mit groben Briefen, und die Sache wird wohl vor die Gerichte kommen. Hoffentlich brauche ich nicht Zeuge zu spielen. Roda Roda benimmt sich in der ganzen Affäre dumm und anmaßend, und wenn
nun alles über ihn herfällt und schimpft, fällt es mir wirklich schwer,
ihn in Schutz zu nehmen – und ich nehme sehr ungern gegen ihn Partei. Was für Häßlichkeiten um solche Lappalien!

München, Montag, d. 24. Juli 1911.
Ich komme eben zum Essen von einem kostspieligen Spaziergang
zurück. Ich kaufte mir einen Hut für 8 Mk 50 und Schuhe für
12 Mk 50, ferner für das Puma, das mich zu dem Gange aus dem Bett
geholt hatte, ein Paar Höschen für 5 Mk, Strümpfe u.s.w. für 5 Mk
und 10 Mk gab ich ihr in bar. Rechne ich noch Caféhaus und
Droschke, so muß ich sagen, daß das Geld, das ich gestern in einer

halben Stunde Poker gewann, in einer halben Stunde Theatinerstrasse wieder draufgegangen ist. Immerhin habe ich jetzt elegante Halbschuhe und einen Schlapphut, gegen den alle früheren kläglich verschwinden, und das Puma hatte Riesenfreude, und wir zwei sind wieder ein bißchen enger aneinander geschmolzen. Gestern wollte sie mit den Strich-Brüdern zum »Thermidore«. Ich entschloß mich daher, abends zur Ausstellung hinunterzufahren. Dort traf ich Sobotka, der mit dem Kompagnon Roda Rodas F. Steffan identisch ist, den ich einst bei Roda kennenlernte und auf den Roda jetzt mordsmäßig schimpft (»Ein begüterter Dilettant, der dem Künstlertheater seinen Willen diktiert«). Ich fragte ihn, ob nicht ein Freiplatz für mich da sei, und erhielt einen in der ersten Reihe – aber neben Sobotka-Steffan, dem Autor. Thermidore ist der unerhörteste Dreck, den ich noch auf der Bühne sah: ohne Handlung, ohne Witz, ohne Esprit, ein unglaublicher Bockmist. Die Musik von Digby La Touche kann ich nicht beurteilen. Der musikalische Strich erklärt sie als minderwertig. Schön war die Ausstattung von Oskar Graf, schön manches von Reinhardt gestellte Bühnenbild. Die Darsteller hatten garkeine Aufgaben. Nur Pallenberg war wieder glänzend; aber der dichtete offenbar seine ganze Rolle selbst zusammen. Im ganzen: wenn das die Reform der Operette sein soll, dann kann Stollberg getrost mit seinem Gärtnertheater weiterwursteln, dann ist an der Operette überhaupt Malz und Hopfen verloren. Es ist doch unglaublich, daß man, um gute Operetten spielen zu können, immer wieder zu Offenbach zurückgehn muß. Aber vielleicht entschließt sich das Künstlertheater einmal zu einer Mikado-Aufführung. Die könnte unter Reinhardts Regie fabelhaft werden. – Sobotka mahnte mich gestern wieder um einen Operetten-Text. Eigentlich dürfte ich mir die Aussicht nicht entgehn lassen. Ein Komponist wird mir gestellt. Die Aufführung am berühmtesten Theater unter Reinhardts Regie ist, wenn ich's irgendwie gut mache – gesichert. Solche Gelegenheit findet sich nicht leicht wieder. Ich glaube wirklich, ich werde mir den Stoß geben und diese Geldarbeit machen. So könnte auch der herrliche Reichtum länger dauern.

Nachher ging's mit den beiden Strichen und dem Puma in die Torggelstube, wo es solange nett war, bis das allmählich unvermeidlich gewordene Rindvieh Sörgel kam. Am Haupttisch saß die Vallière, umringt von einer Horde geiler Verehrer. Es wurde gepokert. Rößler rief mich an. Ich solle auf ihn warten, da er mit mir heimgehn wolle. Ich entschloß mich aber, lieber mit dem Puma mitzugehn. In der Maximilianstraße sah ich ein, daß Strich doch bei ihr bleiben werde – wenn es ihm auch nichts nützte, denn das Puma hat »die G'schicht« –, und so trieb's mich zurück zu den Pokerern. Das Puma warnte mich noch: »Du hast zuviel Glück in der Liebe« rief sie mir nach. »Du verlierst gewiß alles. Bedenke die Folgen!« Ich war denn auch entschlossen, nicht zu pokern. Nach einer Weile war Eyssler nicht mehr zu halten. Er bat, ich möchte statt seiner weiterspielen und hinterließ mir 10 Mk dazu, die ich zwar nicht gebraucht hätte, aber nahm, weil ich den Aberglauben habe, daß ich nur mit fremdem Geld gewinnen kann. Ich gewann wirklich in der kurzen Zeit, die es noch dauerte etwa 50 Mk, die nun für lauter nützliche Dinge wieder ausgegeben sind. – Ach, wie ich das Puma liebe! Als sie heut früh bei mir eintrat, lag ich splitternackt im Bett. Sie steckte mir die Zungenspitze in den Mund und trieb mich auf. Ich beobachtete ihre Blicke, als ich nackt vor ihr stand, und ich konnte damit recht zufrieden sein. Aber sie sagte nur: »Nun, mein Lieber, freust Du Dich auf Dresden?« – Ob ich mich freue! Ob ich mich freue!!

München, Dienstag, d. 25. Juli 1911.
Mir geht's fabelhaft gut. Lotte kommt jeden Morgen zu mir, um mich abzuholen, und morgen – dann hofft sie, wird ihr Rosengärt-

chen wieder empfangsbereit sein – ist mir ein Piacere in Aussicht. Daß auch sie sich auf Dresden freut, gestand sie mir heute ein. Ich bin diesmal ganz optimistisch. Daß jetzt noch etwas Störendes kommen und alles verhindern könnte – den Gedanken lasse ich garnicht zu mir ein.

Gestern war ich im »Hidalla«. Lotte und Uli wollten beide wegen der Hitze nicht mit. So lud ich Seewald ein. Wedekinds stärkste Rolle. Als Hetmann ist er durchaus genial. Übrigens ist mir auch das Stück eines der liebsten von ihm – umsomehr, als einst meine Freundschaft mit Frieda in der gemeinsamen Liebe zu dieser großartigen Tragödie des Idealismus begann. Die Vallière als Fanny Kettler war recht gut. Besonders wirkte ihre Erscheinung so vortrefflich, daß man ihr die in dieser Rolle durchaus unerläßliche Schönheit einfach glaubte. Dabei gute Bewegungen, eine reine Sprache und, wo es nötig ist, einiges Temperament: was will man mehr? Ihre Anfälle von Theatralik verzeihe ich ihr. Was sonst gezeigt wurde, war ziemlich mäßig. Raabes Morosini ging an, Rotermunds Brühl war ganz gut, Steiners Gellinghausen ohne Belang. Der Launhardt des Herrn Ansfelder ließ kalt, dagegen war die Berta Launhardt, die uns Frl. Leonhardi vorsetzte, von so grotesker Unmöglichkeit, daß man hätte weinen mögen. Schauderbar, höchst schauderbar! – Natürlich wieder sehr mangelhafte Regie, und eine Souffleuse, deren Organ ihr ein Heldentenor neiden könnte.

Dann Torggelstube: die Vallière, Steiner, Rotermund, Falkenstein, Muhr, Eyssler, Feuchtwanger, Lulu Strauß, der Wiener Siegfried Geyer. Nachher Weigert und Frau und Egon Friedell. Es war einige Erregung, da »vier Hetären« erwartet wurden. Endlich kamen sie, und ich sah, daß es Engländerinnen vom Künstlertheater waren. Muhr, Strauß und Geyer setzten sich mit ihnen an einem Extra-Tisch. Nach einer Weile kam Muhr und fragte, ob ich englisch könne. »Yes!« sagte ich, obgleich ich keine Ahnung habe, und ging zu den

Damen. Es stellte sich heraus, daß es zwei Wienerinnen waren, die ich nun – von dem Sekt, der floß, reichlich angeregt, nach Noten poussierte. Ich unterhielt den Tisch, indem ich die englischen Mädchen, von denen die ältere übrigens ganz reizend war, in radegebrochenem Deutsch mit englischem Akzent ansprach. Da aber mit den Ausländerinnen kein Gespräch zu führen war, wandte ich mich alsbald der Wienerin an meiner Seite zu, mit der ich solange zotete, bis sie sich willig küssen ließ. Meine Tischgenossen waren sehr erstaunt über mich, da ich selten so öffentlich aus mir herausgehe. Aber das Mädel war recht nett, und ließ sich gerne die Beine und die Brüste betasten. Natürlich mußte sie Muhr nach Hause fahren, der den ganzen Abend schon vor Eifersucht fast geplatzt wäre. Das Arschloch! Auf die Weise hat das arme Mädel nun allein schlafen gehn müssen, denn bei Muhrs Tolpatschigkeit ist es nahezu ausgeschlossen, daß er den Mut gefunden hätte, mit ihr ins Bett zu gehn.

Die Post brachte eine Karte von Landauer, der einen Beitrag für die nächste Nummer des »Sozialist« haben will. Da ich mit dem »Kain« noch weit zurück bin, werde ich wohl nicht dazu kommen in der kurzen Zeit. Außerdem eine Karte von Papa aus Kudowa. Ich hatte ihm kürzlich einen ausführlichen Brief geschrieben, worin ich über mein körperliches Ergehen berichtete und sehr eingehend auseinandersetzte, wie es mit »Kain« steht. Ich dachte, er würde sich diesmal, wo er Ernst und Energie sehn mußte, mit dem Laternenpfahl winken lassen und ein paar braune Lappen lockern. Er schreibt aber blos: »Über Deine Mitteilung, Deinen Gesundheitszustand und die körperliche Kräftigung betreffend, habe ich mich sehr gefreut u.s.w.« – von dem andern kein Wort. Ein alter Diplomat. Die Handschrift immer noch fest und deutlich, nur in der Adresse, wo er sich offenbar besondere Mühe gab, etwas zittriger als früher. Die Psychologie dieses alten Mannes ist doch ganz rätselhaft. Immer wieder der gleiche Bescheid: Warte auf mein Ende!

München, Mittwoch, d. 26. Juli 1911
Ich erwarte das Puma, das heute allerdings nicht allein kommen
wird, sondern mit Strich. Wir wollen zur Pinakothek. Gestern abend
waren die beiden zum Souper bei mir – vorher war ich beim Drucker
und im Bad gewesen –, dann gingen wir zur Ausstellung hinaus.
Nach einer Weile kam Sörgel, der mit seiner dummen Langweiligkeit
Strich sofort mit Beschlag belegte. Lotte ärgerte sich sichtlich darüber und forderte mich auf, etwas im Ausstellungspark mit ihr zu
spazieren. Wir hatten ernste Gespräche miteinander. Sie sagte mir allerlei Liebes, so, daß ich der einzige Freund bin, den sie habe, der einzige, vor dem sie keine Geheimnisse zu haben brauche, und der sie
in ihrem wirklichen Wert erkenne. Über Hardekopf in seiner Beziehung zu Lotte einigten wir uns auf diese Formel: er habe die Kleinheit, die er in ihr nur erkennen konnte, für seine Phantasie vergrößert
und das Bild Lottes dadurch völlig verzerrt. Psychologische Erwä-
gungen, wie Strich sich verhalten würde, wenn er von Lottes ver-
schiedentlichen Seitensprüngen erführe – mit dem Ergebnis, daß er
unter keiner Bedingung auch nur etwas ahnen dürfe. Ich erzählte
Lotte, wie merkwürdig ich veranlagt sei: ich liebe sie inbrünstig und
doch wäre ich, wenn sie erst 5 Minuten fort sei, sofort bereit, mit einer andern schlafen zu gehn. Sie meinte, das komme wohl daher,
daß ich kein richtiges Verhältnis mit ihr habe, also unbefriedigt sei
und Sensationen gebrauche. Möglich. Dann ließ ich das Puma bei einem Silhuettenschneider portraitieren und ein Schattenriß mit, einer
ohne Hut prangen jetzt auf meinem Schreibtisch. Wir gingen zu
Strich und Sörgel zurück, nachher alle in die Torggelstube, wo an allen Tischen Bekannte von mir saßen. Fritz Strich kam hinzu und
wir waren recht vergnügt und dalberten viel. Nachher ging ich noch
mit Lotte und Strich ins Orlando, und auf dem Heimweg erörterten
wir sehr ergiebig die Zusammenhänge des physischen Ausdrucks eines Menschen mit seinen psychischen Erlebnissen. Lotte beteiligte

sich sehr lebendig an dem Gespräch und sagte einiges so Wunderschönes und sagte es so leidenschaftlich und beteiligt, daß meine
Liebe und Bewunderung für sie grenzenlos waren. Es ist nicht wahr,
daß Bettina von Arnim die letzte bedeutende Frau war.

München, Donnerstag, d. 27. Juli 1911.
Gestern konnte ich keinen Augenblick mit dem Puma allein sein.
Strich war immer dabei, selbst abends kam er ins Theater mit. Vormittags alte Pinakothek, eine der herrlichsten Galerien, die es gibt.
Seit Tschudi Direktor ist, ist alles noch viel schöner sichtbar als früher. Die Bilder hängen hervorragend gut, und die Ausschaltung min-
derwertiger Werke und die Neuerwerbung wertvoller erhebt die Pinakothek auf eine großartige Höhe. Besonders interessierten mich
ein paar neuerworbene Goyas – darunter besonders das Porträt einer
spanischen Königin, und eine Leihausstellung aus dem Nachlaß
eines Ungarn, darunter eine Reihe wundervoller Grecos. Dieses
Licht, das aus dessen Bildern strömt! Diese Ruhe der Komposition,
diese Kraft der Bewegung! Am schönsten darunter fand ich das von
Tschudi angekaufte Passionsbild. Auch den Laokoon finde ich herrlich und Christus auf dem Ölberg. Ich war lange in den Räumen der
Gallerie – Strich und Lotte besahen inzwischen unten die Vasen-
Ausstellung. – Nachher Hofgarten, dann Café Börse und abends
Theater; wir sahen »Zensur« und »Kammersänger« von und mit Wedekind. Die »Zensur« ist mir eines seiner wertvollsten Bekenntnis-
werke. Es ist schon großartig, wie er schamlos die Gardine vor seinen
eignen Ehe- und Liebeserlebnissen wegzieht, und dann in ganz künstlerischer Geste Personen und Handlungen symbolisiert und zur
Lebenstendenz verallgemeinert. – Sein Spiel war mir immer da, wo
er Wedekind war, prachtvoll, da wo er Schauspieler war, schmierenmäßig. Die Vallière als Partnerin recht wirksam, Raabes Zensor ein-

wandfrei. – Den »Kammersänger« faßt Wedekind im Gegensatz zu fast allen Berufsschauspielern völlig ernst auf. Der überlegene zynische Künstler mit einem starken Fonds Menschlichkeit. Es wurde allgemein flott und gut gespielt, sodaß die letzten Premieren des Gastspiels, in dem nun keine mehr folgt, weit besser ausfielen als die ersten. Ich werde heut noch, sonst morgen, über das gesamte Juli-Gastspiel für den »Kain« schreiben und mich für Wedekind, für die Vallière und sehr gegen das regielose Theater wenden.

Nachher waren wir im Ratskeller, wo wir über das Problem »Ehe« sprachen, Strich dafür, ich dagegen – wobei Lotte sehr scharf, sehr geistvoll und bestimmt Strichs Partei ergriff. Heut berichtete sie mir, ihr sei das zwar alles im Moment völlig ernst gewesen – das Ideal der Treue und der Monogamie, aber ein andres Mal könnte sie ebensogut in Übereinstimmung mit ihrer Praxis das Gegenteil verfechten. Später gingen wir noch in die Torggelstube, wo wir den Bruder Strichs trafen – auch Sörgel erschien dann natürlich –. Heftige Dispute über Anarchismus, Individualismus, Nivellierung und Differenzierung. Die beiden Brüder, bei denen ich die Gleichartigkeit des logischen Denkens bewunderte, drängten gegen meine Überzeugungen. Sörgel warf hier und da ein Wort dazwischen, mit dem er seine gänzliche Unfähigkeit, prinzipiell zu urteilen, bewies. Das Puma war von der Hitze kaput und beteiligte sich garnicht am Gespräch. – Heut vormittag kam sie bei mir an. Zum Piacere war es ihr zu heiß: es sind 36 ° Celsius im Schatten. Ich setzte sie im Hofgarten ab, nachdem wir zusammen gegessen hatten, und ging mit Alwa ins Ungererbad schwimmen. Dort passierte mir etwas sehr Lustiges. Ein unendlich dicker Kerl begrinste mich und ich hörte, wie er »süß« sagte. Ich konnte, da ich keinen Kneifer aufhatte, die Physiognomie des Menschen nicht erkennen und fragte ihn, wer er sei. Nun rückte er näher. Ich sah einen ältlichen bartlosen, weibisch aussehenden Glatzkopf, der jetzt ein Gespräch mit mir begann. Nach ein paar Worten war

mir klar, daß er schwulen wollte. Dem muß es in Eroticis arg schlecht
gehn, wenn er schon auf mich verfällt. Ich ließ ihn schonungsvoll
und sehr amüsiert stehn. – Abends soll ich das Puma unterhalten. Inzwischen muß ich noch tüchtig arbeiten.

München, Freitag, d. 28. Juli 1911.
Das Geld geht höllisch auf die Neige. Gestern holte ich 500 Mk von
der Bank. Davon wollte ich bis zur Abreise leben und die ganze Reise
bezahlen. Es wird aber bestimmt nicht reichen, wenn ich, wie ich beabsichtige 400 Mk für die Hochzeitsreise brauche. Ich gab dem Puma
gestern 50 Mk in bar, damit sie noch nötige Anschaffungen machen
kann. Dann war ich den größten Teil des Tages mit ihr beisammen,
und gab viel aus. Wir waren im Cabaret zum »Grünen Pegasus«, wo
uns ein wenig genußreiches Programm vorgetingelt wurde. Von der
Bühne herunter begrüßte mich der dicke Heinz Lebrun, dessen
schöne Stimme allmählich auch unter dem Suff leidet. Nachher fuhren wir per Droschke zur Torggelstube, und unterwegs durfte ich
Lottes Mund heiß und zärtlich küssen. Sie sagte da zu mir: »Daß ich
mich von dir küssen lasse ist mehr, als daß ich mit dir schlafen gehe.«
– In der Torggelstube führte ich sie an den eng besetzten Stammtisch,
und sie lernte eine Reihe von Leuten kennen, darunter Alfred Polgar
aus Wien, der zur Zeit hier ist (vorgestern tauchte er mit dem Ungarn
Molnár auf), Geyer, Feuchtwanger, der Direktor der Wiener Residenzbühne, dessen Namen ich nicht verstand, die Vallière, Falkenstein u.s.w. Lotte war recht beschwipst und poussierte mit den Wie-
nern nach Noten. Draußen saß Wedekind, kaute am Bleistift und
dichtete. Lotte sprach ihn an, leider war ich nicht dabei. Wedekind
soll sehr nett und sehr schüchtern gewesen sein. Nachher kamen die
Strichbrüder, zu denen wir an einen andern Tisch gingen. Ich fuhr
mit Lotte und Strich per Droschke heim. Als ich das betrunkene

Puma küssen wollte, sagte sie boshaft: »Nicht küssen, mein Angenehmster. Dazu muß ich zuviel Dégouts überwinden.« Das Wort lag mir schwer auf der Seele und ich kam traurig ins Bett. – Heut war ich mit Lotte im Luitpold, wo ich Mary Irber sprach. Ich soll sie demnächst besuchen, wenn ihr Graf fort ist (also doch?). Sie sah reizend aus. – Jetzt komme ich vom Baden – in der unheimlichen, anscheinend nie endenden Hitze eine herrliche Wohltat. Heut wurde der alte Dickbauch von gestern hinausgesetzt, weil er auch gegen andre Leute zudringlich wurde. Es gab großes Gelächter, und ich hatte einen persönlichen Erfolg mit der Bemerkung: »Das ist doch verständlich, daß einer bei der Temperatur warm wird.«

Ein Telegramm aus Bern: »Examen siegreich bestanden Doktor Nohl, Schwarzthorstraße.« Doktor Nohl? Das ist wohl nur ein Witz von Johannes. Ich sandte telegrafisch zwanzig Franken.

Heft 6

29. Juli – 17. Oktober 1911

München, Sonnabend, d. 29. Juli 1911. Strich reist Montag, spätestens Dienstag ab, und am nächsten, spätestens übernächsten Tage werde ich glücklich sein und Lotte, ein paar Tage lang, unbestritten mein Weib nennen. Es ist ergreifend, wie herzlich und schön auch sie mir fühlbar macht, daß zwischen uns beiden ein tieferes Einverständnis ist, als die sonstige Kameradschaft, als dies sonstige in spitzbübischen Eroticis neckende Komplot. Manchmal ist sie gegen mich gereizt, wird sie dann grob, dann sehe ich nachher doch in ihren Augen das gute Wort, die liebende Gebärde. Ach, ich liebe Lotte so fest und rein, wie ich nicht mehr glaubte, daß ich noch einmal werde lieben können. – Gestern abend waren wir – Lotte, Strich und ich – in der Ausstellung draußen. Es wollte Gewitter werden, nach der schwelenden Hitze, bei der dumpfen Schwüle die tiefste Sehnsucht eines jeden Menschen. Ein scharfer Wind kam auf, Gewölk zog sich zusammen, der Himmel blitzte an allen Enden. Das dauerte etwa eine Stunde lang. Endlich folgten einige schwache Donnerschläge, und nach langer Zeit ein wenig Regen. Heut ist's wieder heiß, trocken und wolkenlos ringsum. Es scheint, die unerträgliche Glut wird nie aufhören. Schon melden die Blätter aus manchen Städten Wassersnot, hier und anderwärts häufen sich die Hitzschläge und Sonnenstiche. Immerhin: ein wenig kühlte sich die Luft von dem Gewitteranfall ab, und wir fuhren dann in die Torggelstube, wo an einem Tisch Wedekind mit Frau in kleiner Gesellschaft, am Haupttisch Rößler im Kreise der Pokerasten und die Vallière mit Anhang saßen. Der

Bruder Strich kam, und der greuliche Sörgel, und ich ging bald, da ich noch zu arbeiten hatte. Bis nach 4 Uhr schrieb ich dann, splitternackt an meinem Schreibtisch, einen Theaterartikel für Nr. 5 des »Kain«. Heut früh telefonierte mich Albert R. an. Ich möchte ihn mittags im Matthäser suchen. Ich fuhr also erst zur Druckerei, dann dorthin. Er war mit seiner Frau und einem Kameraden da, der in Zürich einen sehr guten Eindruck auf mich gemacht hatte. R. erzählte mir Trauriges von Otto Gross, der dadurch, daß Frieda Mallaschitz ihm über Frick geschimpft hat – er habe das Verhältnis mit Frieda nur aus Geldinteressen – in einen Zustand völligen Wahnsinns verfallen sei. Er halluziniere wieder sehr viel, zertrümmere im Halbschlaf Spiegel, Lampen und sonstige Dinge, wische die kranke Nase an allen erreichbaren Geräten, wie Milchtöpfen etc. ab und sei ganz irr und krank. Seit 8 Tagen aber ist er verschwunden. Inzwischen sei Johannes einmal von Bern nach Zürich gefahren, und vielleicht habe der ihn mitgenommen. Vielleicht sei er auch in Ascona. Mich beunruhigen diese Berichte sehr, und jedenfalls soll ich sofort, wenn R. in Zürich ist, Bescheid haben. Es ist mir sehr leid um Otto, er ist trotz allem einer der feinsten und großartigsten Menschen, die ich kenne. Als ich ihn jetzt in Zürich sprach, machte er einmal eine Bemerkung, die ihn mir ungeheuer lieb machte. Wir hatten sehr viel über Frick gesprochen und waren zu einer entschiedenen Ablehnung seiner Menschlichkeit gekommen. Ich meinte, es sei ja alles recht, wenn Frieda nur nicht, wie mir sicher ahnt, an seiner Seite sich unglücklich fühlte. Da sagte Gross: »Möchtest du etwa, daß sie mit diesem Mann glücklich wäre?« – Mein Wunsch für Otto Gross ist, er soll sterben, ehe es Nacht wird.

München, Sonntag, d. 30. Juli 1911.
Immer noch, immer wieder die unnatürlichste Hitze. Man wagt sich kaum mehr auf die Straße, aber im Zimmer ist's auch kaum besser.

Daß nur bis zur Dresdner Reise eine Abkühlung einträte! Es wäre ja scheußlich, wenn wir die ganze Reise unter Stöhnen machen und gegenseitig Krankenwärter spielen müßten. – Gestern sah ich mein Puma weniger als in den letzten Tagen. Wir waren im Hofgarten beisammen, ich begleitete sie in die Türkenstrasse und fuhr dann zum Ungererbad. Nachher traf ich sie noch einmal auf der Straße und erläuterte ihr ihren Weg, indem ich sie in ein Auto setzte. Abends hatte sie mit den Strich-Brüdern etwas ausgemacht, und Strich telefonierte mich erst spät in der Torggelstube an, ich möchte in die Odeon-Bar kommen. Ich war aber in einer Gesellschaft, die mich schlecht abkommen ließ, und blieb deshalb, so sehr ich mich auch nach Lotte sehnte. Julius Muhr aus Wien war nämlich da, und hatte extra für mich Mumm anbringen lassen. Ich poussierte dabei heftig mit der kleinen Tänzerin, die ich neulich schon geküßt hatte. Sie war grade unwohl, sonst hätte ich das gute Puma wahrscheinlich heute nacht betrogen. Als die andern gegangen waren, ging ich noch zum andern Tisch hinüber, wo Wedekind mit dem eben von der Reise zurückgekehrten Steinrück, Arthur Fleischer und noch 2 Mitglieder des Hoftheaters saßen. Ich sprach mit Wedekind über Hardekopf, der mir jetzt ernstlich verfeindet zu sein scheint, da ich Emmys katholische Hysterien nicht feierlich genug nehmen konnte. Wedekind verglich ihn mit Recht mit seinem Bruder Donald Wedekind, der auch bei guten Anlagen niemals zur eigentlichen Produktivität kommen konnte. – Nachher war ich noch mit einem Teil der Gesellschaft, zu denen noch Geyer, Molnár, Polgar und Egon Friedell kamen – mit dem ich mich, wie einst in Wien, immer noch sehr amüsant herumfrozzele, im Café Orlando di Lasso. – Jetzt sitze ich (12 Uhr mittags) vor dem Tagebuch und warte, ob das Puma nicht vielleicht kommt. Es wäre schmerzlich, wenn ich bis nachmittags warten müßte, wo ich sie ja jedenfalls im Hofgarten sehn werde. – Aber Dresden! Da werde ich nicht zu warten brauchen: kommt sie –

kommt sie nicht? Da wird sie gleich morgens an meiner Seite erwachen, da werden wir tagaus tagein beisammen sein – und da werden wir gemeinsam das Szenarium für die Detektiv-Operette entwerfen. Denn das Puma will mir helfen und hat schon jetzt recht hübsche Einfälle dazu geäußert. Das wird eine fröhliche Arbeit werden! Puma, geliebtes, süßes, himmlisches Puma!

München, Montag, d. 31. Juli 1911.
Wenn der Tag so weiter geht, wie er bis jetzt – es ist ¾ 8 Uhr abends – verlaufen ist, dann werde ich ihn als einen der guten Tage meines Lebens buchen können. Morgens holte mich Rößler zum Baden ab. Vorher gingen wir noch ins Café Stefanie. Vor der Tür begegneten wir Emmy. Wir grüßten beide, und Emmy dankte still, sodaß ich mich freute, daß sie kein Krampftheater aufführte. Als ich zwei Schritte gegangen war, fühlte ich mich plötzlich von hinten umgefaßt. Emmys Kopf lag an meiner Schulter, und auf der Straße gaben wir uns den Versöhnungskuß. Im Café erzählte sie mir dann, ihr habe geträumt, ich sei gestorben, und als ich dann in meinem grauen Anzug so vor ihr lag, sei es ihr schrecklich gewesen, daß sie sich nicht mit mir ausgesöhnt habe. Übrigens seltsam: Ich habe in der letzten Zeit – wohl, weil ich an das Glück mit dem Puma nicht glauben kann – so oft Todesgedanken gehabt, daß ich gestern für alle Fälle mein Testament gemacht habe. So habe ich doch die Sicherheit, daß mein literarischer Nachlaß nicht einmal in die Fänge meiner Mischboche fällt. – Nach dem Baden Mittagessen in der Torggelstube. Die Vallière war reizend, ich durfte graziös mit ihr zoten. Nachher saßen wir miteinander auf dem Sofa in der Nische des Cafés Orlando und spielten mit einem entzückenden weißen Zwergboxl. Ob Zufall, ob Absicht – ich weiß es nicht, bin aber eitel genug, eher an Absicht zu glauben: ihre Hand fuhr mir dabei in einer Weise

zwischen die Schenkel, und blieb solange dort, daß ich meinte, mir müßten alle Hosenknöpfe abspringen. Als ich dann – wie unwillkürlich – mit meiner Hand in die Gegend ihrer engeren Weiblichkeit kam, fühlte ich deutlich die korrespondierende Bewegung ihres Unterleibs. – Trotzdem: daß aus uns zweien einmal – wenn auch nur ein einziges Mal – ein Paar würde, glaube ich nicht. Um die Frau zu kriegen, muß man Gelegenheiten schaffen, die sehr viel Geld kosten. – Im Hofgarten wartete ich vergeblich aufs Puma und ging dann zur Druckerei, wo ich Korrekturen und Revisionen der Nr. 5 las. Steinebach übergab mir einen Brief des Verlags Eckert, der bereit ist, mein »Glaube, Liebe, Hoffnung« zu verlegen und als Subskriptionswerk herauszubringen. Ich soll ihm meine Bedingungen mitteilen. Ich werde, denke ich, ein für alle Mal 500 Mk fordern. Ferner teilt mir der Verlag mit, daß er geneigt sei, den Rest des »Kraters« vom Morgen-Verlag zu übernehmen. Den hat leider schon Leon Hirsch über meinen Kopf weg erworben. Ich will das Eckert mitteilen und ihm die Neuherausgabe einer ausgewählten Sammlung meiner Gedichte vorschlagen. So käme ich vielleicht zu einem recht guten Lyrikband.

Ach ja, in der Torggelstube hatte ich den Direktor v. Rehlen von der Wiener Residenzbühne getroffen, der von den »Freivermählten« gehört hat und mir Vorwürfe machte, daß ich ihm das Stück nicht eingereicht habe. Gewiß ein Unikum: ein Theaterdirektor, der den unaufgeführten Autor um ein Stück mahnt, statt sich einzukapseln, wenn es ihm gebracht wird. Ich habe das Stück gleich von Strauß geholt, zu dem ich sowieso mußte. Denn Rudolf Grossmann schrieb mir, daß ein österreichischer Genosse hier verhaftet sei, um den ich mich kümmern möchte. Dann brachte ich Rehlen das Stück ins Hotel. Er will es in der denkbar kürzesten Zeit lesen. Also vielleicht wird es noch in diesem Jahr mit meiner alten Berliner Freundin Käte Richter in der Hauptrolle der Alma aufgeführt. – Strauß regte

mich außerdem noch an, einen größeren Wucherpump auf dem Wege
der Lebensversicherung zu machen. Ich werde es wohl tun – da es
10–12 000 Mk werden können. Also Glück über Glück! Aussicht
über Aussicht! – und als ich nach Haus fuhr, vermißte ich nur noch
eins: das Puma. Aber in der Elektrischen traf ich Strich, der mir erzählte, sie sitze im Stefanie. Dort telefonierte ich sie gleich an, erfuhr
aber zu meinem Schmerz, daß sie nicht mehr dort sei. Fünf Minuten
später kam sie, um ein paar Sachen zu holen, die sie bei mir eingestellt
hatte. Ich trug sie ihr nach Hause, und bei ihr küßte sie mich herzlich
und fest auf den Mund. Das war die Krönung des Tages – wie wird
er ausgehen?

München, Mittwoch, d. 2. August 1911.
Ich fühle mich wie ein Bräutigam am Tage vor der Hochzeit. Ich
lebe in ständiger Erwartung eines unerhörten Glücks. Das Puma tut
dabei alles, diese Stimmung in mir zu erhalten und zu erhöhen. Als
sie heut früh – ich war noch nicht aufgestanden – kam, um mich zu
wecken, setzte sie sich auf mein Bett, küßte mich und schmiegte sich
an mich wie ein kleines verliebtes Mädelchen, während sie doch
sonst nie – selbst in den zärtlichsten Stunden kaum – ihre frivole Ironie verliert. – Strich ist heute früh – endlich! – abgereist. Nun ist die
Gegenwart mein. Morgen geht die Reise los, – zunächst nach Nürnberg, dann wahrscheinlich nach Dresden, und schließlich wohl auch
noch nach Berlin. Ich habe dem Puma noch allerlei schöne Sachen
– fast eine ganze Aussteuer – geschenkt: das bischen Berner Geld
giebt doch kolossal viel aus –, und nun bin ich in einem Taumel von
Verliebtheit und närrischer Vorfreude. Die Brieftasche ist mit 400 Mk
gefüllt, alle Vorbereitungen sind fertig, was sollte diesmal wohl feind-
liches sich ereignen können? – Zu allem Überfluß gewann ich gestern
abend noch über 60 Mk beim Pokern, sodaß die Auslagen, die ich

gestern auf der Dult für allerlei Schmuck hatte, reichlichst gedeckt
sind. – Merkwürdig ist, wie mir stets, wenn es mir erotisch gut geht,
das Glück auch bei andern Frauen winkt. Vorgestern lernte ich in
der Torggelstube die allerliebste Maria Marlow vom Wiener Bürger-
theater kennen. Ich freundete mich gleich mit ihr an, und wir vertrugen uns unter anzüglichen Witzen ausgezeichnet. Die Vallière küßte
mich gestern abend auf den Mund. Lina Woiwode ist wieder da,
und war nett zu mir. Käte Richter von der Wiener Residenzbühne,
mein alter Berliner Schwarm, tauchte gestern auf. Sie ist das Verhältnis des Herrn v. Rehlen, der mein Stück leider abgelehnt hat. Er
könne es zur Zeit nicht brauchen, vielleicht später, denn er finde es
gut. Ich saß – das Puma, das sich gestern noch Strich widmen mußte,
war nicht gekommen – zwischen Käte und der Vallière, meine Hände
spannten sich jede über einen Frauenschenkel. Nachher wurde gepokert. Frau v. Hagen erschien mit Waldau. Ich saß neben Mimi Marlow,
was mir wohltat, sodaß ich überlegt und sicher spielte. – Der Ton in
der Torggelstube ist neuerdings ganz toll. Julius Muhr bemerkte neulich ganz zutreffend: »In diesem Lokal muß man, um sich beliebt zu
machen, am Eingang gleich dreimal: Ficken! rufen.« Ein sehr niedli-
cher Beleg dafür ergab sich beim Pokern. Es wurden arge Schweinereien geredet, über die sich die Frauen sehr amüsierten. Ich bekam
schlechte Karten. Jemand fragte: »Mühsam, was ist?« – Ich antworte:
»Scheiße.« – Mi v. Hagen meinte: »Na, nun fängt sogar Mühsam
schon an, solche Worte zu sagen.« – Der Nachbar fragte: »Was haben
Sie denn?« – und die Frau Baronin antwortete: »Auch Scheiße.« – –
Heut mittag aß ich mit dem Puma in der Torggelstube – auch gestern
schon, wo wir mit Rößler, Eder und Elisabeth Steckelberg beisammen saßen –. Heut waren wir allein, da die Vallière anscheinend auf
Lotte eifersüchtig ist und ich ihren Kreis nicht stören mochte. Dann
gingen wir ins Orlando. Melanie Spielmann kam, erzählte mir von
Frau Kornfeld, die sich in Berlin über mein Nichtschreiben gräme

und sehr verliebt in mich sei. Ich schrieb ihr eine Ansichtskarte und stellte ihr in Berlin meinen Besuch in Aussicht. Die Spielmann war unglaublich geil auf mich und zeigte das so deutlich, daß das Puma sich kaputlachen wollte, und mich nachher beschwor, ich solle das arme Luder mit mir nehmen und vögeln. Sie werde sich so darüber freuen, daß sie schon heute nacht bei mir schlafen würde. Ich war aber zu verliebt ins Puma, als daß ich mich zu einem Piacere mit dem häßlichen Balg hätte entschließen können. Jetzt ist das Puma bei sich zuhause und packt. Abends holt sie mich ab. Und morgen, – ach, morgen!

München, Donnerstag, d. 3. August 1911.
Also heute soll die Reise losgehen – ob nachmittags oder abends steht noch nicht fest. Darüber entscheidet das Puma. – Gestern war ich sehr viel mit ihr beisammen. Abends waren wir im Cabaret Benz. Mein alter Cabaret-College von München und Wien, Karl Mersch [?] leitete die Conferenze und sang mit seiner mächtigen Baßstimme einiges. Ein paar schlechte Diseusen traten auf, eine ganz nette Ungarin sang Parodien. Mehrere Tanzstücke wurden aufgeführt, darunter sind zwei sehr schöne graziöse Engländerinnen zu erwähnen. Endlich produzierte sich ein Russe, namens Andréjé als telepathisches Medium. Die Leistungen selbst – nach dem Willen des andern handeln – waren gewiß ganz interessant, der Kerl hielt dabei aber so prätentiöse und dumme Reden, daß mir ganz schlecht wurde. Nachher fuhren wir in die Torggelstube, wo an einem Tisch die üblichen Pokerasten – mit Mimi Marlow – wirkten, am Haupttisch die Vallière mit Mann, Egon Friedell, Feuchtwanger und Weigert saßen. Friedell verliebte sich, als die Vallière gegangen war, prompt in Lotte, die schon etwas beschwipst war, und fingerte ihr mit seinen Fettpfoten fortwährend im Gesicht herum. Das Puma interessierte sich indessen

mehr um den sehr pedantischen Feuchtwanger. Mir war nicht sonderlich wohl bei dem allen. Nachher waren wir alle noch im Orlando di Lasso, und dort wurde mir leider mein schöner Panamahut verwechselt – ich vermute von Friedell. Ich habe dafür einen schäbigen alten, dreckigen und fettigen Hut bekommen und bin sehr ärgerlich, da ich nun die ganze Reise in verminderter Eleganz machen muß. – Heut habe ich noch allerlei zu tun. Briefe, Zeitschriften zu erledigen (Nr 5 ist heraus und wird morgen plakatiert und vertrieben). – Und nun soll dies Tagebuch auch eine kleine Weile Ruhe haben. Ich will es nicht auf die Reise mitnehmen, damit es nicht etwa aus Versehen dem Puma in die Hände fällt. Auch hoffe ich, daß mir das Zusammensein mit Lotte nicht allzuviel Zeit zum Einschreiben lassen wird. Adjö, München!

München, Sonntag, d. 13. August 1911.

Zurück. – Und soll nun erzählen, was ich erlebte in 1 ½ Wochen, die zu den schönsten meines Lebens zählen? Nein! Alles beste soll bei mir bleiben, immer nur in der Verschwiegenheit meines Gedenkens, und nur Tatsachen – Gott, wie nichtig sind Tatsachen! –, nur Tatsachen will ich hier buchen.

Nach der letzten Eintragung erlebte ich noch aufgeregte Stunden in München. Lotte wollte um 3 Uhr bei mir sein. Schon vor zwei Uhr zitterte ich, sie könnte sich's noch überlegt haben, und jede Minute erhitzte meine Angst. Sie kam gegen ½ 4 Uhr. Die Stunde vorher dauerte länger als die 10 Tage bis gestern – viel, viel länger. Abends fuhren wir – bis Nürnberg, wo wir im »Kaiserhof« ein Doppelzimmer nahmen. Kunstmaler Walter Mühsam und Frau aus Berlin! Ehe wir schlafen gingen, suchten wir noch Bummellokale auf – und fanden den »Wintergarten«, ein elegantes Tanz-Etablissement im Pariser Monsieur-Stil, wo sich außer einigen dürftigen Sängern und Chansonetten unterschiedliche Solotänzer und Tanzpaare produzierten. – Über die Nacht und die weiteren Nächte kein Wort. Das ist mein, und um das im Gedächtnis zu halten, dazu bedarf ich keiner Notizen. Am andern Tag Rundfahrt durch Nürnberg, mit Besichtigung der S. Sebaldus-Kirche, die ganz wie eine Jahrmarktsbude Eintrittsgeld erhebt. Am Eingang stehn Tische, an denen Ansichtskarten verkauft werden. Abends gingen wir ins Stadttheater, wo wir eine Operette »Die keusche Susanne« sahen. Kein Meisterwerk, aber lustige Stellen, die das Puma manchmal bis zum Weinen ins Lachen brachten. Ich staunte über den Prachtbau des Theaters. Danach wieder Wintergarten – und am andern vormittag Abreise nach Dresden. Im Coupé traf Lotte eine Freundin, die Lillith heißt und im Wolfskehl-Kreis verkehrt: sie sieht recht gut aus. In Bamberg verließen wir sie, da wir dort umsteigen mußten. Da beide Züge keine Speisewagen hatten, konnten wir bis abends gegen 6 Uhr nichts zu essen bekommen. Es war qualvoll. Endlich wurde bei Reichenbach ein Speisewagen angehängt, sodaß wir, als wir in Dresden ankamen, schon etwas im Leibe hatten. Wir bezogen das Hotel »New-York«, wo wir unter unsern richtigen Namen zwei Zimmer nebeneinander hatten. Am gleichen Abend noch gingen wir in die Hygiene-Ausstellung, wo ich von Lotte eine Silhouette schneiden ließ. Sie fiel reichlich schlecht aus. Als wir im Park spazieren gingen, rief uns ein junger Mensch, der mit zwei Damen ging nach: »Das ist ja die Lotte mit dem Erich Mühsam.« – Ich kannte ihn nicht. Wir waren froh, keine Bekannten zu sehn. Es gab dort die Ausstellung eines indischen Dorfs, das wir uns ansahen. Ein kleines zartes Inderweib erregte Lottes Bewunderung in solchem Maße, daß sie ihr eine ihrer kleinen Silberdosen und ein größeres Geldstück schenkte. Wie die rührende wundervoll schlanke und grazile Inderin das Geschenk nahm, das war so ergreifend, daß Lotte in Tränen ausbrach. Ich habe sie nie mehr geliebt als in diesem Moment. – Nachher fuhr uns eine Droschke zu einem Nachtkaffee. Dann be-

gann die dritte Nacht. Am andern Tage waren wir auf der Vogelwiese, ein köstlicher Jahrmarkt, noch ganz im alten Stil. Karusselfah-
ren, Rutschbahnen und ähnliches macht uns beiden keinen Spaß.
Aber wir verwürfelten eine Menge Geld, trugen aber auch als Ertrag
mehrere Paare Manschettenknöpfe, von denen ich eins trage, eine
Brosche und sonst noch Kleinigkeiten heim. Dann sahen wir uns
die Siamesischen Zwillinge an, und da uns von diesem widerwärtigen
Phänomen wohl noch nicht übel genug war, gingen wir auch noch
in eine anatomische Bude, wo Lotte sich über die lustigen Embryo-
nen amüsierte, dagegen die Wachsnachbildungen kranker Gliedma-
ßen und Eingeweide sie ebenso wie mich in einer Weise anekelten,
daß sich uns fast der Magen umgedreht hätte. Als wir uns erholt hatten und wieder frisch und fidel waren – trotz der hahnebüchenen
Hitze, die uns den ganzen Weg begleitete, und die nun über einen
Monat ununterbrochen anhält –, ließen wir uns von einem dort po-
stierten Photographen typen. Es ist ein köstliches Bildchen geworden, ganz primitiv, mit einem Glasrahmen darum: »Erinnerung an
die Dresdener Vogelwiese«. Wir sehn aus wie ein richtiggehendes
Brautpaar. Das Bild steht schon vor mir auf dem Schreibtisch. – Gegen Abend fuhren wir wieder in die Ausstellung. Diesmal sahen wir
uns in einem Zelt marokkanische Bauchtänzerinnen an. Während-
dem trat der Jüngling, der uns tags zuvor angerufen hatte, an uns
heran, nannte seinen Namen – mir scheint Busse – behauptete, mit
mir öfters Billard gespielt zu haben und auch Lotte zu kennen und
setzte sich ungebeten und obgleich ich ihm gesagt hatte, daß ich
mich seiner nicht erinnere, zu uns an den Tisch, wo er gleich anfing,
mich unendlich viel zu fragen. Ich ließ ihn derartig abfahren, daß er
seine Unerwünschtheit bald merkte und beleidigt aufstand. Ich
schenkte Lotte noch einige Gebrauchsdinge, einen Hut und aller[l]ei
fürs Kleid. Einen Teil des Tages und den späten Abend brachten wir
im Caféhause zu, die vierte Nacht war da. Am nächsten Nachmittag

war die Abreise festgesetzt. Ich hatte an Franz Diederichs geschrieben, der mich antelefonierte und mich bat, ihn von der Redaktion der »Dresdner Volkszeitung« abzuholen. Nachdem ich Lotte in die Galerie gefahren hatte, wo ich selbst noch die Sixtinische Madonna betrachtete, die mich kalt ließ, und einige schöne Botticellis sah, ging ich zu ihm. Wir aßen zusammen Mittag. Ein sehr sympathischer Herr von etwa 50 Jahren. Wir unterhielten uns über vielerlei. Er brachte mich auf den Gedanken, einen »Kain-Kalender« herauszugeben und erzählte, daß Glasbrenner ähnliches gemacht habe. Ich will morgen mit Steinebach drüber reden. Ferner riet er mir sehr zu einem neuen Gedichtband, einer Zusammenfassung aus der »Wüste« und dem »Krater« und meinte, daß nach dem »Zukunft«-Protest ein Totschweigen meiner Lyrik in der Presse nicht mehr möglich sei. Er kündigte für eine der nächsten Nummern des »Literarischen Echos« eine Besprechung des »Kraters« an, die schon sehr lange dort läge, und von der er jetzt die Korrektur bekommen habe. Sehr erfreulich. – Ich holte dann Lotte aus dem gewohnten Kaffee ab und wir gingen heim packen. Ich kann nicht leugnen, daß es nicht beim Einpacken blieb. Wir hatten uns noch einmal lieb, denn in Berlin – das hatte Lotte von Anfang an gesagt – werde die Hochzeitsreise zu Ende sein. Endlich fuhren wir los und kamen gegen 8 Uhr am Anhalter Bahnhof an. Ich brachte unsere Effekten ins Hotel Bismarck, da Lotte mir noch eine Nacht bewilligt hatte, und Lotte erwartete mich dann im Café des Westens. Dort trafen wir alle möglichen Bekannten wieder, vor allem Spela, die also nicht gestorben ist, sondern, da sie sich nicht mehr anmalt, viel besser aussieht als früher und René Schickele, den ich, als er vor 3 Jahren nach Paris abfuhr, zuletzt gesehn hatte. Er beschimpfte mich wegen der rumänischen Deserteure, die ich ihm kürzlich zugeschickt hatte, und durch die er sehr große Unannehmlichkeiten hatte. Hubert war da, Höxter und Brann, und schließlich gingen wir noch zu Bols. Als ich um ½ 4 Uhr nachts mit dem Puma zum Hotel am Knie fuhr, war sie totmüde und bat mich, sie die Nacht allein zu lassen, da sie zu abgespannt sei. Ich möge erst morgens zu ihr kommen. Wie sie mich beim Gute Nacht sagen küßte, das zeigte mir deutlich, daß sie andre Gründe wirklich nicht hatte. Morgens kam ich dann noch zu ihr ins Zimmer und ins Bett – und das war nun wirklich das letzte Mal, daß ich diese unendliche Süßigkeit genießen durfte.

Jetzt begann der Berliner Betrieb mit seiner Geschäftigkeit und Nervosität, erschwert immer wieder durch die bodenlose unerhörte Hitze, die uns schon ganz hat vergessen lassen, was Regen überhaupt ist. Lotte sah ich täglich im Café, und sie war nett und ungeheuer lieb mit mir, besonders wenn wir allein waren. Sonst durfte nichts Auffälliges geschehn, da Strich viele Freunde hat. – Ich war also draußen in Waidmannslust, am andern Tage suchte ich die Herren Eckert und Co (die Compagnie heißt Schwartzkopf) auf, und nun hatte ich mit der Bande genug zu tun. Es wurde geschachert und gehandelt, und das Ergebnis ist, daß ich jetzt einen Kontrakt in der Tasche habe, nach dem ich das Buch »Glaube, Liebe, Hoffnung« an den Verlag für 500 Mk mit allen Rechten (außer dem Aufführungsrecht) abgebe. Leider erhalte ich erst 50 Mk, da die Gesellschaft einen großen Dalles zu haben scheint. Ich hörte zu, wie Schwartzkopf am Telefon einen Geldgeber bewegen wollte, für die Sache Geld zu lokkern und wäre vor Lachen fast geborsten, wie er die Aussichten übertrieb, erlogene Zahlen nannte und dgl. – Ich betrachte das Geld als gefunden, da ich längst verzweifelt hatte, für die Arbeit noch mal Geld zu sehn. Von der Deutschen Montagszeitung holte ich mir 25 Mk, die, was ich garnicht wußte, für mich noch gut waren. Die 100 Mk vom alten Verlag des Blattes, hieß es, seien auch ganz sicher. Tant mieux. Bei Hans war ich erst vorgestern, spät abends. Er schimpfte über den »Kain«. Im Gefängnistagebuch kommt einmal das Wort »Pferdeärsche« vor. Mein Bruder ist tief empört über den

Ausdruck und erklärte, er könne seiner Frau das Heft deswegen nicht zeigen. Gestern war ich mit Lotte bei ihm, die sich eine Brand-narbe operieren lassen will. Er lud uns zum Kaffee ein. Das Puma machte sich nachher weidlich lustig. Zum Abendbrot hatte mich ge-stern Lottes Mutter, »die alte Pumerin« eingeladen. Eine köstliche Frau, Lottes Vertraute in allen Liebesdingen. Eine so tolerante und verständige Mutter wird nicht so leicht zum zweiten Mal gefunden werden. Um 10 Uhr 30 fuhr ich ab, nachdem mich das liebe teure Puma noch an den Bahnhof begleitet und dort mit einem guten Kuß verabschiedet hatte. Ich konnte auf der Fahrt zur Bahn kaum spre-chen. So nahe ging es mir, mich jetzt für 2–3 Monate von Lotte tren-nen zu müssen. – Ich mußte dritter Klasse fahren, weil von den 500 Mk, die ich mit dem, was ich in Berlin einnahm, die Zeit hindurch gelebt hab, nur noch 25 Mk hatte. Jetzt habe ich keine 3 mehr, kann mir aber von der Deutschen Bank noch holen, was morgen geschehn soll. – Ich bereue die Ausgaben nicht. Davon hatte ich wirklich etwas, und das Puma brauchte nichts zu entbehren. Wie bin ich dem lieben starken schönen klugen feinen Mädchen dankbar! Wie hat sie mich bereichert und beglückt! – Gestern abend erzählte sie mir noch ganz stolz, daß sie mir, seit sie in Berlin sei, noch immer treu sei. Ob es jetzt noch stimmt, da ich dies schreibe? – Sie soll leben; ich will es auch!

Vieles glaube ich, habe ich noch einzutragen vergessen. Es wird nach und nach noch manches folgen müssen. Nur ein Name sei schnell notiert, der wohl noch häufiger von jetzt ab ins Tagebuch ge-schrieben werden wird: Ella Bardt.

München, Montag, d. 14. August 1911.

Ella Bardt kenne ich schon seit Jahren. Sie war Schauspielerin bei Reinhardt, und ich habe sie in »Frühlingserwachen« und in andern

Stücken manchmal spielen sehn und stets für eine entschiedene Begabung gehalten. Jetzt traf ich sie im C. d. W. wieder. Sie kam in Begleitung der reizenden blonden Anny Rawenitz und sah mit Schnek-
ken vor den Ohrmuscheln besser aus, als ich sie früher je fand. Zum
ersten Mal fiel mir auf, daß sie keineswegs das häßliche Mädchen ist,
als das man sie verschreit, und daß ihr Gesicht trotz der etwas dicken
Nase ganz reizenden Ausdruck hat. Ihr Mund und ihre Augen sind
überaus anziehend, kurzum ich interessierte mich für sie und ging
ein längeres Gespräch mit ihr ein, in dessen Vorlauf uns beiden warm
wurde. Mir stieg der Wunsch auf: die müßte nach München, und als
ich es ihr sagte, war sie Feuer und Flamme, kurzum: ich gab ihr das
gleiche Versprechen, wie bei meinem letzten Berliner Besuch der
schönen Krissa v. Siewers (die ich nicht sah und von der ich mit Entsetzen hörte, daß sie engstens mit Harry Kahn liiert sei). Ich werde
mich bei Steinrück und Basil sehr ernsthaft für Ella Bardt ins Zeug
legen und wäre glücklich, wenn es mir gelänge, ihr hier ein Engagement zu verschaffen. Das arme Mädel hat nämlich Pech gehabt. Sie
war zuletzt bei Karlheinz Martin am Frankfurter Komödientheater
engagiert, wo sie große Rollen spielte und gute Erfolge hatte. Das
Theater ging pleite, da die Frau des Direktors (die Carlsen) mit dem
ersten Liebhaber durchbrannte und ihr vom Gericht das Kapital,
das sie in die Ehe gebracht und ins Theater gesteckt hatte zugespro-
chen wurde. Nun ist Ella Bardt ohne Engagement und grämt sich
im Caféhause. Kommt sie nach München, ist ihr geholfen und die
Freundschaft, die wir jetzt geschlossen haben, könnte leicht die Formen einer Liebe annehmen, die – das übersehe ich völlig – keine leere
Spielerei bleiben würde. – Eines Abends fuhren wir alle – Lotte war
dabei und der Chefredakteur des »Berliner Börsen-Couriers«,
Dr. Haas, in die Nollendorf-Bar. Lotte und Ella verliebten sich
prompt ineinander und küßten sich im Auto, daß es eine Freude war
zuzusehn. Die Gefahr dabei ist nur, daß Lotte das als ganz harmloses

kleines Intermezzo nimmt, während es bei Ella alle Anzeichen einer großen tiefen Liebe trug. Nachher begleitete ich sie heim. Wir gingen eng umschlungen durch die Straßen, nachdem wir Lotte in der Marburgerstrasse, wo sie ein Zimmer gemietet hatte, und Anny Rawenitz in der Kantstrasse abgesetzt hatten. Küssen ließ sich Ella nicht von mir, aber sie zeigte deutlich Zärtlichkeit für mich, und das »Du«, in dem wir miteinander sprachen, war Notwendigkeit und wird sicher als Zeichen unserer neuen Freundschaft beibleiben. – Noch heute will ich versuchen, Steinrück zu erreichen.

Hier in München scheint alles beim Alten. Im Café sah ich gestern nur Bing mit der Huber. In der Torggelstube Feuchtwanger und Hartmann. Als ich fortging, mahnte mich Rauschenbusch um die 25 Mk, die er mir vor gut einem Jahr geliehen hat. Ich werde sie ihm demnächst zurückgeben. – Heut früh holte ich mir 150 Mk von der Deutschen Bank, da ich garnichts mehr hatte und Lotte 25 Mk schicken will. Dann ging ich ins Luitpold. Dort traf ich die beiden Wiener Tänzerinnen vom Künstlertheater, deren eine ich kürzlich in der Torggelstube so intensiv geküßt hatte. Ich lud sie zum Essen zu mir ein und es war sehr lustig. Beide – sie heißen Sonja Palm und Anny Remeau – wollen ans Cabaret. Ich versprach ihnen Chansons, die sie sich einzeln abholen sollen. Daß sie mir meine Mühe in recht süßer Weise honorieren werden, scheint mir sehr wahrscheinlich. Hoffentlich macht mir mein Magen keinen Strich durch die Rechnung. Ich entdeckte nämlich beim Stuhlgang heute zu meinem Entsetzen, daß ich einen richtigen Bandwurm habe. Herrgott, wie widerlich alle solche Störungen sind – und wie unappetitlich diese speziell. – Nachdem wir oben in Rößlers Stube allerlei Unfug verübt hatten – die Mädels brachten sein Bett in Unordnung, sodaß es stark nach Orgien aussah, und nachdem ich speziell die hübsche schlanke, englisch aussehende Anny mächtig abgeküßt hatte, fuhren wir ins Orlando di Lasso.

Von da aus ging ich zu Steinebach. Soviel ist sicher: er wird den »Kain« vorerst nicht eingehn lassen. Auch ist er mit der Idee des »Kain-Kalenders« einverstanden. Jetzt will ich an die Arbeit. Ich muß noch heut für den »Sozialist« einen Artikel schreiben und abschicken, dann an das Libretto fürs Künstlertheater gehn, das ich doch allein machen muß. Ich habe die Absicht, von jetzt ab jeden Tag einige Stunden regulär zu arbeiten. Ob ich es durchführen werde?

München, Dienstag, d. 15. August 1911.

In Berlin erhielt ich einen nachgesandten Brief von Wedekind. Darin beglückwünscht er mich zur Entwicklung des »Kain«, den er speziell stilistisch außerordentlich gut findet und schickt mir ein »Memorandum«, betitelt als »Zensurbeirat«, das ich als Material für mein Blatt verarbeiten soll. Es greift zwei Professoren wegen ihrer Gutachten über seinen »Totentanz« an. Ich habe ihm geschrieben, daß ich das Manuskript am liebsten in seiner eignen Fassung brächte und erwarte nun seine Einladung zum Rendezvous. – In der Torggelstube war es sehr lustig gestern. Egon Friedell war ganz auf der Höhe, und wir amüsierten uns – auch Rößler und Feuchtwanger nahmen daran teil, indem wir Dramentitel erfanden und den Autor dafür ermittelten, bzw. für gewisse Autoren Titel ersannen. Nachher deklamierte Friedell den Tasso, wie er lauten würde, wenn er von Shakespeare wäre. Seine Fähigkeit, die Shakespearesche Sprache aus dem Stegreif auf bekannte Verse zu okulieren, ist fabelhaft. Ich erinnere mich aus der Wiener Zeit, wie er alle möglichen Zitate und lange Dramenstellen variierte, indem er die Sprache andrer Dichter darauf anwandte. Später kam Weigert und Frau, dann – an einem andern Tisch – die beiden Damen, die mittags bei mir gewesen waren, in Begleitung einer schauderhaft häßlichen Person, namens Trenk, die Friedell zu poussieren begann. Nachdem sie gegangen waren, drückte ich mich auch bald und ging zeitig schlafen.

München, Mittwoch, d. 16. August 1911. Ein bösartiger Schnupfen, dessen ärgste Schrecknisse jetzt überwunden scheinen, vergällt mir ein wenig das Leben, das jetzt recht arbeitsam werden muß, will ich alles recht machen, was ich mir vorgenommen habe, und will ich das Wohlleben, an das mich das Berner Geld gewöhnt hat, zu einer dauernden Institution meines Wandels machen. Von dem Rest verlor ich gestern zu allem Überfluß 60 Mk beim Vingt-et-un, zu dem mich abends im Stefanie Feuchtwanger verleitete. Ein paar fade Spießer, die an den Tisch kamen und sich am Spiel beteiligten, schnappten das köstliche Metall.

Nachmittags war ich heimgekommen – nachdem ich mit dem plötzlich hier aufgetauchten Polen Justmann – den ich in Berlin kennengelernt hatte –, ein öder Geselle –, Schach gespielt hatte. Auf der Straße begegnete mir Hanns Fuchs, ein Bekannter aus dem Hirschfeldkreis in Berlin, ein tuntiges Rindvieh, der berichtete, daß er eben Wedekind vor meine Haustür begleitet habe. Als ich die Treppe hinaufkam, stand Wedekind vor der Wohnungstür. Wir besprachen dann in meinem Zimmer sein Memorandum, das, wie er erzählte, später als Vorwort zu seinem nächsten Buch Verwendung finden soll. Es ist aber hübsch von ihm, daß er es mir zur Veröffentlichung überläßt. Ich glaube, es wird dem »Kain« sehr nützen, und die Presse wird ihre Taktik, das Blatt totzuschweigen, diesem Beitrag gegenüber kaum fortsetzen können. – Wedekinds Frau ist in diesen Tagen von einem Mädchen entbunden worden, das, wie mir Wedekind erzählte, die Namen Fanny Kadidja führen soll, die Frauennamen aus »Hidalla« und »Zensur«. – Abends war ich in der Torggelstube mit Wedekind, Weigert und Freundin, Fuchs und Feuchtwanger. Es wurde lebhaft geredet. Weigert erzählte folgende hübsche Anekdote (ein komischer Mensch, dessen ganzer Wert in der Beherbergung unzähliger Anekdoten besteht, und der sonst von ungeheurer Blödheit ist): Als Richard Strauß hier mit dem Hoftheater-Orchester die »Salome« studierte, wollte eine Stelle absolut nicht so klappen, wie der Komponist sie wollte. Er ließ sie immer wieder repetieren, bis schließlich ein Mitglied des Orchesters aufstand und sagte: »Geben Sie sich keine Mühe, Herr Doktor. Die Stelle ist schon im ›Tristan‹ nicht gegangen.«

Ich ging nachher noch mit Fuchs in ein Caféhaus, der mir, da ich durch den Spielverlust ganz blank war, 3 Mark pumpte. Heut vormittag traf ich ihn und lud ihn zum Essen zu mir ein. Er redet – wie vor Jahren schon – ausschließlich vom Hause Wahnfried (ich nenne es gern »Größenwahnfried«) und renommiert damit, daß er mit Siegfried Wagner ein homosexuelles Verhältnis hatte.

Johannes schreibt eine Karte aus Senniswald-Grünen im Emmenthal. Ich habe keinen Dunst, was er und Iza weiter beabsichtigen. Papa schickt eine Ansichtskarte. Er ist wieder in Lübeck. Ein Leipziger Verleger macht mir den Vorschlag, ich soll (für sehr billiges Geld) einer Berliner Zeitschrift regelmäßig satirische Gedichte schikken. Er verlangt für seine Vermittlung die Kleinigkeit von 25 %. Unverschämtheit! – Mit Steinebach beredete ich heute ausführlicher die Kalender-Idee. Ich muß sehr bald an die Arbeit. Inzwischen habe ich gestern den ersten Akt des Operetten-Librettos im Szenarium entworfen. Sobald ich den Entwurf fertig habe, und er angenommen wird, hoffe ich auf tausend Mark Vorschuß. Dann kann wieder eine kurze Zeit festlichen Schlemmerlebens beginnen!

Eine Karte von Beatrice Pallon wurde mir im Stefanie übergeben. Ich soll sie an Ernst Frick weiterbefördern. Ein willkommener Vorwand, an Frieda zu schreiben, was jetzt gleich geschehen soll.

München, Donnerstag, d. 17. August 1911.

Mit dem Schnupfen geht es besser. Dagegen macht sich der Bandwurm in recht peinlicher Weise bemerkbar. Er verlegt mir den Appetit, verursacht Kopfschmerzen, treibt mir den Schweiß aus den Poren und hält fortwährend das Gedächtnis am Mastdarm fest, in dem es peinlich genug hergeht. – Da mir ein Apotheker erklärte, die eigentlich wirksamen Mittel gegen Bandwurm gebe es nur auf ärztliche Verordnung, werde ich wohl morgen wieder mal Hauschild aufsuchen. – Das lästigste ist, daß mich das widerliche Vieh vom Arbeiten fernhält. Ich fühle mich so benommen, daß es mich nie lange am Schreibtisch hält.

Gestern nachmittag traf ich im Stefanie den Maler Hollitzer, der mich zum Abendbrot ins Hoftheater-Restaurant einlud. Dann waren wir in der Torggelstube: Weigert, Friedell, Fuchs, Polgar, Dr. Brecher. – Fuchs ist ein übler Geselle. Seine homosexuellen Renommistereien machen auf alle einen sehr üblen Eindruck. Heut war ich nach Tisch im Orlando di Lasso: Meßthaler, Weigert, Steinrück, Rosenthal, Strauß, Dr. Gotthelf, Polgar. Ich spielte mit Gotthelf Schach.

Die »Münchener Illustrierte Zeitung« bringt das Bild der Kegelgesellschaft mit einem recht dummen Text. Ich muß mir um den Anarchisten mal wieder Anführungsstriche gefallen lassen. Lotte fand mich auf der Photographie seinerzeit »leicht bedeutend« aussehend.

Mit Steinrück sprach ich über Ella Barth (sic). Leider macht er garkeine Hoffnung, daß sie hier ans Hoftheater engagiert werden könnte. Grade für ihr Fach sei die Michalek gewonnen. Er bedauerte es selbst, da er niemand lieber als sie hierher empfohlen hätte. Schade.

Von Margrit Faas ein Brief. Sie will im Oktober herkommen und hier sprechen.

München, Freitag, d. 18. August 1911.

Ich muß meine Zeit anders einteilen. Vor allem muß ich mich an früheres Aufstehn gewöhnen. Sonst kann ich mit den vielen Aufgaben, die ich mir gestellt habe, nicht fertig werden. Jetzt ist es schon wieder 4 Uhr nachmittags, und ich habe heut noch nichts getan. Zwar fühle ich mich sehr erfrischt durch das Bad, zu dem mich Rößler mittags verleitete. Es war ungemein wohltuend, in den herrlichen Bassins des Ungererbades herumzuschwimmen, und grade jetzt, wo die Hitze vorbei ist und das wundervollste frische Wetter im Sonnenschein schwelgt, ist der Genuß, nackt im Freien zu sein, doppelt groß. – Es war nicht übermäßig voll im Bad. An Bekannten traf ich nur den jungen Robert Halbe und Olaf Gulbransson. Nach Tisch ging ich in den Hofgarten, wo ich mit Hertzog und Heinrich Mann zusammen war. Mann hat ein neues Stück geschrieben, das er dem Hoftheater eingereicht hat. Jetzt fällt mir die angenehme Aufgabe zu, bei Steinrück anzuklopfen, wie es mit der Annahme steht. Dann traf ich Ludwig Thoma, der mich herzlich nach Tegernsee einlud. Ich will demnächst mal wieder hinausfahren. Vormittags telefonierte ich mit dem Moggerl. Sie erzählte, daß Moissi hier sei und an den Proben zur »Orestie«, die am 27ten, in der Musikfesthalle in Szene gehn soll, teilnimmt. Ich versprach ihr, in diesen Tagen mal zu einer der Proben zu kommen, wo man sie täglich finden kann.

Eine Karte von Lotte und Ella Barth, an der auch Dr. Haas und Spela angeschrieben haben, macht mir Freude. Das gute Puma hat so eine entzückende Art, mir zu verstehen zu geben, daß sie mich gern hat. »Wenn Du jetzt hier wärst, würde ich vielleicht liebenswürdig zu Dir sein.« Ella Barth schreibt u. a.: »Tu alles für mich, denn ich möchte zu gern mit Dir – –« Zum Schluß: »Ich küsse Dich, wohin Du willst.« Das ist ja wohl ironisch gemeint, aber ich bin so eitel, ein Spürchen Ehrlichkeit dahinter zu vermuten. Unendlich schade, daß ich sie nicht gleich herbeordern kann.

Nun muß ich an die Arbeit, zuerst aber mal eine Menge Korrespondenzen erledigen. Der Genosse Müller schickt mir den Bürstenabzug eines Artikels »Autorität«, den ich für den »Sozialist« geschrieben habe. Ich muß gleich Korrektur lesen. Dazu ein längerer Brief, in dem er sich über das Verhalten der Münchner Genossen, besonders Kindlers und Zenkers beschwert, die noch Schulden beim S. B. haben. Ach, daß ich ihm so garnicht tröstlich antworten kann! Die Bewegung ruht hier völlig. Seit auch Morax nicht mehr mittun will, bin ich ganz entmutigt. Aber ich will mich wegen der Margrit-Versammlung mit Ertl in Verbindung setzen. Es ist kläglich, wie wenig Idealismus in den Menschen ist! – – Dann muß ich an Johannes schreiben, der schon böse auf mich sein wird. Und dann weiter an dem Libretto-Entwurf arbeiten, dessen erste zwei Akte ich heut abend Rößler vorlesen soll. Ich bin sehr neugierig auf sein Urteil. Ich hoffe, er wird das, was bis jetzt da ist, billigen. Ist dann auch Sobotka einverstanden, so will ich den Drei-Masken-Verlag um einen ordentlichen Vorschuß prellen.

München, Sonnabend, d. 19. August 1911.
Die Arbeit ist noch immer nicht weiter gediehen. Denn als ich gestern anfangen wollte, begrüßte ich vom Fenster aus Rößlers Freundin, Frl. Consuela Diekmann, den »Consul«. Ich lud sie zum Kaffee ein und sie blieb längere Zeit bei mir. Ein allerliebstes Geschöpf. Sehr groß, schlank, sehr großer Kopf, weiße Haut, sehr volles weiches dunkelblondes Haar, schöner Mund mit prächtigen weißen Zähnen, und große ausdrucksvolle, ins Grünliche schillernde Augen. Starke, aber gut geformte Hände und recht sympathisches Benehmen. Rößler schimpft auf sie, weil sie so anständig sei, er brauche eine »Toppsau«: »Bei der würde ich ewig bleiben.« – Mir gefällt aber grade des Consuls zurückhaltende Art, sich frei zu benehmen.

Abends aß ich mit ihr und Rößler oben bei Rößler Abendbrot, und erst jetzt wagte ich, mich dem Mädchen erotisch zu nähern. Das geschah in der Form, daß ich mit ihr Ehemann-Betrügen spielte. Ich nahm sie um die Hüfte, küßte sie auf Stirn und Wangen – den Mund gab sie noch nicht her dazu und sagte ihr, während Rößler einmal hinausgegangen war, sehr viele werbende Artigkeiten. Heut will sie mich zum Hofgarten abholen. Ob es mir gelingen wird, sie zu verführen, ist sehr fraglich, Rößlers wegen brauchte ich mich nicht zu besinnen. Dem wäre es nur recht, wenn der Consul ein wenig vom Pfad ihrer tugendlichen Treue abgebracht werden könnte. Außerdem – armer Strich! – bin ich in dieser Hinsicht ja auch sonst nicht bedenklich. – Um 4 Uhr soll ich dann ins Orlando, wo ich mit Lulu Strauß über die Lebensversicherungs-Geldgeschichte reden soll. Nachher zur Druckerei, um Wedekinds Memorandum, das er mir jetzt in der endgültigen Form gesandt hat, abzuliefern. Da ich auch noch Correspondenz zu erledigen habe – von Kätchen Brauer kam eine Karte aus Ilmenau, wo sie am Kurtheater spielt; die muß beantwortet werden – sehe ich auch heute wieder die eigentliche Arbeit in den Hintergrund geraten. – Von Mimi Marlow erhielt ich gestern nacht den Auftrag, ihr einen Vortrag zu dichten, da sie in einigen Tagen in Franzensbad auftreten soll. Ich habe es, da ich auf 100 Mk hoffe, übernommen, weiß aber bis jetzt nur den Refrain: »Jedoch er dachte nicht daran.«

Heut vormittag telefonierte mich Emmy aus dem Café Stefanie an, ich möchte hinkommen. Sie wollte mich blos mal wiedersehen und war sehr nett. Ihr religiöser Wahnsinn scheint ganz vorbei zu sein, sie spricht und tut wieder ebenso frivol wie früher. Mich beschäftigt, was sie über Uli sagte. Die ist mit Seewald nach Hiddensee gereist. Wie Emmy behauptet, ist der Maler Thesing mitgefahren, mit dem sich Uli zu unser aller Befremden sehr angefreundet hatte. Emmy fürchtet, daß der, der garkein Geld hat und auch keins verdient, ganz auf Seewalds Kosten lebt, und meint, daß Uli völlig in seinem Bann sei. Uli und Thesing beabsichtigen, ohne Seewald, aber auf seine Kosten nach Paris zu reisen, und da Thesing ganz gewissenlos sei, sehe sie Schlimmes für Uli daraus erwachsen. Sie hat ihre Kenntnisse von Bolz, der Thesings Intimus ist. – Natürlich sieht Emmy Gespenster, aber gefallen will auch mir die ganze Sache garnicht, und ich fürchte, daß das Verhältnis mit Seewald, durch das Uli zum ersten Mal eine gesicherte Existenz hat, arg gefährdet ist. Daß sie sich mit dem Klotz Thesing eingelassen hat, gehört schon in ihre absonderliche Art hinein. Wenn sie nur nicht wieder zu dem verdammten Morfium zurückgreift! Mir schien in der letzten Zeit vor meiner Reise, daß ihr Nervenzustand wieder sehr derangiert und also für das Gift prädestiniert war. – Aber Emmy erzählt von Hardekopf, dessen Menschenscheu mir auffiel, als ich ihn neulich in der Torggelstube kurz sprach, – er fange an, Morfium zu spritzen. Das fehlte dem armen Jungen blos noch. Dann ist es ganz aus mit ihm. Er ist ein Opfer dessen, was er seinen Stil nennt. Ich nenne es Pose.

München, Sonntag, d. 20. August 1911.

Ich bin sehr in Sorge um Johannes. Er hat lange nicht geschrieben, und ein Brief, den ich an die letzte Adresse, die er angab, in Senniswald richtete, kam zurück mit dem Vermerk: »Abgereist«. Was mag das sein? Hoffentlich braucht er bald Geld und schreibt. Jedenfalls will ich morgen bei den Züricher Freunden anfragen. Inzwischen laufen allerhand Briefe für ihn ein, da er meine Adresse zur Nachsendung seiner Post angegeben hat. Vielleicht trifft er eines Tages persönlich bei mir ein. Das wäre eine Freude! Sonst aber ist es unverzeihlich, daß er mich so im Ungewissen läßt ... Von Landauer ist ein Brief an ihn dabei, der wohl die Versöhnung betreibt.

Gestern war ich mit Consul, der indischen Braut, im Hofgarten. Ein wirklich nettes Mädel. Ich unterhielt sie mit meinen Theorien über sexuelle Treue. Ein bewährtes Anknüpfungsthema. Sie war sehr interessiert. Nachher Café Orlando di Lasso. Nachmittags machte ich das Vortragsgedicht für die Marlow. Abends: Torggelstube. Auf dem Weg dorthin traf ich Gerta Fehl, die schon wieder vor Pech und Tragik schwitzt. Ihr Mann ist vor der Familie von den Toten wieder aufgestanden. Sie hat ihm eine Schußwunde in die Stirn geschnitten, ihn verbunden und nach Wien geschickt unter dem Vorgeben, sie habe ihn im Spital aufgefunden. Natürlich ist seine Hoffnung, dort das nötigste Geld aufzutreiben, irrig. Er faselt von einem Millionengeschäft, ich habe ihn aber im Verdacht, daß er seiner Ehefrau, bei deren Schwester er zurzeit wieder Bräutigam spielt, Märchen vorschwindelt. Sie hatte nichts zu essen. Ich ging mit ihr ins Café Odeon und gab ihr 1 Mark. – In der Torggelstube war die Halbe-Gesellschaft versammelt, ein riesiger Tisch voll Leuten. Ich holte mir die Marlow und Lulu Strauß, die mich nachmittags im Orlando versetzt hatten, jetzt hinüber, da ich mich nicht zu den vielen, teilweise fremden Leuten setzen mochte, auch von Halbe, der schlecht aufgelegt schien, nicht dazu aufgefordert wurde. Der Marlow gefiel das Gedicht gut. Sie will mir 60 Mk dafür zahlen und häufig etwas bei mir bestellen. Vorläufig habe ich ihr das Gedicht »Baccarat«, mit dem ich seit gut einem Jahr hausiere, abgeschrieben. Vielleicht ist es was für sie. Heut sollte ich das Geld im Orlando kriegen. Sie versetzte mich aber wieder. Ich habe mich gewöhnt, nicht eher an Geld zu glauben, bis ich es nicht bar habe. – Von der Halbe-Gemeinde splitterten sich dann noch allerlei Leute ab, die ins Orlando hinüber kamen: Mi v. Hagen, Lina Woiwode, Dr. Mannheimer und Elisabeth Steckelberg, Dr. Gotthelf u.s.w. Dazu kamen noch Sobotka und der Musikverleger Jadassohn aus Berlin. Ferner lernte ich bei dieser Gelegenheit den Komponisten Leo Fall kennen, einen dicken, sehr semitischen

Wiener, der unausgesetzt jüdische Witze erzählt. Die ganze Gesellschaft ging zu Frau v. Hagen pokern, nur Sobotka, Jadassohn, Lina Woiwode und ich bleiben zurück. Linerl zeigte mir eine neue Photographie von sich, auf der sie zum Entzücken aussieht. Sie versprach mir, sobald sie mehr habe davon ein Bild. »Du kannst's dir über dein Bett hängen«, meinte sie, »und machst's dir dann davor.« Danke. Die reelle Vergnügung mit ihr selbst wäre mir lieber. Nachher begleitete ich sie in die Kanalstrasse vor ihre Haustür. Küssen durfte ich sie leider nicht, da sie Zuschauer fürchtete. – Nach einem Schwarzen im Stefanie ging ich heim.

Heut früh kam die Fehl schon wieder angesetzt mit einem verzweiflungsvollen Brief von dem rumänischen Gatten. Ich schickte sie zu Rößler hinauf und wir gaben ihr je eine Mark. Man muß sehn, sie zu versorgen. Heut abend soll ich mit ihr zu Kati Kobus, die sie anpumpen möchte. Außerdem wollen wir sie an José Benz empfehlen. – Eine liebe Karte von Ella Barth kam an, in der sie sehr herzlich schreibt, und mich bittet, mich bei Stolberg für sie zu verwenden. Große Hoffnungen habe ich nicht, aber ich will alles versuchen. Ich möchte sie zu gern hier haben. Vielleicht kann sie mich wirklich lieben. Ein festes Verhältnis wäre unermeßliches Glück für mich. Kätchen Brauer, die mir jüngst aus Ilmenau schrieb, wo sie am Kurtheater spielt, habe ich aufgefordert, herzukommen. Wäre sie nur am Tage genießbarer! Nachts ist sie einzig. – Lotte giebt mir allerlei Aufträge an ihre Wirtin, die ich morgen erledigen werde. – Heut mittag ging ich mit Rößler baden. Wir trafen draußen Gänschen-Eyssler, Robert Halbe und Gulbransson. – Dann ins Torggelhaus essen und ins Orlando Café trinken. Dort war – die Marlow leider nicht, wohl aber Meßthaler, der ein neues intimes Theater im Hotel Roth aufmachen will. Er sucht nach einem Titel dafür. Ich riet: »Der Fasan«, oder »Opal«. Ich bin neugierig, ob er eins davon wählen wird. – Nachher fuhren wir per Auto in den Hofgarten, wo

wir mit Dr. Blei zusammen saßen. Er erzählte, daß sich Victor Mannheimer demnächst mit Fritz Behn wegen einer dummen Lappalie
schießen werde. Torggelstuben-Gespräch für die nächsten vier Wochen. – Ich ging dann noch zu Heinrich Mann an den Tisch, der mit
Oppenheimer und Rechtsanwalt Brantl beim Kaffee saß. Den Oppenheimer ärgerte ich, indem ich seine sehr boshafte Karrikatur, die
mir Hollitzer vor einigen Tagen im Hoftheater-Restaurant aufzeich-
nete, herumzeigte.

Eine Kindlichkeit von Rößler: Wir gingen an einer Anschlagtafel
vorbei. Für heut abend kündigt das Schauspielhaus die hundertste
Aufführung seines Feldherrnhügels an. Er blieb vor dem Plakat stehn,
schüttelte den Kopf und sagte: »Unglaublich! Dieser öde Dreck!«

München, Montag, d. 21. August 1911.
Es ist wieder 6 Uhr abend, und ich habe heut noch keinen Strich für
die Unsterblichkeit geschrieben. Dabei muß die Nr 6 des »Kain«
schnellstens fertig werden – noch habe ich kaum angefangen. Sobotka wartet auf das Szenarium, dem noch der dritte Akt fehlt. Der
Kalender soll im Oktober heraus, und ich bin mir noch nicht einmal
klar, was hinein kommt. Der »Komet« mahnt alle Augenblicke um
Beiträge, die Marlow, die Wiener Girls und der indische Consul wollen Vorträge von mir, und einige ganz wichtige Briefe – an das Puma,
an Ella Barth und an die Schweizer wegen Johannes, der sich immer
noch nicht gemeldet hat, gehn allem vor.

Gleichwohl will ich das Tagebuch nicht im Stich lassen. Es giebt
doch täglich wieder Lustiges zum Notieren. Gestern begann ich mit
dem Leitartikel für den »Kain«, aber nach kurzer Zeit verließ mich
die Lust zum Schreiben und ich ging zu Rößler hinauf, um mit ihm,
wie verabredet, ins Orlando zu gehn. Consul machte mir die Tür
auf und lud mich, da Rößler nicht zuhause war, in ihr Zimmer. Ich

blieb wohl anderthalb Stunden in angeregter Unterhaltung bei ihr, und das Resultat war, daß ich nun weiß, wie reizend sie küssen kann. Trotzdem ist es mir noch sehr zweifelhaft, ob ich bei ihr zum Ziele kommen werde. Aber küssen ist auch sehr schön – und jemand im Hause zu wissen, der schöne Lippen spitzt, wenn man kommt, ist wundervoll. – Ich ging dann ins Orlando, wo ich Rößler, Gotthelf, Eyssler, den jungen Dannegger und nachher Strauß mit der Marlow traf. Ich spielte mit Dannegger Billard und Ecarté, dann übergab ich der Marlow das Baccarat-Gedicht. Strauß nahm mich beiseite, und erklärte, daß ihr das andre Gedicht zu teuer sei. Ich ließ es ihr also für die gebotenen 30 Mk, die ich gleich erhielt. Besser als mit der Gabel in den Samenstrang – pflegt Wilm zu sagen. – Inzwischen gab es langes Hin und Her, da Eyssler für uns alle Abendbrot bestellt hatte, das die Torggelstube in seine Wohnung (Widenmeyerstrasse) liefern sollte. Dort wollten wir pokern. Es gab ein groteskes Herumzappeln voll Unschlüssigkeit und Nervosität, schließlich fuhren wir: Rößler, die Marlow, Strauß und ich im Auto los, während Eyssler in einer Droschke mit dem Essen nachkam. Er ist wundervoll eingerichtet, und hat ein paar Bilder und Gobelins, die viele Tausende wert sind. Die Marlow war totmüde, weil sie tags vorher bei Mi v. Hagen von 10 Uhr abends bis gestern mittag um 1 Uhr Poker gespielt hatte. Wir spielten nur kurze Zeit zu niedrigem Satz. Ich verlor aber doch 11 Mark. Nachher ging eine große Filzerei mit der Marlow an. Rößler ging fort, und Eyssler, Strauß und ich saßen abwechselnd bei ihr auf dem Divan. Zum Schluß zog sie die Schuhe aus, legte die Füße mir auf den Schoß und ließ sich von mir unter den Sohlen kitzeln. Ließ ich aus, bat sie ganz verschlafen: »Krabbeln!« ... – Gegen ½ 2 Uhr holte uns ein Auto ab, in dem Strauß mit Mimi Marlow heimfuhr. Mich setzten sie erst bei der Torggelstube ab. Dort traf ich einen riesigen Kreis um den großen Tisch herum sitzen: Friedell, Ergas, die Schaffer, Weigert, Lux mit Frau, ferner eine Schwester der Schaffer,

Dannegger, der große dicke Diegelmann, Friedrich Karl Peppler nebst Gattin, Gustel Waldau, und ich weiß nicht, wer noch alles. Dannegger produzierte sein einziges, aber phänomenales Talent, berühmte Schauspieler zu kopieren. Er spielte Moissi, Kainz, Sonnenthal und Baumeister, dann noch einige Theateragenten. Wedekind kam hinzu. Er setzte sich zu mir, da ich etwas beiseite saß. Wir sprachen über die Fruktizierung seines Memorandums für uns beide, und beschlossen, es dem »Berliner Börsen-Kurier« und dem »Neuen Wiener Journal« zum Vorabdruck anzubieten. – Inzwischen fing Dannegger wieder an. Ich meinte zu Wedekind, das sei wohl ein recht wertloses Talent, obwohl man, sähe man nicht hin, denken müßte, die Kopierten selbst zu hören. »Ein Garderobentalent«, erwiderte Wedekind. Als Dannegger dann noch anfing, unausgesetzt jüdische Witze zu erzählen – er machte auch das recht gut, aber es war peinlich – drückte sich Wedekind, indem er blos mir heimlich adjö sagte. Ich floh auch bald ins Orlando, wo ich noch mit Weigert und Lux einen Kaffee trank. Erst gegen ½ 4 hielt die Droschke, der ich mich anvertraute, in der Akademiestrasse. – Jetzt erst fiel mir ein, daß ich um ½ 11 Uhr abends mit der Fehl verabredet gewesen war und sie versetzt hatte. Natürlich meldete sie sich gleich heute früh, und nun muß ich heut abend mit ihr den aussichtslosen Bettelgang zu Kati Kobus tun. Dann bestellte mich Emmy ins Stefanie, wo sie mit Bolz saß. Sie will ihr Kind von Flensburg herholen und hat das Reisegeld nicht. Sie will es ratenweise zusammenvögeln. Mir versprach sie aber für die allernächste Zeit eine Gratisnacht. Ich besorgte dann von Lottes Pension die Photographien, die sie haben will. Zuhause sah ich sie trotz des Verbots durch. Es sind entzückende Akte von ihr dabei, die ich noch nicht kannte. Auch sonst viele Nacktbilder und sehr erotisch gestellte Szenen von verschiedenen, zum Teil bekannten Personen. Da ich ihr die Sünde meiner Indiskretion nie beichten werde, ist sie nicht geschehn. – Während ich

beim Essen saß, erschien Hanns Fuchs, den ich wohl oder übel zum
Essen einladen mußte. Er hat den Taler, den er mir neulich gab, somit
reichlich aufgefressen. Er brachte mir zu meiner Überraschung Grüße
vom Pater Expeditus Schmidt, der von meinem Artikel »Sittlichkeit«
in Nr 5 des »Kain« begeistert sei und mich gern persönlich kennen
lernen möchte. Da er nicht zu mir kommen möchte, es auch nicht
für opportun hält, wenn ich ihn im Kloster aufsuche, da er ferner
heute für 8 Tage verreist, wurde verabredet, daß uns in der nächsten
Woche Fuchs im Ausstellungspark zusammenführen soll. Ich bin
auf die Bekanntschaft mit dem katholischen Priester recht gespannt.
– Nachher war ich im Hofgarten, wo ich Emmy und Hardekopf
traf. Seit langer Zeit war ich mal wieder in besserem Gespräch mit
Hardy beisammen, der sehr nett war. – Als ich zurückfuhr, um endlich an die Arbeit zu gehn, stieg Margarete Beutler mit ihrem Jüngsten in die Elektrische. Sie verführte mich, sie über das Siegesthor
hinaus zu begleiten, und wir aßen dann in einer kleinen Conditorei
in Schwabing eine Portion Eis. Sie erzählte, daß sie morgen nach
Berlin müsse, da Freksa ein Bein gebrochen habe. Peter hat übermorgen Geburtstag, sie will den Tag aber ignorieren, weil der kleine
Kerl sein Pensionsgeld unterschlagen hat und nicht zu bewegen war,
sich deswegen zu entschuldigen. Ich werde ihm eine Karte mit meinem Bild schicken (davon habe ich genug. Denn Frowein hat mir
den ganzen Schwung – etliche hundert Stück – ins Haus geschickt).
Auch werde ich ihn demnächst am Ammersee besuchen. – – Vor einigen Wochen teilte mir Rudolf Grossmann aus Wien mit, ein Genosse, namens Mojzes, sei in Traunstein verhaftet und sitze hier in
Neudeck. Er bat mich, für Verteidigung zu sorgen und ich übergab
die Sache Lulu Strauß. Der berichtet mir nun, es handle sich um die
Verbreitung aufrührerischer Schriften. Der Prozeß wird im September vor dem Schwurgericht verhandelt werden und er will mich als
Sachverständigen laden lassen ...

Nun habe ich glücklich fast fünf Seiten hier vollgeschrieben. Gleich kommt das Abendbrot. Ob ich heut noch fleißig sein werde?

München, Dienstag, d. 22. August 1911.

Gestern schrieb ich noch an R. und je einen langen Brief ans Puma und an Ella. Natürlich wurde aus weiteren Arbeiten nichts mehr. Heut muß ich ran – es hilft alles nichts mehr. – Abends spielte ich mit der Ichenhäuser im Stefanie Schach, dann ging ich mit der Fehl in den »Simplizissimus«. Ich redete mit Kati, die versprach, mit Gerta selbst sprechen zu wollen. Natürlich schob sie das bis nach 3 Uhr nachts hinaus, sodaß ich dort gebunden war, in der miserablen Luft mir die miserabelsten Vorträge anzuhören. Trotzdem amüsierte ich mich ausgezeichnet. Emmy war sehr niedlich. Jenny Hummel war da, und ein sehr reizendes junges Mädchen, das anscheinend Fränze heißt – ich weiß nicht ob vorn oder hinten – trug mit zartem feinem Sopran Lieder zur Gitarre vor. Ich poussierte sämtliche Frauen nach Noten. Spät nachts erschien am Tisch ein Berliner, der mich mit der Behauptung ansprach, daß wir uns von der dortigen Neuen Gemeinschaft her kennen sollten. Er heißt Rechtsanwalt Preiß aus Berlin, und führte sich so unmöglich auf, daß ich mit der Bezeichnung »Sau-Preiß« großen Beifall hatte. Mit heiserer besoffener Renommistenstimme pries er Berlin auf Kosten Münchens und benahm sich haarsträubend. Ungeheuer lustig wurde die Geschichte aber, als er mit Kati Kobus in einen sehr lebhaften patriotischen Wettstreit über Preußen und Bayern geriet. Kati war ihm dialektisch weit überlegen, und ich wäre bald vor Lachen geplatzt über die beiden. – Kati lud mich für morgen nachmittag zu einer Autofahrt an den Ammersee ein, und da auch die Fränze teilnehmen will, sagte ich zu. Nachher brachte ich dies junge Mädchen heim, und nun wurden wir beide plötzlich ernst. Das arme Ding fühlt sich in ihrer Lebenshaltung als

Cabaretistin sehr unglücklich. Dabei hat sie stolze moralische Grundsätze, die ich ihr auszureden versuchte. Wie sinnlos solche Versuche sind! – Für mich wäre das gute – und sehr sehr hübsche Mädchen nichts. Sie würde mich elegisch machen.

Von Landauer eine Karte. Er wird Freitag in München sein und bittet mich von 2–6 Uhr um ein Rendezvous. Ich habe schon geantwortet.

München, Mittwoch, d. 23. August 1911.

Nun ist der Leitartikel für Nr 6 gottseidank geschrieben, ich glaube, er ist recht gut geworden: ein Protest gegen die marokkanische Kriegshetzerei mit stark antimilitaristischer Tendenz, aber sicher nicht konfiskabel. – Nun nur noch die paar Glossen, und die weitere Arbeit kann mit dem Kalender beginnen. – Gestern abend war ich mit Emmy im Union-Theater, da Weigert mich schon oft aufgefordert hatte, mir ihn »a. G.« anzusehn. Es giebt dort ein Soldatenstück »Kasernenluft, militärisches Volksstück« von Martin Stein und Ernst Söhngen. Dieser Söhngen soll Metallarbeiter in Essen sein. Das Stück ist raffiniert gemacht, besonders sind die ersten beiden Akte sehr wirksam. Darin schindet ein Unteroffizier einen Soldaten in schweinischer Weise, weil der ihm das erhoffte Mädchen wegschnappt. Man sieht, daß der Verfasser Kasernenhöfe genau kennt, und ich dachte mir, das Stück sollte man zu antimilitaristischen Zwecken ausnutzen und vor revolutionären Kreisen spielen. – Aber die beiden andern Akte wurden derartig schmalzig, daß mir dieser Plan verging. Allgemein ein gekonnter Schmarren, teilweise wirklich dramatisch, zum andern Teil unfreiwillig komisch und zum größten Teil kolportagehaft sentimental. – Gespielt wurde garnicht übel. Weigert imponierte mir nicht besonders. Er ist gewiß ein tüchtiger Schauspieler, aber manche seiner Partner waren reichlich ebenso gut.

In der Torggelstube traf ich Weigert, Feuchtwanger, Hartmann und Dr. Brecher. Ich ging mit Weigert gleich ins Orlando hinüber, nachdem ich etwas gegessen hatte, und dort unterredete ich mich mit dem Italiener Bonometti, den ich vorher im Union-Theater gesprochen hatte. Er ist Komponist und möchte gern mit mir eine Operette schreiben. Ich erzählte ihm von dem Szenarium, an dem ich arbeite, und versprach ihm, falls ich vom Drei-Masken-Verlag den Auftrag erhalte, das Libretto zu schreiben, würde ich auf ihn dort aufmerksam machen – Andernfalls werden wir einfach auf gut Glück zusammen ans Werk gehn.

Von Johannes noch immer kein Wort und keine Möglichkeit, ihn zu erreichen. Ich bin sehr beunruhigt und warte gespannt auf den Monatsersten. Da muß er sich ja melden.

München, Donnerstag d. 24. August 1911.

Der Ausflug nach Herrsching gestaltete sich recht bewegt. Um ½ 2 Uhr trat ich im »Simpl.« an. Jenny Hummel und Fränze (mit Zunamen: Fischer) waren schon da. Kati kam bald, lud uns in ein Automobil, und wir fuhren zum Bahnhof. Die Reise verlief sehr nett. Kati erzählte manches Lustige und Jenny Hummel schwätzte über ihre alten Cabaret-Erlebnisse, bis der Zug hielt. An der Station Herrsching stand ein kleines Privat-Automobil, aus dem uns der Schauspieler Schmitz (Union-Theater) begrüßte. Wir wurden mit den Insassen bekannt gemacht und eingeladen, mit ihnen in den Ort zu fahren. Die Frauen wurden dann auch noch im Wagen verstaut. Schmitz aber und ich mußten auf den äußeren Trittbrettern rechts und links des Gefährts Platz finden. Ich saß auf dem Wellblech und hielt mich an der Inneneinrichtung fest. Außerdem hielt mich die kleine Fränze krampfhaft am Ärmel, damit ich nicht herunterfiel. So ging die Fahrt los. Ganz gemütlich war mir nicht dabei zu Sinne, aber als das Auto vor dem kleinen Café bei der Badeanstalt hielt, war ich wohlbehalten. Wir tranken Kaffee – alles auf Katis Kosten, die sehr nobel war, und wollten nun baden. Währenddessen wurde es dunkel. Himmel und Wasser quollen grün und grau an, die Berge verschwanden, Wind kam auf, das Gewölk fegte wie besessen umher, der See schlug hohe Wellen, endlich platzte der Regen herunter. Aber das Gewitter beschränkte sich auf ein paar Blitze und ferne Donnerschläge. Das Wetter dauerte nur eine Viertelstunde. Es ward wieder hell und wir gingen hinunter ins Familienbad. Ich rede nicht davon, wie Kati Kobus im Badekostüm aussah – Fränze Fischer sah allerliebst aus. Sie hatte zur Vorsicht einen Korkgürtel um den Bauch gelegt, und diese Vorsicht wäre uns beiden beinahe verhängnisvoll geworden. Ich war in der ganzen Gesellschaft der einzige, der schwimmen kann, und natürlich brillierte ich vor den Weibern nach Kräften mit dieser Kunst. Fränze wünschte das Schwimmen bei mir zu lernen, und ersuchte mich, sie hinten beim Gürtel zu halten. Ich tat das, und schwamm mit ihr vorn im Bassin herum. Sie zappelte dabei auf das anmutigste mit den Armen und den etwas starken, aber wohlgeformten Beinen, die ich mit besonderem Eifer immer wieder mit meinen Arm grade reckte. Plötzlich bekam sie Angst und fing an, mich zu umklammern. Ich wollte mich auf die Füße stellen, bemerkte aber, daß ich etwas zu weit mit ihr geschwommen war, und daß wir keinen Grund mehr hatten. Indessen packte sie meine Haare, drückte ihre Hand auf meinen Mund, würgte mich vorn und hinten am Hals, sodaß ich schauderhaft Wasser schluckte und die Situation schon sehr brenzlich empfand. Die Leute am Ufer sahen zu und wußten nicht, ob unser Kampf Ernst oder Scherz war. Es dauerte eine ganze Weile, bis es mir mit ungeheurer Anstrengung gelang, dies zu Tode geängstigte Mädchen, das auch genug von dem Dreckwasser gesoffen hatte, und das ich, damit sie sich nicht überkugle, bei dem ganzen Ringen konstant am Gurt festhalten mußte, zu wenden und glücklich wieder zu landen. Ich war halb ohnmächtig, meine Lippen blau und der Rotz floß mir stromweise aus der Nase. Noch jetzt fühle ich den gesoffenen Ammersee drückend auf meiner Brust. Als wir angezogen waren, stärkte ich mich durch Schnaps und wir gingen in den »Seehof« etwas essen. Die dumme Fränze nahm mir aber meine Schwimmlehrerei sehr übel und behauptete noch am späten Abend, ich hätte ihr die ganze Tour verdorben, weil ich sie zu weit aufs Wasser geführt hätte. – Im »Seehof« erschien eine ganze Gesellschaft. Wilhelm Michel und Frau nebst drei Kindern wohnen in dem Haus. Sie hatten noch einen französischen Advokaten, einen Sozialisten, namens Dr. René Bloch, bei sich. Außerdem waren die Leute, die uns mit dem Auto von der Bahn abgeholt hatten, ein Herr Bernhardt mit sehr gelungener kugeliger Frau und noch mehrere andre dabei. Schmitz erwies sich als recht witziger Mensch. Ich unterhielt mich hauptsächlich mit Michel und errang mir in hervorragendem Maße die Gunst seiner dreijährigen Tochter Anny, die unentwegt auf mir herumturnte. – Um ½9 ging der Eilzug nach München ab. Kati und Fränze schliefen während der Fahrt. Jenny Hummel und ich zoteten. – Man setzte mich beim Stefanie ab und fuhr weiter. Ich ging dann noch zur Torggelstube, wo am Haupttisch Weigert, Diegelmann und das halbe Künstlertheater saß, an einem Seitentisch Hollitzer und Lebrun, die beiden »Nachtlicht«-Kollegen. Die luden mich zu sich ein und schwätzten entsetzlich dummes Zeug. Der dicke Lebrun ist ein Rindvieh, wie man es nicht häufig trifft. Er gab Weisheiten von sich, daß ein Schwein hätte kotzen mögen. Um ½3 Uhr gingen beide Tische ins Orlando hinüber, wo wir bis zur Polizeistunden-Verkündung blieben. Dann ging ich zu Fuß heim.

Johannes schweigt immer noch, und ich ängstige mich nachgrade ein wenig. Frau R. schreibt mir aus Zürich, daß nach ihrer Annahme Gross bei ihm in Bern sei, aber Sicheres wisse sie garnicht. Übrigens komme ihr Mann in diesen Tagen nach München, der vielleicht eher etwas sagen könne. Ich will nun mal die Görg anfragen. Sobald ich den Ausreißer habe, kriegt er einen Brief von mir, wie er ihn noch nicht gesehn hat. Die Nachlässigkeit ist ja unerhört!

München, Freitag, d. 25. August 1911.
Ich brachte gestern nachmittag die Manuskripte für »Kain« Nr 6. zur Druckerei und ging dann heim (nach dem Stefanie-Aufenthalt), um zu arbeiten. Ich fand das Mädchen beim Fensterputzen beschäftigt und flüchtete sogleich zu Rößler hinauf. Er war nicht daheim. Als ich wieder hinabwollte, kam mir auf der Treppe Consul entgegen und führte mich in ihr Zimmer. Ich blieb erst eine Stunde bei ihr – und wir küßten uns, daß es eine Lust war. Dann kam sie zu mir Abendbrot essen und unter vielen weiteren Küssen auf ihren schönen weichen Mund brachte ich ihr das Pokern bei. Es ist seltsam, daß ich mich nicht getraue, sie bei den Zärtlichkeiten, zu denen sie mir willig immer wieder die Lippen überläßt, einmal richtig herzunehmen und mit ihr zu tun, was ich doch möchte. Sie hat irgendetwas Strenges in ihrem Wesen, das mir scharf bestimmte Grenzen zieht. Wir sagen uns auch beim besten Küssen immer Sie. – Um 9 Uhr kam Rößler, der sich am Spiel beteiligte, das jetzt zum Baccarat überging. Ich gewann im ganzen etwa 2 Mark.

Torggelstube – ein vollbesetzter Tisch mit seltenen Gästen: Randolf, die Swoboda (ein Stück Mist), Feuchtwanger, Weigert, Wedekind, Alten, v. Jacobi, Waldau, Mi v. Hagen, ein widerlicher Kerl mit blondem Schnauzbart, dessen Namen ich nicht weiß und noch vielleicht diese oder jener. Nachher kam Kurt Martens und Wilhelm v. Scholz, schließlich auch noch Lina Woiwode und Basil. Am oberen Ende zückte man Spielkarten, und ich sah, daß Wedekind nervös wurde. Er ging mit Martens – Scholz war fortgegangen – an einen andern Tisch und kam plötzlich zu mir: Kurt Martens habe etwas mit mir zu besprechen. An Ecktisch wurde ich dann aufgeklärt, man habe sich nur von den Kartenspielern emanzipieren wollen. Jetzt kamen sehr lebhafte Gespräche auf. Besonders wurde natürlich die Ungeheuerlichkeit des Diebstahls der Mona Lisa erörtert. Wedekind deutete an, daß er Willy Gretor in Verdacht habe, mit der Geschichte in Verbindung zu stehn. Auch mir war dieser Gedanke schon gekommen: In der Flora-Büsten-Angelegenheit war er der eigentliche Macher gewesen, – Harden hatte seine Beteiligung damals als Beweis für die Unechtheit angeführt. Ich habe Gretor leider nie kennen gelernt. Als ich nach Paris ging, hatte mir die Gräfin Grüße an ihn aufgetragen, aber ich fand ihn damals nicht. Er muß ein interessanter Kerl sein. Meine Vermutung war, daß ein Herostratenstück vorliegt. Vielleicht bringt sich demnächst irgendwer um, und man findet bei ihm die Reste der Gioconda. Daß das Bild im Auftrag eines amerikanischen Milliardärs gestohlen wurde, ist natürlich auch möglich. Schließlich könnte es auch eine chauvinistische Aktion sein: das Bild wurde nach Deutschland verschleppt, und die Gereiztheit wegen Marokko bekommt eine ethische Stütze. – Es ist ein sehr eigentümlicher und unheimlich aufregender Fall. Ich bin, seit ich es las, ganz betroffen und ärgere mich über die Schmöckereien in den Blättern, die den Vorfall schon ganz in ihren dummen Tageskram einregistriert haben. – Wir blieben sehr lange beisammen. Ein Schutzmann kam und erinnerte Rauschenbusch um ¼4 Uhr an die Polizeistunde. – Wir hätten alle noch gern bleiben mögen. –

Heut kam ein langer lieber Brief von Ella Barth, über die ich gestern nacht noch mit Bernhard v. Jacobi sprach. Er war derselben Meinung wie ich, daß ihr persönliches Herkommen ihr vielleicht so nutzen könnte, daß sie dort Speidel durch Steinrück vorgestellt würde. Sie schreibt nun, sie habe ein Engagement in Königsberg in Aussicht. Zerschlage sich das aber, was sie erwarte, so wolle sie kommen und meine Einladung, bei mir zu essen, annehmen. Ich glaube fast, sie ist schon entschlossen, meine Werbungen um sie anzunehmen. Es könnte, glaube ich, für uns beide daraus nur Gutes entstehn. Lotte scheint zu ihr sehr lieb über mich gesprochen zu haben. – Jetzt muß ich abbrechen. Landauer erwartet mich im Luitpold.

München, Sonnabend, d. 26. August 1911.

Johannes' passives Verhalten macht mich allmählich schauderhaft nervös. Ich nehme, wenn ich die Sache ganz nüchtern betrachte, nicht an, daß ihm und Iza etwas zugestoßen ist. Denn, wäre das der Fall, so hätte ich mit sehr großer Wahrscheinlichkeit Nachricht. Trotzdem ist mir die wochenlange Verschweigung seines Aufenthaltes fast unerklärlich. Frl. Görg weiß gewiß nichts, denn erst heut wieder traf ein dorthin adressiertes Buch bei mir ein. Ich könnte höchstens mal bei Frieda anfragen, wo Otto Gross steckt. Der wird noch am ehesten Bescheid wissen. – Ich bin sehr außer mir über die Sache, und manchmal krampft sich mir in wilder Angst das Herz zusammen. – Jedenfalls muß ich mich zunächst mal die 5 Tage bis zum Ersten gedulden. Ist dann, wenn er Geld braucht, auch noch kein Lebenszeichen da, dann werde ich wohl in die Schweiz müssen, um persönlich zu recherchieren. – Vorerst beherrsche ich mich so gut es geht, aber die Zerfahrenheit, in der ich mich manchmal selbst von andern ertappen lasse, zeigt mir doch, daß mich die Angelegenheit unheimlich real beschäftigt.

Landauer traf ich laut Verabredung gestern mittag um 2 im Luitpold, wo er mit Hedwig Lachmann und dem Ehepaar Croissant saß. Anna Croissant-Rust lernte ich bei dieser Gelegenheit erst kennen. Sie macht einen überaus angenehmen Eindruck und wirkt in ihrer formalen Höflichkeit doch sehr schön und anziehend. Um 3 Uhr etwa brach Herr Croissant mit den beiden Damen auf, um in die alte Pinakothek zu gehn. Landauer und ich folgten nach einiger Zeit im Auto. Wir sahen die Grecos, Goyas, Tintorettos etc. der Nemeszschen Sammlung, ferner die Carstenjansche Sammlung, in der ein paar wundervolle Rembrandts sind, und gingen dann in Eile durch die kleinen Nebensäle mit ihrem unermeßlichen Reichtum. – Dann Besorgungen machen. Wie vor zwei Jahren mußte ich Landauer wieder zu einem Goldschmied begleiten, da er für seine Frau ein Geburtstagsgeschenk aussuchen wollte. Schließlich bestellte er eine Mondsteinkette, die nach seiner Angabe hergestellt werden soll. Dann gingen wir in den Hofgarten. Unsere Gespräche waren freundschaftlich und gut, und wir beide fanden, daß die Begegnung fruchtbar und reinigend war, obwohl der Mangel an Zeit lange Erörterungen nicht zuließ. Jedenfalls bin ich sehr bestärkt worden in meiner Erwartung, daß die jüngsten Mißhelligkeiten auf Landauers Nervosität zurückzuführen waren, und daß er zu allen sachliche und menschlich anständige Beziehungen will. – Um ½7 Uhr ging sein Zug. Ich begleitete ihn zur Bahn. Vor demselben Zuge sah ich ein junges Mädchen stehn, das ich im ersten Moment nicht erkannte. Dann fiel mir ein, das könne Betty Seipp, der »Seppel« sein, – aber ich war sehr im Zweifel. Ich grüßte zur Vorsicht und sie grüßte zweifelnd wieder. Als ich mich von Landauer verabschiedet hatte, stand sie im Gespräch mit einer älteren Dame, die im Zuge war. Ich belauschte ihre Stimme, und als ich das tiefe polternde und doch so rührende Organ hörte, war ich fast sicher. – Jetzt erwartete ich sie auf dem Bahnsteig, und als sie vorbeikam ging ich auf sie zu und fragte: »Sind Sie Frl Seipp?« – Ihre Antwort war: »Sind Sie Herr Mühsam?« – Wir freuten uns beide sehr des Wiedersehens. Sie hat sich kaum verändert, ich erkannte sie trotzdem nicht gleich, weil sie in den zwei Jahren, seit unserer früheren Bekanntschaft von 17 auf 19 Jahre aufgerückt ist, und nun viel erwachsener aussieht, als der Lausbub von damals. Sie schenkte mir gleich ein Bild von sich aus »Was ihr wollt«. Sie sieht ganz famos drauf aus und zeigt herrliche Beine. Wir bestellten uns für heut nachmittag in den Hofgarten.

Abends rief mich Rößler von der Straße aus an, und wir gingen in die Torggelstube, wo sich nach und nach Waldau, Gotthelf, Dr. Rosenthal, Dr. Brecher, der eine sehr nette junge Dame bei sich hatte, und schließlich auch noch Richard Weinhöppel (Hannes Ruch) mit seiner neuen (ich glaube: vierten) Frau einfanden. Die meisten gingen zu Basil pokern. Ich blieb mit Ruchs, Rosenthal, Gumppenberg, der ebenfalls noch erschien, Brecher und dem Mädel zurück. Das ist eine Schauspielerin aus Wien, die jetzt hier ans Volkstheater engagiert ist. Ich poussierte sie nach Kräften und morgen abend wollen wir zusammen ins Schauspielhaus gehn, wo Waldau zum »Anatol« für mich einreicht. Sie heißt Frieda Münzer und ist ein Gainsborough-Typ mit Kalbsaugen. Sehr niedlich. Da Rößler vorher Pfirsichsekt spendiert hatte, war ich in sehr guter Laune und ging in meinen Liebenswürdigkeiten gegen das Mädchen recht weit. Weinhöppels gingen, und nun wurde beschlossen, zu Benz zu fahren. Im andern Raum saßen etliche Leute vom Künstlertheater: Diegelmann, Margarete Kupfer, Reissig, ferner Weigert und noch andre Leute, die ich erst kennen lernte. In zwei Autos ging es nach Schwabing hinunter, und da gab es aus mächtigen Bowleschüsseln »Kalte Ente«, ein sehr wohlschmeckendes und recht kräftiges Getränk, von dem ich Riesenmengen soff, sodaß ich hinlänglich beschwipst wurde. Mir gegenüber saß Margarete Kupfer, eine Dame von keineswegs berauschender Schönheit. Ihr geiler Mund hat etwas vom Schweinerüssel, die Augen etwas Fischartiges – und trotzdem ist die Person reizvoll. Ich hatte sie mit der Bemerkung angesprochen, wir hätten uns lange nicht gesehn, sie war darauf eingegangen, und erst als wir beide betrunken waren, uns Du sagten und einander in den Armen lagen, gestand sie mir, daß wir uns überhaupt noch nie kennen gelernt hätten. Der kleinen Münzer habe ich wahrscheinlich im Suff Ungezogenheiten gesagt, jedenfalls behandelte sie mich sehr schlecht, nachdem sie vorher äußerst nett zu mir gewesen war. – Man war sehr fidel, der unglückliche Dannegger mußte wieder kopieren und jüdische Witze erzählen – und erst um vier Uhr brachen wir auf und fuhren – nicht heim, sondern zum Café Flora, wenigstens ein Teil der Gesellschaft. Ich mußte der Kupfer einen Brief versprechen, in dem ich sie einladen soll – heut wird er geschrieben werden, und ich kam erst nach 5 Uhr nach Hause.

Während der Eintragung in dies Heft wurde ich heut mittag durch Consul abgerufen, die irgendein Anliegen hatte. Ich holte sie zum Kaffee herunter, und ich bekam so gute warme Küsse, daß ich doch wieder größere Hoffnungen habe. Im Hofgarten sollte ich Seppel treffen. Sie blieb aber aus, und als ich nach Hause gehn wollte, hielt mich ein alter Genosse in der Ludwigstrasse fest, der mich vor einem Herrn Pfeiffer warnen wollte. Nun scheint das derselbe Pfeiffer zu sein, der mir nach Nr 1 des »Kain« einen so liebenswürdigen Brief geschrieben hatte, und von dem merkwürdigerweise grade heut wieder ein Brief kam, in dem er mich anregt, gegen die sogenannte »Mazdaznan«-Bewegung loszugehn, die ein aufgelegter Schwindel sei. Der alte Genosse, der ein sehr aufgeregter Mensch ist, behauptete, der Pfeiffer sei Spitzel. Er tobte und raste, daß ihm der Schaum vor dem Mund stand und führte mich in eine zur Kaulbachstrasse führende Seitenstrasse. Während wir dort promenierten, sah ich plötzlich am Fenster eines Schneiderateliers Moissi sitzen. Als ich den Anarchisten endlich los war, kehrte ich dorthin um, und nun kam mir Moissi und Berneis entgegen. Da Berneis sich gleich verabschiedete, blieb ich mit Moissi jetzt noch ein wenig im Hofgarten zusammen, und eben brachte er mich per Auto bis zur Ecke Akademiestrasse. Er selbst fuhr zu Fritz Behn weiter.

Heut abend gehe ich zur Ausstellung hinunter. Ich bin dort mit Lina Woiwode verabredet. Wir wollen uns die Probe zur »Orestie« ansehn.

München, Sonntag, d. 27. August 1911.
Auf der hübschen kleinen Stahluhr, die ich mir gestern für 10 Mark
kaufte (die silberne Zürcher mit dem Spinatstecher auf dem Deckel
bettelte mir in Berlin das Puma ab) ist es schon wieder 3 ¼ Uhr –
und ich habe bis jetzt noch nichts getan und muß, muß, muß durchaus heute noch den Artikel für den »Sozialist« schreiben, den ich
vorgestern schon wieder in schwachem Moment Landauer versprach.
Aber dieser verdammte Herr Fuchs nahm die letzten Stunden schon
wieder in Anspruch, sodaß mir der halbe Tag verkorkst ist. Doch davon später.
   Die Orestie-Probe war überaus lohnend zu sehn. Ich bin glücklich, dortgewesen zu sein. Vorher wartete ich lange vor dem Eingang
auf Lina Woiwode, die mit dem Moggerl zusammen kommen wollte.
Natürlich verspäteten sie sich um eine ganze Stunde. Ich unterhielt
mich mit Diegelmann, Frau Feldhammer kam hinzu – und dann
hielt ein Auto, dem Gertrud Eysoldt entstieg. Sie kam gleich auf
mich zu, begrüßte mich sehr lebhaft und rühmte den »Kain« so aufrichtig und warm, daß ich wirklich vor Freude bald errötet wäre.
Herrgott, wie ich diese himmlische Frau liebe! – Ist sie schön? Ist sie
häßlich? Was geht's mich an! Sie hat einen Ausdruck im Gesicht,
daß ich vor ihr knieen möchte, ihre Augen sind rein und stark und
so lebendig wie Himmel und Welt. Ihre Stimme ist Engelsmusik,
ihre Hände – so stark, ja männlich sie sind – vibrieren von aller
Kunst und Schönheit. Ich weiß nicht, ob die Eysoldt ein greiser Philosoph ist oder ein kleines spielendes Kind, – für mich ist sie ewige Jugend und strahlende Ewigkeit. Ich glaube nicht einmal, daß ich sie
erotisch liebe – ich liebe sie, ich bete sie an, ganz unpersönlich wie
die Natur selbst, und wenn ich sie einmal umarmen dürfte, geschähe
es in der absoluten Verklärung, in der ich Verse mache ... Wie herrlich, wie wunderbar war sie gestern wieder! – Sie hatte sich einen
großen weichen Strohhut über den Kopf gestülpt, ein bräunlicher

Mantel war schlampig um ihren kleinen Leib gehängt, und ein grau-
blaues Tuch flatterte von ihrem Halse. Und dann redete sie von ihrem
Haß gegen Staat, Zwang, Behörden, Kontrolle. Sie pries meinen freien
festen Ton und bekannte sich zu der wilden anarchistischen Freiheit,
die sie in mir vertreten sieht. Diegelmann und die Feldhammer hör-
ten ganz geängstigt zu. Ich konnte kaum ein Wort sagen, so ergriff
mich die Kraft, die Leidenschaftlichkeit und die seltsam unirdische
Schönheit der Frau. So groß, so nah und so fern und fremd zugleich
sah ich sie nie. – Wir gingen in die Halle hinein. Ich setzte mich auf
eine Zuschauerbank. Die Arena der Musikfesthalle war voll Menschen – es mögen 2–300 Personen gewesen sein. Ein Herr Prager
übte mit den Chören. Ich sah nur ein Durcheinander, aus dem ich
nicht klug wurde. Die Feldhammer sprach auf der großen Treppe,
die die Bühne bildet, ein paar Verse, ein Chor rückte an, dem Posau-
nenbläser voranschritten – mit langen Tuben, die jede vorn von einem Mann gehalten werden mußten. – Plötzlich kam Schmiß in die
Menge. Ich sah, wie jeder mit einem Schlage wußte, wohin er gehört,
wie er sich zu bewegen, was zu tun hätte. Das Geheimnis war: Max
Reinhardt war gekommen und hatte die Regie übernommen. – Er
stand in der Mitte des Saals auf einem Podium, das zur Szene gehört
und kommandierte – zumeist blos mit Handbewegungen, die alles
ringsum dirigierten. Nur manchmal hörte man ihn: »Weiter! – Noch
einmal! – Unmöglich: noch einmal! – Lauter! – Schneller!« oder ähnliches sagte er. Man fühlte, wie er alle beherrschte. – Es wurde mit
den Chören geübt. Die Schauspieler hatten blos die Stichworte zu
geben. Die Terwin, die dann mit der Woiwode kam und sich neben
mich setzte, kam garnicht dran. Moissi begrüßte mich, dann Vollmöller, dessen Übersetzung als Text verwendet wird. Es wird eine
wunderbare Aufführung werden. Reinhardt – soviel sehe ich, obwohl gestern nur markiert wurde – leistet wieder einmal sehr Großes.
– Ich blieb bis gegen 11 Uhr und fuhr dann in die Torggelstube, wo

das Ehepaar Halbe, das Ehepaar Weinhöppel, Gustel Waldau, Dr. Brecher (ein feuchter Wichtigtuer) und Weigert saßen. Dann kam Wedekind. Da ich von der Sauferei bei Benz noch angegriffen war, fuhr ich frühzeitig heim.

Heut vormittag lockte mich Rößler ins Stefanie. Als er gegangen war, erschien also Hanns Fuchs. Er berichtete, daß ein Kölner Theaterdirektor in München sei, der von meinen »Freivermählten« gehört habe und mich kennen lernen will. Haas heißt der Mann. Wir verabredeten uns für Dienstag nachmittag im Stefanie. Dann lud sich Fuchs bei mir zu Tisch ein. Ich konnte nicht nein sagen, und mußte ihn mit seinem urnischen Geschwätz über mich ergehn lassen. – Ich muß sehn, möglichst noch ein Geschäft durch ihn zu machen. Seine Gesellschaft muß mir doch irgendwie bezahlt werden. Er meint, er werde mich demnächst zu einer Autofahrt nach Passau einladen können. Dabei soll ich dann einen Vetter von ihm kennen lernen, der Geld habe und mir vielleicht ein paar Tausende pumpen würde. Wollen sehn. Den Pater Expeditus Schmidt werde ich noch eine Woche entbehren müssen. Er ist verreist. – Herr Fuchs kam auch noch in den Hofgarten mit und begleitete mich von da zurück. Erst als ich ihm vor der Haustür sagte, ich müsse jetzt notwendig arbeiten, wurde ich ihn los. Eine scheußliche Klette.

Steinebach übersandte mir einen Brief des Herr Kloss, der kürzlich – vor meiner Berliner Reise – bei mir war (ich weiß nicht genau, ob ich hier davon Notiz nahm). Ein Freund des Krinz, der auf Naturbursche posiert, und vor dem ich schon lange gewarnt worden war, er sei Polizeispitzel. Ich ließ ihn deshalb gründlich abgleiten. Nun erzählte mir neulich Steinebach, der Mann habe sich wegen Verlagsgeschäften mit geheimnisvoller Bedeutung an ihn gewandt. Ich warnte ihn. Jetzt schreibt der Kloss, es solle eine Zeitschrift gegründet werden, Steinebach möchte mir auf den Zahn fühlen, ob ich mit einer Verschmelzung mit »Kain« einverstanden wäre, da gleiche

Tendenzen verfolgt werden sollen. Ich werde so deutlich abwinken, daß diese Belästigung dauernd abgeschafft wird. Ob Bittinger dahinter steckt? – Auch den Herrn Pfeiffer werde ich mal zu mir bestellen. Vielleicht hat der alte Kerl von gestern wirklich recht. Es wäre ja auch absurd, wenn die Polizei ihre schmierigen Finger nicht in meine reinlichen Angelegenheiten zu stecken wünschte. Wartet, Burschen!

München, Montag, d. 28. August 1911.

Ich bin ein schändlich leichtsinniges Luder. Nichts habe ich gearbeitet, nicht für Landauer, nicht für mich noch für sonst jemand, und jetzt abends um ½ 7 Uhr komme ich von Tutzing zurück. Aber nacheinander.

Ich war gestern abend laut Verabredung mit Frl. Frieda Münzer aus Wien im Schauspielhaus, wo es Schnitzlers »Anatol« gab. Waldau war reizend als Anatol, ganz prächtig, Randolf als Max plump und ekelhaft, von den Weibern war die Gerhäuser sehr tüchtig, die Landing allenfalls passabel, die Nicoletti recht mäßig, die Schaffer unter allem Luder und die Woiwode ganz entzückend, lebendig, forsch, hübsch und ruppig. Sie hatte noch einen besonderen Erfolg dadurch, daß das Publikum, als der Vorhang auf den kräftigen Applaus noch einmal hochging, sie überraschte, wie sie grade noch einen Schluck von dem Sekt trank, der zu ihrer Rolle gehörte. – Meine Begleiterin ist ein langweiliges anständiges Mädchen, das sich sogar entsetzte, weil ich ihre Garderobe mitbezahlte. Als ich es heute erzählte, meinte Gotthelf (ein Mann, der trotz seiner Nasenlosigkeit bei näherer Bekanntschaft gewinnt – leider auch im Poker): »Was muß die erst im Bett anstellen!« – Ich brachte sie heim und ging ins Torggelhaus.

Dort traf ich Gustel Waldau, Mi, die Woiwode, Feuchtwanger, Gotthelf, Rößler – vielleicht auch sonst noch wen. Waldaus wohnen in Tutzing und hatten die Woiwode eingeladen, mit hinauszukommen. Plötzlich fragte mich Mi, ob ich auch mitwolle – und ich sagte kurzerhand ja. Wir pokerten. Ich verlor etwas, Feuchtwanger begleitete uns zur Bahn. Rößler und Gotthelf versprachen, heute nachzukommen. In der Bahn wurde weiter gepokert, und ich verlor wieder – alles in allem 18 Mark. In Tutzing ging es gleich ins Hotel Simson und zu Bett. Ich schlief ausgezeichnet. Heut früh tranken wir – Gustel, Mi, Linerl, deren kleine Nichte (14jährig) und ich Kaffee, dann ging ich mit Waldau zur Bahn, Rößler und Gotthelf abholen. Wir machten sofort einen Frühpoker auf, und ich gewann 30 Mark. Dann gingen wir baden. Es war herrlich. Draußen im Starnberger See trafen wir Mi, die auch hinausgeschwommen war (sie hat etwas zu dicke Beine). Schon auf dem Steg, der zur Badeanstalt führt, wurden die Karten wieder vorgeholt, bis die Damen mit der Toilette fertig waren. Ich gewann dabei 7 Mark. Wir aßen im Freien Mittag und pokerten weiter bis zur Abfahrt. Ich gewann weitere 17 Mark, die ich auf der Rückfahrt nach München wieder verlor. Meine beste Absicht, Liesel Steinrück, die ich seit zwei Jahren nicht sah, und die ich wirklich gern habe, zu besuchen, blieb unausgeführt. Jetzt komme ich grade zurück. – Briefe finde ich nicht vor, natürlich auch von Johannes keinerlei Nachricht. Ich habe gestern an Fried

München, Dienstag, d. 29. August 1911.
Mitten im Wort mußte ich abbrechen, mitten in dem Namen, der mir der heiligste und schmerzlichste ist. Consuela Diekmann kam nämlich, um mich zu bitten, für Rößler, der große Schmerzen habe, ein Haemorrhoiden-Mittel zu besorgen. Natürlich benutzte ich die Gelegenheit, den Consul tüchtig abzuküssen. Dann wurde es Zeit, ins Theater zu gehn, da Gustel Waldau mir sein Billet für die Clavigo-Premiere im Hoftheater geben wollte. – Die Aufführung war

nicht begeisternd, es war die unerfreulichste, die ich in Steinrücks Inszenierung bis jetzt gesehn habe. Die Regie war ja nicht schlecht, einzelne schauspielerische Leistungen waren sogar gut, – aber andre sind so unter dem Hund, das man weinen könnte. v. Jacobis Clavigo war eine recht interessante Leistung – ein wenig zu jung, aber sehr durchdacht, aber, Jacobis alter Fehler: man sieht die Intelligenz, wo sie Darstellung werden soll versagt oft die Fähigkeit, und es giebt Übertreibungen und Peinlichkeiten. Glänzend war Steinrücks Carlos, da er ganz vermied, aus der Rolle einen schleichenden Intriganten zu machen; er war einfach der ehrliche starke temperamentvolle und entschlossene Freund. Ulmer gab den Beaumarchais, wie man ihn von ihm erwarten konnte. Konventionell, älteste Schule, rührend und urdeutsch, was, da Beaumarchais Franzose ist, komisch wirkte. Frau von Hagen (die gute Mi sah von der Pokerei noch etwas angegriffen aus) spielte die Frau Guilbert recht tüchtig, – sie ist eine der ganz wenigen Frauen am Hoftheater, die nie peinlich wirken. Dagegen war die Neuhoff als Marie so ekelhaft, wie ich selten etwas sah. Soll die jetzt alle jugendlichen Liebhaberinnen spielen, wenn das Moggerl fort ist? Fürchterliche Aussicht. Und da heißt es, für Ella Barth sei kein Platz! Oh Himmel, welcher Unverstand – Gura als Gilbert, Alten als Buenco, Nadler als Saint-George waren Katastrophen. Der ganze letzte Akt – trotz Goethe: warum wagt kein Mensch, das Warten Clavigos auf den Leichenzug und die Frage: wen begräbt man? – als glattes Plagiat nach dem Hamlet zu bezeichnen? – der letzte Akt also wirkte schimpflich. Ich war doch etwas böse auf Steinrück. Gewiß hat er schlechte Kräfte, mit denen er arbeiten muß. Aber er hätte diese ganze Clavigo-Aufführung nicht übernehmen sollen. Wozu ist denn der Oberlehrer Kilian da?

In der Torggelstube saßen Steiner, Weigert, Theaterdirektor Haas aus Köln, der im Union-Theater gastiert. Er spielt dort den soldatenschinderischen Unteroffizier in der »Kasernenluft« –, ferner kamen vom Theater Rosenthal, Feuchtwanger und der weiche Mayer. Heftige Gespräche zwischen Rosenthal, Mayer, Feuchtwanger und mir über Reinhardts Volksfestspiel-Pläne, die Feuchtwanger bekämpfte, Rosenthal und ich aus total verschiedenen Gründen verteidigten – Mayer lag wie ein pflaumweiches Ei klebrig dazwischen. – Draußen saß Steinrück mit der Schaffer, Ergas und einer kleinen Gesellschaft, in einer andern Ecke Diegelmann mit vielen Leuten des Künstlertheaters und dicht neben uns an einem Tisch Stollberg mit Damen und Herr Alfred Holzbock, der berühmteste aller Schmöcke, den ich flüchtig kennen lernte, da er an unsern Tisch kam. – Ich ging dann mit Steiner Billard spielen ins Orlando. Haas und Weigert kibitzten. Dann kam Wedekind mit Hannes Ruch und dessen Frau ins Café. Gleichgiltige Gespräche. Auf dem Heimweg begleitete mich Direktor Haas. Wir sprachen viel über Theaterdinge. Ich empfahl ihm Ella Barth, die er zurzeit nicht einstellen kann. Aber die »Freivermählten« soll ich ihm vorlegen. Damit wird es dieses Mal ebenso Schmuß sein wie immer.

Gestern sprang aus dem Silberring mit dem Mondstein, den ich seit einigen Jahren ständig trage, der mein liebstes Geschenk von Johannes ist, und mit dem noch nie etwas geschehen ist, ein Stückchen heraus. Ich bin sonst nicht sehr abergläubisch. Aber unter den augenblicklichen Verhältnissen macht mir der Zufall doch viel zu schaffen. Johannes! Johannes! Du spielst ein sträfliches Spiel mit mir!

München, Mittwoch, d. 30. August 1911.

Die Sorge um Johannes, die mich immer nervöser macht, verursacht mir Dummheiten, die recht bitter wirken und lähmt meinen Fleiß, daß ich schaudernd vor den drängenden Arbeiten stehe. Gestern habe ich nun wieder 60 Mark verspielt – und nun stehe ich vor der peinlichen Notwendigkeit, den Rest meines Berner Geldes abzuheben.

Dann geht der Jammer der letzten 11 Jahre von vorn wieder an. – Ein gewisser Trost in diesen Tagen ist mir der Konsul, dessen Küsse immer süßer und immer mehr werden. Gestern und auch schon heute wieder konnte ich mich an ihrem Munde recht satt küssen. Es ist merkwürdig, daß ich mich unter diesen Umständen nicht heftiger in sie verliebe. Ich glaube fast, so ganz aussichtslos wäre ein Versuch, auch die beste Gunst von ihr zu erreichen, doch nicht mehr. Aber es gehörte dazu ein wildes Begehren, ein Nichtmehranderskönnen, ein Losgehn ohne Hemmung und ohne Zweifel – das ist alles noch nicht da, und es zu markieren, liegt mir garnicht. Seit gestern sagen wir uns Du. – Rößler ist bei diesem Techtelmechtel sehr komisch. Gestern fuhren wir drei über Schwabing, Englischen Garten, und Bogenhausen zur Torggelstube. Im Auto küßte ich das Mädel weidlich ab, und Rößler, der sonst tut, als protegiere er alles, was des Konsuls Anständigkeit korrumpieren könnte, litt sichtlich Eifersuchtsqualen. Ich mußte die Fahrt teuer bezahlen. Denn ich ließ mich zu einer Pokerpartie beschwatzen und verlor alles was ich hatte, in knapp zehn Minuten. Ich kannte die meisten Mitspieler nicht – und das Spielen mit Fremden bringt mir von jeher Pech. Außerdem läßt mich die ständige Unruhe wegen Johannes keinen Augenblick mehr zu der ruhigen Sicherheit kommen, die beim Pokern erste Bedingung ist.

Gestern war ich bei Steinebach. Ich habe noch immer keinen Korrekturabzug zu sehn bekommen. Es wird sehr gebummelt auf der Druckerei. Heut soll aber wenigstens die Wedekind-Sache soweit sein. – Nachher schickte mir Steinebach einen Brief aus Düsseldorf, in dem mich ein Herr Thomas für eine »Schande« und mein Blatt für das allein würdige erklärt, einen Artikel von ihm zu drucken, der sich bei näherem Hinsehn als der letzte Dilettanten-Dreck erwies. Ich heckte eine Gemeinheit aus, um den Kerl zu strafen und zugleich noch jemand eins auszuwischen. Ich schickte es ihm nämlich mit einem liebenswürdigen Brief zurück und empfahl ihm, es an Karl Kraus zu schicken unter Berufung auf mich und auf Rößler, der sich über den Brief kaput lachen wollte. Kraus wird vor Wut zerspringen. Ungeheuer lustig wäre es, wenn er in der »Fackel« die Sache publizierte. Da er garkeinen Humor hat, wäre es ihm zuzutrauen.

München, Freitag, d. 1. September 1911.

Von Johannes kein Wort, keine Nachricht über ihn, keine aufklärende Tatsache. Ich weiß nicht mehr, was ich davon denken soll. Ich mag und kann nicht an ein Unglück glauben, weil ich mir keines vorstellen kann, von dem mir keine Mitteilung geworden wäre. Handelte es sich um eine Verhaftung – und warum sollte er verhaftet sein? –, so wüßte er doch, mir aus dem Gefängnis Bescheid zu schikken. Ein Selbstmord scheint mir ganz ausgeschlossen, da er ja grade jetzt anfing, das Leben zu lieben und ihm zu vertrauen. – Ich muß immer noch denken, daß er sich ein paar Wochen mal ohne Zusammenhang mit außen wissen wollte, immer noch hoffen, daß plötzlich von irgendwoher ein Telegramm oder ein Brief eintrifft, in dem er Geld verlangt, oder daß er eines Tages plötzlich selbst bei mir eintritt. – Aber Iza? Gross? – Es ist alles sehr rätselhaft und beängstigend. Heut will ich an Margrit schreiben. Vielleicht weiß sie, vielleicht ahnt sie wenigstens etwas. Am meisten regt mich der Ring auf. Dies plötzliche Zerbrechen, und nun, da er gelötet ist, hat der Stein seinen Glanz verloren und ist dumpf und rauchig geworden. Ich bin sehr nervös und verzagt und weiß mir garnicht zu helfen.

Zu alledem noch andre Sorgen. Gestern holte ich mir den Rest des Berner Geldes von der Bank. Höchstens noch 14 Tage werde ich haben, was ich gebrauche. Dann geht das alte trübe Lied von Not und Entbehrung und Kränkungen wieder an. – Und nun erwarte ich Ella Barth, der ich versprochen habe, sie könne bei mir essen, und heut kam ein Brief vom Kätchen aus Ilmenau. Sie bittet mich um das Reisegeld hierher und will 14 Tage bei mir bleiben. Ich werde es ihr natürlich schicken, da ich sie nicht im Elend lassen will. Auch freue ich mich auf die Nächte mit ihr, der einzigen, die mich liebt. Nur weiß ich so genau, was bevorsteht. Sie ist am Tage oft unverträglich und wird mich nervös machen. Dann werde ich sie schlecht behandeln, sie nicht mitnehmen wollen, wohin ich gehe. Es wird Unerquicklichkeiten geben, und wenn sie gar mit Ella Barth zusammentrifft – Kätchen ist etwas eifersüchtig –, so wird mir daran womöglich meine Hoffnung, Ella für mich zu gewinnen – und das wäre bleibender Gewinn, ich fühle es deutlich – scheitern. Trotzdem: ich muß nun alles dem Verhängnis überlassen. Käme blos bald von Johannes Nachricht! Diese Geschichte verwirrt alles ins Unauflösliche.

Ich will aber über aller Wirrnis nichts versäumen hier einzuschreiben, was mir des dauernden Gedächtnisses wert scheint. Gestern war die Premiere der »Orestie« in der Musikfesthalle der Ausstellung. Mir wurde dabei klar, daß das Werk des Aeschylos uns nicht mehr viel angeht. Das ist kein geschlossenes Drama wie Sophokles' »Ödipus«, sondern ein schwerfälliger Aufmarsch von Geschehnissen, dessen polemische Strecken mich fast komisch anmuten. Im letzten Teil die Auseinandersetzungen, ob in Athen die Schwurgerichte zu empfehlen sind – was geht's uns an? – Und gar die rabulistische Entschuldigung des Muttermordes. Pallas Athene, die dem Hirn des Zeus entstammte, beweise, daß es nur eines Vaters bedarf, aber keiner Mutter! Man sollte die Orestie schlummern lassen! – Aber Reinhardts Tat war groß. Da fällt eine gewisse Sorte prinzipieller Gegner regelmäßig über ihn her, wirft ihm Mache und Sensation vor, und beweist damit die Kleinheit der Empfindung, die sich in niemand klarer dokumentiert, als in dem, der nicht anerkennen kann. Gewiß: Einzelheiten giebt es immer, die zu tadeln sind. Daß der Chor der Greise zum Beispiel lauter Glatzköpfe zeigt, wirkte auf mich etwas lächerlich, – aber was tut das gegenüber der Riesenleistung des

Ganzen. Der Einzug des Agamemnon (Diegelmann) war gewaltig und erhebend. Die große Szene zwischen Orest (Moissi) und Elektra (Terwin) mit dem Chor der trauernden Weiber ganz erhebend, und wiederum der schleichende Lärm der Erinnyen ganz gewaltig (das »Festvolk« grinste dabei). Total verfehlt war der Schluß des ganzen, eine Art Polonnaise, bei der sämtliche – gegen tausend – Mitwirkende noch einmal auftreten und abtreten. Störend wirkte auf mich auch die Ermordung der Klytemnästra (Feldhammer), die Orest erst über die Arena schleift, bis sich beide doch wieder die hohe Freitreppe hinauf in den Palast zurückziehen, wo der Mord geschieht. – An Einzelleistungen war die Moissis sehr bedeutend. Sein wundervolles Organ ergriff wohl jeden. Besondere Charakteristik war bei der Mächtigkeit des Raumes nicht gut möglich. Die gelang nur Einer, der Einzigen, Größten, Edelsten, Genialsten: Gertrud Eysoldt. Wie mich diese Frau (die Kassandra) wieder packte, kann ich nicht aussprechen. Regungslos saß sie zuerst und gekrümmt auf dem Wagen des Agamemnon, bis die sich aufreckte und ihre schrecklichen Seherin-Visionen herausjammerte. Diese Stimme! Diese Bewegungen! – Alle schauspielerische Genialität, die letzte Größe dieser obersten Kunst ist in ihr vereinigt. Sie ist mir der Inbegriff aller Kunst überhaupt. Die Terwin versagte leider. Ich fürchte nun doch sehr für das Moggerl, daß es ein schwerer Fehler war, zu Reinhardt zu gehn. Sie ist die Elektra nicht, die Aeschylos braucht. Sie hätte eher für die Kassandra getaugt. Aber da stand Gertrud Eysoldt! Und der Vergleich ist nicht möglich. Josef Klein (Aigysthos) war widerlich, ein Dutzendkomödiant mit Knödeln im Schlund. Dannegger in mehreren Nebenrollen bewies auch beim Tragödienspielen sein Kopiertalent, die Feldhammer war mir etwas zu laut, hatte aber Momente von wirklicher Größe. Diegelmann wirkte gut, ohne genial zu sein. – – Das Publikum – 3000 Plätze, dicht besetzt – war das vornehmste, das in Europa zu finden ist. Von allen Enden waren die Besten aus allen

Künsten dabei. Ich traf viele alte Bekannte, die ich zum Teil jahrelang
nicht gesehn hatte. Ich will nur einige Namen festzuhalten versuchen,
mit denen ich mich persönlich begrüßte: Wedekind, Halbe Vollmöller,
Kahane, Fritz Behn, Max Kruse, Bogumil Zepler (der Komponist),
Waldau, v. Jacobi, Fritzi Schaffer mit Mann u.s.w., u.s.w. – Nachher
war die Torggelstube gesteckt voll Menschen. Ich kam um ½3 Uhr
nach Hause. – – Heut früh trank ich meinen Kakao oben bei Rößler.
Die Küsse des Konsuls, von denen ich auch gestern schon Dutzende
trinken konnte, sind jetzt anscheinend zu einer ständigen süßen Einrichtung meines Lebens geworden. Aber es scheint dabei bleiben zu
wollen, es sei denn, daß sich ein freundlicher Zufall meiner erbarmt
und die Situation schafft, die mir den Schlüssel zu höherem Glück
in die Hand giebt.

München, Sonnabend, d. 2. September 1911.
Die Dinge komplizieren sich immer ärger. Von Johannes wieder
nichts. Ich habe gestern an Margrit einen Allarm-Brief geschrieben.
Kommt darauf keine Aufklärung, so schreibe ich an Dr. Hermann
Nohl in Jena, – und suche dann eventuell persönlich die Schweiz ab.
Das Furchtbare ist, daß ich nicht einmal eine Ahnung habe, was des
Rätsels Lösung sein könnte. Denn gegen alle tragischen Vermutungen ebenso wie gegen alle freundlichen sprechen tausend logische
Gründe. Es ist ein vollkommenes Rätsel, das meine Ruhe ganz verwirrt hat. – Gestern war Strich hier, – er kam von der Reise mit
seinen Eltern zurück und fuhr abends nach Köln weiter, wo er Lotte
trifft. Ich brachte ihn zur Bahn. Das war endlich ein Mensch, mit
dem ich über das was mich quält, sprechen konnte. Aber auch da
mußte ich zurückhalten, er hätte Ausbrüche nicht verstanden, auch
nicht, daß ich, da es in mir so verworren aussieht, nicht sogleich abreise, den Freund zu suchen. Zu allem Überfluß kam gestern, als ich

das Geld an Kätchen abgeschickt hatte, eine Postkarte von Ella Barth, die sich gleichfalls für Anfang der nächsten Woche anmeldet. Eine Kollision der beiden wird sich also wohl nicht vermeiden lassen. Ella bleibt nur 3–4 Tage, und ich soll inzwischen Steinrück bewegen, daß er sie Speidel vorstellt und sie vor dem Intendanten vorsprechen läßt. Hoffentlich kann ich was ausrichten. – In meiner Zerfahrenheit treibe ich inzwischen die albernsten Späße. Gestern trat ein neues Dienstmädchen ein. Kaum hatte ich das frühere, das jung und einigermaßen hübsch, jedenfalls aber gefällig und angenehm war, unter Küssen verabschiedet, begrüßte ich die neue, die weder jung, noch hübsch, noch nach irgendwelcher Richtung begehrenswert ist, mit Küssen und bestellte sie für die Nacht. Gottseidank kam sie nicht, – aber ich war blöd genug, mich drüber zu ärgern. Nun bleibt das Mädel monatelang hier in meiner nächsten Nähe – und ich weiß nicht, wie ich mich zu ihr zu verhalten habe. – Mir ist im Kopf, als müßte ich überschnappen.

München, Sonntag, d. 3. September 1911.

Noch immer kein Wort, keine Ahnung, kein Zeichen. Noch hoffe ich ja – noch kann vielleicht plötzlich ein Telegramm kommen: »Wo bleibt das Geld?!« – Aber meine Hoffnung fängt an, schwach zu werden. – Hätte ich nur Vermutungen! – oder wenigstens – wenn es denn schon etwas furchtbares sein sollte: Gewißheit! – Morgen beginne ich, überall, wohin meine Stimme reicht und woher Aufschluß kommen könnte, Allarm zu schlagen. Seit dem 10ten August keine Nachricht. Ich wundre mich über meine äußerliche Ruhe, über den Gleichmut, mit dem ich alle Möglichkeiten, auch die entsetzlichsten, erwäge. Noch bringe ich es über mich, Vergnügungen, Zerstreuungen aller Art aufzusuchen, und solange ich es kann, will ich das betäuben, was in mir an grauenvoller Angst sich regt, und mir minutenweise wie aufsteigender Wahnsinn vorkommt. Ich trinke bedeutend mehr als gewöhnlich, bin faunisch geil, was sich in wüstem Onanieren lähmend geltend macht, in Gesellschaft forciert lustig und dabei unglaublich zappelig, was ich selbst nicht einmal merken würde, wenn mich nicht fortwährend andre darauf aufmerksam machten.

Die beste Ablenkung ist immer noch das Theater, wenn auch, wie gestern, das künstlerische Verlangen dabei arg zu kurz kommt. Es gab im Schauspielhause eine Première von Otto Gysae »Höhere Menschen«, Komödie in 3 Akten. Ein dummes albernes Stück Schwabing aus der Zigarrenhändler-Perspektive. Der Aesthetizismus wird mit wenigen seichten Personen, die dem Philister süffig eingehn, erledigt, die freie Ehe von der bürgerlichen Konvention her verspottet. Im Aufbau, in den dramatischen Effekten, im Dialog ein durchaus unzulänglicher Schmarrn. Aber so etwas wird aufgeführt, und meine »Freivermählten«, ein in jedem Betracht wertvolleres Stück bleibt liegen! – In der Hauptrolle zeigte sich zum ersten Mal der Nachfolger Waldaus, Herr Dumke, der den Schwabinger Aestheten genau nach dem Vorbild des frisierten Affen Waldemar Bonsels recht gut spielte. Einen leichten Zug von Rührung hätte die Figur noch brauchen können. Die Schaffer ging an. Ihre Art, in jedem Schwank die elegische Tragödin herauszustellen, paßte hier ganz gut her, wo es galt, in großer Pose sehr normal zu sein. Herr Jessen, der Vertreter der Autormoral war, wie immer, unmöglich. Randolf ist und bleibt eine Katastrophe. Recht nett war die Nicoletti, aber nicht aufregend. – In der Torggelstube war »heiliger Abend« wie Gustel Waldau die Halbe-Gesellschaften nennt, infolgedessen großes Gewühl und viele Berühmtheiten. Ich begrüßte Consuela Nicoletti, die mit ihrem Geliebten, dem Regensburger Theaterdirektor abseits saß, und die im privaten Leben eine entzückende Person ist. Dann fuhr ich mit Gotthelf bummeln, erst in ein neu aufgemachtes Schwoflokal, »zum bunten Vogel«, wo die frühere »Dichtelei«-Wirtin die Honneurs machte, indem sie sich uns gegenübersetzte, und begann, mit ihrem Schuh meine Hoden zu kitzeln. Nachher noch »Simplizissimus«. Fränze war sehr nett. Ich ging die meiste Zeit mit Michel auf der Straße spazieren. – Ich muß abbrechen, da ich im Orlando-Café erwartet werde.

München, Montag, d. 4. September 1911.
Ich lebe in diesen schrecklichen Tagen wie ein Irrsinniger. Als ich gestern zum Orlando kam, stand ein Auto davor, in dem Consul saß. Drinnen trank Rößler mit Tilly Meißner (Jolly Jollanda) Kaffee. Ich setzte mich zum Consul ins Auto, und als Rößler kam, wurde lange debattiert, ob wir nach Puchheim zum Fliegen oder nach Daglfing zum Rennen fahren sollten. Da Rößler durchaus wetten wollte, während die Damen das Fliegen mehr interessierte, kam es schließlich so, daß Rößler allein nach Daglfing fuhr, ich mit den beiden Weibern nach Puchheim. Natürlich mußte ich die ganzen Kosten tragen. Die Autofahrt hinaus kostete allein 15 Mk. Dann natürlich Startplatz à 3 Mk für 3 Personen, und mit allem, was drum und dranhing, gab ich da draußen noch einmal etwa 20 Mk aus. – Aber es reut mich nicht. Ich hatte noch nie ein Flugmeeting gesehn, und ich hatte einen sehr starken Eindruck. Die Sicherheit, die Eleganz, mit der die Menschen ihre Apparate in den Lüften bewegten, imponierte mir mächtig, und ich kann wohl sagen, daß ich fürs Leben gern einmal mit hochgeflogen wäre. Durch den Consul lernte ich da draußen einen 22jährigen Flieger, namens Zillger kennen, der hier in der gleichen Pension wohnt wie wir. Als wir am Abend gemeinsam zurückfuhren, versprach er mir, mich im Winter mal mit auf einen Flug zu nehmen. Wir fuhren dann noch zum Franziskaner-Keller oberhalb Münchens, wo wir unter vielen braven Bürgern auf einer Terrasse saßen und schlecht aßen. Dann setzte man mich bei der Torggelstube ab. Dort lernte ich Herrn Dumke und Frau Carlssen kennen, die beiden, de-

nen ich eigentlich den bevorstehenden Besuch Ella Barths zu danken habe. Die Carlssen war mit dem Direktor Karlheinz Martin vom Frankfurter Komödienhaus verheiratet, und hatte das Theater – ich glaube mit 400 000 Mk – finanziert. Eines Tages ging sie mit dem ersten Liebhaber der Bühne, Dumke, durch und zog das Vermögen aus dem Unternehmen heraus. Martin verlor den Prozeß gegen sie und mußte die Bude zumachen. Damit war Ella, die dort sehr herausgestellt wurde, aufgeschmissen, und heute habe ich ihretwegen noch einmal an Steinrück und an Jacobi geschrieben. Übrigens ist die Carlssen wirklich sehr reizvoll und gefällt mir ausnehmend. Da mir die Gespräche mit der Schaffer, Ergas, Dr. Quincke und seiner literarischen Ehehälfte, Diegelmann, Feuchtwanger und einem der Herren, die mir neulich beim Pokern das Geld herausrissen, nicht zusagten, folgte ich der Aufforderung Gotthelfs, mich ihm, Strauß und dem Ehepaar Grünbaum anzuschließen und noch ins Café Orlando hinüberzugehn. Dort emanzipierte ich mich wieder bald und spielte mit Bonometti Billard. Da ich in seiner Gesellschaft Ludl traf, fiel mir ein, wie verwirrt ich in der letzten Zeit bin. Theatererlebnisse habe ich doch das ganze Jahr hindurch getreulich hier aufgezeichnet. Nun war ich vor einigen Tagen mit Consul im Gärtnerplatztheater bei der Léharschen Operette, »der Graf von Luxemburg«, wo Ludl sein großes Komikertalent sehr wirkungsvoll zeigte, – ich habe bei den Eintragungen hier völlig vergessen, davon Notiz zu nehmen. – Als alle aus dem Café fortwaren, und ich schon gezahlt hatte, um auch heimzugehn, sah ich meine kleine Hure von neulich dort bei einer Tasse Kaffee sitzen. Ich ging auf sie zu, um sie zu begrüßen. Aber Gott weiß, welcher Nerventeufel mich wieder kitzelte: ich forderte sie auch schon auf, mit mir zu kommen, zahlte ihre Konsumation, setzte sie in ein Auto und behielt sie bis früh um 8 Uhr bei mir im Bett. Ihre Sexualkünste sind erheblich, und ich leugne nicht, daß mir die Nacht wohlgetan hat. – Aber ist all das nicht irrsinnig, wo ich doch vor Angst und Aufregung fast berste? – Heut sandte ich ein Telegramm an Margrit ab. Denn, was mich am meisten irritiert, ist, daß mir auf meine Fragen kein Mensch antwortet. In Zürich und Bern weiß man offenbar nichts. Aber Frieda hätte aus meiner letzten Karte wohl ersehn können, daß sie aus bitterer Herzensangst heraus geschrieben war. Daß sie kein Wort der Aufklärung für nötig hält, da sie doch gewiß weiß, wo Otto ist, das kränkt mich arg. – Als Lotte vor Jahren unter Lycks Einfluß alles tat, was mich kränken konnte, liebte ich sie wie immer, aber gegen Lyck faßte ich einen Haß, der mich bis an den Tod nicht verlassen wird. Ich fange an, auch Frick zu hassen. Wehe ihm, wenn ich einmal sein Feind bin! – Lyck hat es büßen müssen.

München, Dienstag, d. 5. September 1911.
Nachricht von Johannes! – Ein Telegramm aus Doussard, Savoien, das so lautet: »Aufgeregt erwarten Monatsgeld mit Gratificat. Brief unterwegs. Herzlichst dein Johannes.« – Natürlich habe ich gestern grade noch mal an Margrit telegrafiert (Es kam die Antwort: »Ich suche.«) und an Johannes' Bruder, den Privatdozenten in Jena geschrieben. – Das Geld habe ich telegrafisch losgeschickt, 50 Franken. Mit dem »Gratifikat« tut es mir leid. Ich habe in der Aufgeregtheit der letzten Tage soviel Geld hinausgeschmissen, daß der ganze Rest des Berner Riesenpumps noch 30 Mk beträgt. Freilich habe ich noch den Scheck über 100 Franken, den ich für Otto Gross ausstellen ließ, damit er seine Zeitschrift gründen könnte. Ich beabsichtige aber, das Geld nun doch lieber für mich selbst zu beheben. Ella und Kätchen sollen mich nicht als Bettelmann antreffen. Auch habe ich eben an Herrn Josef Kahn, Frühlingstrasse 13, geschrieben, den mir Lulu Strauß als Geldmann für Versicherungsgeschäfte nannte. Hoffentlich springen bei der Geschichte etliche Tausender heraus. Ich

habe mich jetzt verflucht daran gewöhnt, mit großem Geld umzugehn. Wann der alte Herr im Himmel den alten Herrn auf Erden zu sich rufen wird, ist ja noch garnicht abzusehn. Vor 3 Tagen ist er 73 Jahre alt geworden. Ich hatte ihm einen zärtlichen Glückwunschbrief geschrieben und erhielt heute die Antwort auf einer Ansichtskarte in auffallend sicherer fester Schrift. Eine neue Einladung zu dem Familienklimbim und Mitteilungen über die Familie Wichmann. Daß Dr. Wichmann, unser aller Hausarzt, von Lübeck fortgezogen ist, interessierte mich immerhin.

Von gestern ist zu berichten, daß meine Erregung wegen Johannes allmählich Grade angenommen hatte, daß ich kaum mehr wußte, was ich tat. Ich habe merkwürdigerweise blos schwache Erinnerungen an den gestrigen Tag. Ich erinnere mich, daß ich mittags im Orlando mit Dr. Gotthelf Schach spielte, daß ich im Stefanie war, und abends in der Torggelstube. Details verwischen sich, und klären sich erst, während ich hier schreibe, wieder. Dr. Vahlen war da und Kutscher. Wir machten in hoher Politik. Herr Schmidt vom Künstlertheater hörte mit Staunen meine Weisheiten. Nachher ging ich mit Steiner Billard spielen ins Orlando. Die Marie holte uns indessen wieder hinüber, da Wedekind gekommen war, für den Steiner in Zürich war, um dort ein Gastspiel abzuschließen. Dort soll u. a. auch der »Totentanz« gegeben werden. Hoffentlich kann ich es sehn. Es wäre ein netter Zufall, der aber möglich wäre, da heute von den Züricher Freidenkern die Aufforderung an mich kam, am 13. Oktober dort bei einer Ferrer-Gedenkfeier die Rede zu halten. Ich werde billigen Kostenersatz fordern und zusagen. – Und nachher wird ein Brief an meinen Johannes geschrieben, über den er sich wundern soll.

München, Mittwoch, d. 6. September 1911

Als ich gestern nachmittag nach Hause kam, mit der Absicht zu arbeiten – fand ich zu meiner freudigen Überraschung eine Visitenkarte von Ella Barth vor, auf der sie mich zu ½7 Uhr ins Stefanie bestellte und mir noch eine Überraschung in Aussicht stellte. »Viele
Küsse« kam dann. Ich freute mich so, daß der Brief an Johannes
ganz sanft und zärtlich ausfiel. Dem kam allerdings auch noch zu
Hilfe, daß Konsul nach mir sah und mir gute Küsse gab. Zum Arbeiten kam ich natürlich nicht. Schon um 6 Uhr saß ich im Stefanie und
wartete. Ella kam – nett und elegant –, die Überraschung war Bubi
Wolff, den sie von Berlin mitgebracht hatte – blos als zufällige Reise-
begleitung, nicht wie ich zuerst annahm, in erotischen Eigenschaften.
– Um ½8 Uhr sollte die Premiere von »Orpheus in der Unterwelt«
in der Musikfesthalle beginnen, und ich mußte hin. Rößler kam ins
Café und Halbe holte uns per Auto dort ab. Ella fuhr auf gut Glück
mit. Es gelang mir, Sobotka zu bewegen, ihr den Eintritt zu ermöglichen, freilich nur dadurch, daß ich ihr mein Billet geben mußte, und
mich dafür den ersten Akt hindurch unter den Männergesangschor
stellen mußte, wo ich durchaus nicht alles sah. Zum zweiten Teil
fand sich, zwei Plätze von Ella entfernt, ein freier Sitz, den ich einnahm. – Mein Eindruck war kein besonders großer. Vor fünf, sechs
Jahren sah ich die Operette schon einmal im Deutschen Theater in
Berlin. Damals gefiel es mir besser. Die Reize der Offenbachschen
Musik, der köstliche Gegenstand selbst sind so intim, daß sie nicht
in die große Arena gehören. Gleichwohl war manches ganz außerordentlich schön und gelungen. Pallenberg als Jupiter war eine durchaus geniale Leistung – ungleich bedeutender als seinerzeit die von
Engels. Die Jeritza (Eurydice) hat eine süße Stimme, Ritters Pluto
war auch stimmlich bedeutungsvoller als schauspielerisch. Von den
übrigen waren viele recht schwach, besonders die Werkmeister, die
die Juno zu spielen hatte. Zettl wirkte als Styx hauptsächlich durch

seine groteske Figur. Die Ausstattung von Stern war sehr nett, Reinhardts Regieleistung sehr bedeutend, das Publikum etwas weniger
distinguiert als bei der Orestie. – Ich fuhr mit Ella per Auto in die
Torggelstube, nachdem wir im Theater eine Reihe Freunde begrüßt
hatten, darunter ich Frau Liesel Steinrück, die zarte kranke liebe
Schönheit. Hatte ich mich auf Ellas Zärtlichkeiten gespitzt, so sah
ich mich leider getäuscht. Sie schmiegte sich nah an mich an, ließ
sich aber nicht küssen. Das kränkte mich umso mehr, als sie nachher
in der Torggelstube ihre früheren Kollegen vom Deutschen Theater,
Jacobi und Diegelmann coram publico abküßte. Bei mir scheint wieder der Bart schuld zu sein, daß ich die Barth nicht kriege. Um 2 Uhr
brachte ich sie zum Hotel Schottenhammel und fuhr dann heim.

Eben wurde ich durch den Besuch des Herrn Kahn unterbrochen,
der mir Geld verschaffen soll. Er meint, es wird gehn. Hoffentlich
kommt dabei nicht wieder eine so verrückte Nervenkiste heraus wie
seinerzeit auf dem Büro Caro, der mir eine Bank besorgte, die pumpen wollte aber kein Geld hatte.

Aus meiner Korrespondenz erwähne ich einen Herrn v. Krobshofer, der schon kürzlich an den Verlag schrieb, seine Zustimmung
zum »Kain« ausdrückte und eine lange Adressenliste für Probenum-
mern angab. Das machte mir den Mann sympathisch, daß er sein Interesse nicht durch schleimige Begeisterungsbriefe an mich, sondern
durch praktische Förderung betätigte. Dann schrieb er mir von Leon
aus, und bat um Aufklärung über den »Sozialistischen Bund«. Ich
schrieb ihn ausführlich, sandte ihm »Sozialisten« und sonstiges Material und bat um seinen Besuch, damit wir gemeinsam versuchen könnten, eine Bewegung à la Gruppe Tat von neuem in die Wege zu leiten.
Ich würde es mit Studenten und Künstlern versuchen. Heut kam
seine zustimmende Antwort. Leider kann ich ihn nicht am Donnerstag abend, für wann er sich anmeldete, empfangen, da ich dann mit
Ella ins Lustspielhaus gehn soll. Aber ich hoffe, an dem Mann, der

Kunstmaler ist, einen willigen Verbündeten zu finden. Es wäre prächtig, wenn in München wieder revolutionäres Leben entstände.

An Kätchen telegrafierte ich gestern abend noch, sie möchte nicht vor Sonnabend kommen. Die Karambolage mit Ella wäre doch lästig.

München, Donnerstag, d. 7. September 1911.

Ella ist ein sehr merkwürdiges Mädchen. Garnicht schön. Wahrscheinlich nicht aufregend geistreich – wiewohl klug und unterhaltsam. Klein und unscheinbar gewachsen, – und doch von einem Charme, einer bestrickenden Anmut, einer einschmeichelnden Zierlichkeit, daß ich allen Ernstes von ihr bezaubert bin. Das geht bis zur Lyrik, denn gestern ist – Herrgott, wie dürftig sickert meine Poesie seit langer Zeit! – ein Gedicht entstanden, das ich ohne Ella nicht hätte machen können (»Du bist nicht schön, und dennoch lieb ich dich« –). – Natürlich – ich habe jetzt keinen Zweifel mehr daran – hat sie doch mit Bubi Wolff ein Verhältnis. Ich bin sogar überzeugt, daß sie mit ihm zusammen im Hotel wohnt. Daraus mag sich Ihre Zurückhaltung mir gegen über erklären. – Dies schrieb ich vormittags. Herr Kahn unterbrach mich. Er blieb lange, und Rößler mußte mir 20 M. pumpen, die jener als Kostenvorschuß für seine Informationen bekam. Ich werde peinliche Dinge tun müssen: notarielle Erbschafts-Zedierung u.s.w. – außerdem wird die Geschichte höllisch teuer werden, – aber ich habe gute Chancen, in 4 Wochen 10000 Mark zu haben. Dann wäre für ein Jahr mindestens ausgesorgt. – Unmittelbar nach Kahn kam Ella; sie blieb zu Tisch, und wir gingen in die Maximilianstrasse, um Steinrück abzupassen. Er kam mit Adolf Paul, von dem im Hoftheater »Die Sprache der Vögel« gegeben werden soll, von der Probe. Steinrück giebt sehr wenig Aussicht. Aber wir erreichten doch, daß Ella mit ihm ins Theater genommen wurde, um Speidel vorgestellt zu werden. Jetzt erwarte ich sie hier, nachdem ich erst beim Drucker, dann bei der Deutschen Bank war, wo ich den Scheck für Otto Gross gegen 80 Mk 50 Pfg. eintauschte. Gottseidank, die nächsten Tage gerettet! – Wie alles immer möglichst ungeschickt kollidiert, so fand ich eine Briefkarte von meinen Vettern Martin und Walter Mühsam vor. Die Wirtin berichtete, es seien drei Vettern dagewesen (es scheint also auch noch das Rindvieh Kurt dabei zu sein), und erwarten mich nun im Stefanie. Mögen sie warten! Ella ist mir wichtiger, und mit der gehe ich abends ins Lustspielhaus zu Batailles »Skandal«. Weigert hat eingereicht.

Heut kam ein langer und sehr lieber Brief von Johannes. Er ist mit Gross und Iza in Doussard und fährt heut nach Bern zurück. Was er über Gross berichtet, ist hocherfreulich. Seine Gesundheit soll bestens beschaffen sein, und er will jetzt freiwillig in eine Anstalt gehn, um sie völlig reparieren zu lassen. Seine infamen Eltern haben ihn inzwischen heimlich in der Schweiz observieren lassen, um ihn mit Gewalt zu internieren. Er erhielt durch die bodenlose Dummheit der Polizei zufällig Kenntnis davon und floh nach Frankreich. Er schreibt selbst ein paar Worte. Er habe auf Landauers Angriff geantwortet und lege den Antwortbrief von Landauer bei. Darin schreibt Landauer, er müsse den Artikel erst einem andern, der über die Annahme allein entscheiden könne, schicken, und der sei jetzt auf Fußwanderungen. Natürlich ist dieser andre nicht, wie Johannes empört meint, Berndl, sondern Buber. Gross bittet mich schließlich, im Falle der Ablehnung von Landauers Seite, den Artikel im »Kain« zu drucken. Ich müßte das natürlich tun – so schwer es mir um Landauers Freundschaft willen wäre, und so schwierig ich es bei meinen begrenzten Raumverhältnissen könnte. Der Schlußsatz von Ottos Brief lautet: »Zu Frieda habe ich mündlich sprechen können – war eingedenk!« – Ach, wer weiß, wie Frieda mir jetzt gesinnt ist. Heute zeigte ich Ella ihr Bild, und als sie es wunderschön fand, ohne zu wissen, wer mir Frieda war und ist, da kamen mir Tränen und ich sah zum Fenster hinaus.

München, Freitag, d. 8. September 1911

Es ist abends ½ 8 Uhr. Eigentlich sollte jetzt Ella zu mir kommen, sie wollte dann bis zum Zuge bei mir bleiben, da sie 10 h 10 fährt, und diesen Moment klingelt Wolff an, sie sei müde und erwarte mich um 9 Uhr im Café Karlsthor. Das verpatzte mir die ganze gute Stimmung, in der ich bis jetzt war. Damit ist meine Hoffnung, sie noch einmal tüchtig küssen zu können, beim Teufel. Ein einziger Kuß, zu dem sie mir gestern den Mund hinhielt, muß jetzt die Träume an dies – sag' ich's nur: geliebte Mädchen ausfüllen, das mir schon jetzt Erlebnis ist und alles hat, um mir für das Leben gute Werte und Gefühle zu geben. – Als sie gestern bei mir war, da waren wir uns wirklich nahe. Sie weinte über ihr Mißgeschick, und ich redete ihr mit aller Freundesliebe zu. So saßen wir lange Hand in Hand, Schulter an Schulter. – Wir wurden durch den Besuch der Vettern gestört. Martin Mühsam kam mit einem Neffen meiner Kusine Laura, einem Herrn Rosenthal aus Argentinien. Ella saß während des Besuches stumm im Lehnstuhl und beobachtete. Martin und ich führten die Gespräche. Er ist ein feiner stiller Mensch, nur sehr jüdisch im Aussehn und sehr österreichisch im Gehaben. Der andre machte mir einen reichlich törichten Eindruck. Ich bestellte sie, da ich mir den letzten Tag, wo Ella hier ist, nicht zerreißen lassen wollte, für heut abend um 11 Uhr ins Stefanie. Dort wird dann auch Vetter Walter Mühsam dabei sein. – Als sie fort waren, war die ganze Stimmung umgeschlagen. Ella erzählte mir sehr lustige Dinge aus ihrem erotischen Leben, sodaß ich über ihre Offenherzigkeit erstaunt war. Sie erklärte mir, ich solle mich nicht um sie bemühen, sondern nur ruhig alles ihr überlassen. Eines Tages könne es sein, daß sie mir plötzlich

sagen würde: »Mühsam, heute geh ich mit dir schlafen.« Nachher
war sie furchtbar lieb zu mir, und nannte mich – das will viel sagen,
da sie Lotte sehr liebt: Mein Pumabub! – Lotte hat ihr von unsern
Beziehungen erzählt, so freute ich mich, einmal ohne Hinterhalt
und Befürchtung frei vom Herzen weg das Puma preisen zu können.
Nach dem Abendbrot gingen wir ins Lustspielhaus, wo wir in der
vordersten Orchester-Fauteuil-Reihe, also unmittelbar vor der Ram-
pe saßen. »Skandal« von Bataille ist ein ganz niedriges Dreckstück.
Allerplumpste Effekte, der Handlungsaufbau noch nicht einmal geschickt, und alles von einer ekelhaften Bürgermoral aus gesehn. »Die
törichte Jungfrau«, die auch ein Reißer ist, ist immerhin noch ein
weit besseres Stück als diese Scheußlichkeit. Die Roland war aber
sehr gut, besser als ich sie bis jetzt jemals sah: ihre angeborene Inde-
zenz kam ihr bei dem Spektakel zu statten, und ihre große Routine
und starke Begabung kamen vorteilhaft zur Geltung. Die männliche
Hauptrolle spielte ein Herr Feist, der mit den aufgetragensten Schmie-
renmätzchen arbeitete, in jeder Minute wie ein andres Tier aussah,
fauchte, schnaubte, die Augen rollte, die Backen blähte und sich unsagbar lächerlich aufführte. Ein Kulissenreißer ärgster Sorte. Weigert
war mäßig. Ich begreife nicht, woher er immer noch diese glänzenden
Gastspiel-Einladungen und die hohen Gagen hat. Ein mittelmäßiger
Schauspieler, ohne jede starke eigne Note. Im Foyer hatten wir Bubi
Wolff getroffen, der sich neben uns eine Karte nahm. Ella mußte
während der tragischsten Szenen über die grotesken Verrenkungen
des Herrn Feist dermaßen lachen, daß ich jeden Moment fürchtete,
wir würden hinausgeschmissen werden. Aber das Schauerstück ging
vorüber, ohne daß der »Skandal« sich ins Publikum verpflanzt hätte.
Nachher gingen wir noch mit Wolff und Gottowt, der auch zu dem
Mist mitgewirkt hatte – ein begabter Mensch, der nur immer den
gleichen Juden hinstellt – ins Stefanie. Wolff fuhr mit Ella heim, die
mir gestanden hatte, daß sie als Frau Wolff im Hotel vermerkt ist,

und ich ging zur Torggelstube. Dort setzte ich mich, da am Haupttisch u. a. der ekelhafte Dr. Brecher saß zu Seppel und ihrem Herrn Schmitz, bis plötzlich eine Menge Menschen hereinkamen, darunter der Verleger Müller, Hanns Heinz Ewers, Adolf Paul und noch etliche. Die Gesellschaft war mir zu groß, und ich setzte mich jetzt an den Tisch, an dem Waldau, Mia, Strauß, Rößler und Schmidt beim Poker saßen. Zuerst verlor ich fast alles was ich hatte, erholte mich aber immer wieder einigermaßen, und gewann durch ein paar günstige Konstellationen zum Schluß ein paar große Pötte, sodaß mein Gewinn endlich, obwohl ich noch einige Male ziemlich fühlbar verlor, 70 Mark betrug. Ein Blatt wird mir in Erinnerung bleiben. Ich behielt, da ich schon etwa 10 Mark im Pott hatte, die ich nicht ohne Kampf verlieren wollte, von fünf ganz unbrauchbaren Karten drei von der gleichen Farbe in der Hand: Herz 4, Herz 5 und Herz 7, und kaufte zwei in der sehr vagen Hoffnung, entweder Flush oder Street zu bekommen, andernfalls aber auf Drilling zu bluffen. Ich kriegte Herz 3 und Herz 6, sodaß – ein wohl ganz einziger Fall – auf zwei auseinanderliegenden Karten ein Street-Flush herauskam. – Um ½ 4 Uhr erst brachen wir, da Rauschenbusch Energie zeigte, auf.

Heute früh sollte ich Ellas Anruf erwarten. Statt ihrer klingelte aus dem Stefanie Emmy an, sie sei von Flensburg zurück und habe ihr Kind bei sich, das sie mir zeigen möchte. Ich ging hin und lernte die kleine Anne-Marie, die 5 Jahre alt ist, kennen. Ein reizendes Mädelchen, das sich gleich sehr mit mir befreundete. Heut hat Emmy es ins Kloster gebracht, wo es gratis verpflegt und erzogen wird. Hoffentlich paßt Emmy den richtigen Moment ab, wo sie das Kind da herausnimmt und vor dem Pfaffeneinfluß schützt, ehe er verwüstend wirkt. – Ich ging dann heim und ging hinauf zu Rößler und Konsul, die mich mit Küssen geholt hatte. Bald wurde ich wieder heruntergerufen. Emmy war da und pumpte mich um 15 M. für das Kind an, da sie diese Summe für Wäsche und Kleidung brauchte. Ich gab sie ihr natürlich. Emmy war sehr zärtlich, schob mir die Zunge tief in den Mund und fingerte aufgeregt an meinen Hoden herum. Ich entließ sie bald und holte Konsul zum Mittagessen herunter. Dann ging ich mit zu ihr hinauf. So zärtlich wie heute war sie noch nie, und zu meinem größten Erstaunen sagte sie mir ganz spontan, daß sie mich lieb habe, sie hoffe, bald hier bei Stollberg ins Engagement zu kommen. Dann sei sie frei und wolle mir ganz gehören. Rößler betrügen wolle sie nicht, er sei so gut zu ihr und habe sie gebeten, brav zu sein. Er sei auch sehr eifersüchtig. Die Liebe dieses schönen Mädchens zu haben, ist mir ein beglückendes Bewußtsein. Ich hörte ihr die Traute in Hartlebens »Rosenmontag« ab, und konnte dabei feststellen, daß sie sicher gutes Talent hat.

München, Sonnabend, d. 9. September 1911.

Mein ganzes Tagewerk besteht nun schon lange darin, daß ich das Tagebuch vollschreibe. Irrsinn umsomehr, als ich grad jetzt Dinge erlebe, die mir im Gedächtnis haften würden, auch wenn ich hier nur Namen und knappe Andeutungen notierte. Aber ich will die Arbeit fortsetzen, wie ich sie bisher geführt habe. – Auch gestern wieder wurde ich von Rößler beim Einschreiben in dies Heft unterbrochen, und fuhr nun mit ihm per Auto in die Stadt. Unterwegs erfuhr ich, daß er grade eben mit Konsul gebrochen habe. Seine Eifersucht scheint ihm da einen netten Streich gespielt zu haben. – Gestern wollte ich grade, als er kam, den Witz vermerken, den ich nachmittags gemacht hatte. Während ich Konsul ihre Traute-Rolle abhörte, wobei ich den Hans markierte – jede in den Regievorschriften bestimmte Umarmung dehnten wir unter zärtlichen Küssen möglichst lange aus, klopfte es, und Rößler steckte den Kopf mit der Frage zur Tür herein: »Na, was macht ihr da?« – »Oh nichts«, antwortete ich, »wir spielen blos Traute und Hans.« – Danach ging ich laut Verabredung mit Ella ins Café Orlando, wohin sie um 4 Uhr kommen wollte. Sie kam um 5 Uhr und traf mich mit Gotthelf beim Schachbrett. Zettel kam hinzu, und Gotthelf lud uns alle zu einer Autofahrt in den Nymphenburger Park ein. Nach einem Spaziergang durch die herrlichen Anlagen, bei dem Ella sehr lustig war, fuhren wir zurück, setzten Ella bei ihrem Hotel ab – und daß sie zum Abendbrot zu mir kommen sollte, aber nicht kam, sondern mich durch Wolff telefonisch in ein Caféhaus bestellte, berichtete ich schon. So konnte ich gestern garnicht mit ihr allein sein, denn Bubi war auch abends bei ihr, und wir setzten sie gemeinsam in den Zug. Auf dem Bahnhof, während Wolff ihr Gepäck besorgte, beklagte sie sich, daß er sie nicht losgelassen habe, und versprach auf das Festeste, sie werde, sobald sie ein Engagement habe, die Zeit bis zum Antritt in München verbringen, in dieser Pension hier wohnen, und mich ganz mit diesen enttäuschenden Tagen versöhnen. An Steinrück trug sie mir auf zu bestellen, daß er sie sehr enttäuscht habe, ebenso Jacobi. Sie glaubt, daß selbst, wenn keine Freundschaft die beiden zu Schritten für sie hätte veranlassen können, ihr Talent Anspruch darauf hätte, daß man sich dafür rührt. Wir trennten uns mit einem guten tiefen Kuß. Mir waren die Tränen sehr nahe.

Als der Zug abgegangen war, stand noch ein Sonderzug auf dem gegenüberliegenden Geleise, der ebenfalls nach Berlin ging. Ich erblickte plötzlich Moissi davor, nachdem Dworsky mich schon begrüßt hatte. Bei Moissi standen seine Schwester, das Moggerl und Professor Fritz Behn, mein alter Schulkamerad. Moissi fuhr ab, das Moggerl war von gleichem Abschiedsschmerz erfüllt wie ich und fuhr mit Behn im Automobil davon. Ich begab mich zu den Vettern ins Stefanie. Der jüngere ist nicht ein Neffe, sondern der Sohn Lauras: Erich. Walter machte mir einen ganz guten Eindruck. Ein hübscher forscher Kerl. Er hatte ein Mädel bei sich, das allerdings nicht auf einen differenzierten Geschmack des jungen Mannes schließen ließ. Wir blieben etwa eine Stunde beisammen. Dann ging ich in die Torggelstube. Muhr ist von seiner Sommerreise zurück. Später kam Lux und Gotthelf, mit dem ich dann noch bis 3 Uhr nachts im Orlando Schach spielte.

Die Reihenfolge dieser Aufzeichnungen hat leider etwas gelitten. Rößler berichtete mir auf der Fahrt im Auto, er habe zum Consul hineinwollen, die Tür sei aber verschlossen gewesen, und der Zilger sei bei ihr gewesen. Es sei eine Perfidie von ihr, ihn im Nebenzimmer zu betrügen, zumal er darmkrank im Bett gelegen hatte. Er war sehr bewegt. Ich verteidigte natürlich krampfhaft den Konsul. – Heut früh nahm ich mir aus dem Stefanie Emmy zum Essen mit. Nach Tisch knöpfte sie mir die Hose auf. Ich legte mich auf den Divan, und sie begann mir Minett zu machen. Während dieser reizvollen Beschäftigung klopfte es an die abgeschlossene Tür. Ich glaubte, es sei das Mädchen, das abräumen wollte und rief: »Bitte warten Sie noch!« – Kurz darauf des Konsuls Stimme: »Mühsam, dauert es noch lange?« – Ich: »Oh, ich bin grade bei der Toilette. Ich komme gleich zu dir herauf!« – Emmy mußte über unsere Situation und das Gespräch so lachen, daß ich davon mitgefaßt wurde, und wir nicht zum Ziel kamen. Ich verabschiedete Emmy eiligst und sprang zum Consul hinauf. Zilger war bei ihr. Die beiden versicherten, daß die Tür, als Rößler hineingewollt habe, garnicht verschlossen gewesen sei, sondern sich nur geklemmt habe (ich glaube es ihnen). Der Konsul ist wütend über Rößlers Verhalten und bedauert jetzt, daß nichts zwischen ihr und Zilger passiert sei. Jetzt küßte sie ihn ostentativ und hat den jungen Kerl natürlich schon so verliebt gemacht, daß Rößler in den allernächsten Tagen sicher Grund zu seinem Argwohn haben wird. – Ich werde mal wieder meinem Strich gegenüber gewählten Pseudonym »Fischer im Trüben« Ehre machen. Als Zilger fort war, küßte mich Konsul mit wahrhafter Leidenschaft immer wieder. Ich sagte ihr: »Solange ich dich nur küssen darf, werde ich dich betrügen.« – »Dann aber nicht mehr!« rief sie. – Ich antwortete: »Dann wirst du nie etwas merken« – und sie war zufrieden.

Morgen, spätestens übermorgen erwarte ich Kätchen, von der heut ein netter Brief kam. Ich werde die Zeit ihres Aufenthalts zu intensivem Arbeiten benutzen. Vielleicht kann ich ihr dies oder jenes diktieren. Dann werden die Tage erträglich sein – und die Nächte: ach Kätchen! Da ist keine so süß, so begabt und so bei der Sache wie Du!

München, Sonntag, d. 10. September 1911.

Schon wieder sehr verzweifelt. Heut früh um ½ 6 Uhr kam ich nach Haus, ausgemistet ist kein Ausdruck. Rößler hatte mich abgeholt, und wir waren um 7 Uhr abends in die Torggelstube gegangen, um nach dem Abendbrot einen Kientopp aufzusuchen. Ich hatte es so vorgeschlagen, weil ich Rößler in gute Stimmung bringen, und ihn wieder mit Konsul versöhnen wollte. Es scheint bis jetzt mißlungen zu sein. Nach dem Essen nahmen wir beide die Karten vor und spielten Écarté und Poker zu zweien, wobei ich 4 Mk 50 verlor. Inzwischen kamen Leute: Professor Max Kruse, der »kalte Max«, wie ihn Rossius zu nennen pflegte, dann Lucie von Jacobi mit einer reizenden Freundin, die glaube ich Maja Sehring heißt, Schauspielerin ist, sehr graziös und unterhaltsam und mir recht gut gefiel. Der unmögliche Herr Brecher, den ich demnächst abschaffen werde, war mit der hübschen Frieda Münzer da, H. H. Ewers und Seppels Herr Schmitz kamen, Bernhard von Jacobi, dem ich deutlich Ellas Meinung sagte – Gegen 1 Uhr brachen wir auf und fuhren zu Gotthelf pokern, eine Gesellschaft, die sich aus dem Café Orlando einfand und so zusammensetzte: Gotthelf, Muhr, Charlé, Rößler und ich. Mein Vermögen betrug 60 Mark und 20 österreichische Kronen, die mir R., der vorgestern hier war, für abgesetzte »Kains« ablieferte.

Ich verlor zuerst alles, pumpte während des Spiels von Rößler 75 Mk und gewann dann mit dem letzten 10 Markstück soviel, daß ich hätte mit Gewinn aufstehn können. Da verlangte Rößler Geld zurück, ich gab ihm 30 Mk wieder, und von dieser Minute an verlor ich ununterbrochen, sodaß ich von Gotthelf noch 20 Mk, von Charlé 44 Mk pumpen mußte. Erst ganz zum Schluß bekam ich soviel zurück, daß ich 70 Mk bares Geld und die Schulden hatte. – Gegen 4 Uhr wurde dann noch ein Baccarat eröffnet, und nun verlor ich den ganzen Rest bis auf 4 Mk. Auf dem Heimweg pumpte mir Rößler dann noch 20 Mk, damit ich nur überhaupt etwas habe. Aber ich bin sehr traurig, denn von der Bank giebt es nichts mehr zu holen, und nun ist alles wieder so hoffnungslos, wie es war. Meine Schuhe sind durch, und ich brauche neue, die ich jetzt nicht kaufen kann. Morgen kommt Kätchen, und ich kann ihr nichts bieten. Und das Ärgste ist, daß ich die 17 Mk, die R. abgeliefert hat, nun nicht an Steinebach abführen kann. Es wird ein übler Monat werden, dieser September. Wenn nur das Wuchergeschäft mit dem Herrn Kahn zustande käme! Dann wäre wieder eine längere Weile aller Kummer abgestellt. – Ach, wie dumm, wie dumm von Papa, daß er mich so auf seinen Tod hoffen läßt!

Ich muß endlich an die Arbeit. Wie soll das nur mit dem Kalender werden, der in ein paar Wochen erscheinen soll? Und von der nächsten Kain-Nummer weiß ich noch kein Wort, das hineinkommen soll. Heinrich Mann schrieb mir von Italien aus, daß ihm bis jetzt jede Nummer vor den früheren besser scheine. Ich freue mich sehr über solche Zustimmungen. Hoffentlich flaut meine Energie nicht ab. Vielleicht ist der plötzlich wieder eingerissene Dalles dazu gut, daß ich mit umso heftigerem Fleiß wieder an die arg vernachlässigte Arbeit gehe.

München, Dienstag, d. 12. September 1911.
Um kurz nachzuholen: Sonntag traf ich nachmittags im Orlando Liesel Steinrück – mit ihrem Mann, Adolf Paul und Lina Woiwode. Ich liebe Liesel sehr.

Die arme schöne Frau ist am Erlöschen. Von ihrer Lunge kann nur noch wenig da sein, von Jahr zu Jahr schwindet mehr von ihr hin. Jetzt spricht sie nur noch ganz leise und wenig. Mir sagte sie wegen des »Kain« Schmeichelhaftes.

Abends telefonierte mich Frieda König, das frühere Stubenmädel an. Ich versprach ihr in plötzlichem Entschluß meinen Besuch. Um 9 Uhr war ich bei ihr in der Clenzestrasse. Sie erwartete mich auf der Straße und führte mich dann heimlich ins Haus. Ich war gerührt über ihre nachhaltige tiefe Liebe zu mir. Sie wollte mich in Küssen ersticken, und versicherte mir, daß sie mich immer noch rasend liebe. Wir gingen zu Bett. Ich freute mich, wie sich ihr Körper entwickelt hat. Sie hat, wie sie mir eingestand, ein paar Liebhaber gehabt, und das ist ihr sehr gut bekommen. Ein schöner starker gesunder Frauenleib von prachtvoller Sinnlichkeit. Ich werde öfter zu ihr gehn.

Der Konflikt Rößler-Consul ist durch meine Bemühung glücklich behoben. Consul berichtete mir merkwürdige Dinge von Rößler. Sie habe ihm versprechen müssen, keinen Mann außer ihm zu küssen, – natürlich durchbrach sie den Eid ein Dutzend mal schon während ihrer Erzählung. Mir erklärte Rößler, er wäre froh, wenn ich sie ihr abnehme. Aber seine Verzweiflung in den letzten Tagen zeigt mir, daß er gegen mich nicht ehrlich ist. Ein komischer Kerl. Sollte doch froh sein, mit seinen 48 Jahren noch so ein reizendes 21jähriges Ding zu kriegen, und ihr das Leben nicht erschweren. Selbstverständlich lege ich es jetzt darauf an, ihn zu betrügen. Es wird gelingen.

Gestern abend Residenztheater: »Die Sprache der Vögel«. Komödie in 3 Akten von Adolf Paul. Inszeniert von Steinrück. Eine aesthetisch schöne Belanglosigkeit. Ein Strindbergsches Weib wickelt ihren Kerl und auch den weisen König Salomo um den Finger. Daß zum Schluß die Sprache der Vögel, die Salomo seinen Freund lehren soll, die Sprache der Natur ist, ist hinlänglich trivial. Salomo sagt als Raisonneur allerlei von hübscher Ironie. Die Sprache ist vom ganzen das beste. Wedekind saß unmittelbar vor mir. Wir unterhielten uns in der Pause über das Stück. Er meinte, es sei töricht, immer wieder den Charakter des Weibes als Gattung auf die Bühne zu bringen. Derartige Gegensätze, wie sie zwischen Mann und Frau konstruiert werden, gebe es nicht. Ich habe ähnliche Empfindungen. Ich fand es besonders falsch, die gesunden Menschen des biblischen Orients allesamt als Hysteriker aufzufassen. An dem Gespräch beteiligten sich der weiche Meyer und Eva Gräfin Baudissin. – Steinrücks Regie war wieder sehr glücklich, sein Salomo eine ganz hervorragende Leistung, wenngleich – besonders im letzten Akt – seine verfluchte Lernfaulheit wieder sehr peinlich aus dem Souffleurkasten hörbar wurde. Aber seine Gestalt, sein Gestus, sein Organ wirkten prachtvoll, die weise Majestät. Graumann als sein Vertrauter und Freund war recht mangelhaft. Die Körperlänge allein tut's nicht. Liebhaberrollen sollte man dem Mann nicht an einem Theater geben, das Bernhard v. Jacobi hat. Zum ersten Mal trat die Nachfolgerin des Moggerls, Frl. Michalek auf – und enttäuschte. Konventionelles Spiel, ohne Persönlichkeitswerte, ohne Innerlichkeit. Man sieht ihr das Erwarten der Stichworte an und liest von ihren Gesten die Regiebemerkungen ab. Vielleicht wird unter Steinrücks Leitung noch was aus ihr. Ich dachte häufig an die Terwin, – noch häufiger an Ella Barth, die aus dieser Rolle beide etwas sehr Gutes gemacht hätten. Der Beifall am Schluß war sehr mau und galt hauptsächlich Steinrück. Ich hörte nachher vom Publikum nur abfällig über das Ganze reden. Die Schönheit der Sprache schien an den Leuten vorbeigegangen zu sein. Genügt auch nicht.

Nachher Torggelstube, wo ich ein reizendes Mädel vom Künstlertheater traf, das ich schon Sonntag, unmittelbar nachdem ich aus dem Bett des verliebten Mädels gekommen war, kennen gelernt und heftig poussiert hatte. Sie heißt Peppi Kirchhoff und reagierte auf meine Zärtlichkeiten, indem sie ihr Knie an meins preßte und vertraulich mit mir füßelte. Ein entzückendes frisches Mädel von der sympathischen Kitschigkeit der Lina Woiwode (die natürlich schöner ist) und der differenzierten Merkwürdigkeit der Tini Senders (die natürlich ungeheuer viel häßlicher ist).

Gestern kam ein zwölfseitiger Brief von Frieda aus Ascona, den ich ihrer Aufforderung entsprechend vernichtet habe. Sie teilt mir darin ausführlich die Infamien der Eltern Gross' mit und verlangt zu wissen, was ich über Ottos und Johannes' Aufenthalt wüßte. Die letzten 4 Seiten, die persönliches berühren, hebe ich auf. Bei aller Sachlichkeit haben sie einen so guten Unterton, daß ich sie nur mit feuchten Augen lesen kann. Ach, alle alle Frauen in Ehren: lieben, leidenschaftlich, glühend, ins Ewige hinein lieben kann und werde ich immer nur diese eine.

Heut abend kommt Kätchen. Hoffentlich wird's nett werden. Der Dalles wird bis dahin insofern gemildert sein, als ich heut mit Herrn Diro Meier, dem Vertreter von Fuhrmann ausmachte, daß er 2 Gedichte von mir kriegen, und ich mir dafür noch heute 50 Mk Vorschuß vom »Kometen« holen soll. Höchste Zeit.

Der »Drei Lilien-Verlag« in Karlsruhe fragt an, ob er ihm nicht ein Buch geben wolle, etwa ältere verstreut erschienene Aufsätze gesammelt. Ich werde natürlich zustimmend antworten. Das Buch wird heißen: »Scheinwerfer. Essays aus der Künstlerperspektive.«

München, Mittwoch, d. 13. September 1911.

Kätchen ist da. Wir haben eine prachtvolle Nacht hinter uns, von der ich mich im Ungererbad erholt habe. Sie wohnt im Nebenzimmer, und die Wirtin läßt kupplerisch an meiner Seite den Kleiderschrank, an ihrer das Sofa von der Verbindungstür entfernen. – Wie es mit der Bezahlung des Zimmers und des Essens wird, das ruht im Schoße der allmächtigen Götter. Gestern bekam ich von Velisch (Komet) 50 Mk, – aber 20 davon sind schon fort. Ob aus der Kahn-Sache was wird, ist ebenfalls noch ganz zweifelhaft. Ohne Eintragung in die Grundbücher ist sehr schwer etwas zu wollen, und daran hindert mich der Familienkontrakt und die Sentiments. Wer jetzt gottgläubig wäre und beten könnte!

München, Donnerstag, d. 14. September 1911.

Kätchen macht Besorgungen. So komme ich zur Eintragung, und später vielleicht auch noch zum Arbeiten. Meine Bedenken, das brave Mädchen kommen zu lassen, erweisen sich als ausreichend gerechtfertigt. Ihre Umständlichkeit und Langsamkeit sind kaum erträglich, und wäre sie nicht nachts so ungemein willig und temperamentvoll, würde ich sie zu allen Teufeln wünschen. Besonders ist sie mir auch pekuniär recht bedrohlich. Die Angst, wie ich ihr Zimmer und die Pension hier zahlen soll, bleibt ja noch bis zum 1. Oktober im Rückhalt, aber ihre kleinen Bedürfnisse! Zunächst mußte ich schon fast 7 Mark für ihr Gepäck zahlen, dann die Autofahrten, Caféhaus. Heute brauchte sie Strümpfe, kurzum: sie kostet mehr als ich habe und auftreiben kann. Ein kleiner Pokergewinn (20 Mk) half über heute hinweg, aber da ich mir ein Paar Schuhe (12 Mk) kaufen mußte, bin ich doch sehr in Druck. Könnte ich sie nur rasch verkuppeln! Ich denke an Gotthelf. Der jammert, daß er kein Mädchen hat, und bei seiner Nasenlosigkeit wird er schwerlich sobald ein so nettes wie das Kätchen finden. Ich könnte sie leicht verschmerzen. Erstens wäre sie mir zum Betrügen eines andern stets zur Verfügung, dann zweifle ich nicht mehr, daß mich der Besitz Consuls nur noch einen Griff kosten wird. Heut vormittag kam ich zu ihr hinauf und fand die Tür verschlossen. Sie öffnete, als sie hörte, daß ich es sei, und ich fand sie beim Anziehen, ohne Bluse, im Unterrock, den sie in meiner Gegenwart auszog. So sah ich ihre wunderschönen langen graden schlanken Beine, die von durchsichtigen schwarzen Strümpfen bis über das Knie bedeckt waren. Darunter zeigten sich mir die nackten weißen Schenkel. So küßte ich sie, und sie ließ es zu und küßte mich heiß zurück. Dann ging ich mit ihr ins Stefanie. Sie bejammerte das Ehrenwort, das sie Rößler gegeben hat, sie werde ihm »treu« sein. Ich suchte sie zu verderben, indem ich ihr gutes Gewissen zum Wortbruch machte. Ich deduzierte so: Hat Rößler von dir das Ehrenwort verlangt, so tat er es zu seiner Beruhigung. Du hast es ihm gegeben, und also ist er beruhigt. Ist er es nicht und spricht einen Verdacht aus, so berufst du dich auf das gegebene Wort und bist beleidigt. Gleich wird er wieder beruhigt sein. So dient das Ehrenwort zu nichts andrem, als zur Bequemlichkeit für euch beide. Wer lügen will, muß so lügen, daß ihm geglaubt wird. Glaubt der Angelogene ohne Ehrenwort nicht, so giebt man eben das Ehrenwort – eine bürgerliche Phrase – und der Zweck ist erreicht. Dem Konsul leuchtete das sehr ein, und ich bin nun gespannt, ob sie ihre neue Erkenntnis zuerst bei mir oder bei dem Aviatiker anwenden wird.

Gestern mittag war ich bei Ludwig Heller, mit dem Rößler ein Stück schreibt. Außer den Autoren und mir war Heinrich Mann und Robert Eyssler dort. Heller las uns die ersten 1 ½ Akte vor. Wenn das Stück so weiter schreitet, wie der Anfang verspricht, so wird das ein ganz vornehmes gutes solides Lustspiel werden, wie wir heute nicht mehr viele haben. Es behandelt die Familie Rothschild und spielt 1820. Die reiche Judenfamilie wird dem Milieu dekadenter Fürstenhäuser gegenübergestellt. Die freundliche Stimmung des ersten Aktes, der in der Judengasse bei der alten Gudela Rothschild spielt, ist ungeheuer wirksam und sympathisch. Das eigentliche Problem wird werden, wie die Tochter Salomo Rothschilds in den Konflikt zwischen der Liebe zu ihrem Onkel Jacques und der Spekulation ihres Vaters, sie soll einen regierenden Fürsten heiraten, gebracht wird. Ich riet, man solle die dem Bankrott nahen Fürsten herumkriegen lassen zu der Messalliance, sie aber am Widerstand der Familie Rothschildt und des Gefühls des Mädchens scheitern lassen. Ich bin sehr begierig auf den weiteren Gang des Stücks, das nach meiner Meinung ein großer Schlager werden wird, der den Erfolg auch ganz verdient. Heller ist ein fleißiger tüchtiger routinierter Theatermann, Rößler hat sehr gute Einfälle und große Begabung. Da wird gewiß etwas Gutes zustande kommen.

Abends hatte ich Gelegenheit, mit Kätchen zusammen eine andre Arbeit der beiden im Schauspielhause zu sehn »Im Klubsessel«, 76te Aufführung. Ein lustiger Schwank voll guter Pointen. Gespielt wurde recht gut. Besonders war Gustel Waldau wieder glänzend.

Nachmittags war Herr Oswald v. Krobshofer bei mir gewesen, der mir einen angenehmen Eindruck machte. Er erinnert im Äußeren und im Gehaben an Arthur Kahane. Ein großer Idealist offenbar, der sich sehr für meine Arbeit interessiert und versuchen will, meinem »Kain« finanzielle Hilfe zu schaffen. Er hofft da auf einen Onkel. Meine Erfahrungen sind nicht derart, daß ich seine Hoffnung teilen könnte. Ob Herr Kahn etwas ausrichten wird? Ich glaube auch nicht mehr daran – und Steinebach – der hat es deutlich zu verstehn gegeben – denkt an Abschnappen. Scheiße!

München, Freitag, d. 15. September 1911.

Der Dreililien-Verlag bietet mir 350 Mk, zahlbar am 1. Januar, für die Essaysammlung »Scheinwerfer«. Ich werde mich einverstanden erklären und mir 100 Mk schon zum 1. Oktober schicken lassen. So komme ich über die Misere des Monatswechsels halbwegs hinüber, auch wenn Margrit die 160 Mk, die sie mir schuldet, nicht schickt. – Von Direktor Haaß, Cöln, bekam ich einen sehr lustigen Brief. Er hat die ersten beiden Akte der »Freivermählten« gelesen und das Manuskript dann, wahrscheinlich während er bei der Post ein Telegramm aufgab, verbummelt. Er bietet mir jede Sühne an. Leider konnte ich die eine nicht fordern, an der mir allein liegt: er solle das Stück aufführen. Ich sandte ihm einfach ein neues Manuskript und beruhigte ihn, es sei nicht gefährlich, was ihm passiert ist. Ich halte die Geschichte für günstig. Der Mann ist jetzt etwas in meiner Schuld, und wird viel eher geneigt sein, sich zur Annahme des Stücks zu entschließen. Dann fände ich natürlich sofort einen Verlag und wäre aus allem Schlamassel.

Kätchen ist unmöglich. Gestern abend war Consul bei uns unten. Ich schämte mich vor ihr. Diese hausfrauliche Betulichkeit, das tantige Gedalbere mit jedem vorbeilaufenden Hund ist fürchterlich. Es war Wahnsinn, sie kommen zu lassen. Daß sie mich liebt, ist gewiß hübsch von ihr, aber, um sich mit mir derartige Nerventorturen leisten zu können, dazu ist sie doch verdammt nicht schön genug!

Uli ist wieder da. Gestern traf ich sie mit Kanders im Hofgarten.

Montag, d. 18. September 1911.

Zwei Tage habe ich das Tagebuch ruhen lassen. Die Veranlassung war Kätchen, die mir stündlich mehr auf die Nerven geht und mich nicht zum Arbeiten noch zur Ruhe kommen läßt. Heut nacht passierte es mir zum ersten Mal in meinem Leben, daß ich mich einer

Frau gegenüber impotent zeigte. Ein Beweis für mich, daß Kätchen sogar den sexuellen Reiz für mich verloren hat, der sie mich bisher schätzen ließ. Insofern ist dieser nervenzerrüttende und kostspielige Besuch von Nutzen, als er mich mit diesem Verhältnis, das 3 Jahre gedauert hat, endgültig zum Abschluß bringt. – Finanziell bin ich völlig am Zusammenbruch. 170 Mark Schulden in diesem Monat – und die Rechnung am ersten wird weit über 200 betragen. Johannes darf nicht zu kurz kommen, und ich muß nun alle Hoffnung auf Margrit und den Dreililien-Verlag setzen. Kahn telefonierte mir heute, daß ich einen Bürgen beschaffen müßte, der das Geld garantieren muß, wenn ich etwas kriegen soll. Laß fahren dahin! – Auch auf die »Freivermählten« setze ich keine großen Hoffnungen mehr. Mindestens der »Neue Verein« kommt kaum mehr in Frage. Kutscher schreibt mir, daß er das Stück für »Mist« hält! – Kommen diese Zeilen mal ans Licht, so sollen sie also für die Gehirnweichheit dieses Literaturlehrers Zeugnis ablegen. Er meint, ich werde ihn nach dieser Kritik für einen Idioten ansehn. Ich lüge nicht mit der Behauptung, daß diese Einschätzung an der bisherigen nichts ändern wird. Ella Barth schreibt, sie schätze es so sehr an München, daß man hier die Worte Arschloch und Scheiße (sie beschränkt sich auf die Anfangsbuchstaben) grad heraus sagen darf. Im Hinblick auf den Dr. Kutscher fallen mir die kräftigen Redensarten allerdings recht häufig ein ... Heut will Rößler mit S. Fischer, der zurzeit in München ist, über mich sprechen. Ob das Erfolg haben wird? Dieser Monat ist so verpecht, daß ich wenig Hoffnungen habe.

Um rasch einiges zu notieren. Gestern war ich mit Consul und Zilger im Tierpark Hellabrunn, der noch ganz unvollkommen aber in der Anlage sehr hübsch ist. Zu meiner Überraschung sprach mich Dr. Georg Hirth an, und bedankte sich noch einmal für den »Kain«-Artikel zu seinem 70ten Geburtstag.

Charlotte schickt mir aus Lübeck das halbe Dutzend Taschentücher als nachträgliches Geburtstagsgeschenk und einen Napf- nebst etlichen Schwartauer Pfefferkuchen. Sehr nett. Ich habe mich recht gefreut.

Ich habe maßlos zu tun. Noch immer nichts am Kalender, nichts an Nr. 7 des »Kain« getan. Ich bin entschlossen, diese Blätter wieder mal zugunsten der laufenden Arbeit zu vernachlässigen. Ich schwitze Angst, denk ich an die Aufgaben der nächsten Tage.

München, Mittwoch, d. 20. September 1911. 8 Uhr abends. Noch rasch eine Eintragung, ehe ich von der Arbeit angestrengt fortgehe. Kätchen ist heut früh abgereist. Ich möchte ein Dankgebet gen Himmel schmettern. Das waren entsetzliche Tage. Daß ich sie kommen ließ war die größte Eselei, die ich im ganzen Leben geleistet habe. Das war gestern wieder eine Qual: Das Reisegeld war nicht da, und das Engagement in Colmar hing davon ab. Langheinrich, mit dem sie vor Jahren ein Verhältnis gehabt hat, beantwortete meine Bitte um Geld nicht. Rößler behauptete keins zu haben. Zum Glück hatte der Dreililien-Verlag in Karlsruhe, dem ich gestern den Kontrakt für das »Scheinwerfer«-Buch unterzeichnet habe, mir 100 Mk Vorschuß in Form eines Wechsels geschickt. Daraufhin pumpte ich die Wirtin um 40 Mk an. Diskontiert jetzt die Filiale der Dresdner Bank, an die mich der Verlag verwiesen hat, den Wechsel nicht, so gerate ich in Teufels Küche. Daß ich auch die Rückreise noch zahlen mußte, ist bitter genug. Kätchens Aufenthalt hier kostet mich insgesamt weit über 100 Mark, die ich nicht habe, und das einzig Gute daran ist, daß ich mit dem Mädel nun endgiltig fertig bin. Einen Tripper habe ich ja diesmal nicht von ihr gekriegt, aber einen Degout, der grauenhafter ist. Heut nacht mußte ich mich noch einmal bei ihr betätigen. Es wurde mir sauer genug, – aber es war zuverlässig das letzte Mal. Das arme gute Tier gehört zu einem Fabriksprokuristen, aber nicht zu mir. Ein Glück in diesen Tagen waren die Konsulschen Küsse. Nun wird es drauf ankommen, sie zu größerer Intimität zu bewegen. Aber Rößler ist irrsinnig verliebt und sehr eifersüchtig. Ich habe ihm keinen Zweifel darüber gelassen, daß mich die Freundschaft zu ihm nicht hindern wird, mein Heil zu suchen, wo ich es finde. Konsul liebt mich, aber sie hat noch Gewissen.

München, Donnerstag, d. 21. September 1911.
Gestern war ich seit langem mal wieder mit Wedekind beisammen. Ich floh vom Stammtisch der Torggelstube, wo Weigert mit allerlei Mimen, darunter eine etwas auffallende Dame, saß, ins Nebenlokal, wo Steinrück und Wedekind saßen. Steinrück ging bald, und ich unterhielt mich mit Wedekind angelegentlich über öffentliche Angelegenheiten. Auf dem Wege zur Torggelstube hatte ich Heinrich Mann getroffen, mit dem ich dann erst noch umgekehrt war, und im Café Odeon über den Parteitag in Jena und die Indifferenz der geistigen Kreise Deutschlands gesprochen hatte. Diese Unterhaltung setzte ich mit Wedekind fort, der allerlei Verschrobenes äußerte. – Nachher erzählte er, er habe Hardekopf getroffen, der ihm erzählt habe, er sei mit mir in etwas gespannter Beziehung. Emmy sei dabei gewesen, die sich recht geschickt und stilvoll gebe. – Heut erzählte mir nun Bolz, den ich im Stefanie traf, daß Emmy neuerdings täglich mit Wedekind zusammenkomme und offenbar geschlechtliche Dinge mit ihm treibe. Sehr interessant. Sie verführt die ganze Geistigkeit Münchens. Przybyszewsky hat auch schon dran glauben müssen. – Daher soll sie in den letzten Tagen – ich sah sie wohl eine Woche nicht mehr – total exaltiert sein, und obendrein so krank, daß Bolz das Äußerste für sie fürchtet. Armes liebes Ding!

München, Sonnabend, d. 23. September 1911.
Mit dem Sommer scheint es endgiltig vorbei zu sein. Seit einigen Tagen regnet es in Güssen. So ist Hoffnung, daß ich werde arbeiten
können, und daß auch die Oktoberwiese, die heut anfängt, mich
nicht allzusehr in Anspruch nehmen wird. Übrigens geht das Gerücht in der Stadt, im indischen Zelt seien Cholerafälle vorgekommen und die ganze Wiese deshalb militärisch abgesperrt.

Ich sehe, daß die Tage, die ich hier unausgefüllt ließ, Anlaß zu groben Unterlassungen gaben. Vor allem muß ich die Aktion vermerken,
die Lulu Strauß für mich unternimmt. Die Sache mit Kahn hat sich
endgiltig zerschlagen, nachdem er erklärt hat, ohne Eintragung ins
Grundbuch oder Stellung eines solventen Bürgen sei nichts zu machen. Als ob ich, wenn ich diese Bedingungen erfüllen könnte, einen
Wucherer nötig hätte! Dann ginge ich zur Deutschen Bank und hätte
Geld, soviel ich wünschte, zu 4 %. – Nun hat Strauß in meinem Auftrag hinter meinem Rücken an Onkel Leopold geschrieben und versucht, die Mischboche zur Hergabe von 5–6000 Mk für den » Kain «
zu bewegen. Ob's Erfolg hat? Gott geb's. Denn ich leide wieder sehr
am Dalles.

Gestern war ich bei Jaffé, um ihn zu veranlassen, bei dem am
29ten stattfindenden Aufreizungsprozeß gegen Moizes als Sachverständiger zu fungieren. Er, Brentano und ich dürften nun vorgeladen
werden. – Aus unsrer Unterhaltung bemerke ich nur die Jafféschen
psychologischen Betrachtungen, bei denen er selbst immer am besten
wegkommt. Gewöhnlich kommt es auf ein Jammern über erotische
Mißerfolge heraus. Auch gestern wieder fing er an, seine Psychologie
an Frieda zu betätigen. Taktgefühl hat er anscheinend garnicht. Sonst
müßte er jawohl merken, daß ich bei der Erörterung dieses Themas
schauderhaft leide. Ich muß mich dann immer noch an der Seelen-
Untersuchung Friedas beteiligen, um meine Liebesqualen einigermaßen zu verschleiern. Ob Friedel bald kommt? Sie schrieb in ihrem

langen Brief, sie wolle den Herbst noch in Ascona abwarten. Aber auch dort dürfte jetzt bald die Regenperiode einsetzen. Dann geht das Leiden wieder an, nach dem ich mich mit allen Fibern sehne. Möchte sie nur Frick nicht mit herbringen!

Ich bin neuerdings sehr viel mit Consul zusammen. Ihre Küsse werden immer begehrlicher und manchmal fühle ich dabei leicht ihre Zunge in meinem Mund tasten. Vor Rößler genieren wir uns wenig, aber er wird sehr nervös, wenn er unsre Zärtlichkeiten sieht und verbietet ihr, wenn ich nicht dabei bin, mich zu küssen. Ich gehe jetzt mit Volldampf auf die Verführung los. Sie fürchtet aber, daß es durch einen Zufall herauskommen könnte, wodurch sie ihre Existenz verlieren würde, da Rößler sie ganz und gar aushält. Dumm von Rößler, das Mädel die Abhängigkeit so fühlen zu lassen. Da er demnächst wahrscheinlich nach Berlin muß, werden wir die Gelegenheit ja doch benutzen, ihn zu betrügen.

Eben telefonierte ich mit dem Moggerl. Sie spielt in acht Tagen zum ersten Male hier die Nora – ich sah sie schon in Leipzig in der Rolle. Es wird zugleich ihre Abschiedsvorstellung sein. Schade, daß sie fortgeht. Sehr sehr schade!

München, Sonntag, d. 24. September 1911.
Ich besitze noch eine Mark und ein paar Groschen. Woher in dieser Woche bis zum 1. Oktober weiteres Geld kommen soll, ist mir ganz unklar. Ich sehe peinliche Dinge bevorstehen. – Morgen oder übermorgen wird das Manuskript der siebenten Kain-Nummer fertig sein. Dann geht es mit Hochdruck an den Kalender. – Eine Karte, die heute ankam, machte mir große Freude. Aus Erwitzen schreiben mir einige Unbekannte einen Gruß, aus Peter Hilles Geburtsort, und fragen, ob ich nicht im »Kain« einmal Erinnerungen an Peter Hille bringen möchte. Vielleicht einmal bei gegebener Gelegenheit.

Jetzt gehe ich zu Consul hinauf, um mir Küsse zu holen. Dann schreibe ich um Geld an Margrit. Onkel Leopold, die Deutsche Montagszeitung, die mir immer noch 100 M. schuldet und vielleicht sonst noch wohin. – Uli, die ich heute sprach, wird mich demnächst besuchen. Auch Hardy, mit dem ich gestern in der Torggelstube freundschaftlich beisammen war, will zu mir kommen. Frl. Käte Funk aus Bremen, die kleine Sängerin aus dem Café des Westens, die hier in »Orpheus in der Unterwelt« die Diana singt, war auch da und schenkte mir ihr Bild. Charlotte schickte die Photographie ihres Jungen. Sehr niedlich.

München, Dienstag, d. 26. September 1911.

Es ist skandalös. Die Kain-Nummer ist noch nicht fertig, und am Kalender, der in 3 Wochen fertig vorliegen soll, habe ich überhaupt noch nichts getan. Dabei drängt der »Komet« fortwährend um Arbeiten, die ich nicht auslassen kann, weil das die einzige Geldquelle ist, die mir im Laufe des Monats fließt. – Jetzt ist Strich wieder da, leider ohne Lotte, die noch bis in den Oktober hinein in Berlin bleibt. Strich schuldet mir 70 Mk. Da er aber die Absicht geäußert hat, Johannes 20 Mk zu schicken, und selbst wenig hat, nützt mir die Forderung im Moment garnichts. Hoffentlich läßt Margrit mich mit den 200 Fr. nicht aufsitzen. Der Montagszeitung (100 Mk) habe ich mit Klage gedroht. Dann ist noch der Wechsel vom Dreililien-Verlag in den Händen der Wirtin, – so wird wohl irgend etwas gehn, daß am 1. Oktober wieder etwas Geld in meinen Händen sein wird. Freilich: die unheimliche Pensionsrechnung, die bevorsteht, die Menge Spielschulden, die bezahlt sein wollen, Johannes und allerlei Sonstiges: mir graut doch ein wenig.

Gestern lud mich Rößler zur Theresienwiese ein und holte mich und Consul per Auto dazu ab. Ein kolossaler Betrieb. Wir waren

u. a. in Hagenbecks indischer Ausstellung, die weit großartiger ist als die, die ich mit Lotte in Dresden sah. Die Vorführungen der Gaukler interessierten Consul natürlich sehr. Sie schien bei den Erinnerungen an ihre Kindereindrücke recht ergriffen zu werden. Nachher verstimmte es sie aber, daß wir stundenlang in einer überfüllten Gartenkneipe (bei Schottenhammel) sitzen blieben, wo wir Max Halbe und Frau getroffen hatten. Wir aßen dort ein ganz ausgezeichnetes frisch gebratenes Huhn und tranken Bier. Nachher beschwerte sich Consul heimlich bei mir, daß sie fortwährend mit alten grauhaarigen Leuten sitzen soll. Mich liebt sie, wie es scheint, wirklich. – Nachher gingen wir zu Benz – ohne Halbes –, wo Rößler Sekt bezahlte, dann noch in den Serenissimus. Später ich allein noch zu Kati Kobus, wo ich u. a. Michel und Oppenheimer traf.

Die Zeitungen bringen eine Nachricht, die mich lebhaft an meinen Pariser Aufenthalt erinnert. Im »Lapin agile« ist der Sohn des père Frédéric erschossen worden. Da das Cabaret dort oben auf der butte in der Dalleszeit Johannes' und mein ständiger Aufenthalt war, weckt mir das Ereignis allerlei merkwürdige Erlebnisse an den père Frédéric, an die weißen Ratten, an den »Ratton«, den kleinen Maler, an Richmond Chandois, den famosen Charakterkerl, und an die ganze seltsame Pariser Bohême, die dort oben verkehrte. An den Erschossenen erinnere ich mich nur dunkel, eigentlich nur das Aeußere des jungen Menschen ist mir im Gedächtnis. Freundschaftliche Beziehungen hatten wir nie zu ihm. Ja, Paris! Wenn ich reichlich Geld habe, gehe ich bestimmt wieder hin. Vorher bestimmt nicht.

München, Donnerstag, d. 28. September 1911.
Vorgestern abend war ich mit Strich in der Torggelstube. Sehr angeregte Gespräche mit Wedekind, der allerdings immer schrulliger wird. Seine etymologischen Spekulationen sind fabelhaft. »Kitsch«

leitet er kühn von Kunst ab. Ich erklärte es mit der reinen Klanglichkeit des Wortes wie Klatsch, Ramsch ... Pipifax will er mit Pontifex in Zusammenhang bringen. Meine Erklärung »pipi facere«, der Pipimacher läßt er nicht gelten. Über Wert und Wesen der Frau kämpfte ich an Wedekinds Seite gegen Strich, der alle Emanzipation perhorresziert. Wir vertraten gemeinsam die Auffassung, daß die Frauen nur deshalb nirgends produktive Werte schaffen, weil sie durch die Verbildung der Kultur als Publikum ausgeschaltet sind. Alle Kunst, alle Wissenschaft, alle Technik, alle Arbeit ist Kultur für Männer. Die Emanzipation des Weibes wird das Bedürfnis nach einer Kultur wecken, die das Wesen der Frau mitberücksichtigt. Dadurch werden die Frauen selbst produktiv werden und alle Kultur wird um eine Hälfte bereichert werden, von der wir heute noch garnichts kennen. Eine Weltgeschichte, von einer Frau geschrieben – was für Perspektiven! ... Auf dem Heimwege setzte ich mit Strich das Gespräch fort und entsetzte ihn durch mein Geständnis, daß mir bisher keine Kunst so tiefe Eindrücke gegeben hat wie die Schauspielerei, die er überhaupt nicht als produktive Kunst anerkennen will. Wo eine Eysoldt lebt!

Gestern holte ich mir vom »Komet« Geld: 35 Mk, von denen fast die Hälfte wieder weg ist, weil ich gleich von Uli um 5 Mk angepumpt wurde und ziemlich leichtsinnig ausgab: auch die Kegelbahn, die gestern wieder eröffnet wurde, kostete einiges. – Herr P. P. Liebe, Augsburg, schrieb mir einen eigentümlichen Brief, dem er eine Art Flugblatt beilegt, überschrieben: »Ein modernes Golgatha«. Er hat wegen seiner Schönherr-Publikationen von liberalen Schmöcken allerlei Angriffe aushalten müssen, die ihn auch wohl wirtschaftlich geschädigt haben. Darüber jammert er ziemlich würdelos. Außerdem beschwert er sich beweglich, daß mein Artikel »Schönherrs Plagiat«, den er »stahlhart« nennt und mit andern schmockfeuchten Bezeichnungen ehrt, und der doch viel heftiger sei als alles was er geschrieben habe, überall ignoriert worden sei. Ich habe ihm höflich und ziemlich ausführlich geantwortet. Dem armen Teufel scheint es übel zu gehn.

Nach der Kegelbahn Kati Kobus. Mary Irber war da. Ich fand sie in der Küche im Gespräch mit Gstaller. Sie winkte mich herbei und ich durfte zuhören, wie sie sehr umständlich und mit großer Liebe die gepfeffertsten Anekdoten erzählte. Sie ist aber ein reizender Kerl. Demnächst soll ich sie zum Kaffee besuchen. Ob wir dann endlich einmal zu dem Ziel kommen werden, das wir schon zehnmal verabredet hatten und das immer wieder durch Zufälle vereitelt wurde? Grete, ihre Zofe, hat, wie sie mir erzählte, die langgehütete Jungfernschaft, die sie nicht unter 1000 Mark hergeben wollte, inzwischen aufgegeben. »Hast du eine Ahnung!« erzählte sie mir. »Ich ficke manchmal acht bis zehn Nummern in einer Nacht.« Eine sehr originelle Figur. Ich möchte der Kerl nicht sein, der es ihr besorgen muß. – Nachher begleitete ich Emmy. Sie erzählte mir, wie sie mit Wedekind poussiert habe. Zu sexuellen Intimitäten ist es demnach doch bisher zwischen ihnen nicht gekommen. Emmy ist aber ganz wild drauf und verlangt von mir, ich solle sie in die Torggelstube mitnehmen, und sie insgeheim mit Wedekind zusammenführen. Reizen könnte mich die Aufgabe schon. Und daß Wedekind sich sträuben wird, glaube ich im Leben nicht. Er wird dann bewähren müssen, wie er seine Theorien praktisch anwendet. Er behauptet gerne, wenn jemand seine Frau betrüge, könne er nicht länger mit ihr zusammen sein. Denn er müsse sich sagen: läßt sich die Frau von mir betrügen, so läßt sie sich auch von jedem Marktweib betrügen. Daher ist die Ehe für den Betrügenden ein schlechtes Geschäft. Ob Tilly ebenso dächte, wenn der Fall akut wird? – Sie wird gescheit sein, und einfach auch ihn hintergehn ... Emmy war reizend. Wir setzten uns in die Leopoldstrasse auf eine Bank und küßten uns gierig. Leider mußte sie zu Hardy hinauf, der sie angstvoll betreut.

Heut früh kam ich zu Rößler herauf. Ich glaube, er ist mir jetzt sehr böse, daß ich schon wieder in seiner Gegenwart Consul küßte. Er zeigte seinen Ärger ganz unverhohlen, und als Consul ihn fragte: »Meinst du, du hättest das Privileg darauf?« meinte er ganz naiv: »Allerdings!« Ich ging dann und fürchte, er hat ihr noch Krach gemacht. Solche Torheit! Sie küßt mich gern und wird es gewiß nicht lassen, auch wenn er es ihr verbietet. Betrügt sie ihn aber erst mit Küssen – er zwingt sie ja, das nur noch betrügerisch zu tun –, so kann es leicht kommen, daß sie bald den Betrug auch noch auf Weiteres ausdehnen wird. Freundschaftliche Rücksichten kenne ich da nicht. Das weiß Rößler. Ich habe es ihm in der denkbar größten Offenheit gesagt.

Zu morgen früh ½ 9 Uhr habe ich Vorladung vors Schwurgericht in Sachen Moizes. Meßthaler meinte auf der Kegelbahn, als ich davon erzählte: »Hoffentlich sind Sie gut bei Schwur!«

München, Freitag, d. 29. September 1911.

Mit der Schwörerei ist es Essig geworden. Pünktlich um ½ 9 Uhr war ich zur Stelle. Brentano kam nicht, weil das Gericht die offizielle Ladung sämtlicher Sachverständiger abgelehnt hatte und Strauß nur von sich aus geladen hatte. Brentano hatte also offenbar keine Neigung gehabt. Jaffé ist gestern nach Italien abgereist. Ich stand allein auf weiter Flur, außer den 5 oder 6 Zeugen, die die Angeklagten wohl belasten sollen. Man rief uns alle in den Saal, wo im Dämmerlicht das Dutzend ausgeloster Geschworenen saß. Man sah schwachbeleuchtete wichtig-ehrpusselige Bürger-Physiognomien. Vor uns drei Richter, deren Wortführer aristokratisch-jovial aussah. Links die beiden Angeklagten, Mojzes, ein dunkelhaariger Jude mit sehr intelligenten und energischen Zügen, der andre, ein gewisser Kowatschitsch, ein blöder Bauernlackl von total stupidem Ausdruck. Feierliche Verwarnung vor dem Meineid. Die Namen der Zeugen wurden aufgerufen, darauf erhebt sich Strauß, der mit einem Traunsteiner Anwalt, Pfahler, zusammen die Verteidigung führt: Er habe die Professoren Brentano und Jaffé, die nicht gekommen sind, und den anwesenden Schriftsteller Erich Mühsam laden lassen, den er als Sachverständigen zuzulassen bitte. Wir wurden wieder hinausgeschickt. Inzwischen höre ich noch den Staatsanwalt, denselben Hierer, der meinen Geheimbundprozeß so glorreich vertreten hatte, mit dem Protest beginnen. Nach einer Weile werde ich wieder gerufen. Der Vorsitzende berichtet, daß der Staatsanwalt Einwände gegen meine Zulassung als Sachverständiger erhoben habe, ich gehöre zur »anarchistischen Partei«, sei selbst in einem Geheimbundprozeß beteiligt gewesen u.s.w. Das Gericht wolle mich selbst hören. Ich antwortete etwa so: »Ich stehe allerdings seit mehr als 10 Jahren in der anarchistischen Bewegung. Ich habe mich in dieser Zeit erheblich an der Agitation beteiligt, habe selbst theoretische Schriften verfaßt und auch viel agitatorische Kleinarbeit geleistet. Ich kenne die verschiedenen Richtungen des Anarchismus aufs Intimste und glaube daher legitimiert zu sein, objektiv über Dinge, die den Anarchismus angehn, zu urteilen.« Ich werde wieder hinausgeschickt. Die Pause dauert beinahe eine ganze Stunde, bis der Gerichtsdiener mir den Bescheid bringt, ich sei abgelehnt und könne »abtreten«. Meine Bemühung, eine Karte für den Zuhörerraum zu kriegen, scheiterte daran, daß die Ausgabe schon geschlossen war. Übrigens wurde dann auch die Öffentlichkeit von der Verhandlung ausgeschlossen. Ich aß in der Torggelstube Mittag, wo ich Strauß sprach. Er erzählte, der Staatsanwalt habe seinen Antrag, ich sei als Sachverständiger nicht zuzulassen u. a. damit begründet, daß ich in die Münchner Bombenaffaire verwickelt gewesen sei. Ich sei zwar damals freigesprochen worden, aber nur wegen Mangel an Beweisen. Ich will jetzt die Zeitungsberichte abwarten. Steht derartiges drin, so kann sich Herr Hierer auf

Unannehmlichkeiten gefaßt machen. Ich beabsichtige nicht, die unverschämte Verleumdung des Herrn, dem jedes Mittel recht zu sein scheint, um arme Menschen ins Gefängnis zu bringen, protestlos hingehn zu lassen. Wozu habe ich den »Kain«? – Das Gericht, berichtete Strauß, habe meine Zulassung mit der Begründung abgelehnt, es sei Befangenheit bei mir zu besorgen. Sehr schade. Ich glaube, ich hätte den Angeklagten nützen können. Jedenfalls habe ich Strauß das, was ich vorzubringen gehabt hätte, im Orlando aufgeschrieben, damit er es in seinem Plädoyer benutzen kann. Er hofft, daß beide Angeklagte freigesprochen werden. Bei Geschworenen habe ich immer Angst. Gestern hat die Bande erst einen Brasilianer wegen Banknotenfälschung zu 12 Jahren Zuchthaus verurteilt. Grauenhaft! Als ob es einen einzigen Menschen gäbe, – es sei denn ein kompletter Kretin –, der sich über ein solches Delikt, bei dem am Ende doch nur der Staat geschädigt wird, aufrichtig ärgern könnte! Falschmünzerei und Kirchenraub sind Verbrechen, die gradezu von idealistischer Gesinnung zeugen. – Nachmittags fuhr ich mit Strauß zum Schwurgericht zurück. Auf einer Einlaßkarte hatte ich dem Vorsitzenden geschrieben, er möge mich offiziell zum Zuhören zur Verhandlung zulassen. Er ließ mir aber sagen, er bedaure. Er könne mir die Erlaubnis nicht geben. Hierauf begab ich mich auf den Lokus des Justizpalastes und schiß auf Deutschlands Rechtspflege.

München, Sonnabend, d. 30. September 1911.
Italien hat der Türkei den Krieg erklärt. Seit 3 oder 4 Tagen erst hörte man von der Tripolis-Affaire, die freilich schon seit einer Reihe von Jahren in der Luft hängt. Nun ist die ungeheure Tatsache akut. Schon liest man von zerstörten Schiffen, natürlich auch vom Jubel der italienischen Bevölkerung. Man muß es der italienischen Regierung zugestehen: sie hat unglaublich schnell gearbeitet. Die Vorbe-

reitungen waren ganz im Stillen getroffen. So hat auch der Generalstreik, der von der revolutionären Arbeiterschaft inszeniert werden
sollte, versagt. Er konnte nicht präpariert werden. Zehntausend und
Aber-Zehntausende junge zeugungsfähige Menschen werden gemor-
det werden um kapitalistischer Spekulation willen und die Kultur-
werte beider Länder werden unwiederbringlichen Schaden leiden. –
Aber die Begeisterung für den Krieg, der bei aller Schauerlichkeit so
sehr nach Kinderspiel aussieht, wird neu gefacht werden und das
groteske Schauspiel, daß sich ganze Völkerteile zu Automaten dres-
sieren lassen, und auf Kommando marschieren und schießen und
sich totschießen lassen, wird sich immer wieder erneuern. – Dem jetzigen Krieg, ganz real betrachtet, möchte ich doch einen für die Türken günstigen Ausgang wünschen. Nur eine besiegte europäische
Großmacht wäre imstande, den imperialistischen Unfug aufzuhal-
ten. Trotz der numerischen und armatorischen Überlegenheit Italiens ist der Sieg der Türken leicht möglich, dann nämlich, wenn genügend revolutionäre Kräfte im italienischen Heer wirksam sind
und ganze Truppenteile durch Desertion, Offiziersmorde und Sabo-
tage gegen den Irrsinn ihrer Gängler vorgehn, wenn in den Groß-
städten Italiens energisch mit wirtschaftlichen Kämpfen gestört wird
und wenn die Türken aus dem Kriege eine moslemitische Angelegenheit machen. Die Eingeborenen in Tripolis werden ohnehin auf
Seiten der Türken kämpfen, sodaß die Italiener, wenigstens im Land-
kriege sehr großen Schwierigkeiten gegenüberstehn werden. 1877
siegte die Türkei über das große Rußland. Vielleicht gelingt's ihr
1911, Italien zu schlagen. Den Preis ihres Sieges werden ihr die Mächte
wie damals ja doch rauben, aber das geht unsereinen am Ende wenig
an. Wenn nur der Horror vor dem Kriege ganz Europa ins Gebein
fährt. Dann braucht uns auch die widerliche Marokko-Politisiererei
nicht mehr als ewige Gefahr auf den Nerven zu liegen.

Aus meinem Privat-Erlebnissen: Ich sprach im Café Herrn Robert

Heymann, der wieder künstlerischer Leiter des »Kleinen Theaters«
ist. Der Direktor ist ein gewisser Poppert, den ich durch ihn kennen
lernte. Die Herren wollen mich engagieren. Wir einigten uns auf ein
Gastspiel von 8 Tagen mit 25 Mk Abendgage. Ich muß es schon machen, weil ich dringlichst einen neuen Anzug brauche. Morgen ist
der Erste. Mir graut vor der Rechnung.

München, Montag, d. 2. Oktober 1911.
Wieder zwei Theaterabende. Sonnabend verabschiedete sich die Terwin als Nora vom Residenztheater. Obgleich gleichzeitig die Ruede-
rer-Premiere im Schauspielhaus war, war das Theater überfüllt. Die
Aufführung war nicht ganz so gut wie damals in Leipzig. Das Moggerl hatte prachtvolle Momente, brachte aber manches doch nicht
so wirkungsvoll heraus wie dort. Basil gleichfalls nicht, obwohl auch
er famos war. Den Rank gab B. v. Jacobi in ganz ähnlicher Auffassung
wie Monnard. Jacobi war noch besser in der Rolle, besonders hatte
er eine brillante Maske.

Dagegen waren die Nebenrollen diesmal schauderhaft besetzt:
die Christine des Frl. Schwarz war kläglich; wie prachtvoll dagegen
damals die der Sussin. Den Günther gab der unmögliche Herr Leß-
mann, ausdruckslos, gradezu lachhaft und ganz jammerwürdig. Auch
die Ausstattung war in Leipzig viel besser gewesen. – Aber auf all
das kam es garnicht sehr an. Man wollte ja nur die Terwin noch einmal sehn – und sie war sehenswert. Die Ovationen, die man ihr zum
Schluß darbrachte, waren beispiellos. Sie mußte wohl an 50 Mal auf
die Bühne, die unter Blumen fast zusammenbrach. Nachher noch,
als der eiserne Vorhang herunter war, klatschte, trampelte, schrie
man sie unzählige Male hervor, und man sah, wie sie mit Tränen
kämpfte. Ich bin nicht der Sentimentalste, aber ich mußte kämpfen,
um nicht zu schluchzen. Gestern abend ist das Moggerl nun abge-

reist. Wir sagten uns vorgestern nur noch telefonisch adjö. Im November will ich sie in Berlin besuchen. Für das Münchner Komödienspiel ist der Fortgang der Terwin ein schwerer, sehr schwerer Verlust. Mir persönlich reißt er eine Lücke auf, die ich oft schmerzlich empfinden werde. Ich habe die Künstlerin und die Frau sehr gern. Mag sie Glück haben, mag ihr unbändiger Ehrgeiz nicht enttäuscht werden, mag sie in Hände kommen, die das künstlerische Temperament in ihr erkennen und richtig anfassen. Adjö, liebes Moggerl!

Gestern mußte ich nun Ruederers »Schmied von Kochel« über mich ergehen lassen. Eine wirre Verstiegenheit. Ruederer wollte sehr hoch hinaus und kannte seine Grenzen nicht: der typische Fall von Dilettantismus. Der Fall, um den es geht, ist an sich nicht uninteressant und hätte wohl dramatische Möglichkeiten gehabt. Die fixe Idee des Volkes, das in Balthasar, dem Schmied von Kochel symbolisiert wird, glaubt an die Rückkehr des verjagten Landgrafen, des »silbernen Ritters« und als der Schmied nach langer Pause zum ersten Mal wieder auf den Ambos schlägt, ist das das Zeichen zum Aufstand gegen die österreichische Herrschaft. Der Sohn des Schmiedes, Mathias, der halbtot in die Heimat zurückkehrt, geschunden und voll Haß – Symbol für das bayerische Heer – wird von der Mutter (Bayern) aufgenommen, er verrät den Vater, der ihn einst aus dem Hause fortließ, da der Landgraf ihn begehrte. Der Aufstand wird unterdrückt. München, Bayern, der Schmied und sein Sohn kommen um. Viel Gerede. Viel Getue. Keine Klarheit. Kein Drama. Allerlei komische Gestalten sind zu sehn. Eine Kamilla, ehemalige Maitresse des Landgrafen, steigt herum. Eine bayerische alte Jungfer von Orleans. Hochkomisch. Schlimmer Irrtum des Herrn Josef Ruederer. – Die Aufführung sehr mäßig. Colla Jessen als Schmied tat was er konnte, das ist nicht viel. Randolf (Mathias) wie immer ein lärmender Provinzkomödiant. Hans Raabe schrie und machte Mätzchen. Der greise Künstler wie immer ein Schmierenschauspieler wirkte kläglich.

Keiner war wirklich gut. Von den Frauen ist noch das beste zu sagen. Die Prasch Grevenberg als Frau des Schmieds war recht gut; daß sie unnatürlich wirkte, lag nicht an ihr sondern an der Rolle. Die Gerhäuser tat mir leid. Diese Kamilla ist so unmöglich, daß die beste Künstlerin nichts Gescheites draus hätte machen können. Lina Woiwode sah als Frau des Stadtrats und Gastwirts Jäger (Raabe) entzückend aus. Mit ihrer Rolle war so wenig anzufangen wie mit der andern. Schon bei der Premiere soll es einen ausgesprochenen Durchfall gegeben haben. Gestern war nun das Oktoberwiesen-Sonntags-Publikum da. Das Haus war ausverkauft. Zum Schluß hörte man kräftige Zischlaute. Es rührte sich keine Hand. Verdientermaßen. −− Nachher Torggelstube. Frau Ettlinger nahm mich bei Seite, um mir zu erzählen, ihr Gatte Karlchen habe bei der »Jugend« protestiert, daß man nichts von mir bringe. Das persönliche Verhalten eines Menschen berühre nicht sein Künstlertum. Heute sei nun Konferenz und wahrscheinlich werde ich in diesen Tagen von der »Jugend« die offizielle Aufforderung bekommen, wieder mitzuarbeiten. Das wäre sehr erfreulich. Ich freue mich über Ettlinger.

München, d. 3. Oktober 1911.

Das Geld macht mir große Sorgen. Das Kätchen-Abenteuer ist schauderhaft fühlbar. Die Rechnung hier beträgt fast 190 Mark, wobei die bar gepumpten 40 Mk noch garnicht gerechnet sind. Das andre konnte ich durch Komet-Honorare und Spielgewinne begleichen. Aber der Rest beträgt blos noch 5 Mk und den Wechsel des Dreililien-Verlags, den die Dresdner Bank nicht vor dem 28ten Dezember diskontieren will. Nun schreibt mir heute Johannes, daß Margrit mir am 7ten die schuldigen 200 Franken schicken will. Erhalte ich evtl. morgen noch vom »Komet« eine halbwegs mögliche Summe, so mags ja wieder mal gehn. − Aber die freundlichen Besucher, die ich jeden Tag erhalte, setzen mir wieder scheußlich zu. Bald giebt man sich als Journalisten aus, bald als Maler. Immer hat man Familie und will bestimmt in 2–3 Tagen alles zurückgeben. Gestern hab ich es zum ersten Mal über mich gebracht, einen abzuweisen. Der Kerl war mir zu widerlich. Außerdem habe ich ihn im Verdacht, daß er mehr Geld hatte als ich. Aber, wenn ich zusammenzähle, ich glaube nicht, daß 50 Mk monatlich reichen, die man mir mit der Begründung aus der Tasche zieht, ich sei ja ein freiheitlicher Mensch und die reichen Leute helfen nicht. Die Leute abweisen nützt auch nichts. Sie kommen mit tötlicher Sicherheit wieder. Ich möchte nur wissen, wo sie sich verständigen. Kain-Leser oder Anarchisten sind es nie, die kommen, immer ein eleganteres Vagabundentum, in abgeschabter Bourgeois-Kleidung, arme Industrieritter, die sich wie Hochstapler vorkommen, wenn sie sich für einen Schriftsteller ausgeben.

Steinebach erzählte mir gestern Interessantes aus seinem Leben. Er war bei der Heilsarmee, war auch Grubenarbeiter und hat viel gehungert. Ein ganz feiner Mensch. Jetzt hat er sich einen Parlographen angeschafft, auf den er mächtig stolz ist. Er führte mir den in der Tat sehr praktischen Apparat vor. Eine richtige phonographische Diktiermaschine. Ich sprach auch mal hinein, und hörte dann meine Stimme, die mir ganz fremd und sonderbar vorkam. – Steinebach hat auf meine Veranlassung an Onkel Leopold geschrieben und ihn gebeten, 3000 Mark für den »Kain« herzugeben, für deren Verzinsung er garantiere. Ich will nun selbst auch noch anbohren. Ob es helfen wird, ist mir allerdings mehr als fraglich. An Strauß hat Onkel negativ geantwortet. Ich will jedenfalls die endgiltige Ablehnung der Familie abwarten, ehe ich Schritte unternehme, die den Bruch mit ihr herbeiführen müßten. Scheuen werde ich aber diese Schritte nicht mehr, wenn ich sehe, daß die Angst um ihre lumpigen paar Kröten größer ist als das Bestreben, mir aus dem Schlamassel zu helfen. Mit der bloßen Warterei auf den Tod des Vaters komme ich nicht weiter. Jetzt soll mir alles gleich sein: Meinen Weg will ich gehn – ohne Aufschub!

München, Donnerstag, d. 5. Oktober 1911.

Ich bin entschlossen, von jetzt ab täglich für den Kalender zu arbeiten. Sonst kommt der nie von der Stelle. Bis jetzt habe ich erst zwei Manuskripte beim Drucker abgeliefert und von dem, was neu zu schreiben ist, noch nichts getan. – Zunächst sorge ich mich jetzt darum, daß der Fortbestand des »Kain« arg gefährdet ist. Steinebach hat keine große Lust mehr, Geld hineinzuschustern. Nun hat sowohl Strauß wie er an Onkel Leopold geschrieben und eben geht auch von mir ein Brief an ihn fort, der ein Meisterwerk ist und hoffentlich 3–4000 Mark lockern wird. Die werde ich natürlich nicht kriegen, sondern wirklich für das Blatt arbeiten lassen. Heute abend kommt nun wieder eine neue Nummer heraus, die wegen des vorzeitigen Nachrufs auf Bebel Aufsehen machen dürfte. Ich werde Bebel das Heft schicken.

Vorgestern war ich zu Fränze Fischer, der kleinen Sängerin von Kati Kobus, die mich beinah im Ammersee ersäuft hätte, zum Thee und Abendbrot eingeladen. Emmy, Anny Trautner, Lebrun, Morax und noch ein junger Herr, der Doktor heißt und wahrscheinlich Fränzes Schatz ist, waren da. Es war recht unterhaltsam. Lebrun sang wunderschön. – Emmy hat, wie Bolz mir erzählte, großes Pech gehabt. Sie ist einem Lockspitzel ins Garn gegangen und hat nun eine Kontrollkarte bekommen. Das arme Mädel. Ich werde sehn, sie nach Zürich mitnehmen zu können. Vielleicht engagiert Bulmans sie für den »Grauen Esel«.

Wie mir mitgeteilt wurde, tritt zur Zeit bei Benz Sofie Stöckl auf – mein altes liebes Julchen, eigentlich mein erstes Verhältnis, damals in Wien. Ich schrieb ihr, sie möchte mich mittags antelefonieren.

Das hat sie bisher nicht getan. So werde ich wohl heut oder morgen abend zu Benz gehn. Ich wäre glücklich, wenn zwischen uns zweien wieder etwas werden könnte. Seit Kätchen habe ich keine Frau mehr im Bett gehabt. Und die täglichen Consul-Küsse genügen auch nicht immer. – Übrigens war vor einigen Tagen eine Schwester des Consuls bei ihr, die ich leider nur einige Minuten sah, in die ich mich aber Knall und Fall verliebte. Noch viel schöner als Consul. Ganz große tiefe dunkle Augen, ein blendend schöner Mund, etwas welliges Haar, sehr bleiches und vergeistigtes Gesicht. Wunder-wunderschön, dabei herzlich und offen im Wesen. Sie ist nach Leipzig gefahren, wo sie bei einer Theosophen-Familie sein wird. Ein wenig theosophisch sah sie schon aus. Aber solche Nüchternheiten müssen diesem herrlichen tiefen Geschöpf doch auszureden sein.

München, Freitag, d. 6. Oktober 1911.

Verrücktes Leben. Eben geht Sofie Stöckl mit ihrer Freundin fort, die bei mir Mittag aßen. Ich mußte mal wieder Beichtvater einer unglücklichen Ehe spielen. Die Freundin – Bob genannt, eine typische etwas maskuline Lesbierin – ist wahnsinnig eifersüchtig, und als ich nun meine »Freivermählten«-Theorien auseinandersetzte, wurde natürlich alles Prinzipielle aufs Persönliche bezogen: große tragische Auseinandersetzungen. Tränen (bei Bob, Julchen blieb sehr ruhig). Ich mußte das Mannweib küssen, kurzum, es war sehr rührend. Das hübscheste ist: bei all den Schwüren der beiden, daß sie ehrlich voreinander seien, mußte ich der Stöckl noch lügen helfen. Ich war nämlich gestern abend bei Benz, wo ich Julchen flüchtig sprach und ging dann in den Simpl. Nachher kam sie mit einem Grafen dort an, und ich lud sie ein. Ich mußte ihr versprechen, der Freundin zu erzählen, sie sei mit mir dagewesen und das nun während der ganzen Diskussion, ob Menschen, die sich lieben, einander belügen dürfen, aufrecht halten. Sofie ist noch immer recht hübsch. Sie säuft nicht mehr soviel, ist etwas stärker geworden, und trägt die Haare jetzt rot. (Als ich sie kennen lernte, war sie brünett, als ich sie vor 3 Jahren in Nürnberg wiedersah, hellblond). Sie hat mir versprochen, mir eine Nacht zu widmen. Heut abend muß ich mit beiden zusammen ausgehn, wahrscheinlich wieder in den Simpl. Gestern war es sehr nett dort. Mary Irber war da, die mir Vorwürfe machte, weil ich sie noch nicht antelefoniert habe. Nachher kamen Leute von der Theatertruppe der Suzanne Dèsprès, die im Schauspielhause gastiert. Zwei der Herren trugen Verse vor, einer ein ernstes Gedicht von Richepin – sehr temperamentvoll, mit großen Gesten und fabelhafter Modulationsfähigkeit der Stimme, – der andre ein lustiges Gedicht von Lorraine, ebenfalls sehr hübsch und wirksam vorgetragen.

Heut abend schon muß ich im »Kleinen Theater« auftreten, da Madame Hanako, die zurzeit dort spielt, plötzlich erkrankt ist. Seit mehr als einem Jahre (Frankfurt) habe ich auf keiner Cabaret-Bühne mehr gestanden, und ich bin recht neugierig, wie ich wirken werde. Gestern abend noch holte ich mir 50 Mk Vorschuß und kaufte mir heute vormittag für 34 Mk einen neuen Anzug bei Isidor Bach. Jetzt gehe ich an die Versendung des »Kain« Nr 7, der heut erschienen ist.

München, Sonnabend, d. 7. Oktober 1911.

Vor einigen Tagen – dies ist nachzutragen – war Diro Meier bei mir, der jetzt Redakteur am »Komet« ist. Ein hübscher netter großer blonder Junge von 21 Jahren. Der unglückliche Mensch hat die Phantasie, er könne die Erbschaft von seinen verstorbenen Eltern, 30000 Mark, die er jetzt zur Mündigkeit ausgezahlt kriege, nicht besser anlegen, als indem er sie ungeteilt in den »Kometen« hineinsteckt. Ich riet ihm davon ab, alle rieten ihm ab, sein Onkel und Vormund wollte ihn entmündigen lassen, aber er tut, was er will. Nun

setzte er mir die ganze Finanzlage des Blattes auseinander. Es hat
bis jetzt 65 000 Mark geschluckt. Nun kommen diese 30 000 hinzu,
falls weitere 50 000 Mark auch noch hinzukommen. Da rechnet
man mit Bolz, der demnächst das sehr nette Frl. Tarrasch heiraten
will, und der grad diese Summe als Mitgift kriegt. Der ist an dem
Blatt, das alle seine Zeichnungen bringt, stark interessiert – und mit
80 000 Mark – da hat Herr Meier gewiß recht – läßt sich sehr viel
und vielleicht sogar aus einem schlechten Blatt ein gutes machen.
Hierzu möchte das Blatt nun mich gewinnen und Meier hat mich un-
verbindlich angefragt, ob ich bereit sei, mich mit einem Fixum engagieren zu lassen. Ich habe mir alles vorbehalten, denke aber, ich werde
trotz der Bedingung, ich dürfte dann für kein andres Witzblatt mit-
arbeiten, darauf eingehn, falls a) Herr Velisch aus aller redaktioneller
Tätigkeit entfernt, b) mir ein Monatsgehalt von 200 Mk garantiert
wird. Die »Jugend« hat sich noch nicht gemeldet, und aus dem »Simplizissimus« werden, selbst wenn die Verbrüderung durch Thoma
wieder hergestellt werden sollte, die Einnahmen nicht groß sein.
Andrerseits wäre dadurch vielleicht der »Kain« zu sichern, wenn
ich nämlich stets gleich die Hälfte an Steinebach abführte. Daraufhin
wird er gewiß das übrige Risiko auch weiterhin noch auf sich nehmen. Die 3000 Mark, die hineingegeben werden sollten, scheinen in
der Tat nicht aufzutreiben zu sein. Lulu Strauß gab mir gestern den
Brief von Onkel Leopold an ihn, und der sieht hoffnungslos aus. Er
hält die Rentabilität des Blattes für ausgeschlossen und beruft sich
auf seine Sachkenntnis, da er Mitbesitzer einer Zeitung sei. Das Ding
heißt glaube ich: Waidmannsluster Anzeiger und besorgt die Geschäfte der in Waidmannlust, Hermsdorf, Lübars und benachbarten
Dörfern wohnhaften Grundstückspekulanten. Aber weil dieses Blatt
schlecht rentiert, ist der »Kain« ein hoffnungsloses Unternehmen! –
Das grauenvolle bei solchen Lächerlichkeiten ist, daß sie mich mit
meinem ganzen Sein und Wollen hemmen. – Natürlich folgen in

dem Briefe dann noch die üblichen Drohungen. Wenn ich größere Schulden mache, würde mich mein Vater auf Pflichtteil mit Zinsgenuß setzen und der Zuschuß der Geschwister – die monatlichen 150 Mark – würden aufhören. Also die Familie versagt mal wieder, da es ja um Dinge geht, die mein Lebensinteresse engstens berühren. Das Geld, das wissen sie, ist ihnen späterhin absolut sicher. Die Zinsen garantiert ihnen Steinebach: ganz gleich. Man will recht haben, man will mir mit Gewalt beweisen, daß Schriftstellerei ein brotloses Beginnen ist, man will mich am arbeiten hindern, um mir Faulheit vorwerfen zu können. Die Erbitterung, die sie in mir immer neu schüren, hat in ihren Zahlentabellen keinen Platz. Darüber geht man hinweg. Das legt sich wieder. Wartet! Und wenn ich mich anders nicht rächen kann, als durch die Hinterlassung dieser Aufzeichnungen – eure Kinder und Kindeskinder werden sich für euch schämen müssen!

Abends trat ich nun also auf. Ich »arbeitete« nur 10 Minuten und hatte einen Kanonen-Erfolg. Das freut mich, da ich im Sommer des vorigen Jahres in Frankfurt a/M. glatt abstank. Es ist mir eine Bestätigung, daß ich immer mal wieder auf die Cabaret-Tätigkeit zurückgreifen kann, wenn die Geldnot sehr groß ist. Nach Wien würde ich bei annehmbarer Gage ohne weiteres wieder gehn. Sehr amüsant waren die Plakate abgefaßt. Auf denen stand: »Wegen Unpäßlichkeit der Mme. Hanako einmaliges Auftreten von Erich Mühsam.« Es klang, als ob ich für die japanische Künstlerin ihre Rolle spielen sollte. Das Theater war nur sehr mäßig besucht. Aus dem Applaus hörte ich deutlich das kindlich jubelnde Händeklatschen und das helle Gelächter Emmys heraus. Ob ich heute wieder auftreten muß, steht noch dahin. Heut nachmittag spielt die Hanako vor geladenem Publikum. Ich werde mit Uli hingehn. Dann werd ich erfahren, ob sie imstand sein wird, abends noch einmal zu mimen, oder ob ich sie wieder vertreten muß. Geschäftlich wäre das letztere schon besser. Aber große Lust habe ich nicht.

Nachher ging ich laut Verabredung zu Benz um Sofies Freundin »Bob« in den Simpl. abzuholen. Julchen wollte nachkommen, sobald sie ihre Arbeit hinter sich hätte. Im Simpl. saß der Herr, mit dem ich Julchen schon vorgestern getroffen hatte, ein Graf Schwerin, der sich v. Ziegler nennt. Als Julchen kam, stellte sie ihn Bob vor, die den Namen schon eifersüchtiger Weise gehört hatte. Sie fuhr herum: »Ach, Sie sind der Herr von Ziegler!« – Schwapp, drehte sie ihm den Rücken und flüsterte mir zu: »Mir das anzutun!« – Ihre Gereiztheit wurde immer größer, und sie fing an, sich gradezu lümmelhaft zu benehmen. Endlich ging sie mit allen Gebärden einer großen Eheszene. Es wurde dann noch recht lustig im Simpl. Ich trank viel und küßte alle herumsitzenden Mädchen und Frauen. Auch Frau Michel, ehemals Anita Prévôt, versprach mir einen Kuß, wenn ich noch etwas vortrüge. Ich tat es und durfte mir von ihren sehr hübschen und sinnlichen Lippen die Belohnung holen. – Inzwischen wurde bei der Stöckl die Besorgnis wach, die Freundin könne die häusliche Szene, die bevorstand, mit dem Revolver begleiten, da sie einen schönen Browning besitze. Es wurde deshalb beschlossen, wir fahren mit einem Auto zu dreien vor die Wohnung, ich gehe hinein, und der Graf wacht draußen. So geschah es. Es gab einen Heidenkrach. Sofie verhielt sich brillant dabei. Die Revolver-Besorgnis war übrigens unbegründet. Ich mußte sehr diplomatisch sein, um einerseits die Tragödie nicht tragisch werden zu lassen, andrerseits die von Bob angekündigte, von Julchen sehnlich herbeigewünschte heute zu vollziehende Ehescheidung nicht zu stören. Es wurde beschlossen, Bob solle heute früh abreisen. Ob sie nun fort ist, weiß ich nicht. Bei solchen Weibsleuten sind immer Überraschungen möglich. Ich bekam sowohl von Julchen, die sich während der Familienszene entkleidet hatte, zärtliche Küsse, dann auch von Bob, als sie mich hinausbegleitete. Übrigens hatte ich ihr vorher, ehe Julchen dabei war, im Simpl. unter die Röcke gefasst und sie sogar überredet einem

Piacere zu dreien zuzustimmen. Daraus wird nun wohl nichts werden. Jedenfalls hat mir Julchen, die übrigens in den Grafen schwer verliebt ist, ihre Gunst fest versprochen.

Nachdem alles erledigt war, fuhr ich mit dem Grafen noch zum Bahnhof. Er erzählte mir sehr viel. Er hat als Offizier den Hererokrieg mitgemacht und ist, wie er selbst behauptet, jetzt der reichste Grundbesitzer in Deutsch-Südwest-Afrika. Sein Grundbesitz ist so groß wie das Königreich Sachsen. Vielleicht ist der Mann mit ein paar tausend M. für den »Kain« heranzukriegen. Ich werde mit Sofie drüber reden. Was er mir von den Eingeborenen dort, von seinen Leoparden-Jagden und Kriegsabenteuern erzählte, interessierte mich ungemein, umsomehr, als ich den Eindruck hatte, daß keine oder nur wenig Renommage dabei war. Ich werde sehen, häufiger mit dem Manne zusammen zu kommen.

Von Margrit kamen heute 100 Franken. 70 stellt sie mir für diese Tage in Aussicht. 30 hat sie schon auf meine Anweisung Johannes gegeben. Ist das verzehrt, so ist jede Spur von dem Berner Pump für 3 Jahre ausgelöscht. Dann kommt die Katastrophe, sofern Gott nicht hilft. – Paul Cassirer läßt mich durch Herzog zur Beteiligung an seiner Balladen-Anthologie einladen, die sehr frech werden soll. Na, da kann ich dienen. – Feuchtwanger schickt mir das Gedicht eines alten Hofschauspielers (den Namen will ich zur Vorsicht nicht einmal hier nennen) gegen Possart. Ein Dokument beispiellosen Hasses und Erbitterung. Ich werde es im »Kain« drucken. – Die »Allgemeine Rundschau« bringt einen Artikel »Wedekind und seine Freunde«, in dem auch ich und der »Kain« hundsfrech angepöbelt werden. Diese Burschen werde ich mir kaufen. – Der Kalender ist noch immer nicht weiter gediehen. Ich verdiene Prügel für meine Sorglosigkeit.

München, Sonntag, d. 8. Oktober 1911.

Die Hanako ist ein erstaunliches Phänomen. Eine Pantomimistin, deren gleichen es, in Europa mindestens, nicht giebt. Sie spielte zwei Stücke, die sie sich selbst verfaßt hat. Zuerst: »der Selbstmord«. Die dramatische Umrahmung ist sehr dürftig, und nur da, um den seelischen Affekt der Dienerin, die der Untreue bezichtigt wird, vorzubereiten und einzukleiden. Ihr ist von zehn goldenen Platten eine gestohlen worden (von einem verschmähten Liebhaber, aus Rache). Sie liefert die Platten ab und zählt sie ihrem Herrn vor: ganz gleichmütig und geschäftsmäßig zählt sie von 1–9 und merkt nun, daß eine fehlt. Sie zählt noch einmal, etwas verwundert und leise geängstigt. Zum dritten Mal in heller Angst – und dann noch ein viertes Mal schon ohne Hoffnung, ganz verzweifelt. Schon dieses viermalige Zählen von 1–9 gehört zum Aufregendsten, was ich auf der Bühne gesehn habe. Der Herr schlägt sie – die Reaktion darauf von körperlichem Schmerz, hündischer Angst, gekränkter Unschuld und Devotismus zugleich war ungeheuer stark. Und dann ist sie allein und beschließt sich zu töten. Das stumme Spiel dauert vielleicht eine halbe Stunde und wird minutiös durchgeführt. Ganz langsam vollzieht sich vor den Augen der Zuschauer alles, was an Effekten, Entschlüssen, Betrachtungen und Handlungen in dem kleinen Japanermädel vorgeht. Wie sie plötzlich von Tränengüssen geschüttelt wird – ganz abrupt, wie sie das Messer aus dem Kleid zieht, es besieht, abputzt, ansetzt, wieder fortlegt, noch einmal die Teller durchzählt, herumhorcht, ob keiner da ist – das ist alles ganz gewaltig im Eindruck. Und dann der Selbstmord selbst. So habe ich noch nie jemand auf der Bühne sterben sehn. Es ist unglaublich kühn, die Illusion im Zuschauer zu wecken, als ob sie sich wirklich die Gurgel durchbohrt. Langsam drückt sie das Messer hinein, und die wimmernden Schmerzenslaute dabei sind ganz erschütternd. Das Blut läuft über das Kleid, sie sinkt – und nun kommen die andern Personen, der Herr mit dem vermißten Goldteller in der Hand, – und sie verdeckt die Augen und stirbt. Ich verhehlte mir trotz des ungeheuren Eindrucks, den ich hatte, nicht, daß hier die Schauspielkunst – und vielleicht gehört sie dahin – eng an die Grenze der Akrobatik geriet, nur daß hier eben jede Demonstration seelisch motiviert ist. Im zweiten Stück »Otake« wird dieser Charakter der Hanako-Kunst kaum noch bemäntelt. Die Dienerin (Hanako) putzt sich in der Abwesenheit ihrer Herrin mit deren Gewändern. Der Liebste der Herrin kommt, hält sie für seine Geliebte. Die Dienerin, um sich nicht zu verraten, wendet ihm den Rücken. Er hält sich für abgewiesen. Darauf kommt ihr eigner Geliebter, der sie erkennt. Als er fort ist, noch einmal der vermeintlich Verschmähte. Sie wendet sich natürlich wieder von ihm ab und er ersticht sie in der Meinung, sie sei die Herrin. – Wie die Hanako schon auftritt, ein akrobatisches Bravourstück: mit einem ganz großen schweren Sack, den sie – ungeheuer lustig – ein paar Stufen hinaufzuschleppen hat. Sie macht es ganz köstlich – aber es ist eine zur Kunst gesteigerte Clownsleistung. Dann die entzückende Pantomime des Sich-Putzens. Wie sie ungeschickt – unglaublich rasch und viel mit sich selbst plappernd – die Schmuckschatulle der Herrin heranholt und sich unendlich umständlich pudert und schminkt – mit all den kleinen reizenden Mätzchen, die sie dabei macht (der täppische Versuch, sich im Spiegel von rückwärts zu sehn) – das ist alles unvergeßlich. Dann beim ersten Besuch des Geliebten der Herrin das amüsierte Versteckspiel, die Lust am Schmollen. Dann die entzückende Liebesszene, als der eigne Geliebte sie erkennt. Dann beim zweiten Besuch des Herrn doch die Angst sich zu verraten im Dilemma mit der Angst vor der Wut des Mannes, und schließlich stirbt sie wieder ganz einzig. – Das war ein großer Eindruck, den ich gestern empfing. Die Hanako ist eine Meisterin der Schauspielkunst, durchaus genial. Ihre Truppe spielt fein und diskret. Übrigens klingt die japanische Sprache scheußlich jaulend und papageienhaft.

Abends ging ich wieder zu Benz, Julchen abholen. Bob ist natürlich nicht abgereist, sondern in hysterischen Absichten dageblieben. Sie war nicht mit bei Benz, und Julchen, die ihr gesagt hatte, sie habe bis 2 Uhr zu tun, die aber um ½ 12 schon aufbrach, fuhr in die Odeonbar, wo sie mit ihrem Grafen verabredet war. Bis dahin küßten wir uns aufs Inbrünstigste im Auto.

Von Onkel Leopold kam heute eine überraschende Postkarte. Er habe meinen Brief mit ausführlichem Kommentar via Berlin (Mühsam, Hans) nach Lübeck (Julius und Leo) weitergeschickt und denkt bestimmt, daß das Geld kommen wird, aber erst in etwa 14 Tagen. -- Na also! Demnach hatte ich recht, daß ich mein Schreiben ein Meisterwerk nannte. Wenn jetzt blos keine halsbrecherischen Bedingungen an die Hergabe geknüpft werden. Ach, wär ich froh, wenn die Sache perfekt ist. Dann ist meine Arbeit gesichert und meine Stimme braucht nicht zu ersticken.

München, Montag, d. 9. Oktober 1911.
Gestern nachmittag hatte ich zum Kaffee den Besuch des Herrn v. Krobshofer, der mit einem jungen Maler, namens Huber kam. Wir berieten, in welcher Weise hier eine anarchistische Bewegung von neuem begonnen werden kann, kamen aber vorläufig zu keinem Resultat. Wenn ich von Zürich zurückkomme, werde ich jedenfalls mit einer öffentlichen Versammlung wieder mal losgehn. – Nachher rief mich die Fehl an, die mir schon die ganze letzte Zeit schwer auf die Nerven gegangen war und mich ziemlich viel Geld gekostet hat. Ihr Mann müsse unbedingt sofort in seine Heimat – er ist wieder vom Tod auferstanden –, und ihnen fehlten 30 Mk zum Reisegeld. Bekäme sie die Summe nicht sofort, so müsse sie sich erschießen. Das Ende vom Liede war, daß Rößler, Roda Roda und ich je 10 Mk hergaben, damit der schlecht riechende Schlowak abdampfen kann. Es ist schon

327

ekelhaft, fortwährend zahlen zu müssen, wo Herz und Laune garnicht interessiert sind.

Nachher fuhr ich mit Rößler und dem Consul zu Eckel essen. Wir tranken Burgunder und Sekt und fuhren dann noch zu Benz. Das Stöckl hatte ihren Afrikaner bei sich. Ich sprach sie kaum, zumal ich schon ziemlich betrunken war. Nachher im Stefanie forderte mich Oppenheimer noch spät auf, mit ihm zu pokern. Über Unanständigkeiten dieses Pokerers habe ich hier früher schon Notizen gemacht. In der letzten Zeit hatte er wieder Material gegeben. Neulich forderte er mich auf, mit ihm 25 Schachpartien zu spielen, die er alle gewinnen wollte. Für jede schon gespielte Partie wolle er sobald er verliere oder Remis mache, eine Mark zahlen. Ich sollte, falls ich alle verliere, 5 Mk bezahlen. Wir spielten ganz korrekt, nahmen keine Züge zurück und zogen die berührte Figur. Dabei waren wir nicht rigoros. Hatten wir eine Figur schon gezogen, und sahen plötzlich, daß wir eine Dummheit gemacht hatten, so wurde dieselbe Figur rasch wieder, ohne daß der andre Einwände machte, woanders hingerückt. Nur einmal ärgerte ich mich: Oppenheimer hatte die Dame verloren und stand ziemlich schlecht. Ich rückte mit meiner Dame ein Feld zu weit und wollte sie, als ich sie kaum losgelassen hatte, wieder zurückschieben. Das verhinderte er, da er bei seiner Damenlosigkeit nicht mehr tolerant sein könne. So verlor ich die Partie, wie alle andren. Bei der 24ten Partie machte Oppenheimer einen entscheidenden Bock, durch den er eine Figur verlor. Nachdem ich sie schon gewonnen hatte, verlangte er seinen Zug zurück und behauptete dreist und gottesfürchtig, er habe mir schon unzählige Züge zurückgegeben. Um Krach zu vermeiden, und weil er mir in seiner Angst um das Geld leid tat, gab ich nach. Es mußten also 2 Züge zurück wieder aufgebaut werden, und nun verlor ich natürlich, da er ein sehr guter Schachspieler ist. Ich bildete mir ein, er würde bei der Streithaftigkeit der 24ten Partie wenigstens auf das Geld verzichten.

Das tat er aber nicht, und ich zahlte ihm zunächst 2,50 Mk aus und blieb die Hälfte schuldig. – Danach bot er mir einen neuen Wettkampf an zu 50 Partien und den gleichen Bedingungen. Ich sollte bei Verlust aller Partien 10 Mk zahlen. Wir spielten und ich gewann die 22te Partie. Das war vorgestern. Ich sagte ihm gleich, daß ich auf das Geld verzichte, nur die 2 Mk 50, die ich ihm gleich bezahlt habe, solle er mir zurückgeben. Das tat er. Nun pokerten wir also gestern. Hardy saß dabei, – zum Schluß auch Emmy. Oppenheimer verlor 10–20 Mk an mich. Ganz zum Schluß bekam ich eine Sequens in die Hand, bei der das As unten als 5 zählte. Als verglichen wurde (er hatte nur ein kleines Paar), behauptete er, das sei keine Sequens und deutete an, ich wolle ihn betrügen. Ich brach das Spiel sofort ab, überließ ihm die 4 Mk, um die es sich handelte und machte dann, während er draußen war, zu Hardy und Emmy die Bemerkung, Oppenheimer sei kein anständiger Mensch. Er kam dazu, mischte sich ins Gespräch und behauptete ich hätte ihn schon den ganzen Abend betrogen. Ich wurde furchtbar wütend und beschimpfte ihn in der Absicht eine Keilerei zu provozieren. Aber erst nach dem Verlassen des Lokals, als ich schon auf der andren Straßenseite war, rief er mir nach, er werde mich ohrfeigen. Jetzt kam ich zurück und verlangte, er solle das tun, da ich nie zuerst schlage. Er wagte es aber nicht und bot einen kläglichen Anblick. – Ich ärgerte mich über Hardy und Emmy, die dann ganz vergnügt mit ihm zusammen auf den Heimweg gingen. In unseren Kreisen ist auch nicht eine Andeutung von Solidarität vorhanden. – Ich habe das alles hier so ausführlich aufgeschrieben, damit der Biograph des großen Oppenheimer (über den Michel ja jetzt schon ein Buch geschrieben hat) später charakteristische kleine Züge zur Verfügung hat. – Ich persönlich bin ja der Meinung, daß ein Mensch, der im privaten Leben nicht reinlich ist, auch keine reine Kunst schaffen kann. Denn die braucht neben aller Technik und Erfindung zuallererst einmal Lauterkeit des Herzens. Ich habe über bildende Kunst kein ganz sicheres Urteil. Daß Oppenheimer ein ganz hochbegabter Künstler ist, untersteht nicht dem mindesten Zweifel. Aber die Erfahrungen, die ich mit ihm gemacht habe, rücken mir die Ansicht vieler in das Licht großer Wahrscheinlichkeit, die behaupten, er mache Mätzchen und posiere. Ich kann mir nicht helfen: es wäre ein Wahnsinn der Natur, wenn sie zuließe, daß schmutzige Seelen erhabene Kunst gestalten können. Das ist ein Privileg der Sauberen.

München, Dienstag, d. 10. Oktober 1911.
Ich hörte gestern den ganzen zweiten Akt des Rößler-Hellerschen Lustspiels, das »die Fünf« oder »die fünf Frankfurter« heißen soll. Auch Gustav Waldau war bei der Vorlesung. Wir waren entzückt, und mein Eindruck, daß es sich hier um ein ganz feines Lustspiel mit echten dichterischen Qualitäten handelt, wurde sehr verstärkt. – Abends ging ich ins Lustspielhaus und sah Tschechows »die Möwe«, ein interessantes feines Stück, das die Gegenüberstellung lauter unglücklicher Menschen zum Gegenstand hat. Lauter schwerblütige Russen, jeder und jede mit einer unglücklichen Liebe im Herzen. Besonders fesselte mich der Charakter des Dichters Konstantin: ich wurde trotz der größten Verschiedenheiten an Donald Wedekind erinnert. Das Spiel war mäßig. Am besten noch Kalser. Auch die Lorm ging an, und die Roland mißfiel mir weniger als sonst. In der Torgelstube wurde gepokert. Ich gewann, zuerst 100 Mk, verlor dann aber fast alles wieder und stand mit etwa 15 Mk plus auf. Immer mitzunehmen.

Heut früh überraschte mich der Pfarrer Vogl mit seinem Besuch. Ich war mit ihm bei Gusmaroli zu Mittag. Aber er mißfällt mir doch wieder in mancher Hinsicht sehr. Wenn er über seine Freiheitlichkeit der Kirche gegenüber redet, so habe ich immer die Empfindung wie

bei einem Schuljungen, der seinem Lehrer hinter dem Rücken die
Zunge herausstreckt. Jetzt erwartet er mich im Stefanie mit Meyrink.
Er bleibt morgen noch hier. Ich werde mich ihm nicht viel widmen,
da ich noch meine Beiträge für den »Komet« zu schreiben habe und
übermorgen nach Zürich muß. Dort hoffe ich Johannes zu treffen.

München, Mittwoch, d. 11. Oktober 1911.

Johannes und Iza sind hier. Heut früh um 8 Uhr überraschten sie
mich mit ihrem Besuch, beide totmüde von der Nachtfahrt, aber
sonst ganz wohl aussehend. Jetzt – ich bin beim Mittagessen – schlafen sie und wollen erst um 5 Uhr geweckt werden. Morgen schon
soll die Reise nach Wien weitergehen – und so werde ich meine Abreise auf den 13ten früh verschieben. Ich bin vorläufig zu froh über
die Überraschung, um gleich über die Gespräche, die ich mit Johannes führte, zu berichten. – Heut nachmittag will Kanders herkommen zur Begrüßung und eben habe ich auch einen Dienstmann an
Dr. Wolfskehl geschickt. Vielleicht orientiere ich auch noch Strich.

Den Pfarrer wurde ich gottseidank gestern noch los. Ich schützte
Arbeitsüberlastung vor und empfahl ihm, zur Hanako zu gehen.
Vorher waren wir im Café mit Meyrink zusammengewesen, der sehr
interessant sprach, natürlich über überirdische Dinge: Mystik, Magie, Spiritismus, Okkultismus, Spuk und dergleichen. Ich war überrascht, daß er mir in vielen Einwänden recht gab und sie noch unter-
strich und begründete. So sagte ich, die Theosophen seien mir deshalb
so unsympathisch, weil ich in ihnen noch rüdere Rationalisten sehe
als in den Häckelschen Alleswissern. Sie wollen sogar erkennen, wie
die jenseitigen Dinge beschaffen sind. – Ich erklärte, ich hätte keinen
Grund, an Behauptungen glaubwürdiger Menschen, sie hätten au-
ßerweltliche Erscheinungen, zu zweifeln. Nur leuchte mir nicht ein,
daß das die Geister Verstorbener sein müssen. Meyrink gab mir zu,

daß der einzige Anhalt dafür der sei, daß diese Erscheinungen es selbst behaupten, was natürlich garkein Beweis ist. Auch darin gab Meyrink mir recht, daß die Gespenstererscheinungen entsetzlich kitschig seien, indem sie in Bettüchern oder blauen Wölkchen dahergondeln. – Zwei Definitionen will ich mir merken. Meyrink erläuterte den Begriff Instinkt als »Gedächtnis der Zelle«. Und als Vogl mich fragte, was »Kitsch« sei, antwortete ich zu Meyrinks großer Freude: »Ludwig der Zweite«.

Sonst ist vom gestrigen Tage nicht mehr viel zu vermerken. Bei Benz traf ich die Stöckl nicht an. Sie hatte sich krank gemeldet. Aber Uli mit Gefolge: Seewald, Kanders und Alwa (Thesing ist abgesetzt) waren dort. Nachher fuhr ich mit Uli per Droschke ins Stefanie. Daß sie sich auf der Fahrt zweimal von mir den Mund küssen ließ, sei um der Seltenheit dieser Gunst willen freudig angemerkt.

München, Montag, d. 16. Oktober 1911.

Gestern bin ich von Zürich zurückgekommen, und nun habe ich nachzutragen, was sich von Johannes' Aufenthalt her bis jetzt – also vom 11ten an zutrug. Das ist nicht wenig. Ich hatte, um Johannes Gelegenheit zu schaffen, einige seiner früheren Freunde wiederzusehn, Strich, Kanders und Wolfskehl zum Nachmittag zu mir bestellt. Ich las Johannes grade aus diesen Heften vor (auch Iza war dabei) als Strich und Kanders eintraten. Höfliche, keineswegs sehr warme Begrüßung. Die beiden nehmen Platz. Keiner spricht ein Wort. Ich frage, ob ich etwas anbieten darf und lasse eine Flasche Wein kommen. Endlose Pause. Ich äußere: »Im Theater wäre solche Pause unmöglich.« – Man grinst. Die Situation wurde peinlich, aber keiner fand die Anknüpfung. Endlich kam Wolfskehl, und nun entspann sich ein recht trockenes Gespräch über Baader, Ritter und andre ältere bibliographische Herren. Zum Abendbrot bleiben wir allein. Abends

hatten wir uns zu Kati Kobus mit Wolfskehl verabredet. Nachher
noch einmal Stefanie. Ich hatte mit Wolfskehl eine lange Diskussion
über die revolutionäre Tendenz alles Theaterspielens. Er sagte kluge
Dinge. Verständigen konnten wir uns aber nicht. Mit Johannes war
ich auch am nächsten Tage wenig allein. Er war sehr lieb. Von Iza
hatte ich den Eindruck, daß sie auf mich in die Vergangenheit hinein
schwer eifersüchtig ist. Am Freitag wollte ich nun in der Frühe nach
Zürich fahren, Johannes und Iza mittags nach Wien. Dieser Freitag,
der Dreizehnte, wird mir im Gedächtnis bleiben. Eine solche Häu-
fung von Pech und Ärger ist mir lange nicht vorgekommen. Ich ließ
mich sehr früh wecken, frühstückte in Johannes Zimmer und las
ihm noch aus dem Tagebuch vor. Um 10 h 20 sollte der Zug gehn.
Wir fuhren mit der Elektrischen zur Bahn und erfuhren, daß der
Zug seit dem 1. Oktober schon um 10 h 10 fährt. Es war 10 h 15. Der
nächste Zug fahre 12 h 50 und sei 8 h 55 in Zürich. Ich telegrafierte sofort an Trindler, und wir gingen nun langsam ins Café Orlando di
Lasso. Dort hatten wir uns kaum hingesetzt, als Johannes erklärte,
er wolle noch einmal hinausgehn und komme gleich wieder. Er ließ
seinen Überzieher zurück, kam aber nicht wieder. Ich war furchtbar
ärgerlich, da ich keine Erklärung wußte, als die, er habe mal wieder
an den Lokalen seiner alten Sünden entlang bummeln wollen und
darüber Freundschaft, Verabredung und Eisenbahn vergessen. Um
¼ nach 12 ging ich, schickte einen Dienstmann mit dem Überzieher
und einem Brief zu Iza und fuhr um 12 h 50 pünktlich nach Zürich
ab, sehr verärgert und übellaunig, daß der Freund ohne ein Wort des
Abschieds mich einfach sitzen ließ. Jedenfalls beruhigte mich die
Tatsache, daß ich ihm 50 Mark gegeben hatte, sodaß er nicht in un-
mittelbare Verlegenheit kommen konnte. Erst auf der Fahrt kam
mir der Gedanke, er könnte vielleicht verhaftet sein. So verlief die
Reise recht schlimm; ich war in fortwährenden Zweifeln und Sorgen,
und Ärger, Angst, Selbstvorwürfe und alle möglichen Überlegungen

ließen mir zu keinem klaren Nachdenken über den Vortrag Ruhe, den ich abends halten sollte. Die Reise schien mir endlos zu dauern. Merkwürdigerweise machte ich unterwegs bei aller Unruhe doch ein recht nettes Gedicht: »Küsse mich. Gieb mir die lüsternen Lippen – « Vor Winterthur an einer kleinen Station ging der Zug plötzlich nicht weiter. Mehrmals hörte ich, wie das Abfahrtszeichen gegeben wurde, dann merkte man, wie die Lokomotive anzog. Es gab ein merkwürdiges Geräusch und Gerüttel im Wagen, aber er fuhr nicht los. »Aussteigen!« wurde gerufen, und man erfuhr, daß die Bremse des Wagens, in dem ich saß, nicht funktionierte. Der Wagen wurde also ausrangiert und mit einer Verspätung von drei Viertelstunden ging die Reise weiter. Um ¾ 10 Uhr kam ich in Zürich an, von zwei Genossen an der Bahn erwartet. Im Sturmschritt in ein Auto und blitzschnell zum Volkshaus, wo ich im großen Saal sprechen sollte. Cilla stand vor der Tür des Hauses und berichtete, schadenfroh lachend, daß schon ein andrer rede. Ich lief die Treppen hinauf, und wurde vom Vorstand des Freidenker-Vereins mit Vorwürfen empfangen, die sogleich auch andeuteten, daß ich das ausgemachte Honorar nicht bekommen könne, da die Hälfte der Zuhörer schon weggelaufen seien und ihnen das Eintrittsgeld zurückgezahlt sei. Ich ließ mich auf keine langen Debatten ein und ging in den Saal, wo ein Sozialdemokrat schrecklich trocken und unverständlich von Religionslosigkeit und ähnlichem redete. Offenbar, um mich zu ärgern, zog er die Rede, als ich gekommen war, noch in die Länge. Als er fertig war, verlangte die Versammlung doch noch mich zu hören, und ich hielt nun einen ganzstündigen Vortrag über Ferrer, der mit sehr starkem Beifall aufgenommen wurde. In der Diskussion sprach nur der Vorredner einiges dummes Zeug, worin er die Notwendigkeit des öffentlichen Zwanges dartun wollte. Ich fertige ihn leicht ab. Nun war ich total abgespannt und hatte, da ich während der ganzen Reise nichts gegessen hatte, Mordshunger. Aber statt nun gleich ih-

ren Verpflichtungen nachzukommen, debattierten die Herren Ober-
Freidenker unaufhörlich, ob sie mir zahlen sollten oder nicht. Mich
wollte man nötigen, auf der Straße zu warten, bis sie zu einem Entschluß gekommen seien. Ich war wütend und ging dann mit Reitze
und noch einigen Kameraden ins Café »Laus«. Dort kriegte ich nur
ein paar Eier zu essen. Während ich mich daran sättigte, erschien ein
Mann, trat auf mich zu und stellte sich als Polizeibeamten vor. Er
habe den Auftrag, 20 Franken von mir einzuziehen, die ich als Ge-
richtsstrafe schon seit 1905 schulde. Andernfalls habe er mich zu ver-
haften, und ich habe sofort vier Tage Gefängnis abzusitzen. Ich hatte
das Geld nicht und Reitze legte es aus. Ich muß das nun an Steinebach
als Teilzahlung für verkaufte »Kains« abführen. Die 20 Franken, die
man nach mehr als 6 Jahren nun plötzlich von mir erpreßte, sind die
Strafe für den »Diebstahl«, den ich damals an den Herren Münzer
und Feigel begangen haben sollte. Der Fall sei hier erzählt, damit er
in meinen Erinnerungen nicht fehlt. Ich lebte damals mit Johannes
Nohl in Zürich oben auf dem Zürichberg, in der Rütistrasse, wenn
ich nicht irre. Etwas weiter hinauf, schon am Waldrand wohnte der
jetzige Schriftsteller Kurt Münzer mit dem früheren Inspizienten
Feigel in homosexuell-flagellantistischer Gemeinschaft. Die beiden
hatten mit uns Verkehr gesucht, den wir auch oberflächlich pflegten,
obwohl Johannes sowohl wie ich gegen Feigl von Anfang an die
stärkste Antipathie hatten. Wir pumpten die Nachbarn mitunter an,
sie uns auch. Nun ging es uns einmal wieder sehr schlecht, wir hatten
schon alle Bücher verkauft und hatten nichts zu essen. Johannes bekam einen Schwächeanfall vor Hunger. Ich stürzte zu den Nachbarn,
um sie um ein paar Franken anzupumpen, traf sie aber nicht zuhaus.
Aber auf dem Tisch bei ihnen lag der ganze fünfbändige »Cicerone«
von Burckhardt. Ich nahm die Bücher, trug sie zum Antiquar und
verkaufte sie für 10 Franken unter der Bedingung, daß ich das Recht
behalte, sie binnen 8 Tagen zum selben Preis wieder auszulösen.

Den beiden hinterließ ich schriftlichen Bescheid über den Verbleib der Bücher. Nun kamen sie aber an und erklärten, sie müßten die Bücher unbedingt sofort wieder haben, da kompromittierende Photographien darin lägen. Als ich die holen wollte, war der Buchhändler inzwischen verreist, und die andern Leute im Haus wußten nicht, wohin er sie gelegt hätte. Inzwischen wurde der Feigl immer zudringlicher und ausverschämter. Wir boten ihm die 10 Fr. in bar, um die Bücher wiederzuholen. Es half nichts. Er behauptete, die Bücher, in denen Münzers Name stand, gehörten jetzt ihm und er bestehe auf ihrer sofortigen Herbeischaffung. Da er bei mir hierbei sehr freche Bemerkungen über Nohl machte, schmiß ich ihn hinaus. Er ging zur Polizei und verklagte mich wegen Diebstahls. Inzwischen hatten wir Bücher und Bilder wiederbeschafft, auf denen die beiden Herren allerdings in recht gewagten Stellungen getypt waren. Bei der Verhandlung erklärte ich, mein Vorgehen sei nach allen Gepflogenheiten einer weniger bürgerlichen Bohême-Moral absolut selbstverständlich und korrekt gewesen und ich würde, wenn ich einem hungrigen Freunde nicht anders helfen könnte, im ähnlichen Falle wieder genau so handeln. Der Richter erklärte, auch er würde in diesem Prozeß lieber die Rolle des Angeklagten als die des Klägers spielen, mußte mich aber verurteilen. Feigl wurde kurze Zeit danach wegen einer an Benedikt Friedländer begangenen Erpressung zu 1 Jahr Gefängnis verurteilt. – Also diese 20 Fr. Strafgeld hat die sorgsame Züricher Polizei jetzt nach 6 Jahren eingezogen, indem sie mich bespitzeln ließ, wohin ich nach meinem Vortrag ginge, und mich dann im Caféhaus überfiel. – Dann ging ich mit in Reitzes Wohnung, wo ich von diesem Unglückstag ausschlief. – Am nächsten Morgen ließ ich in einer Bank ein paar Mark in Franken umwechseln. Dabei sah ich ein junges Mädchen, das sich einen deutschen Zwanzig-Markschein kaufte. Ein reizendes Geschöpf, jung, zierlich, lebendig. Als ich mit Reitze wieder auf der Straße war, wollte ich sie an uns herankommen lassen.

Sie merkte es aber und blieb vor jedem Schaufenster sehr lange stehn, um nicht an uns vorbeigehn zu müssen. Sehr langsam bewegten wir uns zum Café »Laus«. Noch langsamer folgte das Mädel. Ich ging vor die Tür des Cafés und beobachtete sie. Als sie am Hause davor angelangt war und dort Ansichtskarten betrachtete, nahm ich meinen Hut und ging auf die Straße. Ich sprach sie an. Nach längerem Zögern und Sträuben ließ sie sich auf eine Unterhaltung ein und kam dann auch mit ins Café hinein. Es stellte sich heraus, daß sie am Theater, und zwar an der Oper in Zürich engagiert ist. Ich schlug ihr vor, sie solle nach München kommen, ich würde mich bei einem Cabaret für sie interessieren. Sie war sehr enchantiert von der Idee und schrieb mir ihren Namen auf: Charlotte Gillèt. Sie ließ sich willig von mir Beine und Schenkel abtasten und wir verabredeten um 10 Uhr abends im Züricher Hof ein Rendezvous (dort hat sie mich leider versetzt.) Ich will jedenfalls abwarten, ob sie sich nicht noch bei mir meldet und will dann suchen, sie hier irgendwo anzubringen. Denn das kleine frische Balg hat mir ausnehmend gut gefallen. Und in Zürich ein hübsches Mädchen finden, das ist gewiß noch nicht vielen Menschen gelungen. – Reitze und ich gingen dann zu Dr. Brupbacher. Ich ließ mir von ihm ein Rezept gegen den Bandwurm aufschreiben, der sich in der letzten Zeit wieder sehr unangenehm fühlbar macht und verabredete mich zum Nachmittag mit ihm in dem neuen Café Odeon. Dort hatten wir sehr gute Gespräche. Er ist viel klarer und in seinen Ansichten ernster geworden als früher und tendiert jetzt stark zum Sozialistischen Bunde. Über Friedeberg urteilt er jetzt ebenso abfällig wie ich. Nachher kam Reitze und berichtete mir, die Herren Freidenker hätten Dienstag eine Vorstandssitzung, in der sie sich schlüssig werden wollten, ob und wieviel sie mir bezahlen wollen. Da lassen sie mich also erst die Reise machen, hören auch mein Referat an und prellen mich nachher um die Kosten. Ein ekelhaftes Gesindel, diese freien Menschen! – Ich sprach noch in verschiedenen Cafés verschiedene Bekannte und schlief diese Nacht – leider allein – im Hotel zum Bären.

Gestern kam ich nun von der unerquicklichen Reise zurück. Die Fahrt über den Bodensee in der herbstlichen Mittagssonne war herrlich schön. Im übrigen dichtete ich auf der Fahrt die 12 Monats-Sprüche für den Kalender. – Ich fand hier die Gastspiel-Kontrakte des Kleinen Theaters vor, die ich heute dort unterzeichnete. Heut abend muß ich auftreten. Außerdem waren Drucksachen da, u. a. der »Pan«, in dem Kerr (der Herzog hinausgeekelt hat) Harden wegen einer sexuellen Kleinigkeit frech anpöbelt und in dem ein Nachruf auf Victor Hadwiger steht, von dessen Tod ich dadurch erst erfuhr. Er war erst 32 Jahre alt und ist am Herzschlag gestorben. Obgleich er ein alter Duzfreund von mir war, hatte ich keine allzugroßen Sympathien für ihn. Immerhin ein sehr interessanter Typus und ein großer Sonderling, – dabei ein starkes wenn auch verwirrtes Talent.

Rößler lud mich telefonisch zu Eckel ein, und da ich inzwischen hier schon Abendbrot gegessen hatte, ging ich nur zu einem Schluck Wein hin. Der Konsul war auch schon da und ich erfuhr zu meinem Erstaunen, daß es nun zwischen den beiden wirklich zu Ende ist. Sie hat ihn mit einem Architekten Lutz betrogen und er nimmt das schwer übel. Sie haben hier beide die Pension gekündigt und Rößler will vorläufig ganz von München fort, was ich unendlich bedauern würde. Dann kam noch Heinrich Mann und Brantl, und schließlich ging ich mit H. Mann noch zu Benz, wo wir bis 2 Uhr nachts blieben. Sofie Stöckl ist leider noch krank. Ich will sie morgen besuchen.

Heut war der Konsul bei mir zu Tisch. Wir küßten uns sehr reichlich, und das Weitere wird nun wohl auch nicht mehr lange auf sich warten lassen. – In einigen Tagen wird zudem das Puma wieder hier sein – und dann hoffe ich, manchmal recht glücklich sein zu dürfen.

München, Dienstag, d. 17. Oktober 1911.
Der »Komet« hat – mit auf meine Anregung hin – regelmäßige Redaktionssitzungen eingeführt, an denen die Hauptmitarbeiter teilnehmen. Gestern fand, da Fuhrmann von Rußland zurück ist, die erste statt, an der außer den Redakteuren Fuhrmann und Diro Meier, Velisch als Drucker, die Zeichner Lutz-Ehrenberger, Bolz und Aller und ich teilnahmen. Die Veranstaltung erwies sich als recht fruchtbar. Ich halte es für möglich, daß das Blatt sich allmählich noch recht tüchtig entwickeln kann, sodaß die Mitarbeit daran nicht blamabel sein wird. Meier deutete mir kürzlich an, man denke daran, mich voll mit festem Gehalt als Redaktionsbeirat anzustellen. Ich werde 200 Mark monatlich verlangen. Wenn daraus etwas wird, miete ich das Nebenzimmer, das 40 Mk kosten soll, und werde dann, zum ersten Mal im Leben, getrenntes Schlaf- und Wohnzimmer haben. Ich machte während der Sitzung für 30 Mk Witze, die ich ausgezahlt bekam.

Abends mußte ich im Kleinen Theater auftreten, wo ich bis zum 23ten inclusive Kontrakt habe. Ich werde als große Kanone ganz am Schluss abgeschossen. Das Programm vorher war, abgesehn von einer Französin, die ich von Benz her kannte, unsagbar scheußlich. Ich hatte viel Erfolg, zumal mit den kräftigen Sachen, die mir die Zensur erstaunlicher Weise sämtlich freigegeben hat (darunter »der Komet« und »Thekla«). Nachher ging ich mit Rößler, dessen Bruder, der in Berlin Bankdirektor ist, Roda Roda und Frau, Wennerberg und Frau und der Baronin v. Reznicek, die alle meine Vorträge angehört hatten, in die Odeon-Bar, wo reichlich getrunken wurde. Von da zu Benz. Dort zotete man kräftig. Besonders war Rößlers Bruder in riskanten Witzen sehr ergiebig. Die Stöckl erzählte mir, daß ihre

[Heft 6 endet hier.]

Zu dieser Ausgabe

»Bei strömendem Regen war ich eben unten im Dorf, um mir dies Heft zu kaufen. Es soll mein Tagebuch sein.« Mühsams Entschluß, gefaßt vor nunmehr hundert Jahren in einem Schweizer Sanatorium, zeitigte unerwartete Folgen. Die tägliche Rechenschaft lenkte sein Leben in neue Bahnen und wurde zu seinem gewichtigsten Werk – nicht nur dem Umfang nach.

Auf 42 dicke Hefte mit insgesamt ca. 7000 Seiten war es im Verlauf von fast fünfzehn Jahren angewachsen, als er Ende 1924, bei der Entlassung aus der bayerischen Haft, das letzte Wort hineinschrieb: »Frei!«

Daß er 1910 im Sanatorium gelandet war, hatte Gründe. Er war 32 Jahre alt und stand vor den Trümmern seines jungen Lebens. Zehn Jahre zuvor, zu Beginn des Jahrhunderts, war der frisch ausgebildete Apothekergehilfe von Lübeck nach Berlin gekommen, um Schriftsteller zu werden. Bald schon kannte man ihn in den Bohemekneipen rund um die Gedächtniskirche, ebenso bald hatte er ein unverwechselbares Erscheinungsbild entwickelt, das zu seinem Erkennungszeichen wurde: wildwucherndes rötliches Haar, Zwicker, abgetragene Altherrengarderobe – und der wache, auffordernde, fast bohrende Blick, der sein Gegenüber zwang, ihn ernst zu nehmen. Das war keine Maskerade, sondern die vollendete Entäußerung seiner Persönlichkeit – einschließlich der Weigerung, sich einer wie auch immer gearteten sozialen Rangordnung und Konvention zu unterwerfen.

Daß er sofort Anschluß an die radikalen Aufbruchsbewegungen
der Jahrhundertwende fand, war charakteristisch für den späteren
Tagebuchschreiber. Doch vorerst machte er sich auf die Suche und
begann, sein Thema und sein Wirkungsfeld abzustecken. Berlin,
München, Zürich, Wien, Ascona, Paris waren Stationen seiner Befreiung aus den Fängen der verhaßten bürgerlich-wilhelminischen
Ordnung – immer halb Flucht, halb Grenzüberschreitung. Er lernte
hungern, schnorren, mit Pfennigen überleben, alle Gelegenheiten
nutzen, wie sie sich boten, um etwas Eigenes daraus zu machen –
ein Stück befreites, selbstbestimmtes Leben. Aus der Erfahrung, daß
man so überleben konnte, daß viele dies unter unwürdigeren Bedingungen mußten, bezog er neue Kraft. Die Macht der Herrschenden
empfand er als persönliche Zumutung und Demütigung, und er verstand es, diejenigen, die ähnlich empfanden wie er, mit seiner Empörung anzustecken. Der Anarchismus, hätte es ihn nicht schon gegeben, wäre seine Erfindung gewesen. In der großen Armeleutepartei,
der Sozialdemokratie, sah er nur eine andere, noch heimtückischere
Form der Unterdrückung und Bevormundung, weil sie den so notwendigen Massenprotest auffing und neutralisierte. Mühsam hingegen zog als »Hetzprophet« durch die Lande. Er versuchte, die pro-
vinziellen anarchistischen Grüppchen mit seinem Elan und seiner
»Tatpropaganda« zu begeistern – gegen Kost und Logis – und zog
weiter. In den Jahren 1907/08 entdeckte er das städtische Subprole-
tariat. Während Gustav Landauer, sein strenger Mentor, davon
träumte, die herrschaftsfreie Gesellschaft in ländlichen Siedlungen
gedeihen zu lassen, entwickelte Mühsam den Plan, die sozialen Au-
ßenseiter am unteren Rand der Gesellschaft zu radikalisieren, Arbeits-
lose, Verarmte, Obdachlose, Prostituierte, Verbrecher – und deren
Geistesverwandte, die Künstler. Auch sie arm und ausgenutzt, auch
sie – vielleicht – empfänglich für die Rebellion.

Mit Freibier und guten Worten hatte er 1909 Zuhörer in eine

Münchner Spelunke gelockt, viele kamen aus Neugier, manche ließen sich von seinen Reden mitreißen. Als dann ein Zuhörer in einer nächtlichen Münchner Straße eine Sprengkapsel explodieren ließ, wurde auch Mühsam verhaftet, und er bekam seinen Prozeß. Er wurde zwar von seinem Anwalt herausgeboxt, doch der Versuch, eine Aufstandsbewegung aus dem Boden zu stampfen, war gescheitert – und Mühsam am Ende seiner Kräfte.

Hinter ihm lagen zehn Jahre wilden Experimentierens mit chaotischen Lebensumständen, falschen Freunden, unheilvollen Liebschaften, dilettantischen Aktionen. Und immer wenn er in der Klemme saß, mußte sein Vater einspringen, der tiefunglücklich über seinen mißratenen Sohn war.

Sein Versuch, den sozialen Sprengstoff der Großstadt kurzerhand für den Sturz der bürgerlichen Ordnung nutzbar zu machen, hatte sich auf die Kraft der Rhetorik und der Dichtung gestützt. Doch mit flott aus dem Ärmel geschüttelten Versen, mit brillanten, messerscharfen Polemiken konnte Mühsam zwar die eine oder andere Mark verdienen, eine Aktionsbasis für weiter gespannte Pläne ergab sich daraus nicht. Er mußte enttäuscht feststellen, daß seine »Ansteckungsstrategie« – der künstlerisch-subversive Akt als Zündfunke der Revolution – keine Breitenwirkung entwickelte.

Die nachfolgende expressionistische Generation teilte Mühsams Ehrgeiz nicht. Statt »neue Menschen« zu schaffen, schuf sie eine neue Kunst, ebenfalls jenseits der bürgerlichen Konvention, autonom, scheinbar unpolitisch und doch ins Politische zurückwirkend. Den Aufbruch in die Moderne hat Mühsam nicht mitvollzogen. Er vertraute weiter auf die gelebte Tatpropaganda – und sein Tagebuch half ihm dabei.

Jeden Tag mehrere Seiten über das eigene Tun und Lassen schreiben – das tut man, um sich zu disziplinieren, die geistigen Kräfte zu bündeln, sich selbst zu bespiegeln, ein verläßliches Reservoir der Erinnerungen zu bilden, dem »Lebensroman« Gestalt zu geben. Bei Mühsam finden sich all diese Motive vereint.

Von der Outcast-Romantik des sozialen Umsturzes war er vorerst geheilt. Er wollte lieber *in* der Gesellschaft leben, aus ihrer Mitte heraus wirken, und trotzdem Mensch sein, Anarchist sein, seine freiheitliche Gesellschaftsutopie vorleben, ein wahres Leben im falschen führen – zum Beweis, daß es ging, und zur Nachahmung für andere.

Die bunte soziale Mischung der Schwabinger Boheme und das relativ tolerante Klima Münchens bot ihm die Luft zum Atmen und den Raum zum Experimentieren. Er hatte gelernt, radikal zu empfinden, zu denken, zu reden. Aber es ging darum, radikal zu leben. Das hieß für ihn, die bürgerlichen Zwänge, Heucheleien, Lebenslügen abzuwerfen, den darunter verkümmernden Menschen freizusetzen und zu beweisen, daß Anarchismus mehr sein konnte als nur die Ablehnung von Herrschaft und Macht – nämlich der positive Entwurf einer mitmenschlichen Gesellschaft.

Mühsam genießt es, die ganze Spannweite seines Charakters zu entfalten, auch das als unmoralisch Geltende zu bejahen und unverfälscht im Tagebuch zu Wort kommen zu lassen. Er arbeitet an seiner Karriere als Schriftsteller und Kritiker, er befolgt die Gebote der Nächstenliebe und des Anstands und spricht darüber, doch die gleiche Aufmerksamkeit widmet er seinen hedonistischen Affekten. In welchem Maße, kann man daran ablesen, welchen Raum sie in den Tagebüchern einnehmen. In den Jahren vor dem Ersten Weltkrieg stehen seine sexuellen und erotischen Eskapaden unangefochten an erster Stelle, erst danach folgen die Geselligkeit der Cafés und des Schwabinger Nachtlebens, die literarisch-publizistischen Projekte und der Gelderwerb, die Beschäftigung mit Theater, Kultur und Zeitgeschichte, und ganz am Ende kommt die Anarchie. Die hat er so

verinnerlicht, daß er sie selten thematisiert – und Konspiratives gehörte ohnehin nicht ins Tagebuch.

Nach Ausbruch des Ersten Weltkriegs rücken die politischen The-
men, die kritische Auseinandersetzung mit der Kriegsberichterstat-
tung und die Suche nach einer neuen Rolle stärker in den Vorder-
grund, die er schließlich auch findet – als Protagonist der Münchner
Rätebewegung. Die fünfeinhalb Jahre der Haft von 1919 bis 1924
werden dann von den Konflikten unter den Häftlingen und dem
ebenso zermürbenden Kampf gegen die bayerischen Vollzugsbehör-
den beherrscht, von der Erörterung der politischen Entwicklung in
Deutschland mit Kapp-Putsch, Hitler-Putsch, den nachrevolutionä-
ren Kämpfen und dem bedrohlichen Erstarken der Nazis.

Die Tagebücher aus fünfzehn Jahren zeichnen nicht nur ein abenteu-
erliches Stück Leben nach, sie spiegeln auch deutsche Geschichte
und Kulturgeschichte aus einzigartiger Perspektive. Denn Mühsam
verstand sich als Akteur auf Augenhöhe der Mächtigen: als subversi-
ver Gegenspieler der Obrigkeit im Kaiserreich und als unbeugsamer
Kämpfer auf verlorenem Posten hinter bayerischen Gefängnismau-
ern, wo Deutschlands schwärzeste Zeit schon ihren Anfang nahm.

Wer Mühsams Alltag im Tagebuch verfolgt, könnte die Ziele, die
er sich gesetzt hatte, leicht aus den Augen verlieren, wie es ihm selbst
natürlich auch des öfteren erging. Man schüttelt den Kopf darüber,
wie leicht er zu verführen ist, wie blind er in alle Liebesfallen tappt,
wie gern er daran glaubt, daß er geschätzt wird, wenn es doch nur
das Geld ist, das er so bereitwillig mit allen teilt, die seine Schwächen
auszunutzen wissen. Doch nicht, daß ihm das passiert, ist das Er-
staunliche, sondern daß er es ganz selbstverständlich und unaufgeregt
als Teil seiner Persönlichkeit verbucht. Leidenschaft und Gefühl haben für ihn absolute Priorität, und wenn er als Mensch mit sich im
reinen ist, kann, so glaubt er, nur Gutes daraus erwachsen, während

Vernunft und Kalkül geeignet sind, seine natürlichen Regungen zu verfälschen. Das naive Vertrauen in die ethische Überlegenheit des »befreiten« Menschen ersetzt ihm das Korsett der bürgerlichen Moral und verleiht der Beschreibung seiner Alltagserlebnisse im Tagebuch manchmal eine atemberaubende Komik – sein hoher Anspruch reibt sich zwangsläufig an den Verhältnissen, die nicht daran denken, seinem Idealismus zu gehorchen.

Statt so etwas wie die Eckwerte einer anarchistischen Ethik zu entwickeln, bleibt er immer in die Kämpfe und Widersprüche verwickelt, die sich aus seinem gewollten Anderssein ergeben. »Ich fühle mich zumeist erst auf dem rechten Wege, wenn man mich als Don Quichote verhöhnt«, schreibt er 1916 ins Tagebuch.

Als politisch-emanzipatorisches Konzept ist Mühsams Versuch einer anarchistischen Lebenspraxis gescheitert. Sein Geltungsanspruch war ins Phantastische überhöht, sein revolutionärer Impetus auf leichtfertige Illusionen gebaut. Was er vorlebte, fand neben Spott auch Bewunderung, aber kaum ernsthafte Nachfolger. Für diese Art von Erfolg war er fünfzig oder sechzig Jahre zu früh gekommen. Aber es wäre sicher falsch, ihn daran zu messen. Sein Auftritt war nicht politisch kalkuliert, er war aus der Erwartung einer Weltwende geboren, die auch seinen Visionen Leuchtkraft verlieh, als sich eine ganze Generation daran machte, die Erstarrungen des 19. Jahrhunderts aufzubrechen, Wissenschaft, Technik, Kultur umzukrempeln, die Welt neu zu erfinden.

Für das Kunststück, all seine auseinanderstrebenden Affekte und Motive unter einen Hut zu bringen, den Widerspruch auszuhalten, eine Haltung daraus zu formen, brauchte er das Tagebuch. In der Rechenschaft, in der Vergewisserung, in der Selbstbespiegelung gelingt ihm der Schritt von der Lebenskunst zum Kunstwerk. Das Tagebuch wird zur Partitur seiner einzigartigen Darbietung, es gibt ihm Halt und Sicherheit (später in der Haft wird es zu seinem letzten

Vertrauten), und es weist über ihn hinaus in eine zukünftige Welt, in der Menschen so frei sind, daß ihr Gefühl nicht mehr der Feind ihres Verstandes sein muß. Es ist also ein ungeheurer Anspruch, der in der ungeheuren Mühe steckt, sein Tun über so viele Jahre der Rechenschaft zu unterziehen.

Ein Kunstwerk ist daran erkennbar, daß es seine verschiedenen Dimensionen zu einer Identität zusammenführt, in der jeder Satz unumstößlich wird. Auch in einer so offenen und unbestimmten Form wie dem Tagebuch ist das möglich, wie Mühsam beweist. Aus allen Konflikten mit sich und seiner Welt, aus allen Ungewißheiten und Illusionen seines Zukunftsentwurfs formt er einen literarischen Gestus, der völlig geradlinig und konsistent ist – und so souverän wie das optische Erscheinungsbild seiner täglichen Eintragungen. Möge man Mühsams historischen Beitrag bewerten, wie man will: Sein Tagebuch ist Literatur geworden; die Beschreibung eines einsamen Kampfes, der nicht gewonnen werden konnte, erzeugt einen tragikrotesken Unterton, eine durchgängige Begleitmelodie. Und vermutlich ist sie es, die einen über alle Seiten hinweg in Bann hält.

1919, nach der Niederschlagung der Münchner Räterepublik, die Mühsam nur deshalb überlebte, weil er in den Tagen des Mordens schon im Zuchthaus Ebrach saß, wurde seine Wohnung in der Georgenstraße durchsucht und geplündert. Die Tagebücher gelangten in Polizeigewahrsam und wurden so vor der Vernichtung bewahrt. Währenddessen schrieb er in der Festungshaft weiter, um mit dem ungeheuren Absturz der Revolution fertig zu werden und zu seiner Haltung zu finden. Auch die Gefängnistagebücher wurden mehrfach beschlagnahmt und vom Zensor der Haftanstalt »durchgearbeitet« – erkennbar an den dicken blauen Strichen, mit denen die inkriminierten Passagen markiert wurden. Manche Eintragungen Mühsams wurden dann im bayerischen Landtag vorgetragen – als Beweis für

347

bolschewistische Umtriebe hinter den Mauern der Festungshaftan-
stalt Niederschönenfeld. Doch nach seiner Entlassung anläßlich der
»Hitler-Amnestie« Weihnachten 1924 konnte er alle Tagebücher unversehrt nach Berlin mitnehmen. Fortan benutzte er nur noch No-
tizkalender, um wichtige Ereignisse und Termine festzuhalten.

Als er in der Nacht des Reichstagsbrandes verhaftet wurde, waren
seine Manuskripte bereits bei Freunden in Sicherheit gebracht. Nach
seiner Ermordung im Konzentrationslager Oranienburg am 10. Juli
1934 suchte seine Frau Zenzl Zuflucht in Prag. Ihr kostbarster Besitz
waren Mühsams Briefe und Tagebücher – und sie wurden ihr zum
Verhängnis. Zenzl Mühsam war mittellos, sie war auf Hilfe angewiesen, und die kam aus der Sowjetunion. Man versprach ihr, Mühsams
Schriften in viele Sprachen zu übersetzen. Es folgten Einladungen zur
Erholung am Schwarzen Meer. Der Not gehorchend, allen Warnungen
und Befürchtungen zum Trotz fuhr sie 1936 nach Moskau. Sie reiste
in mehrere Städte, hielt Vorträge über Mühsams Schicksal und faßte
Vertrauen zu ihren Gastgebern. Schließlich ließ sie den Nachlaß aus
Prag holen und übergab ihn dem Moskauer Maxim-Gorki-Institut.
Dort wurden die Manuskripte eiligst ausgewertet, mehrere Tage-
buchhefte und viele Briefe verschwanden und sind bis heute nicht
wiedergefunden worden (so auch das zweite, dritte und vierte Heft,
weshalb das fünfte im vorliegenden Band direkt auf das erste folgt).

Nachdem Zenzl Mühsam noch bei der Archivierung des Nachlasses geholfen hatte, wurde sie verhaftet. Es folgten die Jahre im Gulag,
die sich einer summarischen Darstellung entziehen – erst 1955 kehrte
sie schwerkrank, aber ungebrochen nach Berlin zurück. Als sie Ko-
pien des Nachlasses aus Moskau anforderte, wurden die prompt geliefert, aber nicht an sie, sondern ans ZK der SED, wo man verfügte,
daß das brisante Material auf keinen Fall in ihre Hände oder an die
Öffentlichkeit gelangen durfte.

Die Akademie der Künste der DDR übernahm die Mikrofilme

mit ca. 12 000 Aufnahmen und lagerte sie ein. Zenzl Mühsam versuchte bis zu ihrem Tod am 10. März 1962, an die Mikrofilme heran-
zukommen und eine Veröffentlichung zu erwirken. Nach ihrem Tod
tauchte ein nie beglaubigtes Testament auf, in dem sie angeblich alle
Rechte und alle Einkünfte aus Mühsams Werken der ihr verhaßten
Akademie der Künste zusprach.

1980 wurde im Ostberliner Verlag Volk und Welt, der Mühsams
Werke verlegte, beschlossen, auch die Tagebücher zu veröffentlichen.
Das Kulturministerium stellte Mittel zur Verfügung, damit die
7000 Seiten fotokopiert und abgeschrieben werden konnten, doch
es kam nicht mehr zu einer Edition. Nach der Wende wurden die Ta-
gebuchkopien der Erich-Mühsam-Gesellschaft Lübeck übergeben.
1994 erschien bei dtv eine Auswahl, die ca. 7 Prozent des Gesamt-
volumens umfaßt.

Erich Mühsam hat seine Tagebücher mit größter Sorgfalt geführt
und behandelt. Die äußere Form seiner Einträge blieb über alle Jahre
gleich. Er verwendete Kladden im Schulheftformat A5, die zwischen
96 und 240 Seiten enthielten. In der Zeit der Festungshaft und Infla-
tion, als Papier, Federhalter, Tinte und alles Lebensnotwendige für
ihn fast unerschwinglich wurde, verkleinerte er seine Schrift bis an
die Grenze der Lesbarkeit, doch erstaunlicherweise läßt sie sich auch
dann noch gut entziffern. Mühsams Handschrift hat ihre Eigenheiten, ist aber von großer Konsistenz, folglich gibt es kaum Stellen,
die sich nicht durch genaues Hinsehen entziffern lassen.

Die vorliegende Ausgabe bietet den Text der Tagebücher in Mühsams Schreibung, mit allen Eigenheiten und Irrtümern. In Zweifelsfäl-
len wird zugunsten der zu erwartenden Schreibung entschieden, und
nur Fehler, die das Verständnis erschweren, werden in eckigen Klammern berichtigt. Ausschlaggebend waren mehrere Überlegungen; vor
allem die, daß ein Tagebuch, in erster Linie ein privates Medium,

nicht auf eine druckreife Textoberfläche angelegt ist. Der Erhalt der
Zeichentreue macht den Leser zum nachträglichen Zeugen des
Schreibvorgangs, und das Unfertige in Schreibung und Stil korrespondiert mit dem Vorläufigkeits- und Protokollcharakter des Be-
richtens.

Ermöglicht wird die Publikation in der »Rohform«, weil Mühsam
auch im Tagebuch Erzähler und Schriftsteller ist – und erst dort zu
seiner wahren Form findet. Sein Erzählton ist rhythmisch schwin-
gend, konzentriert, spannungsreich, direkt aus der Gemütsbewe-
gung geschöpft. Nur selten entgleist ihm ein Satz, auch die eigenwil-
ligsten Formulierungen bleiben erkennbar als treffende Artikulation
eines eigenwilligen Gedankens.

Einige Kompromisse, die sich aus der Diskrepanz zwischen der
Handschrift und den Gepflogenheiten des Buchdrucks ergeben, sind
dennoch nötig.

Der Bindestrich, für den Mühsam gern das Ist-Zeichen (=) verwendete, wurde in einen normalen Bindestrich (-) verwandelt. Die alte
Sitte, das doppelte m und n durch einen oberen Querstrich zu markieren, wurde nicht auf den Druck übertragen. Die alten Kürzel für
das Pfundgewicht oder den Pfennig, für die es keine typographische
Entsprechung gibt, wurden aufgelöst, nicht aber 3 h für 3 Uhr oder
ähnliche Abkürzungen, die sich typographisch wiedergeben lassen.

Was bleibt, sind einige wenige Textstellen, die sich wegen Ver-
schreibungen, schadhafter Seiten oder abgeschnittener Ränder nicht
entziffern ließen. Solche Textlöcher werden mit eckigen Klammern
gekennzeichnet und je nach Gegebenheit hypothetisch ergänzt.

Zu dieser Ausgabe gehört ein kommentiertes Register, das nicht mit-
gedruckt, sondern im Internet bereitgestellt wird. Die Vorteile liegen
auf der Hand. Es ist ein »mitwachsendes« Personenregister, das sich
von Band zu Band weiter vervollständigt und das nachträglich korri-

giert und ergänzt werden kann – während ein gedrucktes Register für immer auf dem Stand der Drucklegung verharren muß. Ebenfalls im Internet verfügbar sind Sachanmerkungen und Begriffserklärungen. Zugriff und Nutzung sind denkbar einfach; über die Suchmaske lassen sich die Registereinträge sofort auffinden. Für eine gründlichere Beschäftigung mit dem Tagebuch bietet sich der durchsuchbare Volltext im Internet an. Er begleitet die Druckausgabe, ist mit dem Register verlinkt und außerdem mit der digitalisierten Original-Handschrift des Tagebuchs, so daß sich jede fragliche Textstelle am Original überprüfen läßt. Und dies in Sekundenschnelle.

Erwähnung verdient noch, daß die Registereinträge neben knappen Erläuterungen auch einen Link zu weiterführenden Informationen aufweisen – sofern gegeben. In den meisten Fällen sind es Wikipedia-Artikel, die, begleitend zur Tagebuch-Lektüre, einen weitgespannten historisch-biographischen Kontext anbieten und mit dem gesamten Fachwissen vernetzen. Ein wahrhaft luxuriöses Arrangement, das kaum Wünsche offenläßt.

Die beiden Herausgeber danken Wikipedia und allen, die mit Ratschlägen, Informationen, Ermutigung geholfen haben und weiter helfen, Erich Mühsams Tagebüchern die längst überfällige Publikation zu ermöglichen.

Chris Hirte   *Berlin, Januar 2011*